我的
新世紀
詩路

李魁賢
回憶錄

① 2002年11月28日在印度德里訪問詩人Shiela Gujiral（前總理夫人），在其別墅合照。

② 2002年11月30日在印度加爾各答接受麥氏學會詩人獎。

① 2002年11月30日在印度加爾各答泰戈爾紀念館，攝於泰戈爾銅像前。

② 2002年12月1日台灣詩人訪問團參訪泰戈爾鄉村學園，在園中室外教室合影，坐者左起：沈花末、印度導遊、許悔之、江自得、鄭炯明、李魁賢、杜文靖；站者左起：江自得夫人、路寒袖、李敏勇。

③ 2002年12月3日在印度阿格拉泰姬瑪哈陵前留影。

④ 2003年再度訪印，提名我角逐諾貝爾文學獎的國際詩人學會主席印度元老詩人施里尼華斯（Krishna Srinivas）及會長詩人阿彌魯定（Syed Ameeruddin）於12月5日為我獻披肩後合影。

① 2005年3月25日高雄世界詩歌節開幕致詞。

② 2005年3月27日高雄世界詩歌節在台南國家台灣文學館接待諾貝爾文學獎得主德瑞克・沃克特（Derek Walcott）。

①
─
②

①
─
②

① 2005年7月到蒙古大草原與羊群合照。
② 2005年7月13日在蒙古烏蘭巴托郊外成吉思汗營地元帥蒙古包內。

①
─
②

① 2005年7月13日在烏蘭巴托接受蒙古文化基
　金會頒贈文化名人獎牌和詩人獎章。
② 2006年9月3日在蒙古烏蘭巴托度假村恩哈
　巴雅總統晚宴。

① ―― ②

① 2009年7月3日第3屆台蒙詩歌節在蒙古傳統研究院（Academia of Mongolian Traditions）會議室揭幕後，台灣詩人和部分蒙古詩人合照。

② 2009年第3屆台蒙詩歌節專車。

① ① 2009年台蒙詩歌節營地設在離烏蘭巴托200公里的奶桶（Bum Ban）
—— 度假村。
②
② 2009年台蒙詩歌節台蒙詩人在蒙古包內合照。

① ① 2009年在奶桶（Bum Ban）度假村蒙古包內。
② ② 2009年蒙古大草原射箭。

① ② ① 2009年在蒙古大草原的成吉思汗巨大雕像旁留影。
② 2009年台灣詩人團在成吉思汗巨大雕像前合照。

① 2014年4月30日到達古巴以詩人命名的荷瑟‧馬蒂（José Martí）國際機場，PPdM創辦人兼祕書長Luis和古巴國務委員Kiuder來接機。

② 2014年5月1日古巴各城市街頭或屋角到處可見詩人荷西‧馬蒂塑像。

① 2014年5月4日在奧爾金（Holguín）拉美之家念詩，Manuel Garcia Vertecia幫我念西班牙譯本。

② 2014年10月8日在Santiago聶魯達故居La Chascona外朗誦詩後合照。

①
②

① 2014年10月10日在蘭卡瓜（Rancagua）
詩人奧斯卡・卡斯特羅（Oscar Castro,
1910-1947）墓地，念他的詩〈祈禱勿忘
我〉憑弔。
② 2014年10月11日瓦爾帕萊索（Valparaíso）
聶魯達另一故居La Sebastiana訪客留言
簿上，寫下：「光把妳籠罩在致命的火焰
裡」。

① ②

① 2014年10月11日在黑島聶魯達墓
　前栽一株花，表示敬意。
② 2014年10月11日在卡達赫納
　（Cartagena）前衛詩人
　文森・維多夫羅（Vicente
　Huidobro,1893-1948）墓園念他
　的詩〈詩藝〉憑弔。

① 2014年10月17在Calena市接受電台訪問
② 2014年10月18在駱馬鎮（Vicuña）憑弔1945年諾貝爾文學獎得主米斯特拉爾（Gabriela Mistral, 1889-1957）墓園合影。

①
——
②

① 2015年3月8日在緬甸仰光第8屆東南亞華文詩人大會各國代表詩人合影。
② 2015年3月8日在第8屆東南亞華文詩人大會發表〈東南亞華文詩人參與國際詩交流的一個通路〉。

① ① 2015年9月2日台南福爾摩莎國際詩歌節在台灣文學館開幕典禮後合照。
—
② ② 2016年1月30日台灣詩人向孟加拉獨立紀念碑獻花致敬。

<table>
<tr><td>①</td></tr>
<tr><td>②</td></tr>
</table>

① 2016年1月31日在孟加拉接受總理祕書長Abdul Kalam Azad頒贈
Kathak文學獎。

② 2016年2月13日在尼加拉瓜的馬納瓜湖畔阿連德公園內達里奧紀念牌。

① ————
  ②

① 2016年2月14日接受
  尼加拉瓜《新聞報》
  （*La Prensa*）主編
  詩人瑪塔・雷翁納・
  龔查蕾姿（Matha
  Leonor González）
  採訪。

② 2016年2月16《新聞
  報》（*La Prensa*）第7
  版頭條全欄刊登瑪塔
  採訪稿，標題〈台灣
  人的眼光〉（Mirada
  taiwanesa）。

① 2016年2月16日在尼加拉瓜第12
屆格瑞納達國際詩歌節開幕典禮
吟詩。
② 2016年9月6日淡水福爾摩莎國際
詩歌節在藝術工坊閉幕式合照。
③ 2016年10月20日在馬其頓泰托沃
市文化中心接受奈姆・弗拉謝里
（Naim Frashëri）文學獎。
④ 2017年5月22日在祕魯第18屆
【柳葉黑野櫻、巴列霍及其土
地】國際詩歌節開幕典禮致詞。

Capulí, Vallejo y su Tierra

EL POETA LEE KUEI-SHIEN DE TAIWÁN, CANDIDATO AL PREMIO NOBEL, LEYENDO EN TRUJILLO SUS POEMAS SOBRE CÉSAR VALLEJO

Y le doy un abrazo,
emocionado.
¡Qué más da!
Emocionado.
César Vallejo

XVIIEncuentro
Internacional
Itinerante Capulí
Vallejo y su Tierra

① ① 2017年5月25日在瓦馬丘科（Huamachuco）的聖尼科拉（San Nicolás）中
─
② 　 學校長特別歡迎台灣詩人團。
　② 2017年5月28日在聖地亞哥德丘科市的巴列霍衣冠塚接受電台記者訪問念詩。

①
──
②

① 2017年9月22日淡水福爾摩莎國際詩歌節
　在真理大學開幕式後參觀馬偕紀念館,在
　館外合照。
② 2018年6月22-24日參加突尼西亞第5屆西
　迪布塞(Sidi Bou Saïd)國際詩歌節,該
　地習俗贈送茉莉花束夾耳,

```
┌─────┬─────┐
│  ①  ┊  ③  │
├─────┼─────┤
│  ②  ┊  ④  │
└─────┴─────┘
```

① 2018年6月22-24日突尼西亞第5屆西迪布塞（Sidi Bou Saïd）國際詩歌節，台灣出席詩人與突尼西亞詩人台灣之友柯迪佳‧嘉德霍姆（Khédija Gadhoum）合照。

② 西迪布塞（Sidi Bou Saïd）獨特地中海藍白建築風光。

③ 西迪布塞（Sidi Bou Saïd）國際詩歌節念詩都有音樂伴奏，是一大特點。

④ 2018年6月26日在突尼西亞羅馬遺址Thuburbo Majus，站上迦太基時代巴拉特（Baalat）女神殿，振臂高呼：「同胞們，我全心奉獻給獨立，是呀！」

① 2018年淡水福爾摩莎國際詩歌節主視覺大屏風。
② 2018年淡水福爾摩莎國際詩歌節詩展會場殼牌倉庫前街旗招展。

①
—
②

① 2018年9月22日淡水福爾摩莎國際詩歌節在國立台北藝術大學開幕式合照。

② 2018年9月23日淡水福爾摩莎國際詩歌節出席詩人和工作人員參觀1871年所建古宅石牆子內，在前庭合照。

① 2018年9月25日淡水福爾摩莎國際詩歌節出席詩人參觀總統府，由陳建仁副總統接待。

② 2019年4月11日希臘哈爾基斯國際詩歌節參加詩人全體參觀殿前雅典娜神廟廢墟合照。

③ 2019年5月12日羅馬尼亞雅西國際詩歌節在柯博公園舉行開幕式現場的羅馬尼亞民族詩人米哈伊・埃米內斯庫胸像前留影。

④ 209年5月20日在羅馬尼亞首都布加勒斯特舉行詩集《存在或不存在》羅馬尼亞譯本和漢譯艾蓮娜・波佩斯古詩集《季節》聯合新書發表會海報。

Contents

序 章　我的21世紀 >>> 36
My 21st century

第1章　薩爾瓦多詩旅 >>> 46
Poetry Travels to El Salvador

第2章　永恆的詩國印度 >>> 68
India, the Eternal Poetry Country

第3章　印度有致命的吸引力 >>> 88
India has a Deadly Attraction

第4章　在印度受到意外榮寵 >>> 104
Bestowed with Unexpected Glory in India

第5章　高雄世界詩歌節 >>> 124
World Poetry Festival at Kaohsiung

第6章　美麗的蒙古草原 >>> 148
Beautiful Mongolian Steppes

第7章　達里奧的祖國 >>> 176
Homeland of Dario

第8章　台蒙詩歌節移師高雄 >>> 194
Taiwan-Mongolian Poetry Festival at Kaohsiung

第9章　蒙古長生天之歌 >>> 214
Song of Mongke Tangri

第10章　世界詩人運動組織 >>> 234
　　　　Movimiento Poetas del Mundo

第11章　古巴島國詩篇 >>> 256
　　　　La Isla en Versos in Cuba

第12章　在智利循詩人軌跡 >>> 278
　　　　Tras las Huellas del Poeta in Chile

第13章　緬甸仰光 >>> 302
　　　　Yangon, Myanmar

第14章　鳳凰花開時 >>> 320
　　　　Flame Trees in Blossom

第15章　孟加拉卡塔克詩會 >>> 348
　　　　Kathak Poets Summit in Bangladesh

第16章　重臨尼加拉瓜 >>> 372
　　　　Returning to Nicaragua

第17章　福爾摩莎到淡水 >>> 392
　　　　Formosa Poetry Festival at Tamsui

第18章　馬其頓奈姆日 >>> 416
　　　　Poetry Festival "Ditët e Naimit" in Macedonia

第19章　祕魯柳葉黑野櫻、巴列霍及其土地 >>> 436
　　　　Capulí Vallejo y su tierra in Peru

第20章　淡水有詩有歌 >>> 452
Poetry Festival with Songs at Tamsui

第21章　突尼西亞西迪布塞 >>> 472
Sidi Bou Saïd, Turnisia

第22章　淡水詩故鄉 >>> 494
Tamsui, the Hometown of Poetry

第23章　缺席越南河內國際詩歌節 >>> 516
Absent from Poetry Festival in Hanoi

第24章　希臘艾維亞島風情 >>> 526
Greek Exoticism

第25章　羅馬尼亞詩交響 >>> 552
Poetry Symphony in Romania

附錄1　打開世界文學的門窗──李魁賢訪談錄 >>> 584
Opening the view of world literature

附錄2　李魁賢紀年事誌要略 >>> 611
The Abbreviated Chronology of Creative Writings

附錄3　李魁賢出版書目 >>> 629
A Publication List

My 21st century

我的21世紀

我喜愛「詩路」一詞，頗能表達在國際詩交流方面長程跋涉、備嘗辛苦，但也獲得互通有無的快慰。謹就新世紀以來，在國際詩路上走過的足跡，見識過的事事項項留下見證，請進入《我的新世紀詩路》，讓我慢慢道來。

——李魁賢

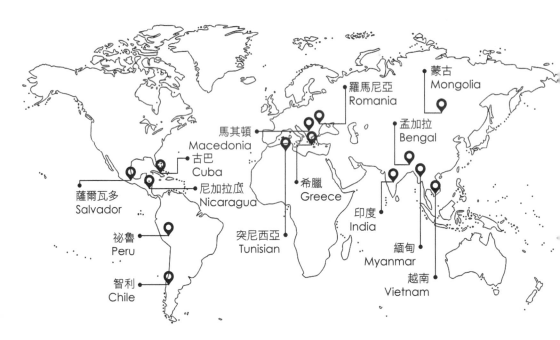

拙著《人生拼圖──李魁賢回憶錄》（新北市政府文化局，2013年11月）出版時，寫到第80章〈獲行政院文化獎〉，成為個人生命史上一個高峰為止，正好是20世紀終點。我撰寫回憶錄的本意，是在國家文化藝術基金會卸職後，開始學習使用電腦寫作，想藉實際操作，回顧一生經歷過的種種壞事，當作遺書向子女交代，所以就從祖宗八代寫起。不料我的寫作被前輩詩人錦連發現，索閱幾章後，催促我投稿《文學台灣》，看我幾度躊躇，就相約把他的回憶性文章同台現身。

2012年初，新北市政府文化局藝文推廣科承辦人張菊芳為《北台灣文學》叢書向我邀稿。這套叢書是我1992年向當時台北縣立文化中心劉峰松主任提出建議後，受命擬計劃和提出人選，由台灣文學前輩少年大兮王昶雄領銜，結合廖清秀、鄭清文、杜文靖、莫渝、陳嘉欣和我，組成編輯委員會，於1993年開張，每年一輯出版8冊，起先都由編輯委員議定後約稿。2000年王昶雄仙逝，由鄭清文繼任總編輯，我都一直附於驥尾，到2011年我們被無聲無息解任，前後共出版112冊，這時廖清秀和杜文靖也都已往生。所以《北台灣文學》叢書對我而言可謂義重情深。

我的回憶錄預定寫100章，按照《北台灣文學》邀稿規定篇幅，要分五冊出版，而那時改制為新北市後的文化局預算，已經改變為兩年才出一輯，所以要十年才能出齊。張菊芳別出心裁，為此簽請獲准專案出版拙著。由於行政機關受到預算牽制，在工作時程上有不得不限制的條件，必須在年度內執行完畢。拙著難得有此出版機會，我不能忤逆好意，所以配合時程完成80章，正好到達高潮，見好就收，擬定中的下列幾章，已經無法著墨，只好暫時按下不表：

第81章　巴爾幹半島

第82章　印度國際詩歌節

第83章　整理三套書集成

第84章　二二八安魂曲

第85章　歐洲經典詩選

第86章　與諾貝爾文學獎得主對話

第87章　蒙古大草原

第88章　承乏國家文化藝術基金會

第89章　薩、尼兩國詩旅

第90章　詩寫海灣戰事

第91章　我的英譯詩集

拙著《人生拼圖——李魁賢回憶錄》其實也已經寫到20世紀末開始與印度進行詩交流事誼，但還沒有到組台灣詩人團出訪，與印度詩人近身接觸的機會。早期台灣對外詩交流工作方面，台灣詩壇是由陳千武在戮力推動，與日、韓詩人共組亞洲詩人會議，台灣代表人物是陳千武和白萩，我只是幫忙聯絡或翻譯英詩作品，而亞洲詩人會議也是由日、韓、台三國輪流主辦，我跟隨的活動範圍自然局限在東北亞角落，當然也藉1995年我在台灣筆會會長任內承乏亞洲詩人會議日月潭大會的機緣，與印度詩壇搭上線，拓展出南亞的接觸路線，尤其在印度詩壇無心栽柳柳成蔭狀況下，連續獲得多項印度詩壇給我的不虞之譽，包括：

1. 1997年度最佳詩人獎，印度詩人國際社，班加羅爾，1998年
2. 千禧年詩人獎，國際詩人學會，馬德拉斯（今青奈），2001年
3. 最佳詩人獎，麥克爾・默圖蘇丹學會，加爾各答，2002年
4. 傑出世界詩獎，國際詩人學會，青奈，2002年
5. 諾貝爾文學獎候選人，國際詩人學會，青奈，2002年
6. 亞洲之星，印度詩人國際社，班加羅爾，2003年
7. 諾貝爾文學獎候選人，國際詩人學會，青奈，2004年
8. 諾貝爾文學獎候選人，印度詩人國際社，班加羅爾，2006年
9. 首席傑出詩獎（Prime Poetry Award for Excellence），普立哲書商（Pulitzer Books），喀拉拉邦，2019年

印度給我的榮寵，整個跨越世紀轉接點，進入到我的人生新紀元，似乎由此注定21世紀台灣在國際詩壇的交流活動，就是我餘生要為台灣貢獻微薄

心力的功課重點。

正好到新世紀初，在當時文建會陳郁秀主委和吳密察副主委政策主導下，鼓勵台灣文學界能夠往國際交流的方向努力，於2002年首開紀錄在文建會支持下組成台灣詩人團，前往印度因應多年的邀約探訪，從此我的國際詩交流自然水到渠成，中間雖一度認老準備收手，可是冥冥中似有一隻手在拉我，去掌握為我牽好的線索。

回顧新世紀以來的國際詩交流實績，可摘要如下：

2002年6月30日至7月7日，經外交部聯繫，由文建會指派，單獨出席薩爾瓦多第1屆國際詩歌節，由我國駐薩爾瓦多大使館員選譯拙詩14首為西班牙文，在讀詩場合分發給聽眾，並結識多位拉丁美洲詩人，成為日後在拉美活動的濫觴。

2002年11月27日至12月10日，承文建會全額補助，組團帶領10位台灣詩人訪問印度，分別在加爾各達領受麥氏學會詩人獎（Michael Madhusudan Academy Poet Award）、班加羅爾補領全印度詩歌節頒發1997年最佳詩人獎、馬德拉斯（今青奈）領取國際詩人協會頒贈傑出世界詩獎（Excellence in World Poetry Award），並答謝該協會首度提名本人為諾貝爾文學獎候選人。行前編印十人詩選《詩的心靈對話》，在三地分別贈送100冊，與印度詩人實質交流。

2003年12月1日至12月9日，獲文建會、外交部、教育部和新聞局，共四個單位幾近全額補助，組團帶領另外10位台灣詩人再度訪問印度，到青奈出席印度國際詩人協會特為台灣詩人舉辦的「世界詩日」，由印度元老詩人施里尼華斯（Krishna Srinivas）主持，然後轉往班加羅爾參加第8屆全印度詩歌節，領受亞洲之星獎（The Star of Asia）。行前編印十人詩選《嚮往和平》，在兩地分別贈送100冊，與印度詩人進一步交流。

2005年3月24日至3月27日，參與2005高雄世界詩歌節，由高雄市政府文化局支援，文學台灣基金會主辦，我邀請到15國32位詩人出席，特別以印度為主賓，有9位印度詩人組團參加。本人除為大會策劃編譯《海陸合鳴·詩心交融》漢英雙語詩選外，並將台灣詩人兩次到印度交流所寫詩文編成《印度的光與影》（春暉出版社），另編譯《印度現代詩金庫》（高雄市政府文

化局），同步出版。

2005年7月12日至7月20日，參與第1屆台蒙詩歌節，本人出資在蒙古烏蘭巴托舉行，由蒙古文化基金會主辦，邀請10位台灣詩人出席，由文建會補助部分旅費。蒙古為此出版《李魁賢詩集》和《台灣詩人選集》2冊蒙譯本，台北烏蘭巴托貿易經濟代表處黃清雄大使蒞臨指導。蒙古文化基金會頒給本人詩人獎章和文化名人獎牌。會後，本人將台灣詩人訪問蒙古交流所寫詩文編成《戈壁與草原——台灣詩人的蒙古印象》出版（春暉出版社）。

2006年2月3日至2月13日，經外交部聯繫，由文建會指派，與許悔之連袂出席尼加拉瓜第2屆格瑞納達國際詩歌節，結識更多拉美詩人，建立日後在拉美活動良好基礎，尤其是羅馬尼亞女詩人波佩斯古（Elena Liliana Popescu），日後相互譯詩多冊出版，成為台灣詩進入羅馬尼亞主力推手。

2006年9月2日至9月10日和2007年8月31日至9月7日，分別出席在蒙古烏蘭巴托和印度青奈舉行的第26屆和第27屆世界詩人會議，結識更多各國詩人，擴大交流範圍和層面。

2007年10月12日至10月17日，參與在高雄舉辦第2屆台蒙詩歌節，由文學台灣基金會主辦，邀請到13位蒙古詩人出席，由蒙古作家聯盟執行長切列加布（Khaidav Chilaajav）領隊，曾經競選過蒙古總統的學者詩人達西尼瑪（Luvsandamba Dashnyam）隨團共襄盛舉，後來熱心推動台蒙詩交流。我為第2屆台蒙詩歌節，與蒙古詩人塔赫合作編譯《蒙古現代詩選》（春暉出版社）。

2009年7月1日至7月9日，出席由蒙古作家聯盟在烏蘭巴托舉辦的第3屆台蒙詩歌節，率領13位台灣詩人與會，為此編輯《台灣心聲——台灣現代詩選》（*Voices from Taiwan——An Anthology of Taiwan Modern Poetry*）英譯本，由蒙古烏蘭巴托World Poetry Book出版，全球發行。會後編印《蒙古大草原——台蒙交流詩選》作為歷史見證。翌年與土耳其詩人Tozan Alkan合作把《台灣心聲》譯成土耳其文本《*Tayvan'dan Sesler*》，在伊斯坦堡出版。本來策劃要在伊斯坦堡舉辦台土詩歌節，因經費無著落，未能實現。

2014年4月29日至5月12日，由文化部全額補助，率領8位台灣詩人出席古巴第3屆【島國詩篇】詩歌節，編印《台灣島國詩篇》漢英雙語詩選

（*Verses in Taiwan Island*）（誠邦企管顧問有限公司），在古巴各城市交流活動中贈送古巴詩人，會後編印台古詩人作品集《古巴詩情——島國詩篇・前進古巴詩文錄》出版（西港鹿文創社）。古巴國家作家藝術家聯盟（UNEAC）奧爾金分會副會長曼紐爾・加西亞・韋德希雅（Manuel García Verdecia）為拙詩集《黃昏時刻》（*La Hora del Ocaso*）譯成西班牙文本出版（美商BHGBook）。

2014年10月7日至10月22日，率領9位台灣詩人自費出席智利第10屆【詩人軌跡】國際詩歌節活動行程，編印《詩人軌跡・台灣詩篇》漢西雙語詩選（*Tras las Huellas del Poeta, Una Antología de Poetas de Taiwaneses*）（誠邦企管顧問有限公司），在智利各城市交流活動中贈送智利詩人，會後編印台智詩人作品集《太平洋詩路》出版（西港鹿文創社）。

2015年3月6日至3月13日，參加緬甸第8屆東南亞華文文學會議，我發表〈東南亞華人詩人參與國際詩交流的一個通路〉，身為世界詩人運動組織亞洲副會長，有義務和責任讓亞洲詩人瞭解世界詩人運動組織的性質、作業和現狀，並期待華人圈有更多詩人能參與國際詩交流活動。

2015年7月，策劃漢英西三語本《兩半球詩路》（*Poetry Road Between Two Hemispheres, La Poesía Camino Entre Dos Hemisferios*），由本人與世界詩人運動組織創辦人兼祕書長智利詩人路易・阿里亞斯・曼佐（Luis Arias Manzo）合編，在智利由Apostrophes Edicíonest出版，包含20位台灣詩人和21位歐美詩人，為台灣詩人占絕大優勢的世界詩選集。2017年續編譯出版第2集，包含21位台灣詩人和20位歐美詩人，讓台灣詩人在拉美詩壇更加突顯。

2015年9月1日至9月9日，為世界詩人運動組織策劃2015台南福爾摩莎國際詩歌節，由台南市政府文化局主辦，並由南投縣政府文化局接待在埔里交流一天，為此編譯大會詩選漢外雙語詩集《鳳凰花開時》，會後集印國內外詩人描寫台灣、台南和南投風物詩篇《福爾摩莎詩選》（誠邦企管顧問有限公司）。

2016年1月29日至2月5日，參加孟加拉卡塔克國際詩人高峰會，領取卡塔克文學獎，爭取到另外5位台灣詩人與會，並出席孟加拉國際詩歌節，主辦單

位卡塔克文學社為此編印4位得獎人作品集《當代頂尖四位世界詩人選》孟加拉語本，和出席詩人選集《2016卡塔克國際詩人高峰會選集》英文本。

2016年2月12日至2月23日，奉文化部指派單獨出席尼加拉瓜第12屆格瑞納達國際詩歌節，經過十年後再到尼國，為台灣福爾摩莎國際詩歌節結識更多國際詩人朋友。尼加拉瓜努力舉辦格瑞納達國際詩歌節的成果，據以向聯合國教科文組織（UNESCO）申請世界文化遺產城市的構想和用心，印象深刻，啟發我專心為淡水策劃福爾摩莎國際詩歌節。

2016年9月1日至9月7日，參與2016淡水福爾摩莎國際詩歌節，由淡水文化基金會主辦，我策劃邀請到8國10位外國詩人和16位台灣詩人參加，出版《詩情海陸》和《福爾摩莎詩選‧2016淡水》（誠邦企管顧問有限公司）。

2016年10月20日至10月24日，應邀出席馬其頓國在泰托沃（Tetovo）舉辦的第20屆「奈姆日」（Ditët e Naimit）國際詩歌節，紀念阿爾巴尼亞偉大詩人奈姆‧弗拉謝里（Naim Frashëri, 1846-1900）誕生170週年，接受奈姆‧弗拉謝里文學獎。

2017年5月22日至5月28日，帶領6位台灣詩人，參加第18屆【柳葉黑野櫻、巴列霍及其土地】（Capulí, Valljo y su Tierra）國際詩歌節，接受「特里爾塞金獎」（Trilce de Oro）。

2017年9月21日至9月27日，參與2017淡水福爾摩莎國際詩歌節，同樣由淡水文化基金會主辦，我策劃邀請11國14位外國詩人和12位台灣詩人出席，出版《詩情海陸第2集》和《福爾摩莎詩選‧2017淡水》（誠邦企管顧問有限公司）。

2018年6月21日至6月24日，出席突尼西亞第5屆西迪布塞（Sidi Bou Saïd）國際詩歌節，首度參加在非洲舉辦的國際詩活動，爭取到大會特許三位台灣詩人名額，突尼斯阿拉伯語報紙報導，不但是突尼西亞，而且是阿拉伯語世界，首度出現台灣詩人影像。

2018年10月17日至10月28日，出席智利第14屆【詩人軌跡】國際詩歌節活動行程，除二度重履聶魯達故土，同時向世界詩人運動組織簡報三年來舉辦淡水福爾摩莎國際詩歌節概況。

2019年2月16日至2月20日，越南第3屆河內下龍灣國際詩歌節，爭取到

大會特許五位台灣詩人名額出席，並提交論文〈台灣與越南國際詩交流的可行性〉，期待兩國的詩交流可進一步發展，惜臨時體力出狀況，個人不得不缺席。

2019年4月8日至4月13日，單獨參加希臘哈爾基斯（Chalkida）國際詩歌節，並重新探訪雅典萬神殿等古蹟。

2019年5月12日至5月19日，參加羅馬尼亞雅西（Iasi）國際詩歌節，並在首都布加勒斯特出席拙詩集《存在或不存在》羅馬尼亞譯本，以及拙譯羅馬尼亞詩人波佩斯古詩集《季節》的聯合新書發表會，由羅馬尼亞文化協會和布加勒斯特大學合辦，這是台灣詩在羅馬尼亞的創舉。

由上述簡列可見，自從2014年參加古巴第3屆【島國詩篇】詩歌節起，台灣詩人在國際間活動受到矚目，台灣詩人作品被各國翻譯日見熱絡，出席國際詩歌節的邀約不斷，僅2018年一年當中我陸續接到各國舉辦國際詩歌節邀請函，共計有21件之多：

2月8日-2月20日	世界詩人運動組織（PPdM）哈瓦那詩歌節
3月1日-3月5日	墨西哥第8屆國際詩和藝術節
3月11日-3月21日	摩洛哥阿卡力瑪文化藝術基金會薩菲市詩歌節
3月17日-3月25日	世界詩人運動組織玻利維亞詩歌節
3月20日-3月24日	土耳其詩歌節
4月30日-5月9日	古巴詩歌節
4月27日-5月13日	世界詩人運動組織委內瑞拉詩歌節
5月20日-5月25日	科索沃佩奇（Peja）和賈科維察（Gjakova）兩地詩歌節
5月21日-5月27日	羅馬尼亞雅西（Iasi）詩歌節
5月24日-6月26日	祕魯第2屆拉美文學季
5月25日-6月3日	祕魯第19屆【柳葉黑野櫻、巴列霍及其土地】國際詩歌節
6月22日-6月24日	突尼西亞西迪布塞（Sidi Bou Saïd）國際詩歌節
6月27日-6月30日	突尼西亞國際詩與藝術節

9月17日-9月21日	羅馬尼亞米哈伊・埃米內斯庫（Mihai Eminescu）世界詩歌節
9月21日-10月4日	PPdM祕魯The Sound of the Past詩歌節
9月24日-9月28日	墨西哥第2屆若瑟・馬里雅・德・埃雷迪亞（José María Heredia）國際詩歌節
10月11日-10月22日	智利第14屆詩人軌跡詩歌節
10月18日-10月22日	馬其頓泰托沃第22屆奈姆日國際詩歌節（International Poetry Festival "Ditët e Naimit"）
10月23日-10月28日	祕魯－厄瓜多21世紀第1屆國際拉美作家節
10月27日-10月28日	阿根廷聖菲省羅薩里奧市（Rosario, Santa Fe）要頒Rincón de mi patria獎給我
11月9日-11月12日	印度安得拉邦維杰亞瓦達（Vijayawada, Andhra Pradesh）第4屆國際多語詩人會

　　鑑於時間、精力、費用有限，無法兼顧，只能選擇性參加，我考慮的原則是，首先對台灣文學在當地具有開發性的意義，而且必須接受我方以台灣代表名義參加，其次要能多給幾個名額，容許帶幾位年輕的台灣詩人參與歷練，藉此幫助建立更長久的人脈，使台灣在國際詩交流方面，得以永續發展，而非及身而終。又因持續策劃淡水福爾摩莎國際詩歌節，時間上必須以能分身為前提。

　　就開發性考量，多年來在印度、蒙古、緬甸、孟加拉、古巴、智利、祕魯、馬其頓等亞洲、拉丁美洲、歐洲國家，都已建立良好基礎，正好無意中與政府鞏固拉美友誼和南向政策暗合。2018年適逢蔡英文總統出訪史瓦濟蘭，今改名史瓦利帝尼王國（Kingdom of Swatini），有前進非洲的政策宣示，我本著「台灣意象・文學先行」的信念，決心以非洲為首選目標，選定參加突尼西亞西迪布塞國際詩歌節，正好可配合與落實蔡英文總統前進非洲的呼聲。實際上，前此已接到邀請參加2016年摩洛哥首都拉巴特文化外交與人道主義詩歌節（Cultural Diplomacy & Humanitarian Poetry Festival in Rabat），2017年和2018年阿卡力瑪文化藝術基金會（Akalima Foundation）

在摩洛哥薩菲市（Safi）國際詩歌節，均未成行。

因此，第二部回憶錄《我的新世紀詩路》，題材和重點將與《人生拼圖
——李魁賢回憶錄》有所差異，當以參加國際詩歌節的經歷為主軸，將所見
所聞留下紀錄，可供檢視作為參考，或許將來可作為備忘和查索，亦未可
知。雖然，每次參加國際詩歌節，我都盡可能設法夥同年輕詩人一同出席，
主要原因是有台灣詩人團的雛形，可藉此使台灣名義更受注目與彰顯，其次
旨在使建立的人脈得以獲得持續發展，這些都是著重在經驗相承累積，和期
待源遠流長的成效。

詩路（poetry road）有如古代絲路（silk road），是溝通東西方良好有
效的通道，文化交流的最佳途徑。多謝詩人林鷺的提示，在此之前，我已編
過《太平洋詩路》（2015年）和《兩半球詩路》（第1集2015年，第2集2017
年），我喜愛「詩路」一詞，頗能表達在國際詩交流方面長程跋涉、備嘗
辛苦，但也獲得互通有無的快慰。謹就新世紀以來，在國際詩路上走過的
足跡，見識過的事事項項留下見證，請進入《我的新世紀詩路》，讓我慢
慢道來。

2018年8月29日

第 1 章

Poetry Travels to El Salvador

薩爾瓦多詩旅

2002第1屆薩爾瓦多國際詩歌節

時間：2002年7月1日至7月5日

地點：薩爾瓦多

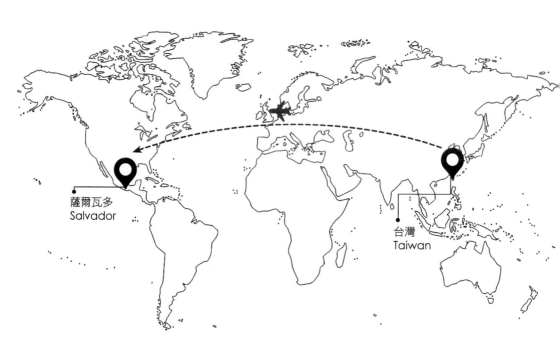

薩爾瓦多
Salvador

台灣
Taiwan

2002年1月獲頒行政院文化獎，5月間文化建設委員會（簡稱文建會，文化部前身）徵詢出席薩爾瓦多國際詩歌節意願，說是大會向我國駐薩國大使館邀請，大使館報外交部，外交部照會文建會，繞了一大圈。那時我從事台灣詩與印度詩壇交流工作，已有七年以上的經驗，正準備從南亞轉往北亞開拓新生地，意料不到有往更遠發展機會，當然求之不得。薩爾瓦多國際詩歌節成為我延伸到亞洲以外版圖的轉捩點，更是深入拉美地區的起點。

6月10日接到外交部中南美司一科孫慧娟小姐傳真：「李先生勛鑒：電傳【第1屆薩爾瓦多國際詩歌節】主辦單位之邀請函及中譯文等資料共乙份參考。另薩國詩歌節將於7月1日下午7時開幕，7月5日下午7時閉幕，煩請安排7月1日下午5時前抵達薩國及7月6日離開薩國之班機。謝謝。」

附來大會邀請書的中譯文如下：

李先生大鑒：

謹向您獻上熱誠問候。薩國詩人基金會訂於本（2002）年7月1至5日舉辦「第1屆薩爾瓦多國際詩歌節」。

聚集五大洲最好的詩人並在薩國不同地點演出，如此盛會在薩國文化史上絕無僅有，第一次舉辦。

「第1屆薩爾瓦多國際詩歌節」將透過一連串詩歌吟唱方式在聖薩爾瓦多市及其他薩國美麗的城市舉行。

這次盛會企圖建立一個在不同文化殿堂演出的日程，諸如國家劇院、大學、各類文化或歷史中心、廣場、圖書館、文化之家、酒吧、博物館及生態保護區等地演出。

因此，李先生，我們在此正式邀請您參加此次盛會，讓所有的薩國民眾得以欣賞您的詩作。倘您接受我們的邀請，我們將寄給您更多相關資訊。

由於經費拮据，我們請求您設法自付來回機票。

期盼我們得以在詩的光輝照耀下在薩相聚。

詩人基金會董事長赫南德茲　副董事長羅德里格茲 敬上

由於薩爾瓦多國際詩歌節第一次舉辦，邀請書簡單明瞭提到旨趣、目的、方式、期待、條件等，以後印證幾乎所有國際詩歌節的基調都粗略相近，只是在執行方式和細節各有千秋。

　　外交部孫慧娟很細心，不但收集拙詩寄到我國駐薩國大使館，由承辦人二等祕書張自信先行選譯拙詩12首為西班牙文，以備交流之用，過幾天另發傳真給我，交代：「前往薩爾瓦多，無須注射預防針。另，目前氣候溫熱，進入雨季，早晚涼快，可攜件長袖薄外套」云云。對未履斯土的人，有關氣候的提醒關注，讓人倍感親切。

　　雖然我常大膽單身出國闖天下，但拉丁美洲是尚未計劃要參訪的世界，所以未嘗去瞭解過境美國轉機，竟然須備美國簽證。2002年6月30日登機時，才發現茲事體大，我的美簽蓋在舊護照，幸虧我3月去美國開會時，移民局入境章蓋在新護照上。所以航空公司櫃台人員建議變通辦法是，由我國境管人員帶我登機，安排在前排可就近看顧的特別座位，把我的護照、機票，交給機上空中小姐，在我座位上插一支「沒有簽證」字樣的籤牌。到洛杉磯時，空中小姐把我人連同護照和機票，在機艙口交給關員，關員領我經特別關口，不用排隊通關，一應文件由她填寫，然後帶我到她的辦公室休息、奉上咖啡飲料。等到飛往聖薩爾瓦多市的班機乘客開始登機，她再把我帶到機門，交給空中小姐，直到下機時，空中小姐才把護照和機票還給我。第一次被當作特別貴賓奉待，有隨扈跟從，真是受寵若驚。回程重演一次，有了往程經驗，已經心頭鎮定多啦！

　　在聖薩爾瓦多市機場下機時，張自信以外交人員身分已在機門等我，出關一切順利，薩國外交部派在機場聯絡人員趕來打招呼，後來才知道大會執行長亦即詩人基金會董事長費德里科‧赫南德茲（Federico Hernandez Aguilar）是總統文膽，等於承總統之命來推動詩歌節，當然可以推得動外交部出面作業。住進大會訂好的新公寓飯店，具備炊事器材，方便長住旅客需要。

　　中午前往我國駐薩國大使館拜會侯平福大使，他剛由巴西調任10個月。新館舍啟用一年左右，獨門獨院，庭園寬敞，原本是富豪別墅，周圍社區很美，道路林木茂盛。承侯大使邀宴於台商經營的台北餐廳，道地台灣口味，

除張自信外，尚有沈憲昌參事、任祕書和劉女祕書一起餐敘。侯大使對國內政治和社會生態非常注意，詢問北社事宜，我時任北社副社長，當下為大家簡報一番。餐敘中也談到台灣詩壇、台語詩和台語文字等議題。我請問他，與設計家侯平治是否近親，豈知竟不相識。

第1屆薩爾瓦多國際詩歌節7月1日至5日在首都聖薩爾瓦多市舉行，邀請墨西哥、西班牙、阿根廷、祕魯、多明尼加、巴拿馬、哥倫比亞、尼加拉瓜、厄瓜多、哥斯大黎加、巴西、宏都拉斯、瓜地馬拉、瑞士、美國、阿爾及利亞、台灣，共17國28位詩人參加，另加薩爾瓦多本國詩人27位出席。

大會於7月1日19點，在大衛‧古茲曼（Dr. David J. Guzman）人類學博物館揭幕。由詩歌節大會主席，即薩爾瓦多文化藝術委員會（CONCULTURA）董事長古斯塔夫‧赫羅迪埃（Gustavo Herodier），和大會執行長，即薩爾瓦多詩人基金會董事長費德里科‧赫南德茲，共同主持，有台灣、厄瓜多、日本、祕魯等國大使出席。會場二百多個座位早就擠滿，會場兩側牆邊站者一百多位，台前和座位前的空間，席地而坐也有幾十人，薩爾瓦多人民對詩會活動之熱心投入，令人感動，是我參與過空前絕後的場景。赫羅迪埃的薩爾瓦多文化藝術委員會董事長任期是1999至2004年，後來赫南德茲接棒擔任董事長任期是2004至2009年，所以這兩位對薩國文化的用心可謂一脈相承。

開幕典禮安排七位詩人朗誦，坐到台上，依序為墨西哥David Huerta、阿根廷Graciela Cros、阿爾及利亞 Hamid Skif、巴西Roberto Pontes、我、多明尼加Teonilda Madera、薩爾瓦多David Escobar Galindo。我開場白先說：「我會講的西班牙語只有Buenos noches, gracias，但我飛行21小時，身為詩人帶來的不只是詩的形式，也是以台灣人民對薩爾瓦多人民和參加詩歌節的各國詩人，深深表達溫馨的友誼和衷心的祝福。」贏得熱烈掌聲。

我朗誦四首詩〈輸血〉、〈山在哭〉、〈茨後一欉茄苳〉和〈告別第二個千禧年黃昏〉，每讀完一首詩，就由執行長赫南德茲朗誦張自信祕書譯好的西文本，獲得熱烈響應。朗誦後，許多詩人賜予讚許，或說深為感動，或說詩很優美。有一位雍容高雅的女士，說被〈山在哭〉感動，因為薩爾瓦多不久前剛發生過地震。相對地，我被薩爾瓦多人勇於表達共鳴，和不吝於對人稱讚的熱情，留下深刻印象。

山在哭　你聽得見嗎
沒有人在傾聽
沒有人知道山的哭聲

現代人不認識山
不知道山會口渴　山會流淚
不知道山會痛　山會癢　山會疲
以為溪澗是山在低語
瀑布是山在高歌

但你聽得見山的哭聲嗎
只會肆意糟蹋的山鼠
善於偽裝圓謊的假獵人
誰都不耐煩傾聽

只不過驚動了一下大地
山終於嚎啕起來
被吞噬的人不知道
倉皇逃難的人不知道
徬徨無依的人也不知道
紛紛的落石是山的眼淚

　　由於《今日新聞》（*El Diario de Hoy*）當天報導，加上執行長在朗誦會
介紹時，都提到我是諾貝爾文學獎候選人，大會主席赫羅迪埃特別前來親切
跟我握手聊天，說他本身也是化學工程師，我意外發現同行，立刻贈送拙詩
集《愛是我的信仰》，這一即興贈書動作在後續幾天，發生意外效果。在簡
短酒會中，許多女性拿著節目單來要我簽名，然後緊緊擁抱，像是多年故交
重逢，欣喜異常，或是親友即將別離，難分難捨。拉美人的熱情早有所聞，

但即使後來我參加過尼加拉瓜、古巴、智利、祕魯等國詩歌節,遇到詩的愛讀者很多,也沒有像薩國人這樣熱烈。特別是女性,貼頰擁抱,甚至兩手夾住我腦後,全身緊貼,踮起腳跟,乃至懸空,完全像家人一樣。這樣受寵產生我的第一首薩國記遊詩〈薩爾瓦多詩旅〉:

西班牙語我只會說
Buenas Noches！Gracias！
這樣妳們就接受了我

我在台上看到妳們
幾百雙聚精會神的眼睛
比投射光還亮麗
照得我暖烘烘起來

我帶來台灣之聲的發音
向妳們廣播詩的旋律
妳們不知道的語言
竟然體會出我的母語
比我長大才學的華語
有更為悠揚的節奏

我念到〈山在哭〉
妳們紛紛告訴我受到感動
妳們的感應竟然是透過
妳們的詩人運用
妳們熟悉的語言
朗誦轉述我的心情

會後妳們湧向前來

向我致賀　握手　要求簽名

熱烈貼頰和擁抱

對我像家人一樣

只是我不知道

哪一位是我前世

今世或來世的新娘

　　蔡英文總統就任後第一次出訪，於2017年1月13日到達薩爾瓦多，翌日出席桑契斯總統（Salvador Sánchez Cerén）國宴時，當著薩、台兩國政要念這首詩，獲得滿堂掌聲。2018年4月3日她在淡水雲門劇場的第20屆國家文藝獎頒獎典禮致詞說，這一首詩的效果勝過我國多年的外交努力。但終究一首詩還是沒有很大錢途，敵不過中國對薩國提供高達8500億新台幣天文數字經援，薩國終於在2018年8月21日與台灣斷絕邦交。

　　話說由於詩人眾多，大會期間分三組活動。第二天早上，我出席薩爾瓦多科技大學（Universidad Tecnológica de El Salvador）在帕斯禮堂的詩朗誦會，二百多個座位客滿。同組在科技大學念詩的詩人有巴拿馬Pablo Menacho、厄瓜多Edgar Allan García、尼加拉瓜Marta Leonor González、薩爾瓦多兩位，即資深的Matilde Elena López和年輕的Silvia Elena Regalado。

　　我的開場白就地取材，說道：「我的職業是化學工程師，詩創作是業餘興趣。我的親身經驗可以向各位證明，任何學理工的人只要有心，都可以寫詩。」我接著念〈鸚鵡〉、〈都市的麻雀〉、〈絲瓜棚〉和〈夢〉：

夢　網著咱

好歹一世人

若是惡夢　黑天暗地

無路可行　哭未出聲

夢著花謝　連爛土都無當援

若是美夢　雲淡風輕
黑暗的影　已經消失
夢著花開　聽著孩子的笑聲

你的夢合我的夢相打參
雖然有時惡夢　咱也會相成
你的夢合我的夢相打結
就會變成美夢　永遠青春嶺

夢　網著咱
快樂一世人

　　同台的尼加拉瓜女詩人Marta Leonor González特別提到，我用台語念〈夢〉富節奏感，有如在清唱。昨夜酒會時，也有一位女性對我表示，用台語念〈茨後一欉茄苳〉特別悅耳，感受有如在唱歌。她與友人1995年共同創辦雜誌《400隻大象》（400 Elefantes）並兼任編輯，當場徵求拙詩的西譯本讓她刊載，目前（2018年）她已是尼加拉瓜作家協會副主席。

　　晚上我另有一場讀詩會，在墨西哥大使館附設墨西哥文化中心，有多位國家大使應邀共襄盛舉，台灣侯大使也到場。今晚同組的有巴拿馬Pablo Menacho、西班牙Belén Artuñedo、墨西哥David Huerta、多明尼加Teonilda Madera、薩爾瓦多André Cruchaga。由我先開場，對主人墨西哥大使簡單扼要只講一句話：「身為台灣詩人，很榮幸能在受人尊敬的外交官閣下面前念幾首我的詩，與大家共享！」我念的是〈留鳥〉、〈垃圾五重奏〉、〈池塘和海洋〉及〈弓蕉在欉〉，由執行長赫南德茲的母親幫我念西譯本，但同台的多明尼加Teonilda Madera搶先要念我的〈垃圾五重奏〉，沒想到她念得「氣韻生動」，顯然擅長朗誦詩，很能掌握一些情緒，不啻在念她自己的詩，加上自然的手勢和搖頭晃腦的神情，非常投入。

　　當地電台一位年輕女記者，在現場採訪，從詩在日常生活上的效用，談到對此次詩歌節的改進意見，我率直指出，下次應該多邀請亞洲、歐洲、大

洋洲、非洲的詩人，使國際交流更為廣闊。

　　第三天7月3日，白天我沒有活動節目，所以再到我國駐薩國大使館拜會，與張自信祕書商討臨時加譯四首詩，預備閉幕式朗讀，讓熱情的薩國聽眾多聽不同的詩作。下午7點出席在Fundación Maria Escalón de Nuñez場地的朗誦詩會。這是一個民間基金會，大會主席赫羅迪埃還沒出任薩爾瓦多文化藝術委員會董事長之前，就是這個基金會的董事長，如今由夫人擔綱，女兒擔任執行祕書。主席看到我，立刻把妻女招喚過來介紹，很得意說我贈送詩集給他，並合照留念。今晚約200個座位，一開始就坐滿，陸續有人進場，在空地一直追加椅子。

　　同台念詩有厄瓜多Edgar Allan García、瑞士Alberto Nessi、阿根廷Graciela Cros、阿爾及利亞 Hamid Skif、薩爾瓦多Eugenio Martínez Orantes。Hamid Skif念詩的絕招是，不站在台上，不用麥克風，而是在聽眾面前空地遊走。Eugenio Martínez Orantes是1932年生的資深薩爾瓦多詩人，贈送我兩本書，一本是他編選的薩爾瓦多作家詩人選集，包含他自己的作品，1993年初版，這是2001年第3版，他題「永誌懷念」字樣；另一本是他自己的散文詩集，題字誇讚我的詩又美又透澈。我今晚朗誦的四首詩是〈輸血〉、〈山在哭〉、〈茨後一欉茄苳〉和〈留鳥〉：

　　　我的朋友還在監獄裡

　　　不學候鳥
　　　追求自由的季節
　　　尋找適應的新生地
　　　寧願
　　　反哺軟弱的鄉土

　　　我的朋友還在監獄裡

斂翅成為失語症的留鳥

放棄語言　也

放棄海拔的記憶　也

放棄隨風飄舉的訓練

寧願

反芻鄉土的軟弱

我的朋友還在監獄裡

　　念完〈留鳥〉時，聽眾席前排立刻有問：「你的朋友還在監獄裡嗎？」我解釋這首詩寫於1984年，今天已經沒有詩人或我的朋友還在監獄裡，聽眾席同時發出讚歎聲，坐在我旁邊的主持人Lovey Argüello低聲問我，是不是真正有我的朋友坐過牢，她以為是我的想像，後來她贈送我一幅她自畫的2號油畫做紀念。

　　會後，聽眾一擁而上，找我簽名，有的拿節目單，有的拿筆記本，我一律簽英漢兩式，滿足大家好奇心。有一位英文流利的中年人對我說：「大會主席和你兩位都是化工人，真巧，而你寫詩，他搞藝術。」我說更巧的是，我是台灣國家文化藝術基金會董事，他是薩爾瓦多文化藝術委員會董事長，我們算是非正業的同業。其實，進場與大會主席全家合照時，我就向主席提起過，將來有沒有什麼可以合作的計劃？不巧的是，我在2005年受任為國家文化藝術基金會董事長時，他正好在前一年卸任。

　　接著很多女性過來貼頰擁抱，無論中年人或年輕姑娘，一樣熱烈輸人不輸陣。有一位徐娘全身緊抱住我，說希望我能趕快得諾貝爾文學獎。我照實說，世界這麼大，詩人那麼多，每年獲提名推薦者不知凡幾，我不敢期望。有一位坐輪椅的中年婦女等了很久，才有機會趨近，說她喜歡〈山在哭〉和〈垃圾五重奏〉，這兩首詩已受到很多人青睞，推測與薩爾瓦多社會現實有很大關係。

　　詩會結束後，車送我到一豪宅，進大門後，嚇了一跳，庭院大如植物園，客人已有30餘人，三五成群聚談，這時已快半夜，紅酒、烤肉，使夜不

眠不休。我心想：這場夜宴非到天亮不會罷休，明天活動怎麼辦？這時女主人出現，原來是開幕式當晚一直稱讚〈山在哭〉的那位女士。我立即向她致意，並道歉說長程飛行前來薩爾瓦多，體力尚未完全恢復，請容許我告退。

第4天，我和多明尼加Teonilda Madera、阿根廷Graciela Cros、尼加拉瓜Juan Sobalvarro、美國Rick Pernod、巴西Roberto Pontes、哥倫比亞Raúl Henao，被分派到聖地亞哥·特克薩寬戈斯（Santiago Texacuangos）公園文化中心念詩。車程約半小時，到達市政廳前中央公園廣場，臨時排好約300座位已坐滿中學生，朗誦位置在廣場中央高岡上，一棵數百齡的古樹下，華蓋甚寬闊，居高臨下，發現此城在山丘上，周圍山巒綿亙。

學生聽詩興致很高，雖然撥雲日出，近午漸熱，仍然很少離席。最離奇的一景是，Rick Pernod念詩半途，就詩句清唱起來，主持人是大會執行長赫南德茲，竟然也用唱法念西譯本，但曲調不同，這真是神來之誦！萬萬沒想到有這一招，這樣譯詩神奇絕頂，也是我平生僅見，再無第二次機會。我今天念的是〈山在哭〉、〈茨後一欉茄茇〉、〈絲瓜棚〉和〈鸚鵡〉。我念到〈鸚鵡〉最後，未待主持人念西譯本，學生已嘩然笑出聲來，可見學校的英語教育相當有成效，而這首30年前舊作，在異地異時還能引起共鳴，殊堪告慰。

　　「主人對我好！」
　　主人只教我這一句話

　　「主人對我好！」
　　我從早到晚學會這一句話

　　遇到客人來的時候
　　我就大聲說：
　　「主人對我好！」

　　主人高興了
　　給我好吃好喝

客人也很高興
稱讚我乖巧

主人有時也會
得意地對我說：
「有什麼話你儘管說。」

我還是重複著：
「主人對我好！」

　　學生比社會大眾的反應更熱情直接，念詩一宣布結束，學生就擁上高岡
找詩人簽名，我才下階梯幾級，被堵在半空中，學生還不忘要求簽漢字。剛
擺脫長龍，下到廣場，慢慢移步時，又被另一批剛簽完其他詩人的學生趕上
來，在半途截留，我這一天大概簽了50位之多。

　　聖地亞哥‧特克薩寬戈斯小城雖然人口只有一萬七千人，明顯鄉村景
色，除市政廳外，未見樓房，竟然也有文化中心建制。文化中心建築與一般
住宅無異，只是像集合住宅，分成幾房。大廳牆壁上掛畫展售，用薩幣披索
標價，10號油畫才1000披索，約新台幣4000元。

　　參觀文化中心後，女市長在圖書館招待午餐，是道地薩國餐，有包餡烙
餅、樹薯、包葉麵食，類似粽子，很細緻，味道像碗粿。圖書館就在市政廳
內，我在進門書架上看到厚厚一大本的巴列霍西英雙語本，館內陳列書架上
有許多文學書籍。

　　7月5日是詩歌節最後一天，前往蘇奇多多（Suchitoto）活動，離首都聖
薩爾瓦多市不到一小時車程。一離開首都，薩國窮困落後現象一一暴露，最
明顯的是道路狹窄，柏油路面坑坑洞洞，修路時，路段立刻塞車。沿路兩旁
住宅和工廠，都很簡陋，經過小鎮，更顯得荒涼。

　　蘇奇多多是庫斯卡特蘭省（Cuscatlán）的自治市，看到教堂和許多街道
都是白色外牆，沿街看似大宅院，但門窗緊閉，外有鐵欄，在一處穿堂有成
人和小孩在堂口休閒，趁隙可看到內部庭院深深，花木扶疏，與外界隔離成

截然不同的世界，完全難以想像。偶然發現有人透過窗口鐵欄間隙，進行買賣，收款交貨，難道窮苦小地方治安會這麼差？沒有店面，顧客也看不到貨樣，貨物品質純靠信用？治安不良的地方，如何講求信用，這矛盾使我困惑不解。

　　參觀一所教堂，看到內部大柱竟然是用三夾板釘成的空心柱，連三夾板都已破損，可以看到內部空空如也。屋頂天花板也是木板釘成。倒是兩側小教堂在整修中，是用水泥塗砌，可見社會民間窮相。我的觀察和感受，形成拙詩〈蘇奇多多的神祕〉的素材：

進入蘇奇多多耀眼的強光
我突然感到一陣荒涼
似乎走到許多人逃亡的街上
連石頭也失去了表情

白色的牆使我無端想起
隔著世紀和重洋的洛爾卡
我希望聽一些風聲
沒有風聲
卻有無聲的槍在邏巡

蘇奇多多的神祕是因為
用牆建立起懷疑的眼光
牆內卻是綠意的天地
像盆栽一樣雕琢的古木
不但參天還盤踞參禪

後院不知是沒落
或是還沒興建完成
存在似乎為了存在而已

而延伸到湖邊的縱深
好像進入神祕的時光裡

全身退出是必然或是偶然
就像歷史有時無法解釋
但我窺見了白色的牆後
自成一個不欲人知的世界

　　前往餐廳途中，經過街道是鋪石路，路面長草，足見少有車輛行駛，街上行人也稀少，形同荒城。但到了餐廳，又令人錯愕，是一個大庭院，中庭林木高聳，樹蔭下成為停車場。餐廳進口有許多工藝陳設，因為我捷足先到，跟團採訪的《新聞畫報》（*La Prensa Grafica*）記者，圍著我猛拍照。此餐廳臨崖，下面是一大片森林和蘇奇多多湖。

　　先到餐廳旁的旅館部，在中庭花園裡已布置好椅子，有20位左右花甲女性坐等多時，大會安排三女一男詩人為她們念詩。其中一位女士尋機跟我攀談，說這是一個不定期聚會的小團體，她昨天聽我朗誦詩，可惜今天沒有安排我，她的女兒曾派駐北京，學會中國話，昨天也陪她出席了。

　　回首都途中，經一大宅院，外面密封形似廢工場，進入參觀，竟然是一家修道院般的小型博物館，後院很大，巨木如林，可見歷史悠久，但缺乏整理，像是破落戶。後院幅員廣大，一直延伸到湖，景觀縱深又雄偉，自然美景，進入眼底，惜無錢維護，繼續近似荒廢中，至為可惜。

　　晚上7點閉幕式回到開幕場地的大衛・古茲曼人類學博物館，同樣滿座，由大會主席赫羅迪埃和大會執行長赫南德茲聯合主持，赫羅迪埃把我拉到他身邊座位，對我禮遇有加。整個詩歌節期間，詩人都分組活動，只有開幕式和閉幕式是全體出席。閉幕念詩的有美國Rick Pernod、阿根廷Graciela Cros、阿爾及利亞Hamid Skif、巴拿馬Pablo Menacho、瑞士Alberto Nessi、哥倫比亞Raúl Henao、多明尼加Teonilda Madera、薩爾瓦多Mario Noel Rodríguez，我排在最後壓軸。

　　我先致簡短謝詞：「向薩國人民聽眾，在詩歌節期間，對詩人和詩作的

絕大熱誠，表達高度謝意，也給我留下深刻印象，至為感動！」這最後一場，我念〈檳榔樹〉，獲得很大迴響：

跟長頸鹿一樣
想探索雲層裡的自由星球
拚命長高

堅持一直的信念
無手無袖
單足獨立我的本土
風來也不會舞蹈搖擺

愛就像我的身長
無人可以比擬
我固定不動的立場
要使他知道
我隨時在等待

我是厭倦游牧生活的長頸鹿
立在天地之間
成為綠色的世紀化石
以累積的時間紋身
雕刻我一生
不朽的追求歷程和紀錄

念完步下台階時，不料有一位約七旬老先生前來獻花，是我唯有的尊榮，引起全場熱烈掌聲，前天贈書給我的薩國資深詩人Eugenio Martínez Orantes也前來找我合照，並說祝我盡早獲得諾貝爾文學獎。

現場記者採訪，說薩國還沒有如此重量級的詩人來，問我被提名諾貝爾

文學獎候選人的經過，其次要我談此次國際詩歌節的特色，最後問我觀察薩國人民對詩歌節反應的感想。薩爾瓦多國際詩歌節就在這樣熱烈氛圍中，劃下愉快句點。

雖然我國駐薩爾瓦多大使館沈憲昌參事好意鼓勵我多住幾天，到別地方多看看，但我說因為受文建會指派參加，等於公務在身，必須如期回國報到，所以7月6日飛回台灣。航程中受到同樣隨扈跟從的貴賓優待，我已然能靜心在長途飛行中，一口氣寫完兩首詩〈薩爾瓦多詩旅〉和〈蘇奇多多的神祕〉，已如上文所引，也算是不辱使命吧！

在第1屆薩爾瓦多國際詩歌節活動期間，感覺互動較為相得，當數哥倫比亞勞爾・赫納奧（Raúl Henao）和多明尼加特奧尼姐・馬德拉（Teonilda Madera）兩位，一男一女。

先說赫納奧，他在〈定義〉一詩寫道：

詩人

滿身大汗的小人物
跑在人民後面

把火吹入他們的耳朵裡。

1944年出生的赫納奧五短身材，也許因為這樣才自謙為「小人物」，但是已經滿身大汗，跑在人民後面，自顧不暇的小人物，還要迫不及待，為人民吹火加熱，雖然詩有超現實的味道，卻表達出詩人的介入精神。

在薩國詩歌節第4天，他、美國詩人里基・裴諾德（Rick Pernod）和我三人，同車前往聖地亞哥・特克薩寬戈斯。裴諾德問他：「拉丁美洲最偉大的現代詩人是誰？聶魯達嗎？」他一直默默搖頭，許久才答：「我不認為！」裴諾德嘻嘻哈哈的個性，緊追著問道：「那麼是誰？是你嗎？」赫納奧截然回答：「不是！」我接著問他：「波赫斯呢？」他很認真回答說：

「波赫斯不錯！過世後，名望愈來愈高，反而聶魯達走下坡。」我問：「為什麼？」赫納奧簡潔表示：「他以前被高估啦！」

翌日，赫納奧贈送我一冊詩選集《紙牌上的生命》，是哥倫比亞麥德林市（Medellin）國際詩歌節所印叢書，試譯其中〈慌張〉一詩如下：

眼睜睜看著雞
在烤箱內旋轉

我明白儘管怎麼努力
也沒辦法開口

幸而當時未被習慣上
在街道閒逛的人
注意到就過去了

當有人引起好奇心佇足
在我身旁看一眼

以馬戲團馴獸師
把頭伸進獅口中的氣概

他把頭伸入我的口中
再吸進去似乎未受到傷害

只是他臉上尷尬的表情
可以猜想到他剛才有多慌張

這首詩顯示赫納奧的詩有超現實主義風格，難怪他都在斯德哥爾摩、巴黎、芝加哥、蒙特婁、魁北克等地的超現實主義雜誌撰稿，1982年也與史帝

芳‧巴西鄂（Stefan Baciu）合編過《拉丁美洲超現實主義詩選》，可見他的詩美學偏好。

不過，我發現赫納奧詩也表現強烈的現實關懷，例如〈流亡〉這首詩，結語「流亡是詩人的報酬」強烈暗示詩人應有不與威權妥協的硬骨頭，以及肯接受苦難的天性：

> 在墨西哥行軍的月亮
> 挺起胸膛
>
> 愛情，在水平線
> 黃昏時，演奏小提琴
> 經過城市街道
> 迷宮般倉庫
>
> 突然，在街角
> 魔術師
> 迎向夜風
> 吞下人性火炭
> 使我想起
> 流亡是詩人的報酬

赫納奧於1981年代表哥倫比亞出席委內瑞拉第2屆西班牙語作家會議，2001年參加羅馬尼亞阿爾傑什河畔庫爾泰亞國際詩歌節。2005年我邀請他參加高雄世界詩歌節時，雖然無法出席，但提供三首詩共襄盛舉，我譯其中一首〈自畫像〉，收入大會詩選《海陸合鳴‧詩心交融》內，表現他奇特的想像力：

> 啊，我的臉笨得像發育不全

我寧願聽蟋蟀唧唧
勝似鳥鳴

時間永恆不滅。

我走過時衣櫃倒下壞掉
夜夜死去的男人笑著
坐在我書桌

黎明時
自由的幽靈造訪我

我敲敲我作夢的
窗口。

在枕頭下
無所謂的手似乎蒼白。

我閱讀星期天報紙
不予置評

多幸福呀！我會像一瓶香檳
因拔軟木塞而告終。

　　另一位相處時讓我感到溫馨的是多明尼加共國女詩人馬德拉，在她的詩
〈雨〉中描寫：

不存在的雨和他性急的影像
在陰影中揚升

黑蝴蝶飛到愛情的門檻
白晝加重造成傷害
因為帶著他溫柔聲音的
絲線聽起來像是
被遺棄在路上的豎琴。
今天無論什麼都有你的味道：
風、我的頭髮、枕頭、
我的乳房、樹葉、我的臀部、
海、我的舌頭和星星。
今天白晝有死亡的味道。

　　詩中氣氛相當沉鬱，實際上詩人相當活潑開朗。我念的詩被薩爾瓦多聽眾譽為努力追求與自然諧和，然而馬德拉的詩也頗多自然的呼喚，例如上引的〈雨〉，還有這一首〈冬雨〉也是：

樹呼喚冬季的雨；
呻吟的傳聞劈裂樹枝
睡眠中的鳥放棄巢。

樹呼喚不存在的雨
氾濫於生命道路
我搭命運的船航行。

樹呼喚中，小提琴旋律
瀝血以調和心靈：
我喚醒你得到結論
未曾擁有你。
所以，你離去時
我什麼也沒輸沒贏。

樹已停止嗚咽

愛情，手中劍，終歸生命；

陽光普照，鳥飛回

築新巢。

馬德拉在詩中，交融運用內在觀照和外在觀察，頗為自然。馬德拉當時在紐約市立大學攻讀博士，所以常住紐約，與美國詩人裴諾德一起參加詩活動。

1993年出版的詩集《肉桂與蜜》（Canela y miel）獲得第30屆歐東‧貝當佐斯‧巴拉西奧斯（Odón Betanzos Palacios, 1925-2007）國際文學比賽推薦獎。巴拉西奧斯是西班牙詩人，一生出版66本詩集，1956年後住在紐約直到去世。

馬德拉贈送我2001年新出版詩集《在硬生生的風景裡啜飲咖啡》（Sorbitos de Café en Paisajes Vertos），其中一首〈網〉算是比較屬於外向性的作品：

我羨慕潛水夫因為他們是魚

背上負載著生命。

我羨慕潛水夫因為他們

用眼睛飲海水而自己裝滿

珊瑚、海藻、埋沒的寶藏。

我羨慕潛水夫因為他們

腳上長鰭而且在狂亂的

路上旅行毫無畏懼。

我羨慕潛水夫因為

漁夫無法用網捕捉他們。

聯名邀請我出席薩爾瓦多國際詩歌節的詩人基金會副董事長羅德里格茲（Mario Noel Rodríguez），除了閉幕式也參加念詩外，一直沒有出現在台上，因為他是台下的靈魂人物，節目安排、支援人員調度等等後勤作業，似

乎都歸他處理，每天早上也是他到旅館接我出席活動。四年後，2006年我參加尼加拉瓜第2屆格瑞納達國際詩歌節時再相逢，他念念不忘希望我再度前往參加薩爾瓦多國際詩歌節。

回國後，鑑於此次薩爾瓦多國際詩歌節是透過外交部邀請，我學習「外交」禮節，寫信向外交部長致意，並對駐外使節館員美言幾句：

簡又新部長鈞鑒：

本人此次奉行政院文化建設委員會委派參加第1屆薩爾瓦多國際詩歌節，承蒙駐薩爾瓦多大使館侯平福大使在開幕典禮及為外交使節團朗誦詩場合出席鼓勵，該館二等祕書張自信先生全力協助，事前將本人詩作譯成西班牙文，與主辦單位密切聯繫，在7月1日至5日大會期間全程陪同本人提供翻譯及協助一切聯絡事宜。貴部中南美司一科孫慧娟小姐在國內參贊聯絡並協助出國簽證手續等，使得參加薩國詩歌節順利達成有意義的國際文學交流活動，在各國詩人當中獲得最大讚譽，並獲薩國聽眾熱烈迴響，特此

耑函致謝。並頌

公安

李魁賢　敬上

2002年7月9日

可惜，這封信沒有獲得任何「外交」禮節迴響。參加第1屆薩爾瓦多國際詩歌節算是順利完成任務，後來文建會二處吳麗珠告訴我，外交部根據外館報告給文建會的公函，頗有讚譽之詞。

2018年9月3日

India, the Eternal Poetry Country

永恆的詩國印度

首度台灣詩人組團訪印

時間：2002年11月27日至12月10日

地點：印度

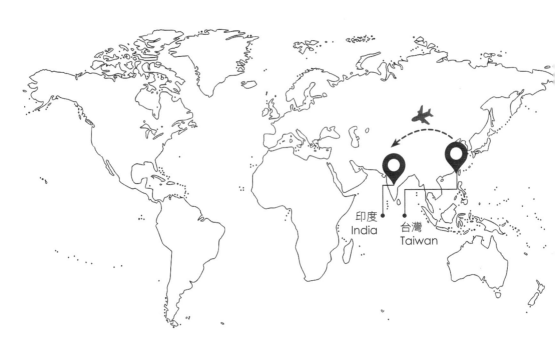

印度
India

台灣
Taiwan

與印度結下的緣分,在拙著《人生拼圖——李魁賢回憶錄》第75章〈從尼泊爾到印度〉和第78章〈諾貝爾文學獎提名〉中已略微涉及,但與印度詩人和社團交流,卻要等到2002年,距離1995年我開始在印度發表詩,並且努力奮鬥七年後,在文化建設委員會(簡稱文建會,即文化部前身)主委陳郁秀和副主委吳密察,推動台灣文學向外發展政策積極鼓勵下,才出現機會。於是在該年11月27日至12月10日,有了首度台灣詩人組團訪印之舉。

由於與印度詩壇實質接觸,是我在台灣筆會會長任內,為承辦亞洲詩人會議日月潭大會無心栽柳所致,於是我委託擔任過台灣筆會祕書長協助我處理會務的杜文靖,向文建會遞計劃書,商請當時台灣筆會理事長(台灣筆會於1999年正式申請登記為社會團體後,負責人被改職稱)曾貴海同意,以台灣筆會名義提出申請,很快獲得通過。但原先擬定同行的詩人名單,卻被文建會承辦人七折八扣抽換。

為使交流具備人本與文本雙重實效,我策劃編輯一冊英漢雙語詩選《詩的心靈對話》(*Dialogue with the Soul of Poetry*),這項概念成為我後來從事國際詩交流的成例。詩選除十位團員江自得、李敏勇、李魁賢、杜文靖、沈花末、許悔之、陳坤崙、曾貴海、路寒袖、鄭烱明,各兩首漢英雙語詩外,有陳郁秀和曾貴海的序,我則寫一篇導言〈向印度人民致敬〉:

> 少不更事時,閱讀《西遊記》,把印度視為西方極樂世界,那是神祕之境。後來讀泰戈爾的詩,喜愛其閃現智慧的美感經驗,嚮往詩國印度。
>
> 及長,逐漸知道印度是階級分明的社會。聖雄甘地雖然以非暴力抵抗殖民主義的反對運動,成功領導印度走向獨立,仍然無法改變根深柢固的社會體制。
>
> 多年來,由於多少涉入亞洲詩人交流活動的一些事務,與部分印度詩人更有一些直接接觸和私交。
>
> 我與印度有更密切的交往,是緣於1995年台灣筆會與《笠》詩社合辦亞洲詩人會議日月潭大會,當時我是台灣筆會會長,擔任詩會祕書長,邀請了一些印度詩人來台與會,包括普拉薩德博士。他

不能來，反而向我邀稿，我寄給他〈留鳥〉，很快就在他主編的《Samvedana》刊出，還特地推薦給詩人法赫魯定選入《西元二千年的詩》內。

法赫魯定是《詩人國際》月刊主編，從1996年開始向我邀稿，到1998年就頒給我「1997年度最佳世界詩人獎」。

詩人施里尼華斯博士注意到我在印度大量發表詩，從1999年起每年在他主編的《世界詩》選用我的詩，迄今五年未間斷（按：後來繼續選用到2009年他逝世，其公子接替編到2011年止。中間我還推薦許多位台灣詩人作品入選。）

2000年由他擔任主席的國際詩人學會頒給我千禧年詩人獎，由會長阿彌魯定通知我，並於2001年函告已向瑞典學術院推薦我為諾貝爾文學獎候選人。

今年麥克爾·默圖蘇丹學會又頒給我2002年M.M.詩人獎，紀念麥克爾·默圖蘇丹·達達，讓我在印度連得三個獎項。

我的朋友跟我說笑，說我在印度比在我自己的國家更有名，甚至說我快變成印度詩人了。

實際上，我在1967年第一次前往歐洲時，搭乘的飛機曾在加爾各答加油，我沒有進入過境機場休息，只從機窗俯瞰過加爾各答的夜景。經過30年，我才在1997年第一次到印度旅遊，這一次是第二次來到印度。

我對印度文明頗為嚮往，雖然到今認識仍然有限，但是我對印度詩人努力建立詩文學傳統，勇於為貧窮人民發言的人道精神，印象非常深刻。詩人除了表現創作才能外，其實還代表著社會的良心。

印度文化使得詩深植人心，成為人文的良好體質。印度詩領先亞洲由泰戈爾首獲諾貝爾文學獎。印度詩人輩出，在多語言的國度裡，產生更為燦爛豐富的花果。

甚至，由詩人凱拉姆就任了印度新總統。由詩人擔任政治領導人的國家，其象徵意義頗為不凡，代表一個文明國家的文化水準。

我的台灣詩人朋友和我一樣抱著透過詩增進台灣與印度彼此的瞭

解和友誼的願望，尋求建立亞洲文學的共同價值，並為亞洲地區的和平及人權盡一些心力。因此，我們以熱烈的心情，滿懷憧憬，前來詩國印度訪問。

　　謹此向印度人民致敬，向印度詩人致敬。

　　我這樣寫，純粹是投帖拜訪的用意，把要交往的單位全部打過招呼，趁機把關係拉緊一下，表示刻意安排的苦心，並非順便路過。

　　台灣詩人首度組團出訪印度是一項創舉，團員中除了我在1997年去過印度、不丹和尼泊爾旅遊外，就只有杜文靖曾經被報社派到喜馬拉雅山登山營區採訪，其餘團員均未親履過印度。為產生實質文學交流效應，我與印度各地文學團體洽妥安排行程和節目，另方面顧慮讓台灣詩人對印度的現實社會有所體驗與觀察，安排行程包括新德里、加爾各答、孟買、班加羅爾、馬德拉斯（這是英國殖民時代改名，今已恢復原名青奈），這五大城市正好分別在印度政治、經濟、文化、科技、貿易方面占有鰲頭地位。在短短兩週內，在各大城市安排交流活動，行程緊湊當可想像。我特別商請慈仁德姐領隊，她是西藏人，在印度出生長大，到台灣留學畢業後，留在台灣成家創業，經營旅行社多年，非常專業，除華語與英語兼優外，又精通印地語，我參加她帶團旅遊多次，很難找到更理想的導遊。

　　出發前三天，班加羅爾的《詩人國際》（*Poet International*）月刊主編，也是印度俳句詩會會長法赫魯定（Mohammed Fakhruddin，或譯法魯定），通知我已代為安排晉見剛在7月25日就職的第11任印度總統凱拉姆（A. P. J. Abdul Kalam，任期2002-2007年），希望我自己寫一封信，逕寄印度總統府，但因印度郵電系統不很理想，用快遞寄送也緩不濟急，而我們在新德里的行程只有11月28日一天的空檔，指定日期要求總統接見，也似乎不太禮貌。

　　深思熟慮後，我把呈印度總統的信藉電子郵件，傳送給法魯定，麻煩他傳給在新德里的前總理夫人希悅拉‧古傑瑞（Shiela Gujral），請她持往總統府，面見總統安排時間。印度總統凱拉姆雖然是主持印度飛彈發展計劃的科學家，卻也是傑出詩人，在他名列印度暢銷書排行榜第一位的自傳《火

翼》（*Wings of Fire*）中，處處顯露對師長、同事、後進的關懷、同情、體諒、溫馨的敘述，顯示他的文化素養。在印度行程中，閱讀此書，讓我想起1997年旅遊南非時，沿途閱讀曼德拉（Nelson Rolihlahla Mandela, 1918-2013）自傳《漫長自由路》（*Long Walk to Freedom*）一樣，感到旅行特別充實。

　　凱拉姆總統這一年71歲，他不但是科學家、詩人，也被譽為創造性人物和偉大思想家，他主張透過人民運動把印度轉型為開發國家，甚至強調他「不畏縮地認同」現世主義原則。在2002年7月的印度《詩人》月刊發表過題為〈生命樹〉的詩，長達80餘行，顯示他追求自然和諧的詩觀和人生觀，以及入世的精神和態度。〈生命樹〉一開頭即吟詠：

　　　　啊，我的人類
　　　　我們如何出生在
　　　　近乎無限大的宇宙間
　　　　我們孤單嗎？
　　　　我一直在尋找創作
　　　　大問題的答案。

　　西方自從存在主義興起，倡導人在世間是孤單的、無依無靠的、蒼白的、荒謬的，但凱拉姆在詩中堅持：

　　　　我們並不孤單，億兆的生命
　　　　以各種形式在一個一個銀河系的
　　　　行星上活躍。

　　這種眼界多麼開闊、健康！然後，他借用神諭，以回聲啟示：

　　　　你們人類是我的最佳創作
　　　　你們會生生不息

你們一再付出直到
你們結合在人間同甘共苦
我的賜福會在你們心中滋生愛
連綿不絕。
那是人性的使命
你們每天會在生命樹上看到
你們要一再學習
我的最佳創作。

於是，人類經由心靈開竅，在美麗的早晨，發現陽光普照，把烏雲驅散，只見群鳥唧啾，萬花競放。神諭的回聲又起：

花開，發射美且散布香味
奉獻蜜。在生命的前夕
花悄悄謝落所屬大地。
啊，我的創作是人生的使命
你們有生以來，過著奉獻生命的生活
而且堅信人生
你們的使命便是生命樹。

最後，以「啊，我的人類／讓我們同唱創作之歌」，結束此首澎湃詩篇。

凱拉姆在接受執政黨提名競選總統前夕，當著媒體朗誦給祖國印度的愛國詩篇，但媒體對他的詩作不大在意。縱使號稱詩國的印度，出了一位能詩的總統，媒體也只重視政治而不注意詩。反觀台灣，也不足為怪。氣質對文化立國的形象應該有起碼的效用吧，至少顯示印度固窮，但在這文明古國，至少詩人可以晉升到總統的職位。

茲再舉凱拉姆另一首詩〈雲〉為例：

我的思想生活在雲層上
問我一個問題：這個世界真實嗎？
我旅行飛過天空
有時搭飛機，有時駕御我的思想
雲看我當作藍色鄉鎮裡的房屋
一定有些仙女下凡在那裡生活
她們把雲塑造成可以浮動
有時放鞭炮取悅眾神
有時弄雨裝滿希望之杯
陽光四射像是神在賜福

彩條宛如天庭的花卉
烏雲、彎曲的隧道，使我感到真實
現實存在於權力和名望的世界
再度問起，我們都從哪裡來？
我們最後目的地是什麼？為何？
家父以往常對家母說：
「妳的孩子可不是妳的孩子
他們是生命本身嚮往的創造
他們是經由妳而來而不是由妳而來」
我請求雲自由自在為我
尋求孤獨作為靈修
結束追逐權力的戲碼
為和平祈禱且為人性而愛

　　我們從台灣飛到印度新德里是11月28日凌晨，約3點進旅館，天亮聯絡
古傑瑞，獲悉總統當天排不出時間，轉請古傑瑞代他致意，希望能在回程時
見面，但按照我們訂好機票，回程在新德里只過境，並不停留。於是，古傑
瑞邀請我們在私邸茶敘。

古傑瑞在大學時代是活躍的學生運動健將，旁遮普大學文學研究所畢業後，與當時學生運動領袖，後來擔任總理的殷德爾・庫馬・古傑瑞（Inder Kumar Gujral, 1919-2012）結婚，於1976-1980年隨夫出使蘇聯，展開印度與蘇聯的文化交流。回國後，曾任印度女作家協會會長，平常熱心兒童福利工作。以旁遮普文、印地文和英文出版的詩集有20本，另著有小說、傳記、劇本等，作品有阿拉伯文、烏爾都文、果魯穆奇文等譯本。

因印度社會治安不是很穩定，尤其是多種族間的矛盾，常有意外事故，例如英迪拉・甘地和拉吉夫・甘地母子，都在總理任內，被隨扈錫克教徒暗殺。因此，政要的安全保護措施頗為嚴密，何況古傑瑞宅邸占地甚廣，大門安檢幾乎比機場還要嚴格，查護照、通過安檢門，口袋全部掏空，連筆、相機都不放過，團員中有人不爽，兩人起鬨，開始撒嬌。我勸說這是她家園的防患常規，並非針對我們，所以我們不妨入境隨俗，如果有人堅持不願接受檢查，麻煩請在外面稍候，我們拜會後趕快出來會合。結果，大家就範。

古傑瑞年登耄耋，仍然精神矍鑠，和藹可親。隨扈引導我們進入大客廳時，她立刻起身迎客，我第一個介紹台灣筆會理事長曾貴海時，剛才在外面撒嬌的詩人迫不及待，把自己中文詩集遞到古傑瑞手裡，把順序弄亂掉。分賓主坐下後，古傑瑞開口就提到我們1986年出席在首爾舉行的亞洲詩人會議時初識，給她印象深刻，迄今記憶猶新，然後談到印度元老詩人施里尼華斯近況，以及印度詩壇一些消息。原先從台灣出發前，曾貴海交代本團由沈花末當發言人兼翻譯，因為她在美國留學過，可是現在一句話都插不上嘴，她偷偷對我說，這些事她都不清楚，所以推卸掉發言人身分。

古傑瑞待客親切，殷殷勸進茶點，談到興起，立刻找人去請印度詩會資深祕書考爾博士（M. K. Kaul）趕來相會，讓我們彼此討論台印詩交流方面進一步推展的合作意願和可能方式。原先預定15分鐘的拜會行程，已談了一小時，我最後向古傑瑞表達台灣詩人們對印度總統凱拉姆詩人身分的敬意，也表示對古傑瑞一生寫詩不輟的仰慕。古傑瑞招呼台灣詩人一起合照留念，贈送我兩本詩集：《兩塊黑色煤渣》（*Two Black Cinders*, 1985）和《火花》（*Sparks*, 2002）。

我在編《世界女詩人選集》時，選譯詩十首，徵求她同意授權，接到古

傑瑞總理覆函說，夫人已過世，但很高興能獲選，等到2013年2月出書時，總理也往生了，終於留下遺憾。茲舉一首短詩〈當代佛陀〉，顯示她在人生奮鬥過程中生命力的堅忍。

> 被所謂社會精英詛咒
> 被命運的殘酷強風襲擊
> 被族人無盡的需索困擾
> 被家裡經常爭吵折磨
> 被為生活苦苦掙扎凌虐
> 被朋友不息的詐騙壓垮
> 他立定目標
> 鑽過無盡艱辛的泥濘
> 終於出頭了。

> 一位活生生的聖人！

　　既然凱拉姆總統行程排不出來，我們正好利用時間觀光新德里。其實，新德里和德里是連成一體，當年英國殖民統治時，以歐洲式建設新社區，形成不同面貌的景觀和文化樣相。德里街道窄小、垃圾滿地，臨街整排商店幽暗，商品堆置亂無秩序，街上雞犬趴趴走，汽車少，卻有許多載貨牛車；新德里街道寬闊，道旁林蔭蔽日，不見禽獸散步，汽車來往秩序井然，房屋都不臨街，街道旁保留綠地前院，戶戶不相毗連。新舊德里呈明顯對照，最奇特的是，同一條街到交界處，就截然改觀，不但牛車到此止步，雞犬也不入，這樣規矩真不知如何約定俗成？
　　我們去看過兩處與甘地有關的遺蹟，其一是貝拉廟。由於印度教的種姓階級制度在社會上根深柢固，甘地在推展政治獨立和文化革新運動時，想一舉改革種姓宗教分立問題，讓不分階級的人都可進入印度廟參拜，結果無法實現。甘地好友富豪貝拉捐輸興建貝拉廟，以完成甘地心願，所以迄今德里只有這家貝拉廟，不分階級都可進入參拜。第二遺蹟是甘地紀念墓園，實際

上甘地按照印度習俗，火化後骨灰都掃入河流，隨波而去，此地是甘地火化處，園區草地周圍樹木林立，區中央置一大理石平台，上有長明燈，非常簡樸，充分代表甘地人格。許多印度人走入平台周圍流連瞻仰，也有婦女依偎平台席地而坐，在沉思冥想中悼念。

印度詩旅第2站來到加爾各答，主要是參加麥克爾‧默圖蘇丹學會（Michael Madhusudan Academy）在11月30日的頒獎典禮。這個學會創立於1970年，為紀念印度第一代孟加拉語文學偉大詩人麥克爾‧默圖蘇丹‧達達（Michael Madhusudan Datta, 1829-1873）而設。麥氏學會每月舉辦文學討論會、學術演講，以及詩朗誦會，在文學之外，學會特別著重資助孤兒和貧窮兒童教育，和鄉村窮困婦女的職業訓練，協助其謀生能力。我感念麥氏學會的社會工作，特地從台北購買一部傳真機帶來贈送。加爾各答市街交通可以「驚悚恐怖」形容，汽車完不照劃線車道行駛，二線道可以擠成三線、四線，甚至五線道，計程車大都在車陣中蛇行穿梭。巴士沒有把握可以把我們準時送到頒獎典禮會場，勸我們改搭計程車，讓我們親歷驚心動魄的險象。

麥氏學會2002年頒贈有詩、戲劇、小說、美術、歌曲、社工、發明等獎項。除了我獲得最佳詩人獎和法國阿爾伯特‧魯薩（Albert Russa）獲得小說獎外，其餘均頒給印度人。台灣詩人受到大會禮遇，集體被請到台上貴賓座位。印度國內獎項頒給許多人，顯然是基金會社會工作的鼓勵作用，由於頒獎過程較長，坐在我正後面的一位台灣詩人嘴裡一直在嘀咕：「統統有獎！統統有獎！」我沒想到台灣社會的精英，對這類為社會窮苦大眾努力的志業，是如此不耐煩。翌年起，我被聘為詩獎提名委員，後來甚至晉升為副會長，我提名日本有馬敲（2003年）、蒙古門德佑（2005年），都順利獲獎。

2002年麥氏學會頒贈儀式由理事主席西雅瑪‧庫摩‧沈恩（Shyamal Kumar Sen，前西孟加拉邦首長，當時為安拉爾巴德高等法院主任法官）主持，學會祕書畢德翰‧達達（Bidhan Datta）司會。由於麥氏學會理事大都為法官和政府官員，逐一講話費了不少時間，也有人起立發言時，聲色俱屬主張大家要說孟加拉語。主席頒給我麥克爾‧默圖蘇丹‧達達圖像造型的獎座和金牌後，讓我致詞，我已準備好上文所引〈向印度人民致敬〉英文講稿，說到「我快變成印度詩人」時，獲得滿堂掌聲。

亞洲第一位獲得諾貝爾文學獎的印度詩人泰戈爾（1913年），在得獎詩集《吉檀迦利》（頌歌集）第35首對印度祖國，有如此歌頌詠歎：

> 在那裡，心無畏懼，抬頭挺胸
>
> 在那裡，知識自由自在
>
> 在那裡，世界未被狹隘住家牆壁裂成碎片
>
> 在那裡，字句來自夢裡深處
>
> 在那裡，不倦的努力把手臂伸向完美
>
> 在那裡，理性的清流未迷路於積習的荒漠
>
> 在那裡，心靈受你前引到逐漸開闊的思想和行動
>
> 我的父啊，讓我的國家清醒，進入那自由的天堂吧

　　策劃加爾各達行程時，我一心一意想參觀泰戈爾紀念館和他創設的和平村（Santiniketan）。泰戈爾紀念館在加爾各達北區約拉桑柯（Jerasanko），泰戈爾1861年5月6日在此誕生，1941年8月7日在此逝世。泰戈爾六世祖從現在孟加拉國遷到加爾各達，歷代經商致富，由高祖購建約拉桑柯莊園，到泰戈爾父親手上興建學校，漸成規模，子嗣繁衍日盛，成為大族。到泰戈爾一代已經人才輩出，泰戈爾排行14，兄弟間有著名哲學家、音樂家、畫家、作家、教育家、宗教家，由泰戈爾的詩獨享此一姓氏的榮耀。莊園目前仍是泰戈爾家族宅第，前院豎有泰戈爾大型雕像和立柱胸像。

　　泰戈爾七歲能詩，受到一些知名作家讚賞，可是他鄙夷正統學校教育，寧願自學，基於喜好自然的天性，1901年開始在和平村興學。此地離加爾各達約50公里，我們從加爾各達搭火車前往，車站是開放式，沒有圍欄和管制，旅客和小販擠得像傳統菜市場，甚至在軌道間隨意穿越。火車分硬座和軟座，軟座票價較高，只看到外國遊客入座，車箱壁上掛著和平村的圖片，空位很多，顯得安靜；硬座則滿載，還有找不到座位而站著的乘客。和平村已從小學一直發展到中學、大學，以迄國際性大學，學生有六千多人，因校園廣闊，校舍分散，樹木又多，看似處在森林裡，校園寧靜，人跡罕見。我們圍坐在華蓋廣被的大榕樹下，挖成圓圈的自然教室，體會一下森林學校上

課的氛圍。

在和平村內的泰戈爾美術館，意外見識到泰戈爾另類的美術才藝。適巧讀到當地報載，巴黎現代美術館正商借泰戈爾三百餘幅畫，準備在法國大規模展出。向泰戈爾美術館打聽畫作數量，據稱僅該館就收藏有700幅之多，簡直難以想像。而泰戈爾詩創作量也極為驚人，從17歲出版第一部詩集起，一生共出版詩集50餘本，還有無數的小說、劇本、散文、評論，甚至還作曲。泰戈爾的榮耀，也幫助印度覺醒，與甘地相知相惜，推展印度獨立運動，終於成功，可惜未能及身見到成果。

離開加爾各達，安排旅遊阿格拉，瞻仰世界著名七大人工奇景之一的泰姬瑪哈、紅堡，到捷布（Jaipur）參觀風之宮殿（Hawa Mahal），建築造型細緻，精彩絕倫，7層樓共有953扇窗，據說專為禁宮內女子窺視外面景觀而設計。然後前往琥珀堡（Amber Fort），用紅色砂岩和大理石建造，高踞在山丘上，我們騎裝飾華麗的象轎上山，沒想到這樣龐大動物，走路卻安穩極啦。

我們接著往西飛到孟買，主要目的是要拜會印度筆會祕書長兼財務長尼西姆・以西結教授（Nissim Ezekiel, 1924-2004），他被尊為現代印度英語詩的先鋒人物，第一本詩集《變化時期》（*A Time to Change*），出版於1952年，一生著有10本詩集。1987年台灣筆會成立時，他是少數寄來賀函，表示希望雙方能加強聯繫的外國筆會負責人之一，後來他寄贈當時已發行48年的《印度筆會》季刊，連續三年之久。出發前，我寫信給他，卻無回音，我請《詩人國際》月刊主編法魯定打聽結果，得知生病住院兩年多了，印度筆會因屬祕書長制，會務也無形中停頓。法魯定繼續獲得確切消息是，他患了失憶症，但我想在他身體違和時，更應該去探望他，也算是盡患難交情吧。

到了孟買，按照預定行程摸索到印度筆會會址，外面公告版上雖貼有活動節目告示，但大門深鎖，無人上班。樓上圖書館資料庫有一位老先生，非常熱心打電話到處找以西結教授的兒子艾爾坎（Elkan），他在強生公司擔任業務主管，到處巡視，老先生電話從一個分店追到另一個分店，但已到午休時間，我們只好抄下電話號碼離開。下午終於找到艾爾坎，他在開會中，以緊急事故請他接聽電話。艾爾坎說，以西結教授在私人醫院療養，已完全

失去智能，連他也不認識。他每星期去探望一次，病情毫無改善，他表示感謝台灣詩人遠道前來探病的盛情，但去也無用，我們只能表達關切，終於放棄去探視念頭。

　　兩年後，2004年以西結教授往生了。謹舉他自況的詩〈教授〉，表示對他無盡的懷念。未料在詩裡自許「無糖尿病、無高血壓、無心臟病」的人，卻意外患了失憶症，真是天意難測：

　　　　記得我嗎？我是希斯教授。
　　　　教過你地理。現在
　　　　我已退休，健康很好。妻子幾年前去世。
　　　　靠神的恩典，所有孩子
　　　　生活過得很好。
　　　　一位是業務經理，
　　　　一位是銀行經理，
　　　　兩位都有車。
　　　　其他也算不錯，雖然稍差。
　　　　家家必然會有不長進的後代。
　　　　薩拉拉和塔拉拉已經結婚
　　　　丈夫都是非常好的孩子。
　　　　你想不到吧，我有十一位孫子。
　　　　你有幾位？三位？
　　　　很好。如今是家庭計劃的年代。
　　　　我不反對。我們必須隨時代改變。
　　　　整個世界都在變化中，印度也不例外
　　　　我們要迎頭跟上。我們的進步在進展中。
　　　　舊價值正消失，新價值正來臨。
　　　　萬事發生突飛猛進。
　　　　我很少出門，偶爾走動
　　　　這是老年人的代價

但我健康還可以，常常會疼痛。

無糖尿病、無高血壓、無心臟病。

這是年輕時養成的良好習慣。

你的健康狀況怎麼樣？

很好？聽了很高興。

我今年六十九歲

希望能活百年。

你太瘦，像竹竿，

現在你是重量級的重要人物。

跟你開開玩笑。

如果你有機會再來這邊，

請惠臨寒舍。

我會住在對面的房子後面。

　　在孟買，特地去參觀甘地紀念館，位於拉布爾楠路（Laburnum Road）19號，是兩層樓房，原是甘地1917至1934年的住處，現保留為紀念館和研究中心。這裡有影像展廊，陳列甘地活動照片、重要書信和文件，有一張完全苦行者模樣的超大照片，令人印象特別深刻，把他堅苦卓絕的精神表達得淋漓盡致；大廳，在一樓，放映甘地活動和演講影片，也安排舉辦會議、研討會、學生作品競賽等活動；圖書室，滿架圖書期刊約有4萬冊，尤其收藏甘地著作和有關甘地的論著，許多絕版書；甘地房間，在二樓，是他的起居室和工作間，保持他生前使用原狀；紀念品店，銷售甘地郵票、照片、紀念品等，我在此買到《甘地自傳》（*An Autobiography or The Story of My Experiments with Truth*），厚420頁，對他一生行誼，敘述詳盡，包括他13歲就成婚，這是當時印度普遍的社會風俗。

　　從孟買到班加羅爾（Bangalore），是要參加12月7日第7屆全印度詩歌節，由《詩人國際》月刊社主編兼印度俳句詩會會長法魯定主辦。1998年第4屆曾頒給我「1997年度最佳世界詩人獎」，當時我因痛風發作，不良於行，未親自出席領取，那時法魯定通知我說，當他宣布我為得獎人時，全

場起立鼓掌（standing ovation）。今年法魯定邀請我主持開幕典禮，並首揭《詩人國際2002年詩選》新書發表。文建會二處處長黃武忠帶助理王薰雅小姐，從台北直飛到班加羅爾來會合，加強陣容。

　　早上到達會場時，法魯定在前廳迎接，五歲孫子在他跟前，我提醒自己注意不能用左手去摸小孩頭，所以就以右手撫摸一下他的頭頂，稱讚他可愛，他笑得躲到法魯定身後去。在貴賓簿上簽名後，法魯定引導我進入大廳，侍者奉上飲料，有許多印度詩人熱烈圍過來，社交禮貌免不了肆應一番。我忽然發現台灣詩人無一在酒會現場，正好導遊慈仁德姐過來，附耳低聲說：「他們都到候客室去啦，要不要請他們過來？」我跟著慈仁到隔壁，只聽到先行的慈仁笑著說：「你們不是要來交流的嗎？趕快到酒會上去呀！」我看到大家移動過來，就回頭投入印度詩人陣內，但一下子又看到大家並排坐在酒會靠牆的椅子上，按兵不動。

　　法魯定招呼全體詩人轉往會議廳，我引導台灣詩人朋友們進入，請黃武忠和曾貴海跟我一起坐第一排，等到印度詩人進場時，兩位都站起來，我問：「做什麼？」他們說要移到後排，前排讓貴賓坐。我說：「拜託！請坐下，我們才是貴賓！」

　　開幕典禮開始時，由印度資深詩人朗嘉斯瓦彌（Srinivasa Rangaswami, 1924-2007），給我獻花環，掛到我頸項，然後請我和英國詩人戈登・印德雷（Gordon J. Hindley），同法魯定坐在主席台上，算是主席團吧，其實一切程序和事務都由司會法魯定安排和調度。由我主持新書《詩人國際2002年詩選》發表，儀式倒是非常簡單樸素，法魯定事先把新書包裝好，由我打開來「秀」給大家看，然後把第一本書贈送給主席旁的貴賓印德雷，儀式就完成了。

　　上午的行程是研討會，主題是「新時代文學：俳句、短歌、川柳、七五調」，先由法魯定申論，作為引言。發表論文有台灣詩人李敏勇、英國詩人印德雷，以及印度白亞里博士（K. B. Byali）和梭達蜜妮小姐（Soudamini）。討論會結束時，由我發表演講，重複〈向印度人民致敬〉講稿。

　　下午朗誦詩由法魯定主持，他獨自坐在台上，採取台灣詩人和印度詩人

交叉朗誦的方式，逐一點名上台朗誦。台灣詩人因人數固定，且我們帶去的漢英雙語《詩的心靈對話》，已先行發給現場出席詩人，人手一冊，不但主持人容易掌握，聽眾有文本對照，容易理解。反觀印度詩人，除少數自備少量影本分發外，大都只給主持人一份副本，甚至也有人念完才把原稿呈交主持人，以致主持人在時間上比較難控制。法魯定除嚴密控制進度外，還把台灣詩人順序最後一位鄭烱明，排在整個朗誦節目的壓軸，可見他處理事情的周到和細心。

　　從印度俳句詩會會長頭銜和研討會主題，顯示法魯定專注日本傳統詩形式的襲用，後來我為他翻譯一本《自我探索》俳句集（*Haiku Self-Exploration*），含160首俳句，由印度詩人國際書局（Poets International Books, 2004）出版，著重在人生、理念、藝術、創作的思索和冥想。試舉前數則如下：

1.

自我探索吧
引導向內在空間
洞見通願景

2.

孩童可比神
一視同仁無差異
太陽必普照

3.

神聖生活罕
見於當代的世界
手段不公平

5.
心與腦同步
行動結成果使得
天低大地廣

8.
創造性才能
求個人精神平衡
無人可獨享

　　法魯定不只迷上日本傳統俳句、短歌、川柳、七五調，還擅長西洋傳統14行詩，似乎也是一貫的自我探索格調。他不但自己力行實踐創作，還開班授徒，也到各學校去演講。

　　由班加羅爾往南到印度詩旅最後一站馬德拉斯（Madras，今已改回原名青奈Chennai），初步印象，在都市和社會生活條件上，似乎正好隨著我們印度行程所經城市，愈進步、愈乾淨、愈適宜居住。

　　國際詩人學會設在青奈，會長薩伊德・阿彌魯定（Syed Ameeruddin），奉印度詩壇泰斗90高齡的克里希納・施尼華斯（Krishna Srinivas）為主席。1960年創刊的《詩人》（*Poet*）月刊，和世界詩社出版的《世界詩》（*World Poetry*），都以施里尼華斯為會長和主編，阿彌魯定為聯絡人，足見兩人關係匪淺。國際詩人學會也在1994年另創辦《國際詩》（*International Poetry*）季刊。

　　施里尼華斯是1969年創立的世界詩人大會共同發起人，另三位是菲律賓尤松（Amado M. Yuzon, 1906-1979）、美國露・露莬娃（Lou Lutour）和台灣鍾鼎文。

　　施里尼華斯帶團出席世界詩人大會，到過台北（二次，1973年和1994年）、巴鐵摩爾、首爾、舊金山、馬德里。1995年榮獲麥克爾・默圖蘇丹學會詩人獎（算是我前輩）、2001年世界詩人獎，另得甘地夫人獎和泰戈爾獎，曾獲提名諾貝爾文學獎候選人。其詩頗具印度哲學意涵，例如〈空〉長

詩的前二節：

> 我來自現實的領土——
> 綿綿無盡金字塔形的創作——
> 在無始之始
> 祂——萬物中的至尊
> 放下安詳的須彌芥子；
> 七個世界，七個中心……
>
> 太空的幽暗深處
> 萎縮成看不見的海，
> 寬宏海洋在脈管內澎湃：
> 千山萬峰崩成嬰兒骨骼：
> 一兆多的宇宙——
> 長毛象的步伐冰凍了——
> 粉碎成不老的寂靜
> 和無聲的皮殼……

　　話說阿彌魯定知道台灣詩人有訪印之舉，決定籌辦世界詩日（World Poetry Day），不但請出施里尼華斯，還找來米佐拉姆中央直轄區（Mizoram）前首長、現任印度作家協會名譽會長帕德瑪納邦博士（A. Padmanaban）主持會議。阿彌魯定做事似乎更加周到，他在12月9日一大早，到我們住宿旅館送來邀請卡，共進早餐，對會議程序安排做簡報，並交換意見，然後親自帶我們前往會場，設在印地語言教育中心（Hindi Prachar Sabha），這裡是當年甘地工作過的地方。

　　帕德瑪納邦和施里尼華斯先在會客室接待我們，施里尼華斯依然是一副仙風道骨的神態，見面劈頭就提起，1973年來台北圓山大飯店參加第2屆世界詩人大會時見面，以及我翻譯過他的詩，神情愉快，非常健談。他們兩位帶領我們進入會場時，滿場100多位詩人和聽眾紛紛起立表示敬意。坐

定後，大會為施里尼華斯和全體台灣詩人一一獻哈達，並致贈每位一尊印度泰米爾語傑出作家蘇比拉馬尼安亞‧巴拉提（Mahakavai Subramanianya Bharathi）半身塑像。後來，我發現台灣詩人有的嫌行李攜帶不便，把塑像和法魯定贈送的畫都丟棄在旅館裡。

　　世界詩日由阿彌魯定教授致歡迎詞，對台灣詩人來訪極表推崇，表示歡迎加入國際詩人協會，再由帕德瑪納邦致頌詞。接著是新書發表會，由施里尼華斯首揭帕德瑪納邦詩集《埃佛勒斯峰》（Everest），而由帕德瑪納邦首揭孔達禮‧拉烏博士（Dr. Kondal Rao）詩集《我感覺》（I Feel...），兩本詩集的首冊都贈送給我，深感榮寵。本來新書發表會排在我演講之後，但因施里尼華斯年高，耐不住久坐，故把新書發表會提前，好讓施里尼華斯主持新書發表後，可先行回家休息。

　　我的演講仍然是〈向印度人民致敬〉的講稿，因為講稿提到此行有關的三個單位，故一體通用。演講後，我特別介紹黃武忠處長代表文建會陳郁秀致詞，並贈送禮物給施里尼華斯、帕德瑪納邦和阿彌魯定。

　　「世界詩日」詩朗誦會安排方式，與班加羅爾的全印詩歌節不同，台灣詩人集中前半場，而且是按照《詩的心靈對話》詩選的逆序方式，在台灣詩人朗誦完畢後，由台灣筆會理事長曾貴海致贈禮物給帕德瑪納邦和阿彌魯定，後半段才由印度詩人接續朗誦。

　　至此，印度詩旅全程結束，賓夜從馬德拉斯飛新德里。本來古傑瑞夫人希望我們回程到新德里可以停留，她要重新安排印度總統詩人凱拉姆接見，但因國際飛機班次改變麻煩，乃作罷，惜三年後，凱拉姆於2015年7月27日過世。我們在新德里轉機直飛桃園，完成一次深具意義的國際詩文學交流活動。

2018年9月11日

India has a Deadly Attraction

印度有致命的吸引力

第8屆全印詩歌節

時間：2003年12月6日

地點：印度

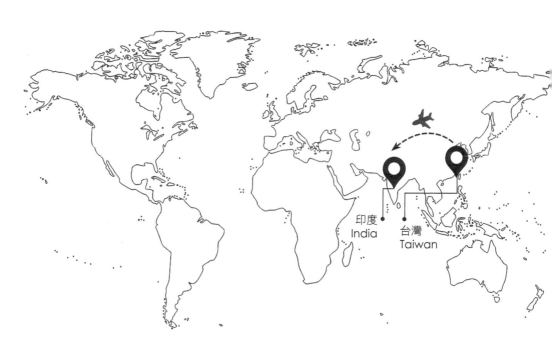

印度
India

台灣
Taiwan

由於台灣詩人組團訪印成功，受到印度媒體重視，我們訪問過的印度詩社更是歡迎採用台灣詩人作品，我趁機大量供稿，可惜台灣詩人作品外譯太少，不久便有供不應求的遺憾。其中尤以《詩人國際》（*Poets International*）月刊對台灣訪印活動特別重視，這當然是與主編法魯定建立多年的交情大有關係。

　　台灣詩人出席第7屆全印詩歌節後，《詩人國際》就製作一連串特輯。2003年1月號刊登台灣詩人訪印團全體團員經歷、《詩的心靈對話》裡文建會陳郁秀主委序言（其中提到「印度與台灣文壇就像久別的戀人，再次以詩，歌詠重逢的悸動，但願我們的情誼一如太平洋和印度洋的洋流，溫煦且年復一年地交流」）、台灣筆會曾貴海理事長序〈詩的心靈對話〉、李敏勇在大會宣讀論文〈閃亮的精靈──俳句的觀照，東方回映西方〉，以及我在大會上的致詞〈向印度人民致敬〉。以後多年逐期刊載台灣詩人作品，甚至法魯定在參加2005年高雄世界詩歌節後，常以高雄風景照片做封面，變成非常親台的詩人。

　　在該期讀者投書中，有寄自印度比萊市（Bhilai Nagar）且在詩歌節上朗誦〈戰俘〉（Prisoner of War）的納莉妮‧夏瑪（Nalini Sharma），要求主編向台灣詩人轉達她的問候和謝意，《詩的心靈對話》選集使她如獲至寶，所選詩篇顯示台灣詩人在詩才方面視野寬闊的見證，又富於人本精神，極為動人。另一位寄自美國加州的魯絲‧蘇勒（Rith Wildes Schuler），則投書希望《詩人國際》月刊能舉辦一次台灣詩討論會，投書中表示對拙作深為喜愛，並舉〈蓮花化身〉一詩為例。蘇勒從此與我締交，也應邀來台參加2005年高雄世界詩歌節，迄今聯絡不斷。

　　此外，印度國際詩人學會機關誌《國際詩》（*International Poetry*）在延後出版的2002年秋冬季號（第9卷第8、9期合刊）上，推出「來自台灣的桂冠詩人」專輯。世界詩協會的《詩人》（*Poet*）月刊2003年1月號（第44年第1期），也製作「台灣詩金庫」專輯。世界詩協會會長印度元老詩人施里尼華斯，也是國際詩人學會主席，又是《詩人》和《世界詩》（*World Poetry*）年度選主編，2003年3月來函聘我為亞洲區編輯，我順勢就一口氣推出8位台灣詩人作品，編入《2004年世界詩》裡。此外還有麥氏學會編的

《天國》（Heaven）和《亞洲詩人選集》（Asian Poets Anthology），以及《韻律詩神》（Metverse Muse）和《Purbodesh》等刊物紛紛來邀稿。

由於活動成功，我順利成為《詩人國際》特約供稿人、《詩人》聯絡員、《天國》詩獎提名委員、《世界詩》年刊顧問、《詩世界》（Poetry World）月刊顧問，更方便我大量提供台灣詩人作品在印度發表，粗略統計在短短兩年間密集供稿，送到印度發表的台灣詩約300首，其中拙作約占三分之一。送到印度發表作品的台灣詩人包括（按姓氏筆畫順序）白萩、江自得、利玉芳、杜文靖、李魁賢、岩上、林宗源、林建隆、林盛彬、吳俊賢、莫渝、陳明克、陳銘堯、張香華、張貴松、莊金國、黃騰輝、葉笛、鍾雲如、蔡秀菊。

由於印度詩人對台灣詩的熱烈回應，對我產生致命的吸引力，2003年開始策劃二度訪印行程，以求進一步強化台印詩交流成果，此念頭立刻獲得法魯定呼應，表示歡迎再度邀請10位台灣詩人參加第8屆全印詩歌節。於是，我徵求摯友參與，邀請到黃騰輝、葉笛、岩上、杜文靖、莊金國、莫渝、蔡秀菊、吳俊賢、陳明克同行，同樣以台灣筆會名義組團進行交流。豈料文建會卻冷掉半截，機票只肯補助一半，幸虧陳銘城推薦和聯繫，另外獲得外交部、教育部和新聞局的少量支援，再由詩人本身負擔部分經費，終於成行。

法魯定為營造印度對台灣詩更深入理解的實質條件，對我進行紙上訪談，在我們出發前，將詳細訪談紀錄刊載於《詩人國際》月刊第20卷第11期（2003年11月號），並發給印度報紙媒體，作為傳播和公關資料。訪談紀錄如下：

問：今日台灣詩的情況如何？

答：一般而言，詩人受到讀者歡迎，由大部分報紙文學性副刊幾乎每日發表一首詩可以證明，而且有相當於20至30美元的稿酬，可是詩刊和詩集的銷路卻很慘，只能賣到100到200冊。儘管待遇如此冷淡，每年仍有100種左右的詩集出版，還有許多詩刊維持定期或不定期出刊，其中有三種歷史最久的詩刊，即《藍星》、《創世紀》季刊和《笠》雙月刊，已創刊40年左右。另方面，每年由各級政府和民間機構舉辦大約20至30種文學獎，當然包括詩獎在內，首獎獎金在2,000至3,000美元之譜。很多年輕人和新秀熱中於投稿

參加競賽，爭取得獎，並可獲得擔任評審委員的資深詩人賞識。

問：中國詩和台灣詩有何差別？如何加以區分？

答：大部分台灣人用中文寫詩，少數用台灣語文、英文和日文。有些老一輩仍然喜歡用日文寫俳句、短歌和川柳，在台灣和日本發表。形式上，大部分台灣詩是使用和中國詩同樣的漢字書寫，但實質上有所不同。簡言之，在台灣所謂新文學運動於1920年代發軔後不久，即進入現代主義階段。可是在中國，一直到1950年代，詩仍然盛行浪漫主義，然後轉入社會主義現實主義。許多評論家都同意，近20年至30年，台灣詩給中國詩啟示，開始走向現代主義。然而，由於台灣與中國之間的社會現實和文化意識不同，詩中取材、表現、意象、象徵、隱喻、語法等等，自然有相當差異。在基本精神上，台灣詩常見批判政治和社會異化，但在中國詩仍屬嚴重禁忌。總之，中國不能算是民主自由的國家，至少在目前情況下。

問：誰是以往的台灣偉大詩人？可否英譯引用最著名詩篇？

答：坦白說，以往有些重要的台灣詩人，但我不敢說在過去台灣文學裡，出現過任何偉大的詩人。重要詩篇不免牽涉到台灣過去現實，要長話才能說清楚，在沒有進一步解釋之前，還是不要引用任何詩篇為宜。請諒解。

問：你以為東方詩人，不論國籍，其思惟和表現是否較西方同道相像？

答：是的，但日本詩人除外。在我的一般印象中，大部分日本詩人本身耽於現代主義，以致更關心其內心世界，因而有比其他東方詩人更相似西方詩人的傾向。此項印象是出自於我的經驗，就思考和表現而言，我感覺能很快融入印度、韓國和中國等詩人所寫的詩中，日本的詩則不然。當然，我指的是通常情形，並不排除特殊或個別情況。

問：年輕詩人喜歡寫什麼樣的詩？

答：一方面，年輕詩人似乎喜歡寫些俏皮的諧音詩，可能是認為好玩，或是當作對建制的顛覆策略。大言炎炎藉口是戲擬，或甚至誇大其詞，說是後現代主義。另方面，年輕詩人喜歡羅列彼此間具有相關性的很多意象，看似非常繁複，實際上有失精鍊。大部分年輕人忽視聚焦在一首詩所要表達的目標上。當然，年輕詩人著重的觀點與上一輩有所不同。總之，反映出時代變化和變異快速。

問：台灣年輕人對詩的反應如何？

答：台灣年輕人喜歡讀詩、出席詩朗誦會，以詩的形式輕率書寫本身感受，隨興在網路上發表。但只有少數人才會買詩刊和詩集、注意或尊重詩人的才氣、盡心盡力從事研究詩的本質。在他們看來，詩創作簡單容易，不須努力和苦讀。誠然，人人可以成為詩人，但畢竟只有精心寫詩的少數人，才會被肯定為詩人。

問：台灣有傳統和韻律的形式嗎？

答：有！在台灣所謂古典詩或舊詩，平仄和韻律有嚴格規定，所謂古典詩人仍然樂此不疲。台灣古典詩很像中國傳統詩，使用同樣文學語言，可是幾乎每字的發音不同。台灣古典詩歷史將近400年。由於平仄、韻律，以及詩型所用字數，有嚴格規定或限制，所以每一首詩都可吟唱，展現各種不同的旋律，有助於詩內容的記憶。

問：台灣少數民族的語言是什麼？有多久歷史？

答：台灣人口約98％是400年來從中國移民的華人，部分與住在平地的原住民，所謂平埔族，通婚所生的後裔，後來成為混血台灣人。當然，平埔族的民族語言幾已失傳。但仍有住在山區的10餘族原住民，即所謂山地原住民，總人口在40萬左右，仍然保有自己的生活方式、獨特的文化和語言，已歷四、五千年之久，沒有充分書面字體紀錄其思惟。山地原住民10餘族當中至少有部分使用的語言，稍微類似波里尼西亞系統。近來有些人類學家的研究報告，指稱太平洋群島的波里尼西亞民族起源於台灣。

問：什麼是台灣現代詩？可否請引用一些詩篇的英譯？

答：台灣現代詩多元化，每一位成熟的詩人都試圖尋求不同的表現，以建立其本身獨特或變化的風格。台灣現代詩中受到矚目的特性是反抗精神，對抗建制的政治權力，尤其是1895年到1945年日本帝國主義統治下的殖民主義，以及1945年後中國國民黨所統治中國法西斯政黨的擬似、再殖民主義或後殖民主義，直到約10年前，台灣才透過所謂「寧靜革命」，邁向真正的民主化和自由化。

我可以引用拙作〈生命在曠野中呼叫〉為例，此詩寫於1969年，一方面挑戰「凶暴的夏天」（即惡霸的統治者），另方面鼓舞「在曠野中」的團結

力量，「向中心」（即中央統治集團）衝刺：

> 把匕首用力投擲過去
> 一次又一次
> 從外圍逐漸向內心集中
>
> 他睨視著凶暴的夏天
> 這樣揮手練習的姿態
> 竟也逐漸感到暈眩了
>
> 生命在曠野中呼叫著
> 每當他的手垂落
> 生命在曠野中呼叫著
>
> 他凝聚自己形成一把匕首
> 蓄勢向中心炎熱的牆
> 做最後的衝刺

問：在台灣，政府有什麼措施鼓勵寫詩？

答：政府提供財力支援公家和私人機構舉辦文學競賽，包括詩的部分，出版文學書籍，當然也包括詩集。政府也鼓勵合格的出版社和個人，努力把台灣文學翻譯成各種外國語文，最好在外國出版或發行。

問：台灣的大學在詩創作的課程安排上扮演什麼角色？

答：台灣大部分大學都開設有關詩的課程，但主要目的在於研究或學習詩中表現了什麼。當然，這會引起學生對詩創作的興趣。總之，到目前為止，只有一家研究所在培育學生創作能力或提高才華。畢竟，詩的才能不一定靠正規教育體系的施教可以成就。

問：有沒有大學或學院像西方那樣，聘用駐校詩人對有志學生教導詩？

答：有！獲聘為大學駐校詩人扮演不同形式的任務，有些詩人只待在校

園發表幾次公開演講，有些須在整學期中開設正規的創作課程，還有些比較喜歡與學生進行面對面的討論。

問：有什麼樣的詩人組織、團體或協會在積極推動台灣詩？

答：以笠詩社為例（我在笠詩社1964年成立時，即加入為同仁），經常保持70至80位社員，當然在將近40年過程中，有些人退出，有些人加進來。笠詩社出版《笠》詩雙月刊，定期不斷出版至今227期，《笠》接受同仁和非同仁詩創作、評論、翻譯的投稿，一視同仁。《笠》出版過多種詩選，以及超過150種的詩叢書，也舉辦過多次詩討論會和公開的詩朗誦會。《笠》也盡力與外國，尤其是亞洲國家的詩人，進行詩的交流活動。

問：台灣大眾對詩出版方面反應如何？

答：在台灣，大眾對詩出版方面反應，一言以蔽之：冷！

問：身為化學工程師，什麼原因促使詩成為你表現上的最佳形式？

答：身為化學工程師，我通常生活和志業、職務和思惟方式太硬。易言之，充滿理性。我在內心和心靈上，比較喜歡感性制衡。由於我的工作相當緊張，所以耽於閱讀、創作、翻譯詩。對我來說，所需時間較其他文類，例如小說、戲劇、學術研究為少。而且詩的閱讀、創作和翻譯，比較不畏隨時中斷和重新開始。這樣，我反而能毫不間斷在詩的領域涵泳50年。

問：你也直接用英文寫詩嗎？

答：不！我只用華語和台語寫詩。事實上，拙詩的英文本都是朋友、專業或業餘譯者所譯。雖然不是全部翻譯都令人滿意，但我始終衷心感激，有些翻譯費心費時，沒有報酬（按：或許由於這個提問的激發和啟示，我自2007年開始也寫英詩或英譯）。

問：你40年寫詩不輟，歷經長年歲月，你的詩達成什麼樣的發展和變化？

答：拙詩的發展和變化，幾乎都和台灣社會的發展和變化息息相關。由於我理解到詩不能和現實社會脫離關係，所以我始終注視和關心台灣人對政治處境的生活狀況和感受，我想表現的不僅是我自己，而且是生活在同樣社區中大多數人民的感受。

問：你的詩在表現上具有多面向，傳達世界大同、社會主義，而且堅持民主原則。是什麼造成你如此思考、寫作和表現？

答：詩似乎有嚴重相剋，既要表現獨特性，又要表達普遍性感情。要求獨特性，是因為詩人要避免重複他人，甚至自己，但並非意指詩呈現作者獨特心態，而是要有普世同情心，就是說人本主義。易言之，詩人創作的詩必須首先引起本國社會中，人心的回應和共鳴，然後才可能振動其他國家心靈的琴弦。所以，在我的觀念或意識裡，世界大同、社會主義和民主原則，是詩人本質上要堅守的普世共同價值。

問：誰是你的典範或理想的詩人？

答：這可以列出一大串名單。不過一般而言，每當我讀到一首詩，很喜歡，我會再去閱讀同一位詩人的更多作品，於是就自動進入名單。在我的詩創作生涯中，我花費很多精神和時間在閱讀、研究、翻譯里爾克的作品。所以，可以說，他是我名單上的首位。

法魯定這個訪談花了很久時間，十足顯示他對台灣詩壇用心理解，也有把台灣詩介紹給印度讀者深入認識的熱忱，19個訪談題目，牽涉到詩創作環境、教育、出版狀況和條件等等，可見他對台灣詩現狀的關懷，相當全面。在印度如此熱切期待台灣詩人再度前訪的情況下，我照往年成例，出發前編輯一冊團員的詩選集《嚮往和平》（*Longing for Peace*），這個書名是為配合第8屆全印詩歌節的主題「世界和平」，每人選兩首詩，以漢英雙語印製，題材以關心世界、追求和平為方向，帶往印度分發。

出發前，買到1990年諾貝爾文學獎得主墨西哥詩人帕斯（Octavio Paz, 1914-1998）的書《在印度的微光中》（*In the Light of India*），對印度民族特性和文化、哲學等多方面，有精簡清晰的評述。此書與2001年諾貝爾文學獎得主印度裔千里達小說家奈波爾（V. S. Naipaul, 1932-2018）的印度三部曲《幽黯國度》、《受傷的文明》和《百萬叛變的今天》，成為有心人窺探印度文明的門檻，先行理解當然有助於觀察，但百聞不如一見，這是我第三次到印度，實際體驗與書互相印證，還是可以增加許多理解。

台灣詩人團於12月1日飛往德里，因為不像去年在新德里有安排行程，所以凌晨2點多到達後，未進城，立即轉車直奔阿格拉（Agra），進旅館稍事休息，午餐後出發參觀泰姬瑪哈（或稱泰姬瑪哈陵，唯「瑪哈」即「陵

墓」的意思）。我1997年去旅遊，到達已傍晚，微雨濛濛，適有印度高官到此，現場被封鎖，只在外面瞄一眼。那次行程雖有不得親近之憾，卻也留下詩〈泰姬瑪哈的幽影〉，那種近在身邊，反而飄忽模糊的神祕感，一直揮之不去。去年也來過，得親近芳澤，這次近看，才發現陵寢牆壁上許多寶石被挖掉，徒留坑坑洞洞，像是麻臉，印度如此保護古蹟，真是令人感到遺憾。

由此再轉往紅堡，也是舊地重遊，在拙著《人生拼圖──李魁賢回憶錄》內已有記述，但其他詩友都是首度蒞臨參觀，對此宏偉建築莫不讚歎。翌日從阿格拉回德里途中，經過聖城馬圖拉（Mathula），古名秣菟羅，臨亞穆納河（Yamuna），是克里希納（Krishna）黑天神出生地，也以精緻的佛教藝術聞名於世。黑天神是印度教最重要的神祇之一，被許多印度教派尊崇為是至高無上的神。再經一處路旁新建清真寺，有眾多信徒前來參拜，搭帳篷成大營地，蔚為奇觀，因擁入人潮太多，開放式炊事煙霧瀰漫，空氣極差。印度曾經被行政管理最上軌道的英國殖民統治過，像這樣雜亂不堪的行事方式，只能歸於民族本性使然嗎？

回到新德里，重遊去年參觀過的巴哈伊教（舊稱大同教）靈曦堂，俗稱「蓮花寺」，建於1986年，由潔白大理石建造，狀如水上蓮花初綻而得名。分三層，每層九瓣，共27片花瓣，呈現和平寧靜的氣氛，象徵宗教的純潔與平等。寺為開放式，無門，寺內除供民眾靜坐冥想的長椅外，別無設施，靠壁有一些巴哈伊語錄，如此而已。到新德里，當然印度門、貝拉廟、甘地墓園等勝地，都要繞一圈。沒想到這次出一意外，由於印度門人潮洶湧，詩友們被擠散掉，收兵時獨缺葉笛，到處找不到人，準備搭車回旅館報案時，看到他在車旁的沙灘上等待。因為停車處很遠，萬萬沒想到他會摸回車上，後來才知道因他水土不服，鬧肚子，跑去找廁所，到處找不到，愈跑愈遠，完事後，就在車旁等，畢竟還是老鳥處事老到。

翌日飛到青奈，先去參觀位於南方60公里的馬馬拉普拉姆（Mamallapuram亦稱Mahabalipuram），這裡是七、八世紀建於孟加拉灣海邊的寺廟群，包含印度教、佛教、耆那教，在漫長歷史中，被風沙埋沒，到17世紀發現，重新出土，1984年被聯合國教科文組織列為世界文化遺產。這些寺廟都是整塊岩石雕鑿而成，沒有添加任何外物，是把巨岩鑿空，類似石窟，不過是在岩壁

外，並非在岩壁內。所雕佛像、動物、圖案，栩栩如生，可惜侵蝕嚴重，有些已經面目全非。另有五部巨型石雕戰車，造型各異，也是雕鑿如寺廟樣，但有部分看似未完工。此外還有許多岩洞廟，主要奉祀濕婆神（Shiva）和毗濕奴（Vishnu）。

12月5日晨8時許，阿彌魯定教授來旅社探訪，那時他眼疾很嚴重，準備開刀，帶來所編《國際詩》2002年冬季號台灣詩人專號10冊，並饋贈燙金彩帶和木刻工藝品。稍後，91歲的施里尼華斯由孫女和幾位子嗣陪同前來，送給台灣詩人每人一條整塊布的披風。我們臨時在旅館會客室布置成會議室，旅館幫忙提供簡單茶水讓我們座談交流。我先贈送施里尼華斯和阿彌魯定《嚮往和平》詩選各50冊，讓他們分贈給國際詩人協會會員，以及所編三個詩刊的作者，選集內有特別為此次來訪所寫一篇文章〈透過詩建立台印的友誼〉，作為問候的敲門磚：

> 二次世界大戰後，1947年印度擺脫英國殖民統治，獲得獨立，邁向建國大業，印度人成為自己國家的主人，把印度建設成真正民主化的自由國家。
>
> 同樣在二次世界大戰後，台灣擺脫日本殖民統治，盟軍交由中華民國接管。從此，台灣成為中華民國和中華人民共和國爭論的焦點。在中華民國類殖民統治下，台灣人民沒有民主自由的生活，十多年來，台灣的國會定期改選，台灣人當選總統，到三年前政黨輪替，台灣終於也成為真正民主化的自由國家，但已落後印度足足半個世紀。
>
> 即使這樣，台灣依然不能以真正名實相副的國名，參與國際各項活動，尤其是外交和政治上的活動。以前的阻礙力量來自內部的中華民國政府，現在的反對勢力來自於外部的中華人民共和國，兩者都自稱是代表中國。
>
> 台灣在內外交迫情況下，被限制與外國的友誼發展，以往又隨著美國政策方向走，以致對亞洲各國的關係不能有正常化的發展。
>
> 台灣以往對印度的印象，以宗教的情結為主，把印度視為人生彼岸的西方極樂世界。一般台灣人對印度人民的文化風俗、生活習慣、

社會制度、政治生態、科技文明，瞭解和體會不多。近來，印度商人在台灣日趨活躍，台灣宗教界的比丘和比丘尼到印度留學，以及佛教徒到印度朝聖逐漸增加。

可是台灣和印度在文學上，尤其是詩方面的交流，還是非常有限。台灣讀者通常所讀不外《羅摩衍那》和《摩訶婆羅多》二大史詩，以及泰戈爾和奈都夫人的詩而已。另外就是佛斯特或奈波爾關於印度的著作，以及最近是羅伊（Arundhati Roy）的小說。台灣能夠介紹到印度的文學作品，恐怕更是前所未見。

我在1982年曾經在台灣做過一次《印度現代詩選》的譯介，1996年起開始連續在印度的詩刊上發表詩，包括《詩人國際》月刊、《國際詩》季刊、《詩人》月刊，以及《世界詩》年刊，我透過這些詩刊大量閱讀印度現代詩人作品，包括印度總統凱拉姆的詩。

2002年我帶領10位台灣詩人訪問印度，拜訪詩的相關團體，參加印度詩歌節、世界詩日的活動，親自結識許多印度詩人，建立友誼關係。回國後，我製作《在印度與詩人的心靈對話》一次專輯，翻譯大量印度詩給台灣讀者。

今年我再帶領10位詩人到印度訪問，希望透過詩的交流進一步加深印度和台灣的友誼，也期待兩國的詩交流能夠更加積極發展。

施里尼華斯看來比去年更健康，能靜心聽台灣詩人逐一發表心聲，座談會歷時約兩小時，未顯示倦容。結束時，他鼓勵我說：「台灣，趕快獨立吧！」這是繼1993年參加亞洲詩人會議漢城（今首爾）大會，韓國元老詩人具常說過類似的話後，再度聽到亞洲詩人關切的肺腑之言，令人感動。

座談會在10點結束後，旅行社領隊慈仁德姐帶台灣詩人前往遊覽遊艇碼頭海灘（Marina Beach）。號稱全世界第二大海灘，非常壯觀，沿著青奈孟加拉灣海岸線，全長13公里，寬度300公尺以上，基本上由沙質構成。海灘上也有旋轉木馬等遊樂設施，成為觀光景點，人潮有如海浪。然後去參觀卡帕利錫瓦拉爾（Kapaleeswarar）寺，據稱是青奈最大印度廟，雕塑人物眾多，姿態美妙，琉璃色彩鮮豔。寺裡崇拜濕婆神，以孔雀為象徵，俗稱「孔

雀廟」。根據傳說，濕婆神的妻子帕爾瓦娣（Parvati）指定以母孔雀的形象來崇拜濕婆神。原本的寺廟於16世紀被葡萄牙人所毀，後在原址重建。晚上飛往班加羅爾。

第8屆全印詩歌節在12月6日上午10點開幕，首先由我主持印度俳句會會長法魯定《自我探索俳句集》（*Haiku Self-Exploration*）英漢雙語版（由我漢譯）新書發表會，並簡單表示：「印度、印度詩人、印度詩歌節，使我感到賓至如歸，所以我又回來了，我的台灣詩人朋友應該有同感，在印度感受特別溫暖。」接著，由法魯定以全印詩歌節大會會長身分致歡迎詞，說明本年以「世界和平」為主題，說著說著又提到俳句，興頭一起，脫稿大跑野馬。然後，由我致開幕詞〈透過詩邁向世界和平〉：

　　正當世界紛紛擾擾，戰爭一波未平，另一波威脅的陰影又至的現實情況下，詩人特別關懷和平相處的人道立場，表現了詩心所在的價值。

　　尊重生命是文明的標竿，所以文明國家莫不以追求和平為立國的根本。治國者和政治領導人物若心懷「上天有好生之德」，則上行下效，可以把全國人民帶往和諧安樂的生活美景。否則，造成社會暴戾之氣，終非人民之福。

　　然而，一般而言，詩人較政治人物更能體認：敬畏上天之意，必能養成謙卑之心，以平等、博愛、尊重的心情，看待萬物，自然獲得同樣平等、博愛、尊重的回應，則世界到處充滿祥和。

　　印度詩哲泰戈爾在他的名著《吉檀迦利》（頌歌集）中的第35首吟詠：

　　　　在那裡，心無畏懼，抬頭挺胸
　　　　在那裡，知識自由自在
　　　　在那裡，世界未被狹隘住家牆壁裂成碎片
　　　　在那裡，字句來自夢裡深處
　　　　在那裡，不倦的努力把手臂伸向完美
　　　　在那裡，理性的清流未迷路於積習的荒漠

在那裡，心靈受你前引到逐漸開闊的思想和行動

我的父啊，讓我的國家清醒，進入那自由的天堂吧

　　泰戈爾在詩裡嚮往的那「自由的天堂」，雖然是印度人當年期待的獨立國度，然而也正是人人夢想中的和平世界。

　　詩人以開放的心胸所展望的，正是世界和平的理想國度。像印度這樣文明的國家，由詩人來作為國家領導人治國，在世界上可惜機會不多，因為詩人太近理想、純真的性格，往往在政治的現實利害環境，反而不易獲得需要糖衣和麻藥的人民所迷戀。

　　我們可以大膽期望，透過詩尋求世界和平的願景，是值得努力的方向。詩可以使不同環境、不同國度下的人民感同身受，體會彼此喜怒哀樂的心意。

　　透過詩的理解，增進國際友誼，是奠立世界和平的良好途徑。讓詩人們為此遠大的目標共同努力。

　　下午詩朗誦會，照例由法魯定主持，仍然採取台灣詩人與印度詩人交叉方式，每人只限念一首，台灣詩人大都念兩首，而且華語、台語、英語、法語，都出籠了。我念完下台時，坐在前排的資深女詩人拉住我的手，說很高興看到我，希望下次來班加羅爾，不必投宿旅館，可住到她家，印度人的熱誠令人感動。去年在加爾各達領獎時，麥氏學會祕書畢德翰‧達達（Bidhan Datta）同樣對我說，下次到加爾各達，歡迎住到他家裡。

　　台灣詩人朗誦順序是按照我們提供的《嚮往和平》選集，坐在我旁邊的詩友卻耐不住性，一直在嘀咕：「怎麼還輪不到我？」下次不是他，他又念：「一定把我忘掉啦！」再下次又不是他，他有點焦躁說：「難道沒排我？」我看時間快結束，只好開口安慰他說：「不會的，台灣詩人全部在名單上，不會遺漏，放心！」最後終於點到他，我對他說：「看吧，你是壓軸呢！」他笑嘻嘻走上台去。

　　詩朗誦會結束後，有一位印度詩人上台發言，大聲呼籲說：「台灣詩人已經組團來過印度兩次，現在應該是我們印度詩人組團去訪問台灣的時候

啦！」我即席回應說，我們要策劃世界詩歌節歡迎印度詩人。結果，獲得熱烈掌聲。法魯定交代我說，現在電視台要補拍印度詩人歡迎台灣詩人鏡頭，要我走到台前，把台灣詩人也招呼過來。印度資深詩人辛哈（N. P. Singh）上前來跟我握手，一大群印度詩人圍攏過來，把我們圍在中心，那真是非常熱烈的場面。辛哈說他一定要來台灣，他果然依約前來出席2005年高雄世界詩歌節。第8屆全印詩歌節朗誦會似乎有點欲罷不能，但我們要趕晚上8點飛機前往孟買，只好在6點左右告退。

孟買去年已來過，但不同的台灣詩人團員，我還是陪大家去看露天大洗衣場、甘地紀念館、印度門等，下午轉往奧蘭卡巴（Aurangabad）參觀兩個石窟，阿旃陀（Ajanta）和艾羅拉（Ellora）。阿旃陀石窟號稱比美敦煌石窟，位於馬哈拉施特拉邦（Maharashtra）北部山崖上，第一階段建於西元前2世紀，第二階段大約在西元400至650之間，共有30窟，連綿相鄰。石窟內的壁畫及雕塑為佛教藝術經典，無論大殿、迴廊，壁雕、塔、柱、台階，全部是石頭山依岩壁雕鑿而成，不管是浮雕或鏤空都是鑿削，沒有外加，而佛像之精微細緻自不用說，我一直無法究明的是，靠壁的背後鏤空如何雕刻？此石窟在荒山無人聞問達千年，1819年英國軍官John Smith因牧人引導發現，重建天日。

艾羅拉石窟位於奧蘭卡巴西北約30公里處，共有34座石窟，計佛教石窟12座、印度教石窟17座、耆那教石窟5座，全長約2公里，是西元7世紀至11世紀時期建造。這個石窟與阿旃陀石窟稍微不同的是，有樓層，層層疊疊，非常繁複，壁面和樓台雕刻特別精細微妙，而且不全然在洞內，塔寺有部分整座在洞外，尤其是印度廟，都是整塊巨岩雕鑿，整座最高達38公尺，寬50公尺，深80公尺（包含廟庭），背面和側面鑿成峭壁，作為屏障。耆那寺規模較小。佛寺的佛像生動，大部分是來世佛造型，即腳平放姿勢，少數現世佛，即盤坐。參觀這些石窟，只有驚歎，果然巧奪天工。

夜宿奧蘭卡巴，回國前夕，與同行前輩黃騰輝、葉笛等在中庭聊到半夜，凌晨即醒，起身寫詩〈克里希納〉，算是給印度的告別贈禮：

有人說祢是幽暗國度

我來到祢的懷裡

反而豁然開朗

知道世上竟有

那麼多人在生活水平以下

像蛆蟲在掙扎

那麼多人栖栖皇皇

比螞蟻忙碌和辛勞

那麼多灰塵蒙住天空

克里希納啊祢的眼睛是否被蒙住

我常看見祢高高在上

注意崇拜祢的人來來往往

祢有沒有看透他們內心

有時激動有時不安

有時需要撫慰有時需要愛

幾千年的歷史從傳統進入現實

還有多少年可以把現實帶入夢境

祢在廟堂上我崇拜祢

我更嚮往祢在身邊讓我愛祢

我會像恆河穿透祢的心臟

說說人民的喜怒哀樂

和祢共享隨時感受的情意

印度或許有過幽暗的時代

光在誰的手裡呢

克里希納啊祢張開著眼睛

天空有時灰濛有時藍得晶瑩

就像我對祢一樣純淨

崇拜祢我不用信徒的姿勢

我只是常常凝視祢

期待祢始終在我身邊

印度假使是幽暗

因為人的心還沒有打開

歷史的腳步很慢

我祈求成為祢的唯一

儘管祢還要照顧他人

我看到許多哀愁的眼睛

在車潮人潮中滿懷希望和憂傷

那些應該在快樂歲月的孩童

無助地張望人來人往

累積生活的重壓成長

他們需要祢克里希納啊

更甚於我的心靈

我只要遠遠看祢一眼就心安

在祢身邊是緣分嗎

我終必回到軌道上應有的位置

印度會在我夢中時時出現

或許再過幾十年幾百年

我看到祢的時候

祢展露美麗的珍珠笑容

開光在印度人民幽暗的心坎上

2018年9月16日

Bestowed with Unexpected Glory in India

在印度受到意外榮寵

獲穆罕默德・法魯定公開提名為諾貝爾文學獎候選人

時間：2006年1月11日

地點：印度

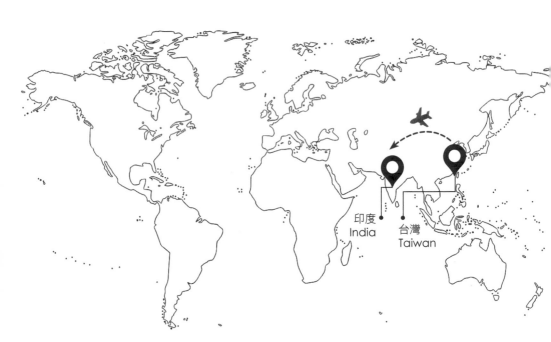

印度
India

台灣
Taiwan

話說1995年起在印度努力種下的因，經七年之癢後，獲得意外成果，共計獲得8項榮譽（見本書序章）。再加連續兩年組團出訪，在印度造成聲勢不小。印度元老詩人施里尼華斯在《國際詩》季刊第11卷第1、2期合刊本（2004年3月和6月號）策劃「李魁賢專輯」，用我的照片做封面，他在編者弁言裡寫道：

　　　　在當今世界詩壇上，李魁賢是受到肯定的名字。他是台灣著名詩人，已確立穩定地位，在世界詩人銀河裡，是閃亮的星星。多產作家，又是夙著盛譽的科技專家、學者、哲人、藝術家，尤其是出版詩集多冊的傑出詩人。在全世界廣泛發表詩作，作品被編入詩選、翻譯和評論。李魁賢是特異的詩人。他的想像力周旋於存在關懷、超現實性向，和精神探求，在詩性表現上，非常敏感、務實、富哲思和神祕感，而在社會和靈性的洞見上，很能動人心弦，其想像力具有視覺性，頗為震撼，象徵手法很耐尋味，而且是多面向。他是敏銳的生命觀察者，真正瞭解今日科技世界裡文化和科學進展。在創作生涯中實事求是，而且具有未來眼光。他主要是具有社會性和人道主義見解，以及存在論遭遇的詩人，試圖解開生命表面上的現實。因此，編輯委員會很榮幸推出本專輯，彰顯李魁賢的詩藝。

　　　　李魁賢是具有創作才華之罕見天賦詩人。身為詩人的多才多藝，和身為藝術家的視覺鮮明，相得益彰。對生活現實的環境感覺強烈，而且對語言聯想力和視覺美，有優異知覺，善用妙趣和機智、對語言感覺細膩。風格簡樸、率直、明快，富抒情味，表現優異、有力且流暢。身為自覺詩人，認為詩人必須喚醒蒙昧沉睡的大眾，敲響革命鐘聲，在爭鬥負傷累累的世界裡，宣告科學進步、和平共存，以及全球和諧的新時代。

　　　　〈真相〉是一首非常有意味的詩，傳達哲學的和社會的訊息。探索人性內在機智。詩人於此力圖顯示人性和普世矛盾。此等矛盾表現在嫉妒、自傲、猜忌，以及嚮往自戀的人品。這般孤芳自賞和自我表現，當然會變得自大，且昧於真正的生活現實：

你可以吟詠山高水長的時候
卻希望聽到掌聲

你可以聽到掌聲的時候
卻已看不到真相

〈永久的版圖〉是另一首動人心弦的詩，具有浪漫而又玄想的寓意，很有魅力的情詩，處理真誠思慕著真正情人。詩人在此道出令人喜愛的情意：她已擺脫徬徨的日子，且已擦乾眼淚，如今臉上又浮現出笑容，她可以自主表示心意，宣告早已暗許為他的情人。在鮮矣愛的情境中，情人非常激動，自然表現思慕迷戀之情：「你就是我夢寐的大地／我測量你一寸一寸的山河／劃歸我永久的版圖」：

我要在你陽光的青草地上
插置鮮明的旗幟
用我的詩朗誦再生的青春

李魁賢在巴爾納斯世界裡，已為自己建立地位，成為著名詩人。他的詩展現多彩多姿全景，涵蓋形形色色題材，像反映、美學、自然、社會之惡、愛、精神掙扎，和關懷一般人情。再者，在他的詩中呈現優位的真摯，以及語言、情感和形式的完整性。無疑地，可以說李魁賢已出人頭地，成為多方傑出的詩人。在此專輯內的每一首詩均歌詠陶然忘我和狂想曲，該是有天賦般獨來獨往的詩人所當為。

施里尼華斯對我眷勉有加，在這期專輯中採用拙詩20首，選自劉國棟英譯《愛是我的信仰》（1997年2月1日出版），題目如下：

除夕

都市的晨歌

大榕樹

生命

晨牧

愛還是不愛

愛的辯證

晨景

手相

平安夜

陀螺的人生

歲末

真相

故鄉

永久的版圖

祈禱

夢

鐘聲

海灣戰事

玫瑰花

《國際詩》主編阿彌魯定是馬德拉斯大學英文教授，國際詩人學會會長，獲印度麥氏學會文學獎（1988年）、希伯來大學榮譽博士學位（1990年），為此專輯撰寫一篇相當長而扎實的專論〈分析李魁賢的詩〉：

　　　　李魁賢，一位學者、科技人員、深思好學者、多產作家、自然愛好者、著名詩人，近年來脫穎而出，成為當今世界詩壇蒼穹的閃亮星星。他在台灣已建立詩人聲望的正統地位，是世界各地旅行家和人類文化探尋者。在他的觀念裡，與其追求商務成就，還不如培養精神生

活內在富裕。他反對現代文學的西方美學,感到造成台灣詩失去其精神本質,並墜入虛無狀態。李魁賢具有多樣才華和多面性向。他是自覺詩人,具有嚴格社會使命感。誠如他所說:「詩人如果沒有建立精神堡壘,沒有針砭社會的力量,沒有顛覆虛假的勇氣,沒有抵抗政治的正義,沒有拯救心靈的抱負,則其語言無論如何變巧,無論如何創新,無論如何錘鍊,無論如何炫耀,無論如何怪誕,充其量只能成就一個詩匠。」(按:摘自《愛是我的信仰》序〈這是大家的詩〉)因此,他的詩流露出社會、哲學、玄想、精神和人道主義的關懷。

李魁賢以視覺觀照、結構奪目和語彙豐富著稱。其詩率皆持續力求感受自然的神祕,並探索人類行為的起伏變化和隱藏的現實。他主要是社會性、精神性和玄想性透視的詩人,更關心揭開生活外表的現象,他是大自然的觀察家,有深入探測人性的領悟力,有強烈的環境感受性,無論是內景還是外景,對活生生的現實以及語言美,有傑出意識和敘述能力,擅長妙悟和機智。他對語言有微妙的敏感,風格樸素、直接、明朗而輕快,表現細膩、有力、親切。

總之,李魁賢身為詩人,以多方面傑出表現、敘述性潛在力,和動人心弦的詩作,脫穎而出。他的社會關懷令人感佩,描寫日常生活的動盪,趨近自然和人文,持現實主義態度,範圍面面俱到,提供壯麗詩篇甚夥,讓我們分享描繪形形色色的經驗,成為名實相副的藝術家、思想家、詩人和旅行家。認真觀察他的詩,會發現他樂於兼容並蓄語彙的生動、自然、鏗鏘有力和視覺美。敘述性想像力的才華,對人性洞識的敏銳、對自然描寫的優異、對理念和藝術巧妙的鑑別力,在在使他於當代世界詩壇天地,成為顯著引人矚目的詩人。

〈除夕〉是一首好詩,有思鄉的寓意。此詩生動活潑表現出舐犢情深,享受典型的家庭生活。詩中以兒女口吻描述,關心離家遠在紐約的父親,歷歷如畫,令人動容,心懷悽楚。除夕夜,在全家慶團圓當中,設想父親也在家,全體樂融融。為缺席的父親,在通常的席位上,準備碗筷,假想父親也在家,共享快樂的除夕夜,求得感情上的補償。團圓和家庭和樂的概念,令人擊節讚賞:

我們開始吃年夜飯
給爸爸的位置也擺上一副碗筷
我給爸爸夾了一對雞翅膀
大家吃得有說有笑
好像跟爸爸在家過年一般模樣

〈都市的晨歌〉是另一首精彩的詩，處理如今在我們日常生活中平常發生的事務。詩人精細觀察生活，尤其是周遭身邊事。這是常見的現象，在每一個城市鄉鎮，小販在住宅區四周活動，以不同的聲調和風格，叫賣食物、蔬菜、水果、玩具等，清早的吆喝聲已成為我們社會意識的一部分，也提醒我們在眾多時日裡的社會和精神活動。小販的叫賣聲就像鬧鐘一樣，保持我們每日作息準時，牽扯到我們日常的感性。這是世界詩壇上最佳詩篇之一，如此無足輕重的社會題材，卻如此引人深思：

賣菜的叫喊聲
已變成我的鬧鐘
比機械聲音還要親切

〈大榕樹〉是另一首精彩的詩，引人深思的寓言般隱喻。大榕樹是一種象徵，全然含攝對全體大地之子的母愛、親情、觀照和呵護，也意指自然的仁德和自然的神格。此詩在敘述上像一則迷人的寓言，對兒童傳遞睿智的訊息。榕樹像傘，對無論老幼的窮人，給予庇蔭和保護，以免雨淋日曬。老人在樹下對村裡嬉戲的兒童，敘說村莊往昔的故事。樹的周圍氣氛相當令人著迷。冷風吹得使人醉，而樹梢的鳥鳴嘹亮。詩人說榕樹是自然的禮物，為人、為良好的社會和精神目的，實現人類之「一元性」：

粗糙的老榕樹
是大地特別精心設計的一把傘
緊緊擎著　永不放手

〈晨牧〉是另一首精彩的短詩，具有玄想和人道的寓意，晨牧的
牧童象徵「真與美」，以及心靈的純潔，不受物質貪念和人性惡意所
撼動和影響。牧童既純潔，又擁有豐富的自然。此項訊息呈現高度召
喚自然想像力。此詩共分三節，各節本身是頗富深意的實體，具有高
度哲學意味和無限深意。「沐浴」指謂鄉村牧童的自力更生、自然率
真，和精神上自由自在，於清白天空下行動自由，純然的愛，免於憂
煩。在次節裡，詩人說享有純愛、無憂煩，就可領悟真實，體會大地
之美。同理，明瞭自然之美：

沐浴在大地的真實中
才能感受清白的天空

〈愛還是不愛〉又是一首優美的詩，有精神浪漫的寓意。在此詩
中隱含美感之妙趣，和心靈之高風亮節。這是今日當代世界詩壇上，
對理念的愛表現最佳情詩之一。此詩之美在於兼顧到愛的二種普世性
層面，即理念的愛和情慾的愛，前者具永恆性，能夠永存；而後者情
慾短暫，會隨年齡增長而消褪。詩中表達的愛，在浪漫情懷上甚具呼
喚性，在玄學思惟上非常冷靜，在美感體驗上，又很有理想和烏托邦
色彩。受寵愛的人凝視她的情人，厭倦了她的情愛，宣稱（只是望著
他，使她感到）愛是莊嚴的，在愛情中有著神聖和精神上的快樂，而
她一想到他，不管他對她愛還是不愛，微笑從心底浮上來。這項訊息
是理念的愛所啟示，而且永存在我們心裡：

彷彿聽到遠去的腳步聲
回頭看到他的臉

嚴肅得令我感到
愛的莊嚴

　　〈晨景〉是另一首精彩的詩，充滿動人的自然想像力。就有關自
然感性的描寫而言，詩人可與華茲華斯和濟慈媲美。此詩很簡短，但
傳遞的是一張迷人的自然景觀大畫布。詩中自然想像力簡潔有勁，非
常令人傾倒，有視覺上的壯麗。描繪晨景，卻涵蓋令人陶醉的音樂，
以及全宇宙鋪天蓋地的華麗全景之美，簡直使人神魂顛倒。詩人以意
象語言吟詠：

鳥聲
叫醒雲
雲
叫醒太陽
太陽
叫醒旗
旗
叫醒了天空

　　〈平安夜〉是另一首精彩的詩，具有人道主義寓意。此詩的構想
和完成，大獲讚賞。詩人創造了神祕的要素，激烈挑動人情哀愁的氣
氛。在此詩中，確實喚起我們的想像。第一行「雨怎麼還是下不停」
極具呼喚性，意義重大。無上傳達神祕和人類悲劇的要素，降落在那
宿命的平安夜。呼嘯聲隨救護車的紅燈疾馳而過，明顯可知有重大人
間災情，在那宿命的平安夜吞噬全鎮。非常動人的呼籲，在此危急時
機，需要人道關懷、同情和奉獻，為高尚情操投入一己心力。那平安
夜在詩人一生中，保留記憶，揮之不去。最後兩節在感情上加持，非
常哀傷，事實上描述關懷、同情、掛念受到苦難的人性：

一滴淚在我臉上爬行
他用舌尖輕輕抹掉
雨怎麼還是下不停

平安夜的歌聲
在我耳邊
呻吟

　　〈陀螺的人生〉又是另一首精彩的詩，含有哲學和存在的隱意。
這一首富於魅力的詩，具有想像繁複和象徵的意義。「陀螺的人生」
本身是一個令人深思的意象，讓我們反省到生活的現實，以及存在的
寓意。詩人是一位嚴肅反省的思想者，以玄想的眼光，把生活哲學
化。他描繪生活，就像陀螺打轉，當人成為實存（即實際存在於世
上），直到生命終結，會像陀螺打轉，不眠不休。正如陀螺，一停止
打轉，就會倒地不起。於人生存在與陀螺打轉之間，一種真正奇妙無
比的換喻。詩人說：「我的生命便是在流轉的歲月中揮霍。」詩人又
說：「我在打轉中才能存在，我在打轉中才能顯示生命的意義。」因
此，詩人證明存在的價值，是震動心弦的人之精神，像「打轉的陀
螺」到死方休：

這是我陀螺的人生，在眾目睽睽下，展現
我落地就自強不息的過程，在天空底下，
獨腳而立的雄姿。

　　李魁賢是一位純粹的詩人，具有一切本質上莊嚴的在地詩人。在
他的詩中，有關普通事物的情結，憐憫之心常常觸動想像新的樣式，
和奇異的意義。他也是浪漫詩人，開拓愛情的主觀領域。因此，李魁
賢是進步的詩人，掌握現代的表達形式，甚具想像力、清醒的宇宙
觀、滿懷希望的夢想。和其他重要詩人一樣，他超脫世代的局限，找

到他的場所，從事更耐久且更擴延的觀察和回應。他在趨近自然和人本的過程中，直率且具有現實性。他精於藝術手段，呈現客體和有意義的理想世界。然而，他是自覺的詩人，抱著靈性和人道主義關懷，多方面聲望傑出的詩人，好學不倦的詩人。總而言之，李魁賢的詩作意義撼動人心，在當今世界詩壇上是罕見的現象。

　　阿彌魯定對我的多向性表現和努力，不吝加以肯定和鼓勵，讚譽拙詩具有現實、理想、浪漫、象徵等主義精神和特質。此文顯然因篇幅所限，就《愛是我的信仰》100首詩中選用20首，而僅就其中排在前面的8首，逐一進行分析，言簡意賅，切中肯綮。可見阿彌魯定對拙作的詳讀和理解，所以國際詩人協會向瑞典諾貝爾委員會兩度推薦分別為2002年和2004年文學獎候選人，自然有其深刻考量基礎，並非率性而為。

　　有趣的是，2002年呂興昌教授策劃「百年台灣文學No. 1特展」，6月在台南市北門路的國立文化資產保存研究中心籌備處展出。我接到台南一位中斷聯絡已久的朋友電話探詢，展出的國際詩人協會推薦函上所印電話是否正確，我據實以告，因未打過電話，不敢確認，但既然印在上面，應該不假。2003年我二度帶台灣詩人團訪印，阿彌魯定來旅館與我共進早餐，對我抱怨說，有某位台灣詩人連打多次電話，要求向諾貝爾委員會推薦他，阿彌魯定以未讀過他的詩婉拒，後來拗不過再三電話困擾，只好給他一封信說已經函送，其實並沒有。後來這位台灣詩人以諾貝爾文學獎候選人資歷，申請獲得2003年台美基金會頒發「人文科學人才成就獎」，把同年被推薦的著名小說家鄭清文擠掉。他也申請台灣文化總會舉辦的總統文化獎，自述資料中書明正在爭取諾貝爾文學獎，又寫信給陳水扁總統，以致總統府第二局一位李姓女科長，打電話向我打聽實況。

　　其實，法魯定更早在20世紀末，就有意推薦我為諾貝爾文學獎候選人，但他要寫一本專書評論我的詩作為附件。先是應邀出席文建會2002年10月19至20日在高雄市中正文化中心主辦的「李魁賢文學國際學術研討會」，發表〈李魁賢其人其詩〉一文，再經多年收集資料，詳讀我所有英譯詩，又經過我兩次組團訪印，親身交往，瞭解愈深，終於完成《福爾摩莎之星李

魁賢》（*The Star of Formosa Lee Kuei-shien*）一書，於2005年由印度詩人國
際書局（Poets International Books）出版，書中簡述台灣文學背景，詳細評
論拙作，舉不少詩的實例，進行分析，全書最後接近結論的歸納時，引用我
2003年在第8屆全印詩歌節開幕詞〈透過詩邁向世界和平〉全文（見本書第3
章），接著提到：

　　李博士（按：法魯定文內對我的客氣稱呼）帶領詩人代表團前往
各國交流，包括印度在內。他不僅與數百名世界詩人互動，還鼓勵詩
友跟他走出去。2002年和2003年兩度訪問印度，參加各種詩會和詩歌
節，包括《詩人國際》舉辦的印度詩歌節。在《詩人國際》的印度詩
歌節兩次詩會中，每位台灣詩人用母語念詩，聽者莫不動容。尤其
是，其中還有人唱歌助興，讓人印象深刻。在念英譯詩和歌唱中，聽
者都被台灣詩中的異質表現所著迷。
　　誠如李魁賢詩中所表達：

　　　　然而詩是我創造的結晶
　　　　會形成一個自足的宇宙
　　　　我自己就是一塊豐腴的土地
　　　　　　　　——〈天生的詩人〉選自詩集《溫柔的美感》

　　豐腴的土地到處一樣，出產有才華的創意詩人，在表現上有共同
的思想線。李魁賢深信創造性表現不應受到壓制。他鼓勵詩友說：

　　　　到最後關頭　剩下
　　　　一絲氣力　還是要開口
　　　　即使失去溝通的對象
　　　　沒有人理睬

不哀求　不討好
認知注定的命運
開口是天生的權利
到最後一刻也不放棄

即使被看做是唱歌
也要唱出一生練就
最精華的歌聲

詩人啊　不要閉口
管他人愛聽不聽
發言吧　大聲發言吧
　　　　　　　——〈開口〉選自詩集《溫柔的美感》

　　透過書寫這些開明的詩篇，他試圖對詩友打氣，賦予自信，並建議在公開場合站出來，在大庭廣眾，像星星閃亮醒目。

我習慣在廢紙上寫詩
詩的優美和崇高表現
在文本　不在載體
這是簡單不過的道理

　　自1996年起，李博士每月按期供稿給《詩人國際》雜誌，發表的詩大受好評。世界各地詩人都在閱讀欣賞他的詩，有些已成為其詩作崇拜者。
　　他鼓勵台灣詩友投稿給世界各地各種詩刊，爭取曝光機會。他們誠心照做，結果，也贏得全世界讀者的心。例如，美國資深女詩人露絲·威爾德斯·蘇勒（Ruth Wildes Schuler）表示希望能夠參加2005年台灣世界詩歌節，特別是想會見這些才華橫溢的台灣詩人，包括李

博士，她經常在《詩人國際》讀他的作品，一再稱讚不止。

　　而李魁賢博士在印度，比在他本國更受歡迎，因為他的詩不僅定期發表在《詩人國際》，還有其他詩刊。

　　李博士一直在扮演台灣文化大使的角色，試圖讓台灣詩在全世界普及化，視為他的使命。

　　身為本書作者，必須提到李魁賢博士第二次訪問印度班加羅爾，帶來十位最具才華的詩人參加《詩人國際》2003年第8屆印度詩歌節時，我隨口建議他籌辦台灣世界詩歌節。令我驚訝的是，他果真動員所有資源，與台灣詩友討論想法，盡一切努力，終於在2005年3月實現，成為台灣文學史上創舉。

　　李魁賢博士不僅詩寫自然、愛和哲學，題材還涉及日常生活中相當重要的時事，有如此詩〈我習慣在廢紙上寫詩〉：

　　我習慣在廢紙上寫詩
　　詩的優美和崇高表現
　　在文本　不在載體
　　這是簡單不過的道理

　　有人關心台灣的環境污染
　　用雪銅紙印出垃圾滿地的場景
　　在精美的媒體上呈現滿目瘡痍
　　不惜浪費生態資源
　　合理化攻擊生態破壞者

　　台灣幾時已落入自我消解顛覆的困境
　　詩要在醜中見美　死裡求生
　　於污穢地基上植被難見的優雅
　　你要知道　有人用文字寫詩

有人用生產和勞動唱出詩的內涵
有人用生命填補史詩的空白

詩也是意義的實踐　不止是美
任何形式的浪費都是非詩的行為
我並不刻意選用廢紙寫詩
只是要你知道　滿足於克己的習慣
奉行少增加台灣負擔的傾心

在本書評論賞析結束時，我要引用另一首詩〈調色盤的結局〉：

在彩色的生涯裡
忽然豔麗忽然陰鬱
高潮或低調
瞬間變化起起落落

我平板的身體成為轉運站
任畫家隨意調色調情
全神貫注他的精靈
把我成形的情色
一下子轉移到畫布上
成為他公開存證的結晶

我的生涯結局往往是
退居到無人注意的角落
一生的絢麗只剩下
沒有洗掉的偶然的顏色

我成就了畫家的才華

但願有人最後回眸

看到我身上有一朵紅玫瑰

　　詳閱這首詩，可知詩人如何藉象徵說話。李魁賢使用象徵主義手段，使詩非常強烈和獨特。狄金遜（Emily Dickenson）、布萊克（William Blake）、葉慈（W. B. Yeats），和其他許多偉大詩人都使用象徵主義，創造表達神奇。今天，我們有來自亞洲偉大詩人之一的李魁賢，是象徵主義者。他在明朗詩中使用具有超現實感的象徵主義，來誘導高尚的生命價值、審美和奇想。

我平板的身體成為轉運站

任畫家隨意調色調情

全神貫注他的精靈

把我成形的情色

一下子轉移到畫布上

成為他公開存證的結晶

　　根據現有紀錄，象徵主義是主要用於發現詩真實本質的美學運動，起源於19世紀下半葉的法國。

　　象徵主義由亞瑟‧西蒙斯（Arthur Symons, 1865-1945）引進到英語世界。西蒙斯在《文學中的象徵主義運動》（*The Symbolist Movement In Literature*, 1899）書中，辯稱象徵主義是語言和文學的本質──我們首先使用文字都是象徵性，所有真正富有想像力的作家都是象徵主義者。

　　此外，已知象徵主義在19世紀晚期成為有意識的運動，作為對左拉和其他自然主義派鉅細靡遺的描述方法，進行必要反抗。象徵主義者恢復藝術的純粹性，西蒙斯堅持，經由暗示而非明說，經由象徵喚醒而不是提供「修辭學裏腳布，外在性裏腳布」，和經由細節紀錄的

辯證邏輯來敘述。

象徵既透露又隱藏：兼採顯象與隱象、特殊性與普遍性、有限與無限。

深入研究顯示，象徵間接傳達：具體意象，例如玫瑰花或十字架，喚起感性與知性的聯想，無法精確計算或命名。

象徵主義方法論是從指涉準確性的邏輯順序限制中，聚焦於這些內部聯想和自由詩語。

我的生涯結局往往是
退居到無人注意的角落
一生的絢麗只剩下
沒有洗掉的偶然的顏色

我成就了畫家的才華
但願有人最後回眸
看到我身上有一朵紅玫瑰

李魁賢〈調色板的結局〉是很好的象徵詩，必然簡短、動人、神祕。處理各種構圖、色調和光影的顏色。詩的主題既非常罕見，又獨特，因為顏色扮演的角色，在提升人類精神。

李魁賢用詞在於象徵性，而非具體意義。他是象徵主義的主要典型。

葉慈宣稱，我們知覺領域的邊界並未封閉，只有透過象徵網絡，個別心智才能成為更大的意識。無論是隱喻還是諷喻，都不能完成此項詩學原理：而象徵主義本身就能喚起偉大心智和記憶的豐富性。超越和連接個別心智的記憶，為象徵主義提供寫作過程和閱讀經驗二者的詮釋理論。記憶是經由某種意識狀態、精神恍惚時刻、沉思或「我們在似睡似醒瞬間」的中介所喚起。

法魯定果然按照計劃，在新書《福爾摩莎之星李魁賢》出版後，即於2006年1月11日向瑞典學術院諾貝爾文學獎委員會提出推薦函，因為根據作業程序，每年推薦截止日期是1月31日。法魯定推薦函有許多溢美之辭，愧不敢受，茲存真如下：

致

瑞典學術院諾貝爾文學獎委員會主席

（地址）

敬啟者

主旨：《詩人國際》榮幸為2006年諾貝爾文學獎提名台灣詩人李魁賢博士

　　　說明：

　　　　　隨函附上《詩人國際》新書《福爾摩莎之星，台灣大詩人李魁賢》（*The Star of Formosa, Lee Kuei-shien, Greatest Poet of Taiwan*），國際標準書號18109345095，由《詩人國際》於2005年出版。《詩人國際》深感榮幸公開提名李魁賢為2006年諾貝爾文學獎候選人。

　　　　　我很幸運得以結識福爾摩莎之星李魁賢，台灣最偉大詩人。李魁賢於2002年1月2日獲頒台灣行政院文化獎致詞時說：「詩在台灣被玩弄成文字遊戲的雕蟲小技，由來已久。但詩絕不是文字或語言的組合而已。在台灣的著名詩人經常披著語言技巧的魔術外衣，但精神空洞無物，加上政權和有力的媒體機構推波助瀾，而許多學者仗恃著現代主義或後現代主義的西方美學理論更加以粉飾打扮，在在使台灣詩失去精神立場，淪陷於虛無的境地。」

　　　　　李氏1937年6月19日出生，1958年台北工業專科學校化學工程科畢業，1964年教育部歐洲語言中心德文科結業，1985年獲得Marquis Guiseppe Scicluna國際大學基金會化學工程（榮譽）博士學位。著作多達11本詩集，並翻譯9部著名詩人作品。

　　　　　李魁賢博士詩作已被翻譯成多種外語，如英語、德語、荷蘭語、日語、韓語、尼泊爾語、塞爾維亞語、羅馬尼亞語和希臘語。

李魁賢的意象有醍醐灌頂作用，超出詞句字面涵義所擬指涉程度。

首先，李魁賢的想像力，創造出令讀者心智愉悅的奇想。

其次，心理想像力概念，賦予像李氏這樣詩人想像類型的價值指標。

第三，心理想像力概念在教學上對教師有用，或者評論家可藉強調詩的這一面向，來鼓勵更佳閱讀習慣。

身為評論家和詩人，我一直在所主編的《詩人國際》月刊和所編輯多種選集，閱讀、研究和刊載李氏詩作，幾近十年。我甚至於2002年10月19日在台灣高雄舉辦的國際作家會議發表論文，析論李氏詩作。

這位台灣大詩人兩度訪問印度，並與台灣詩友一起，出席《詩人國際》在印度班加羅爾舉辦的2002年和2003年度印度詩歌節。他誠心帶領台灣詩人代表團到世界各地，以台語和英語表現其獨特有力的詩，將台灣詩推向全球。其樸素性和富想像性思惟，在普遍關切話題的互動當中，多次脫穎而出。身為非常敏銳浪漫的詩人，出生成長於最美麗島嶼，以前稱為「福爾摩莎」，意思是「美麗」，周圍自然美景似已影響和塑造其心態，從而驅使他輕鬆表達詩意，懷有強烈見解。

他曾經動員所有資源，運用其影響力、創造力和想像力，於2005年3月24日至27日在台灣高雄舉辦台灣第1屆世界詩歌節，邀請來自世界各地17國32位詩人出席，參加高雄市政府與台灣文學基金會合作舉辦的世界盛會。舉辦如此大規模的世界詩歌節，近年尚未在世界任何地方見過。李魁賢博士值得稱道的是，策劃知交詩友，聯合高雄市政府進行如此值得紀念的活動，旨在透過詩建立世界友誼、愛與和平。

何以李魁賢博士理應獲得世界著名諾貝爾獎，以及為何《詩人國際》會提名這位亞洲大詩人爭取如此獨特的榮譽？

李魁賢過去40年一直使用台灣當地語文寫詩，著重在表達期望他的國家建立完全民主和言論自由。其作品已發表在各種國際詩刊上，包括《詩人國際》短詩月刊，該雜誌擁有全世界讀者群。

在拙著《福爾摩莎之星，台灣大詩人李魁賢》書中，舉出其詩作諸面向，及其獨特貢獻，在豐富台灣詩，和提升此美麗島語言至古典

世界文學地位。

　　期望諾貝爾文學獎委員會的評審委員，在台端主持下，能慎重考慮《詩人國際》所提名亞洲大詩人李魁賢博士，授予2006年崇隆的諾貝爾文學獎。

　　若李魁賢博士獲選為2006年諾貝爾文學獎，則世界普遍詩人社團，特別是亞洲詩人，將會興高采烈。

　　敬請接受全世界最受歡迎的《詩人國際》詩月刊社提名人選。

穆罕默德・法魯定 敬啟
《詩人國際》編輯
《福爾摩莎之星，台灣大詩人李魁賢》作者

　　在印度詩壇多年的經營和交流，得到出乎意外的良好回應，使我興起應該再向其他國家進軍，以擴展版圖的念頭和信心。我趁在新德里候機回國時，向年輕詩友說，我的印度連結路線，都讓大家熟識了，希望有人接手，我要從南亞朝北亞開拓新天地。後來還把所有詩刊聯絡窗口，整理交給台灣筆會彭祕書長，我就按照計劃往北走啦。

　　四年後，我在2007年9月再度到印度青奈，出席第27屆世界詩人大會，看到施里尼華斯由助理扶上台，坐定後，各國詩人紛紛向他問候，我趨前打招呼，自報姓名台灣來的某某某，似無反應，大概意識有些模糊了。三個月後，聽到他在12月14日逝世的訃聞。施里尼華斯出生於1913年，與家父同齡，算是我的父執輩，在他身上，我親炙前輩詩人溫煦有如春風。

　　從此，我在印度詩壇的活動也逐漸退潮了。

2018年10月2日

World Poetry Festival at Kaohsiung

高雄世界詩歌節

「海陸合鳴・詩心交融」2005年高雄世界詩歌節

時間：2005年3月25日至3月27日

地點：台灣高雄

高雄
Kaohsiung

20世紀台灣，先有鍾鼎文在1973年主辦第2屆世界詩人大會，後有陳千武在1988年主導亞洲詩人會議台中大會，我都幸陪末座。1995年舉辦亞洲詩人會議日月潭大會時，我正好接任台灣筆會會長，被指派為大會祕書長，負責籌備執行任務，接觸到實際工作。

或許真如法魯定所說，在台灣詩人團訪問印度時，因為他建議台灣舉辦世界詩歌節，激勵我的動機。於是，我開始構思，先前曾提出「太平洋詩歌節」計劃書給台北市文化基金會林錦昌，沒有結果。我轉大彎，由海洋浮升為山脈，擬定「台灣2005年玉山國際詩歌節計劃初案」如下：

1. 緣起

台灣筆會和笠詩社於1995年承日月潭風景區管理所支持，在日月潭教師會館舉辦亞洲詩人會議日月潭大會。出席有國內外詩人180位左右，會後紛紛撰寫詩文在國內外發表。提高日月潭人文氣息，對振興日月潭風景名勝觀光旅遊頗有助益。

去年和今年，台灣筆會又連續兩度組團參加印度詩歌節，受到熱烈歡迎，對台灣文學國際交流產生很大的實際效果，引起印度詩人呼籲台灣舉辦世界詩歌節，已有十位印度詩人願意來台參加。

透過詩文讓外國讀者多瞭解、欣賞台灣，成效宏大而久遠，非新聞報導或宣傳所能比擬，以往經驗歷歷在目。繼1995年日月潭盛會後，歷經十年，值得再號召各國詩人前來浸淫台灣的美麗風景和人文勝蹟。

2. 構想

擬以「台灣2005年玉山國際詩歌節」為名，因為此計劃如果能在2004年定案，約需一年時間籌備、邀請、徵集，在2005年中（例如6至7月間）舉行最為適當。「玉山」作為台灣的象徵，可成為地標向國際傳播，兼具詩美，以及現代自然、環保等意識，融成一體，深具號召力，又可塑造台灣愛好和平及萬世挺立地球上之隱喻。

3. 內容

以「玉山」為整個詩歌節的主題，設計CIS和Logo，連信封信箋、詩集封面等等塑造整體意象。

詩歌節會議主題以「詩與自然」徵稿，讓各國詩人就此主題發表論文。出席詩人提供詩作亦以「山」相關為限，出版《山詩選集》（Poetry Anthology on Mountain），永留紀念、觀摩、典範。

4. 規模

初步擬邀請十國詩人參加，約30至40位，本國詩人以60至70位為度，共計100位左右。

會議前後五天，第一天報到，歡迎晚宴，第二天和第三天上午宣讀論文，下午朗誦詩，晚上參加晚會，第四天和第五天參觀旅遊，預定攀玉山為活動高潮。

為配合「玉山」主題，地點可選擇南投等玉山國家公園管理處轄區，參觀旅遊地點以玉山或周邊自然風景為優先考量，晚會以觀賞原住民歌舞等活動為主。

5. 預算

總計初估約277萬元（詳略）。

6. 預算運用進度

（略）

7. 執行團隊

主辦單位：笠詩社
協辦單位：台灣筆會、文學台灣基金會
指導單位：行政院文建會
贊助單位：玉山國家公園管理處、南投災區重建工程委員會
觀光局、南投縣政府、玉山銀行

事有湊巧，擬好初案，正在設法聯繫贊助單位支援時，正好應高雄市新成立的文化局邀請出席審查會，與曾貴海同席，我靈機一動，把計劃向他說明，看是否管碧玲局長有興趣在高雄舉辦，沒想到管局長做事乾脆俐落，一口答應。我回到台北立刻修定計劃書，改名為「2005年高雄世界詩歌節」，以《海陸合鳴・詩心交融》為主軸，大會詩選即以此為書名。初步具體列出擬邀請出席名單，包含五大洲21國43位詩人，主辦單位為高雄市政府文化局，承辦單位為文學台灣基金會和台灣筆會，協辦單位有國家台灣文學館、笠詩社、文學台灣雜誌社、高雄港務局。由於官方主辦，為確實掌握出席率，按航程遠近分別補助機票費用300美元、500美元、700美元，預算增加到500萬台幣左右。

　　在籌備時預定我擔任大會會長，鄭烱明擔任大會祕書長，但2004年7月20日正式舉行第一次籌備會議，我就辭掉會長職位，因為我一向樂於承擔工作，不願掛頭銜，何況人不在高雄，諸多不便。最後，大會手冊上列出，主辦單位高雄市政府文化局和國家台灣文學館，承辦單位文學台灣基金會，我初案擬定的主辦單位笠詩刊、協辦單位台灣筆會，都摃龜，榜上無名；大會主席高雄市代理市長陳其邁，副主席高雄市政府文化局局長葉景雯，大會祕書長鄭烱明。民間文學活動由政府官員領銜，另由承辦單位掛名策劃，實在不宜。

　　經我努力聯絡，邀請到25國44位外國詩人報名參加，屆時決定出席為15國28位，台灣詩人64位，實際上並未全到，但基本上與我初案規劃人數相當。其中各國只邀一、兩位詩人，只有印度組成九人代表團，聲勢浩大，無形中顯示2005年高雄世界詩歌節延續台印詩交流的跡象，也證明印度詩人呼籲回應台灣舉辦國際詩活動的承諾，並無徒託空言。國外出席詩人名單如下：

澳洲

　　史密斯 Vivian Smith

孟加拉

　　拉赫曼 Aminur Rahman

　　夏哈布汀 Fazal Shahabuddin

印度

　　舒富禮 Monima Choudhury

　　法魯定 Mohammed Fakhruddin

　　卡特克 A. Karthic

　　庫瑪麗 Prasanna Kumari

　　馬霍特拉 Rita Malhotra

　　帕德彌尼 Rani Padmini Padmanabhan

　　朗嘉斯瓦彌 Srinivasa Rangaswami

　　羅伊 Priyadarshini Roy

　　辛格 N. P. Singh

愛爾蘭

　　基迪 Maurice Keady

日本

　　高市順一郎 Takachi Jun'ichro

　　有馬　敲 Takashi Arima

韓國

　　金光林 Kim Kwang-rim

　　權宅明 Kwon Taek-myung

墨西哥

　　麥吉爾 Allen McGill

蒙古

　　哈達 Sendoo Hadaa

荷蘭

　　布宜絲 Anneke Schouten-Buys

奈及利亞

　　阿傑卡耶 Wale Ajakaye

羅馬尼亞

　　蓋奧格 Mioara Gheorghe

塞爾維亞

　　狄密奇 Moma Dimić

　　米西齊Mišić Dragoslav

聖露西亞

　　沃克特 Derek Walcott

泰國

　　溫瑪斐嘉尼 Montri Umavijani

美國

　　賴喀須曼 Bulusu Lakshman

　　蘇勒 Ruth Wildes Schuler

　　這裡面有舊雨、有新知，有後來長期交往，獲得進一步更深的交流成果，也有不久即意外往生，真是人生難料。

　　招待外國詩人集中住在國賓大飯店，由於德瑞克・沃克特是1992年諾貝爾文學獎得主，在國際上有不成文的一定尊崇禮遇，經交涉結果，國賓大飯店同意對沃克特以國賓接待，升等住進總統套房，在一樓大廳門口，用大張海報寫「歡迎諾貝爾文學獎得主沃克特住進本店」字樣，作為廣告，華航也給予升等頭等艙的特別優惠，我則意外受派到小港機場，到停機坪樓梯口獻花致敬。我本來一直建議請一位美眉獻花較宜，果然，沃克特接過花束時，第一句話就問：「你是誰？」他可能還沒有接受男士獻花的經驗吧。

　　2005年高雄世界詩歌節定3月25日開幕，前一天暖身活動在左營高中，安排「詩與舞的對話」，由學生跳舞迎接佳賓。我一大早南下，趕到國賓大飯店報到，在大廳集合前往左營高中，臨時被通知，要我留在國賓應接尚未報到的外國詩人，我一下子從策劃人、預定大會會長，變成留守接待員，這本來是任何一位志工或工讀生就可以做的事。是晚在國賓大飯店樓外樓歡迎晚宴，由葉景雯局長做東，採酒會自助餐方式，輕鬆自在，各國詩人初來乍到，藉此先行熱絡交際一番。印度詩人團員因分散各邦，聚齊同機飛高雄，到達國賓大飯店已是晚上9點，餐點幾已盤空，我向祕書長反映，是否帶印度詩人去餐廳用餐，忙著與接待同學聊天的祕書長回應說：「你帶他們去

吧。」我心想身為外地人對當地不熟，這麼晚帶去哪裡晚餐才好，結果印度詩人都很客氣，說盤邊還有些剩菜，夠吃啦！我卻一直感到過意不去。

翌日早上開幕式，在國賓大飯店樓外樓，陳水扁總統出席致詞，高雄市陳其邁代理市長講話後，我按稿宣讀開場白〈海陸合鳴·詩心交融〉全文，作為導言：

地球上陸地才占29%，其餘都是海洋。世界上60億人口都生活在這29%的陸地上，除了少數人從事漁業或海上活動，但經過一段時間，還是會回到陸地休息。大概只剩下微乎其微的船民，以船為家，終年在船上，但還是會到陸地活動。

因此，人普遍與海疏離，即使在海上或靠海生活的人，對海瞭解不多。海豐富的能量和蘊藏都在水底下，人不但不易觀察，更難以掌握。即使漁民瞭解水性、清楚海潮變化、明白魚類生態和魚貨趨向，也不過知道部分的海洋狀況，而不是海的本質。

人常常妄自尊大，以為人定勝天，把陸地大肆改造，以適應人的需要和貪婪。感謝神，由於人對海無知，對海還不敢予取予求，尚可保留海的樣貌。不過，人作孽造成氣象變化，甚至以海為壑，漸漸影響到海的生存條件。

無論如何，和陸地比較起來，海是自由的，不受到人的肆意踐踏，海寬宏大量，可包容萬物，海又能提供人類營養的海鮮食物。

適於居住的陸地，卻被人為弄得齷齪難堪，只有人不接近的海，還能保持原始清新。人困於自造的陷阱，嚮往自由的樂園，其實只有在無限的海上。

於是，人生活在不滿意的現實陸地，幸而還有想像的海洋可供期待，充滿嚮往的空間和巨量無比的場域。現實的陸地和想像的海洋，構成地球的完整、地理的完美。

在人文上，海洋是詩，人人千方百計去歌詠，藉由想像塑造意象，企圖進入那自由自在的精神領域，可以解放自己的心靈，擁抱無邊無際的空無，以及深不可測的實在。

詩給人無盡的想像樂趣，海亦如是；詩撫慰我們心裡苦悶，海亦如是；詩予人保持精神愉悅，海亦如是；詩使人對未來充滿希望，海亦如是。

海不可丈量，詩亦然；海難以捉摸，詩亦然；海無定形，詩亦然；海不遷就，詩亦然；海不屈服，詩亦然；海只露表象，詩亦然；海有待耐心探索，詩亦然；海的存在本身就是美，詩亦然。

人在陸地生活嚮往海洋，人在現實生活嚮往詩。海洋蓄積陸地的回音，詩會響應人心的呼喚。海洋不拒絕人到場域活動，詩心不迴避心靈的探勝尋幽。現實的生活和想像的詩文學，構成人生的完整、人性的完美。

台灣2005年高雄世界詩歌節以「海陸合鳴‧詩心交融」提供我們一個前瞻的思考。人可以透過詩與海交融，透過海與詩心交融，因為海本身就是偉大的詩，海是被人忽略的詩之永恆故鄉。海不只是一個具象的領域，還隱喻、象徵詩的自由空間。

3月25日和26日兩天的論文發表和詩朗誦，節目豐富，多彩多姿，分配場地包括國賓大飯店樓外樓、文藻外語學院、高雄師範大學、中山大學、步道咖啡、婦女館地下一樓視聽室、中正文化中心至善廳、武德殿等，活動範圍擴散很廣，獲致更大效果。

3月27日特別移師到台南國家台灣文學館，舉辦一場德瑞克‧沃克特主題座談會，以「詩‧語言與認同」為主軸，由林瑞明館長主持，請到台灣文學大老葉石濤參加，沃克特則由美國加州大學戴維斯分校教授奚密翻譯，我事先被指定參加討論，所以我準備台語講稿，照本宣科。就以〈詩、語言與認同〉為題：

使用語言是表示對產生語言的文化系統的認同。語言表達出來的行為，是一種意識形態、一種文化體質。

詩人透過語言創作的詩，就是詩人意識的具體化，無論採取什麼文學技巧，詩人所表達的是文學底層的意識本體。意識可能是政治態

度、社會意涵，也可能是文化質素、文學趣味。

對詩人來講，語言有兩種，一種是生活語言，表現族群的認同，會當作族群內部產生傳達的工具；另外一種是文學語言，作為文學表達的工具，爭取讀者的認同。

生活語言佮文學語言一致時，對詩人是使用上最方便、感覺上幸福的創作條件。但是，在世界上往往是上強勢的語言，才做會到。所以，文學上需要透過翻譯，來補充無法度一致的缺憾。

尤其是在殖民地，或者是曾受過殖民統治過的國家，連生活語言都受到壓制的情形下，文學語言的發展往往受到更較大的阻礙。

在生活語言佮文學語言無一致的情況下，詩人使用生活語言，是對語言的認同，一種自發性（主動）的認同，但是在使用文學語言時，會轉變成被動性的狀態，是在接受語言的認同。

詩如果不會得到語言的認同，無法度產生傳達的作用，詩人的表達會失去功效，詩不會存在。

雖然生活語言是一種意識的表現，但文學語言純粹是一種形式、一種工具，意識是在內涵。

所以，詩使用的語言若無受到認同，詩人的意識無法度表現。一般來講，生活語言是體質內的，文學語言是體質外的。

其實，文學的產生透過一層一層的轉譯。詩人的意識經過具象處理的文字化，是一種轉譯；生活語言創作成為文學的語言，也是一種轉譯；無同款文字的轉變，是形式上更較明顯的翻譯。

每一次轉譯過後，原先的質素會消解，譬如講，詩作產生後，原先的詩情就化解，文字經轉譯後，對譯本讀者來講，原作的語言版本形式就不存在，存在的是內涵，內容所顯示或者暗示的意識。

簡單講，族群語言形式的認同，本身就是意識；但是詩的認同是在語言本質內的意識，語言變成文學傳達的工具。

2005年高雄世界詩歌節因印度《詩人國際》主編法魯定的發想而實現，又實踐組團來台參加的諾言，我又因多年來在印度發表作品，以及受到印度

詩壇肯定的緣故，心想有必要編譯一本印度詩選，作為交流回報，且可以分享台灣愛詩的讀者，對來台出席高雄世界詩歌節的印度詩人增加瞭解。法魯定立刻同意我的構想，對原定參加印度詩人團的成員徵詩，傳給我翻譯，我另外增加印度元老詩人施里尼華斯、印度總統凱拉姆和印度總理瓦帕儀的詩，編譯成《印度現代詩金庫》（*Golden Treasury of Modern Indian Poetry*）一書，收14位印度詩人79首詩，由高雄市政府文化局出版。

我為《印度現代詩金庫》寫〈印度詩中的一粟〉，以漢英雙語，置於書前，作為引言，也算是譯序：

印度是文明古國，人口十億，詩家輩出。由於語言、宗教、生活的多樣化，使詩這種文學精華的表達方式，也繁複而多姿多彩。

台灣與印度同屬亞洲國家，可惜以往因空間的遙遠，加上政治的隔閡，以致彼此瞭解不多。台灣對印度詩，除了《羅摩衍那》和《摩訶婆羅多》二大史詩外，所知大概不外泰戈爾和奈都夫人的作品而已。

我雖然早在1982年即譯過一些印度詩給台灣讀者，印成《印度現代詩選》小冊子，1997年開始進入印度詩壇發表詩，也獲得印度詩人的謬賞，但直到2002年和2003年帶隊參加印度詩歌節，台灣詩人和印度詩人才有較寬面的接觸和聯絡。

誠如印度國際詩人學會主席薩伊德‧阿彌魯定所言，印度詩人以往對台灣詩毫無所悉，自從把台灣詩帶進印度詩壇後，印度讀者普遍對台灣詩人的作品發生興趣。

相對地，幾年來我一直陸續翻譯一些印度詩，也撰文介紹印度的文化、現代文明成就，以及社會狀況，也受到讀者的注意。個人因此不自量力，在2004年初成立台印詩交流工作室，鞭策自己撥出一點時間，做實際工作，以促進台灣與印度的詩交流活動。

印度語言多樣，是我所無能為力，只能透過已成為印度共同語言之一的英語，進行彼此的溝通和理解。

替印度俳句會會長穆罕默德‧法魯定俳句作品漢譯，在印度出版

其《自我探索俳句集》（2004年）漢英雙語版本，是出發的第一步。把前後兩年參加訪印團的台灣詩人親歷西天奇異世界所寫詩篇，輯成《印度的光與影》，可說是第二砲。

至於這本《印度現代詩金庫》，算是第三回合吧。緣於2003年台灣詩人第二次參加班加羅爾的第8屆印度詩歌節時，有印度詩人上台呼籲曰：「台灣詩人已組團來印度兩次了，印度詩人也應該組團去訪問台灣了。」

由此促成在高雄舉辦2005年世界詩歌節動機，印度詩人也按照承諾，將有十位詩人組團前來台灣參加盛會。於是，乃策劃此詩集之編譯，以期對來台訪問的印度詩人多些認識。

另外收入詩人總統凱拉姆，和前總理瓦帕儀的詩（譯後，瓦帕儀由總理轉為在野黨領袖），我也沒有忽略對台灣和我個人非常親善的92高齡元老詩人施里尼華斯的作品。

印度為詩國，包含14人的一部詩集，算是滄海一粟而已，但從一粒砂看世界，由此抽樣，可以設想印度詩的壯闊。

就在2005年高雄世界詩歌節出版此書，對印度詩人表示衷心歡迎！

在印度代表團裡，法魯定是靈魂人物，1945年出生，兼有詩人、電影劇本作家、評論家、記者、編輯、導演、教授等多重身分。1983年創辦《詩人國際》月刊，1995年起每年舉辦印度詩歌節，1997年推動印度俳句詩運動，1998年成立印度俳句協會，擔任會長。他雖然迷上東方日本傳統定型詩，嗜寫俳句、短歌、連歌、川柳等，但也擅長西方格律詩，在本書中，他自選9首14行詩，茲舉其第1首，以見其風格之一斑，漢譯力求照其aabbcc韻腳：

你盛年的盛時一去不再，
傾慕嚮往的人也不回來；
在燃燒蠟燭默默無淚時，
希望相連使你信心堅實。

要想信賴人共享貞潔愛，
需要有自信一切為了愛；
敬謹的人必然愛得實在；
心心相繫追求崇高的愛。
生命的祕密白天活受罪，
卻享有甜蜜時刻而陶醉；
不信過去未來，時間常變，
無人真實待己，愛在考驗；
什麼都能寫；但誰能寫出
在心裡動心？愛情的禮物。

　　這種14行詩不但形式僵化，內容也非常傳統，充滿老態龍鍾的說教，缺乏現代性和在地性。2002年在印度詩歌節開幕式給我獻花環的資深詩人朗嘉斯瓦彌，在此詩選中卻顯示自由不拘的青春活力，包括〈少女新娘〉、〈轉化中的露珠〉和〈我正年輕〉諸詩，正好呈現對比，在〈少女新娘〉中寫出印度社會早婚習俗的特殊性：

她14歲多，
清秀、害羞、靦腆，
太年輕還不懂事，
卻結婚了。

從學校放學回來，不理午餐
只顧為窗台整理東整理西，
眺望著街道上
和夢想⋯⋯玫瑰花瓣的回憶
拂掠過她的臉頰⋯⋯
結婚日⋯⋯坐在他身邊⋯⋯
偷偷瞄一下他的臉——

年輕、英俊，在祭火前紅光滿面……

往後的日子，與他獨處

在他懷中……他的話

半細語，溫柔但寡言……

在她臉頰上半形式的親吻

震垮了她閨女的模樣……

在他前往遠方

工作之前……

樓下，街上，郵差按門鈴

揮著她的信件……醒悟，

她衝下樓梯，

心怦怦跳……性急地

奪過來……撕開……就溶入

又一個夢中。

　　朗嘉斯瓦彌1924年出生，馬德拉斯大學英語文研究所碩士，2003年獲文學博士，擔任印度國會職員，1982年在研究諮詢服務部主任職位退休，繼任憲法和國會研究學院專員至1991年。他以英文和泰米爾文寫詩、評論，並從事翻譯。獲1943-1944年馬德拉斯領袖學院馬可‧亨特爵士紀念獎（Sir Mark Hunter Memorial Prize）、2000年麥克爾‧默圖蘇丹學院詩獎（Award for Poetry from Michael Madhusudan Academy），早我兩年。他溫文爾雅，講話細聲低語，不疾不徐，令人感到親切。可惜會後兩年，就往生了。

　　美國詩人蘇勒雖不在印度詩人代表團內，但因常在《詩人國際》發表詩，也幾乎每期會在讀者投書內發言，不但對拙詩謬賞，也是呼應法魯定希望台灣舉辦世界詩歌節的友人，她投寄給大會2005年高雄世界詩歌節詩選《海陸合鳴‧詩心交融》的詩，以〈線牽陸海〉為題，緊緊扣住大會主題：

波浪輕舐

亞洲的海岸，

狂風如今遠離
越過水平線。
青魚幫
循游
新英格蘭海濱，
彩虹裙脂鯉照亮
遠離墨西哥岸邊的海面，
大群鮭魚
從海洋奪路
到太平洋岸河流。
海孕育寶藏
養人活在陸地封閉樂園，
以川流不息的美麗季節日照。
在海洋內部
強大的毛象鯨
以體型和優雅取勝，
而牠的表兄弟海豚
舞著自己靈感的傳說。
雖然只有人會冒險
出海、上太空，
以知識和愛
單一的詩心交融
統合一切要素。

　　蘇勒不但依約出席世界詩歌節，還提早一天到達高雄，她和藹可親，富詩人文雅氣質，其實她也寫小說。最特別的是，會後她撰寫一篇報導發表在美國加州作家協會的《海景通訊》月刊。此協會是《野性的呼喚》作者，美國著名現實主義作家傑克・倫敦（Jack London, 1876-1916）所創辦，有上千名作家會員，在此發表文章，對台灣舉辦高雄世界詩歌節的宣傳效果有多

大，不難想見。我想藉她第三者親歷其境的參與和觀察，執筆〈2005年高雄世界詩歌節記事〉留下實錄，表達外國詩人的親身觀感，應該勝過我自己吹噓吧：

　　　　應邀參加台灣在高雄舉辦的國際詩歌節，深感榮幸，盼望能與多年來我欣賞其作品的一些詩人見面，像李魁賢、法魯定、蔡秀菊。

　　　　我在加州時間3月21日午夜後，離開舊金山飛往台灣。我必須在台北換機，在此遇到一位搭機往高雄的好心年輕人，他沿途照顧我。令我傷心的是，他是要回家為祖父奔喪。他幫我拎行李、找電梯，讓我不必提行李爬樓梯。到達高雄後，他確定有人來接我，才離開機場。

　　　　文學台灣基金會祕書彭瓊儀，和青春活潑的蔡馨儀，在機場接我。她們立刻把我的行李放到車上，帶我到機場銀行換些錢。我提前一天到達，乃因飛行轉機複雜。然後，蔡小姐吩咐司機送我到華王大飯店，她已為我訂了房間。這是一家豪華飯店，翌日早餐時，我遇到荷蘭來的詩人布宜絲。我早上沒有行程，中午才會轉往國賓大飯店，她就邀我一同前往左營高中，參觀在那裡表演的一場舞蹈節目。我很慶幸沒有錯過。

　　　　我們在左營高中，由文質彬彬的林全義校長奉茶，家長會黃睦邦會長也在座。據悉全校學生超過1,700位。我們前往參觀美輪美奐的圖書館。有可愛的舊式書桌，擦拭到光亮鑑人。書籍按照作者姓名順序整齊排列，視覺印象深刻。

　　　　往禮堂途中，走過一道樹蔭，樹上掛有木牌，鏤刻詩篇，真是妙招。到達禮堂時，我們收到一份印刷小冊，題曰《詩與舞的對話》，以英漢雙語印製要演出的詩，舞蹈表演隨即上場。荷蘭、印度、日本、台灣的詩人們，為觀眾朗誦詩。接著，學生不但舞詩，還安排舞姿動作，配合音樂，作為原創詮釋。有些學生已練舞12年，很是精彩。我想這些舞者將來有些會在舞蹈表演方面，把台灣推上世界版圖。

表演過後，大家與舞者合照，然後移師餐廳，吃便當，趁機與舞者聊天。

　　隨後回到國賓大飯店，詩歌節期間就住在這裡。報到登記時，領到一個布製購物袋，裝滿寶物：一冊《高雄市簡介》；一冊漢英雙語版2005年高雄世界詩歌節詩選《海陸合鳴·詩心交融》；一冊大會議事錄，載有全部要宣讀的論文，也是漢英對照；一冊諾貝爾文學獎得主詩人沃克特的漢英詩選；還有一冊也是雙語的《印度現代詩金庫》。要感謝李魁賢和許達然教授費心翻譯。袋中有一咖啡杯，和書放在一起，杯上刻有詩人名字，燒製而成。

　　我們每個人有指派的個人譯員嚮導，年輕妙美的大學生潘姿吟立刻前來負責帶領我。她讓我盯住行程，在高雄的往後時間裡照顧我。除了親切善良外，她又很聰明，會講台語、華語、英語、法語、德語。

　　我們領了鑰匙，進房，打開行李，休息。我的房間在17樓，俯瞰美麗的愛河，在底下潺潺流過。房間豪華，應有盡有。

　　是晚有歡迎酒會，與主辦單位高雄市文化局葉景雯局長見面，為出席人員提供的自助餐非常豐盛。我遇見台灣、韓國、塞爾維亞、日本、墨西哥、荷蘭、奈及利亞、印度的幾位詩人。

　　翌日是開幕典禮，安全檢查嚴格，因為台灣陳水扁總統要蒞臨致詞。總統有許多隨扈戒備，因為去年他在台南遭到槍擊，有人試圖謀害。這是我們時代的悲劇，世界各地的領袖必須生活在奪命的恐懼中。

　　總統說：「詩是發自靈魂的美聲。」他說身為詩人和世界公民，我們要共同負起散播人間的真善美。由於中國正以武力威脅台灣，總統在致詞結束時傳達：「希望所有被壓迫、受到不公平、不公義對待的人，都能勇敢、堅定、大聲地發出自己聲音。如果保持沉默、不採取行動，就會助長壓迫者的力量。」

　　總統呼籲人民翌日走上台北街頭，參加326大遊行，讓世界聽到民主、和平的呼聲。他以作家楊逵說過的話總結：「老幼相扶持，一

路走下去，走向百花齊放的新樂園。」

總統致詞後，有高雄市年輕的陳其邁市長，以及其他政治和文學人物講話，像李魁賢。開幕典禮後，接著是朗誦詩，和宣讀「海陸合鳴·詩心交融」主題的論文。我在此時和許多詩人上台朗誦詩。

午餐時，有一群抗議中國軍事威脅台灣的人士來訪。身為美國人，接受許多台灣和香港記者採訪，問我對中國威脅侵犯的感受，邀我翌日去台北參加遊行。我雖然深表同情，卻無法應命，因為大會議程排好我要宣讀論文。然而，我決然在抗議書上連署，因為我堅定相信所有國族都有獨立的權利。台灣應該保持自由自決的國家。

下午我和台灣、塞爾維亞及孟加拉的其他詩人，出席文藻外語學院的詩朗誦會和討論會。我們又得到一個多彩多姿的寶貝購物袋，內有印刷美觀的學院簡介，漢英對照的朗誦詩小冊，兩個可愛的杯墊，印有學校照片，現在就放在我的咖啡桌上。李文瑞校長致詞簡單扼要。我們的照片和詩顯示在大銀幕上，詩朗誦後，有開放給學生的簽名會，然後開始討論會。這裡的年輕人真令人歎為觀止，有許多人能流利說五、六種語言，大多數也是詩人。我注意到有趣的因素，據說文藻學院只有五、六位男生，而原先這是男生占大多數的學校。如今年輕女生成為台灣的譯員，我只能推測這種變化是因男生如今都進入電腦和科技領域之故。

我在台灣停留期間，注意到另一政治因素是，許多年輕人不想理睬現時政治情勢。他們對我聲稱他們不沾政治，或是說時時刻刻政治味太濃。我深感訝異，因為在許多國家裡，往往是年輕人對壓制採取挑戰，在台灣卻是老一代的人才瞭解，落到共產黨的架軛下，對此美麗島上的自由人是什麼意義。

整個詩歌節期間食物豐盛，在國賓大飯店裡，於愛河西餐廳、粵菜廳、川菜廳聚餐。盛宴中，我們經常遇到更多詩人，互贈詩集。我帶著來自世界各地的無數書籍回來，充實我的書庫。

3月26日有更多的詩人朗誦詩，然後是《印度現代詩金庫》新書發表會，這本書由李魁賢編譯，獲得法魯定的協助。二位都在會上講

話，法魯定獲頒貢獻獎。

　　我的演講是關於世界上小型出版社的貢獻，及其如何在維護詩方面作為領導者。然後，還有更多的詩朗誦和論文發表，接著是閉幕典禮，然後晚宴。

　　大會最後一天，招待全體詩人旅遊。首先搭遊覽車到赤崁樓、安平古堡。台灣從許多原住民手中被占領，先是荷蘭，然後日本，接著是在中國內戰中逃離毛澤東掌控的中國人。

　　下一站，我們參觀開山王廟（延平郡王祠）。當地工藝家在路旁用草莖編結鳥類和人物。有一位主辦者買一支送給我，如今就擺在我起居室裡。

　　再下一站是國家台灣文學館，在台南古城。文學館設在日本殖民時代1916年所建歷史古蹟裡。終戰後，用做空軍補給站，然後變成台南市政府。如今由文建會支持，已經整修完成。

　　台灣文學館收藏涉及台灣多元文化族群生活的一切文學，涵蓋現代文學、詩、小說，手稿和參考資料、史料、書目，以及藝術書籍，陳列高明，還有兒童閱覽室、演講廳、會議室、展覽空間。我們在此享用精美的自助式午餐。

　　這天最後一站是高雄美術館，這是現代藝術和雕塑的美術館。可惜因時間緊迫，沒有充分時間可供觀賞展覽品。我們拿到精緻的美術館簡介，在紀念品店買一些明信片，店員給我一些相框。

　　我們隨即轉往高雄文化中心，在此觀賞令人目不暇接的娛樂節目，聆聽迷人的台灣民謠、原住民舞蹈、現代舞、台灣詩人朗誦詩，還有奈及利亞詩人表演擊鼓，和舞蹈他的英詩。然後，把我們帶到室外，贈送更多禮物，有漂亮的台灣郵票，上面印詩的扇。

　　接著，我們看到高雄市最不平凡、令人印象深刻之一項景觀。圍繞高雄市文化中心的周圍，形成詩的步道。大型石鼓展示各國詩人作品，一面是英語，另一面是漢語，夜裡全部照明，真是賞心悅目，令人激賞。

　　由此前往餐廳頂樓，俯瞰全市。下面燈光如像千百閃亮的星星。

歡送晚宴是另一次動人的自助餐，接受詩歌節的一些CD贈送品。然後回到旅館，準備打包回家。

大部分詩人在翌日清晨飛走，有些決定多留一天。最後一天早上，我依依不捨告別新交朋友蔡秀菊，知道會永生不忘。

翌日，由於必須在中午前退房，而我飛離高雄班機是在下午4點之後，蔡馨儀好心招待墨西哥詩人麥吉爾和我最後一日遊。她和可愛的彭瓊儀開車載我們沿海岸馳騁，由高處觀賞海景。馨儀又帶我們參觀美輪美奐的道廟，歎為觀止。她再帶我們去一家雅緻的書店內用餐，有三個房間擺餐桌，裡面滿是待售書籍和陶器，像花瓶啦、茶壺啦。

在後面的第四個房間裡，有一位婦女在縫製衣服，產品就掛在衣架上出售。午餐後，馨儀載我們去小港機場。麥吉爾和我飛到台北，再分手。他飛洛杉磯轉墨西哥，我則飛舊金山，但我知道，我又交了一位新朋友。

我頓時有失落感，因為如此優美的經驗俱往矣。一次可以會晤來自世界各地這麼多詩人，是獨特的經驗，共有來自六大洲24國詩人，深感榮幸得以參加如此盛會，從來不敢想像。台灣的人民和政府真正尊敬所有藝術家，固不止作家而已。藝術家和表演藝術家都獲得高度尊崇，一如詩人和其他作家。我滿心懷著美好的回憶，但願外力永遠不會改變這獨特島上祥和安靜的稀有環境。

蘇勒真是有心人，報導翔實，對台灣真情溢於言表。她雖然觀察到「台灣的人民和政府真正尊敬所有藝術家，固不止作家而已」，然而沒有見到不尊敬詩人的，竟是詩人同儕。例如他們連夜商量要發動外國詩人連署抗議政治動作，一大早就把連署書鋪在進門接待桌上，而身為負責邀請所有外國詩人出席的當事者，竟然毫無所悉，未接到任何知會。蘇勒除了長文報導外，還寫來兩首俳句：

1. 詠台灣高雄

河畔的城市
在詩歌的流水中
結合全世界

2. 致李魁賢

數十年編織
慎思明辨的機智
台灣的詩人

　　她迄今與我聯絡不斷，常傳給我精彩圖片分享，曾有意再來台灣參加
2016年淡水福爾摩莎國際詩歌節，唯因已不良於行而放棄。

　　高雄世界詩歌節後，有幾件事值得補記，第一是泰國詩人蒙特立・溫瑪
斐嘉尼（Montri Umavijani），1942年生，美國西北大學博士，1988年曾主
辦第10屆世界詩人大會，並續任2011年世界詩人大會籌備委員，要我務必參
加。泰文Montri意思是部長，我跟他說笑有一天他擔任部長時，我要稱呼他
「部長」部長閣下，使他大樂。他在高雄世界詩歌節會後旅遊台南當天早餐
時，遞給我一張國賓大飯店的便箋，手寫短詩一首：

詩
（給李魁賢）

時間和永恆之間
的差別
是詩的最大致命傷
盡其所能

向時間借貸

虧欠永恆

　　不料他回國後不久，我接到她女兒傳真信，說她父親罹癌住院，已到末期，請為他祈禱，再過幾天就接到訃聞。

　　第二是孟加拉詩人阿米紐‧拉赫曼（我那時把他姓譯成喇曼），1966年生，年輕剛出來見世面，與另一位應邀出席的孟加拉筆會祕書長夏哈布汀相較，顯得有點生澀。不料後續兩年中，意外於2006年蒙古烏蘭巴托第26屆世界詩人大會和2007年印度青奈第27屆世界詩人大會邂逅，相談甚歡，瞭解更深，甚至更意外頒給我2016年卡塔克文學獎，此是後話，詳見第15章〈孟加拉卡塔克詩會〉。

　　第三是外國詩人回國後，紛紛寫詩抒懷，例如在蘇勒文中提到最後一天同遊的墨西哥詩人麥吉爾，有詩〈旅遊台南〉（一首俳文）：

沉悶的混凝土灰色道路從高雄

綿互到台南，陰霾的天空陪伴乘客

在這早晨的旅途，視域有限，心情鬱卒。

所有詩人旅客的創作力被遊覽車

向前疾駛、單調的左右搖晃

催眠、撫慰，弄到麻木不仁了。

「車上有麥克風嗎？」男性的聲音

從後半發出。傳遞麥克風，昏昏沉沉

被上課的念頭勉強提振精神，聽到

米西齊昂揚的聲音向前破空而來

是塞爾維亞的民歌，瀰漫在車輛上

活動世界的局限，發自隱藏的擴音器。

歌聲一曲接一曲，在侷促的座位上
心情燦爛起來。來自德里的瑪霍特拉接棒
她以前是職業歌手，可愛的歌聲迷人

唱著古老的謠曲。台灣歌的旋律揚起
突然感到台南旅程太短。我們共享
整個詩歌節洋溢的熱情氣氛。

另外，印度庫瑪麗也有一首〈愛是無盡的歌〉，非常動人：

台灣要我回來
什麼也不缺
人、地、華屋
全部閃閃發亮

瀏覽世界地圖
台灣在膝部
資源又多又豐又富
地圖上他處又貧又瘠

高雄呼喚我回來
什麼也不缺
愛河映照愛的顏色
山嵐鼓舞千鴿

高雄歡聲招呼我
注定永不歇止
春天展顏迎人
繁花綻放誘人

高雄纏住我回來

袋裡裝滿歡樂

豐腴的臉頰邀吻

沒有回應，失策啊！

如琴笑聲像項珠

令人想起昔日善行

曼瑋淚眼感動我

我們無福嗎？詩人先知！

台灣吸引我回來

台灣藝術使我著迷

台灣工藝令我驚歎

曼瑋淚眼跟著我

愛是無盡的歌

　　第四是法魯定編輯2005年4月號《詩人國際》整本都與高雄世界詩歌節有關，等於專號，封面是陳水扁總統致詞照片。接著幾年的封面都用高雄市風景照片，配合拙譯法魯定俳句，對高雄宣傳效果難以估計。可惜，翌年想再為高雄獻力，承辦單位不敢提案，我到高雄找文化局長路寒袖，他表示不敢作主向陳菊市長報告，結果另請一位高雄詩人向陳菊市長建議，結果不了了之，台灣政界大都無文化意識，由此可見一斑，與當初管碧玲局長一言定江山，反差何其大。這場被譽為盛會的壯舉，就從一即終，而掛名策劃單位也不見再策劃啦！

2018年10月7日

Beautiful Mongolian Steppes

美麗的蒙古草原

第1屆台蒙詩歌節

時間：2005年7月13日至7月19日

地點：蒙古

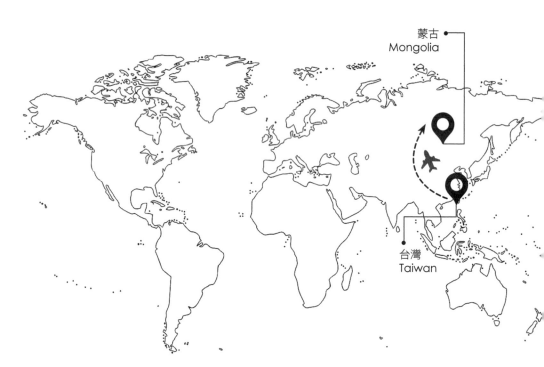

2002年第一次組台灣詩人團訪問印度，在新德里機場轉機回國時，我向同行的詩人朋友報告說，此次前來印度訪問交流，已經將七年之癢建立的人脈，都帶大家認識了，希望有人接棒，我可以退下來，讓我轉向亞洲其他國家開拓新版圖。當時我是打算從印度，向周邊延伸到孟加拉、馬來西亞、泰國、越南、新加坡等東南亞國家。因為早期台灣詩國際交流集中在東北亞日本和韓國，只有參加1990年在首爾的第12屆世界詩人大會時，遇到兩位年輕蒙古詩人，那時世界冷戰才開始在解凍，民主國家集團和共產國家集團的人民之間很少接觸，彼此有些顧忌，打個照面而已，不敢公開交談。

　　由於偶然間發現老友日本詩人有馬敲，此時正好繼逝世的司馬遼太郎，擔任日蒙關係協會理事長，就寫信請他介紹可以聯絡交流的蒙古詩人。我認識有馬敲也是在1990年漢城第12屆世界詩人大會，後來交往頻繁，他在1998年創刊號的《海陸風》（*Sea and Land Wind*）英日雙語詩刊就開始刊載拙詩；我也為他尖銳的現實語言所迷，受他所託編譯《有馬敲詩集》（春暉出版社，2002年1月）。2003年印度麥克爾・默圖蘇丹學會詩人獎，由我提名他順利獲獎。後來，楊淇竹為笠詩刊專欄《跨國詩賞析》找荒井敬史執筆【日本現代詩系列】時，我就推薦有馬敲詩作。

　　從小熟讀過「大漠孤煙直」、「風吹草低見牛羊」等詩句，常會冥想一望無際的大沙漠，和天地一線的大草原等壯觀景象。雖然在埃及親歷過撒哈拉沙漠，也馳騁過澳洲草原，但我想像的虛擬夢境，始終是在蒙古。台灣和蒙古天南地北，從來沒有想到，有一天竟然可以身歷其境，蒙古也成為我到過緯度最高的亞洲國家。台灣是一個海島，四周被茫茫渺渺的海洋包圍，蒙古則是一片莽莽蒼蒼無際的草原，四周沒有臨海，草原就是蒙古的海洋，隨風搖曳的牧草，就是海上綠波。完全相反的地理位置和地形地貌，我禁不住以詩〈海洋和草原〉加以比擬：

　　海洋的綠色草原
　　一群群的綿羊
　　被風驅趕著
　　嘩啦啦響

草原的綠色海洋
一層層的波浪
隨風起伏
咩咩叫

我在長住的海島
想像廣漠的草原
我去草原旅行
帶著海洋的鄉愁

究竟海洋是我的草原呢
或者草原是我的海洋
海浪是我的羊群呢
或者羊群是我的海浪

　　有馬敲很快為我介紹同樣在國際詩交流活躍的蒙古詩人森道・哈達（Sendoo Hadaa）。開始與哈達通信之後，才知道他出生於內蒙古自治區錫林郭勒盟，即蒙古上都所在地，漢語不錯，彼此聯絡很方便。我們一拍即合，相約在烏蘭巴托舉辦台蒙詩歌節，讓台灣詩順利進軍蒙古。由於台灣與蒙古幾乎斷絕來往的現實情況下，文化彼此陌生，文學更是沒有交通管道，所以必須先進行詩文本翻譯的先遣作業，我建議哈達嘗試向文建會申請補助，幸得承辦人李秀玲協助，順利獲得支援。

　　哈達做事積極，與我個性相似，立即著手，經過一年半的策劃、籌備、聯繫，翻譯完成蒙漢雙語的《李魁賢詩集》（*ДИ КУН ШЕНЬ, ЯРУУ НАЙРГИЙН ТУУВЭР, 2004*）100首，由蒙古Admon出版社出版。我從事國際詩交流，念茲在茲的是台灣詩的整體意象，不以個人表現為足。因此，我要求哈達另譯一本蒙漢雙語《台灣詩人選集》（*ТАЙВАНЫ ЯРУУ НАЙРАГ, 2005*），由Тунгалаг-ОД出版，計選譯岩上、李敏勇、陳銘堯、鄭炯明、莫渝、利玉

芳、蔡秀菊、李昌憲、林鷺、林盛彬、張芳慈、許悔之，12位詩人各10首詩共120首，這總共220首詩便是台灣詩作品首度登陸蒙古的前鋒。

這二冊詩選封面，前者以我故鄉淡水海口漁船的景象，後者以玉山高峰雲海的壯觀，經過美工設計處理過的蔚藍單色印製，不但隱喻台灣山靈水秀，還帶有莫測高深的朦朧詩美。出版社特別由德國進口銅版紙，印刷非常精美，在當時蒙古才第三度獨立建立共和國，經濟拮据情況下，顯示哈達的用心和出版社的慎重其事。

萬事齊備後，哈達才告訴我說，預定在烏蘭巴托舉辦的台蒙詩歌節，經費沒有著落，我問預算要多少，他說如果邀請兩本書的作者一共13位詩人全部出席，估計需US\$3,000至5,000。我衡量自己的能力後，答覆他願個人支助US\$2,000，可以節儉辦事，不須太張揚，於是敲定2005年7月13日舉行。我開始邀請詩人參加台蒙詩歌節時，原擬有作品譯成蒙語的詩人全體到位，都能連袂出訪蒙古交流。不巧，李敏勇、林盛彬和許悔之三位無法參加。結果由台灣筆會名義組團，當時理事長鄭烱明，邀祕書長彭瑞金教授和祕書彭瓊儀加強陣容，另有三位眷屬同行。

我那時正好在國家文化藝術基金會董事長任內，行政總監羅怡華熱心替我準備故宮博物院所藏成吉思汗畫像原寸複製品，成為最佳伴手禮。我寫詩〈致蒙古詩人〉寄給哈達，對哈達以及未謀面的蒙古詩人朋友們，先打招呼，期待彼此之間未來有密切的交流，促進深刻的瞭解和國際交流：

在我的夢土上
北方有遼闊的草原
一直連綿到天邊

在人類學上
蒙古是我的故鄉
我祖先從天邊
經過多少世紀的歷史
來到南方的海角

台灣在太平洋的海角
　　不，或許是海洋的中心
　　正如蒙古在天幕下的中央

　　詩讓我為未來造像
　　也回溯到心的原點
　　我真實感受到家的親情
　　聯繫北方詩人的溫馨

　　2005年7月12日一行15人，中午出發到烏蘭巴托，出席第1屆台蒙詩歌節。飛蒙古班機少，但還是有許多選擇，衡量票價當以經北京合算，我們為安全起見，寧願選擇韓航經仁川，轉抵烏蘭巴托時，已是半夜，住進台蒙詩歌節會場的百揚格勒（Bayangal）飯店。哈達很客氣，翌日一大早就來飯店等候，帶大家走過新舊館間的通路，到達新館一樓會議廳，很多貴賓已等候多時，包括我國駐烏蘭巴托台北貿易經濟代表處黃清雄大使。

　　上午9點，由總策劃哈達邀請2005年台蒙詩歌節大會祕書長，圖格莫勒傳媒學院副校長巴特（Yadambat Baatar）致開幕詞，歡迎台灣詩人到訪，期待台蒙間建立長久的文學交流。我接著致詞時，首先感謝蒙古詩人熱心舉辦此次破天荒的台蒙詩歌節，並報告台蒙間啟動詩交流始末，期待以此為契機，進一步加強互譯的實務工作，同時介紹已出版的蒙譯《李魁賢詩集》和《台灣詩人選集》二冊，由於蒙古詩人都已二冊在手，所以特別有實感，我趁勢提議漢譯蒙古詩選，希望也能在台灣舉辦台蒙詩歌節，邀請蒙古詩人來訪。然後，蒙古文化基金會董事長兼蒙古文化詩歌院院長門德佑（Gombojav Mend-Ooyo）、蒙古作家聯盟執行長切列加布（Khaidav Chilaajav）、文學台灣基金會董事長鄭烱明，分別致詞，一致表示互相交流的熱切期望。最難得的是黃清雄大使應邀致詞時，強調「台灣是台灣，中國是中國」的明確堅定立場，令人動容。

　　蒙古文化基金會會長門德右頒給我一面文化名人獎牌和一枚詩人獎章，

獎勵「對國際文化和文學關係以及蒙古文化資產的發展著有貢獻」。此獎項為新設，去年剛頒給日蒙關係協會理事長有馬敢，我則有幸為第二位受獎人。門德右又給我和鄭炯明分別獻藍色哈達，再由蒙古族圖格莫勒學院（Tugeemel Institute Mongolian Ancestry）校長烏金‧庫勒爾巴特（Urjin Khurelbaatar）頒授鄭炯明榮譽學位。我則請黃清雄大使代表台灣把寶貴的伴手禮，即故宮博物院所藏成吉思汗畫像複製品，贈送給門德右，當場展現掛到牆壁上，贏得全場熱烈掌聲。

開幕儀式完成後，由巴特主持朗誦詩，台蒙詩人交叉朗誦。在岩上首先朗誦〈星的位置〉畢，巴特立即回應，對詩中「一顆孤獨的明星／輕輕地呼喚我的名字」的表現，表示對身為詩人的孤絕感，深深感同身受。在朗誦詩場合，未遇過聆聽的詩人即席回應討論的先例，足見他作為評論家的心思敏銳，很快能抓到詩的本質和特點，並且坦率說出見解。我見狀輸人不輸陣，對隨後蒙古詩人念完詩後，也以同樣方式加以呼應，提出我的感想。這樣臨場反應，而且針對的是平常非慣用的語言文字，又是當場挑戰，沒有事先閱讀準備，真是平生最大的挑戰。但這樣交集結果，使念詩場面更加熱絡，是一次特出的經驗。

在朗誦詩和座談會中，達成進一步交流的共識，雙方同意編輯蒙古現代詩選漢譯本，在台灣出版，然後在台灣辦第2屆台蒙詩歌節，邀請蒙古詩人組團來台灣參加。這樣彼此決斷的承諾，顯示雙方交流的誠意和熱切期待。

出席此次台蒙詩歌節的蒙古著名詩人有20餘位，包括蒙古筆會祕書長阿尤勒臧（Gun-Aajav Ayurzana）。令人印象深刻的是，蒙古著名詩人普遍年輕，卻學驗均豐，團體領導人都是40至50歲壯年人，創作力旺盛，且大都跨文類，兼從事小說、評論、兒童讀物的寫作。

會後，移師到草原的成吉思汗營，藍天綠地，白雲朵朵，似晾曬的白床單，靜靜不動，低到幾乎伸手可觸。營地是開放草原，主人站著迎賓的位置就是門，進門時，一位女士來獻哈達，表示歡迎，然後奉上馬奶酒。蒙古人喝酒方式是，用中指沾酒，彈向天空，表示先敬天，再沾酒，彈向地，表示敬大地，最後彈向對方，敬人。拙詩〈馬奶酒〉寫初次經驗：

在草原的藍天下
幾幾乎
伸手可觸及白雲

在成吉思汗營
迎賓的草地
蒙古姑娘呈獻的馬奶酒
我接到的是一杯白雲

酸酸澀澀的味道
有草原的香味
有少女的溫柔

飲馬奶酒
享受微風般的醺醺然
一種初戀的味道
屬於前世

　　蒙古人性情豪邁，在宴會上喝伏特加酒，如像喝白開水，而且烈酒入腸，歌聲隨即出口，於是宴席上立刻熱烘烘。據哈達說，蒙古人有酒必醉，倒頭就睡，天塌下來也不管，有時在草原，可以睡三天不回家。

　　在成吉思汗營午宴後，前往瞻仰納楚克道爾基（Dahsdoriyn Natsagdorj, 1906-1937）青銅雕像。納楚克道爾基被尊為當代蒙古文學奠基者，由詩人哲迭夫（Dojoogyn Tsedev, b. 1940）編選的《蒙古現代詩，1921-1986》，便是以納楚克道爾基為首。納楚克道爾基的塑像矗立在烏蘭巴托市內，於路旁的一處平台上，塑像平台循階而下是草地廣場，前面一大片開闊平野，沒有任何建築物礙眼，也不長樹木。納楚克道爾基以自然坐姿，左腳盤曲，右足前伸，轉首向左遙望。青銅塑像奠立在約一人高的粗面白色大理石基座上。

　　納楚克道爾基的長詩〈我的故鄉〉為其名作，刻成碑文，歌詠蒙古美麗

山河，以「頌詩」風格表現熱烈的愛國情操。按照原來韻律節奏，試譯幾段如下：

> 在那遙遠閃爍蒼涼奇異之美的雪山，
> 那藍天下面，展現出無際的牧場。
> 走上高聳峭立巔峰，舉目眺望遠方。
> 涼爽怡人的原野，使人無限舒暢。
> 這就是我的故鄉，美麗的蒙古草原。
>
> ．．．．．．．．．．．．．．．．．．
>
> 蒼莽山林是搖籃，祖先們安息地方，
> 也是我們子孫後代繁衍生長故鄉。
> 悠悠歲月，慓悍蒙古五畜興旺地方，
> 終生摯愛，游牧永世愛戀的家鄉。
> 這就是我的故鄉，美麗的蒙古草原。
>
> ．．．．．．．．．．．．．．．．．．
>
> 生我養我的土地，終生熱愛的地方，
> 萬一有人來犯，堅決把犯者滅光。
> 讓我們培養出新生的人民更加強壯，
> 盡我們力量建設新世界更為發皇。
> 這就是我的故鄉，美麗的蒙古草原。

納楚克道爾基獻身文學創作，發展蒙古現代文化，作品涵蓋各種題材和文類，勇於批評一切落伍行為，宣揚和肯定啟蒙的新思想。他的另一首名詩〈星星〉，起首即如是歌詠：

啊，光芒四射的星星！你在遠方閃亮！

火紅的光，在無際的天空徜徉！

火星啊，你的住所在陽光普照的宇宙！

長久以來，人類多麼渴望瞭解你！

在你金色體內容納何種人物和財寶！

納楚克道爾基不無以「火星」自況。他還寫過四幕歌劇《三座宿命的山岡》（1934年），於1943年在國家劇院首演後，常在其他戲劇院演出。納楚克道爾基懂俄語、英語、德語、滿洲語，故能介紹世界經典給蒙古讀者。他雖然短壽，才活到31歲，卻給蒙古新文學留下豐碩的詩、散文、戲劇，而奠定蒙古文學發展的基礎，貢獻卓著。我在現場接受蒙古國家電視台訪問，不免把納楚克道爾基讚揚一番，表示台灣詩人對蒙古詩傳統也有某種程度的理解，而且有備而來。

接著，我們被接待去歌劇院觀賞蒙古傳統舞蹈和音樂。馬頭琴為蒙古民俗語樂器的代表，而歌者由喉音衝向腦門發聲震動的唱法，也是獨門工夫。晚宴在餐廳又是一番酒酣耳熱、杯觥交錯，岩上對我說蒙古人招待真是熱情，我偷偷耳語答：「在下有貢獻呀！」後來，哈達跟我說花費超過預算US$300，我回國後，立刻寄去挹注，共支出US$2,300。而我向文建會申請到的補助款新台幣29萬元，全部交由文學台灣基金會具領分配，我沒有勻支一文一分。

2005年台蒙詩歌節大會就在如此熱絡不捨的氣氛中，劃下完美句點。台蒙詩歌節原先只是基於浪漫情懷，在毫無頭緒的情況下，經短期間策劃，竟能辦得順利成功，完全歸功於蒙古詩人哈達的熱心和辦事效率，以及務實態度。能受到蒙古詩人的熱情回應和禮數周到，心裡備覺溫暖和滿意，背後折衝和協調所遭遇困難的煩惱，就此一掃而空。

哈達作為詩人的感性情懷，從他的詩〈雲〉可看出端倪：

雲
輕飄飄

在我眼前
我透過窗口
看見妳的側影
在傷心哀歎

我看到最後的希望
飛逝
像一隻燕子
在雲間

妳呼喚我
親愛的寶貝
我們蜜吻不理會世界
如今這淺嚐
長久後已告消失
有了真正的寶貝
在妳體內

　　哈達1961年出生於中國內蒙古，後定居烏蘭巴托，參與蒙古的文學活動很深，現為蒙古作家聯盟會員、蒙古文化詩歌院董事，不但主辦過1999年亞洲詩人會議（可惜創立會員國的台灣，當時主事者誤判，竟然未參加是屆會議），又是籌備中預定2006年在蒙古舉辦第26屆世界詩人大會的執行委員。令人印象深刻的是，身為台蒙詩歌節總策劃的哈達，卻隱身幕後，請出著名文學評論家巴特擔任台蒙詩歌節祕書長，致開幕詞，哈達自己卻在會場協助翻譯工作，完全不是檯面上人物的作風。
　　哈達不過40出頭，不但精通蒙語、漢語、日語、英語，深談之下，發現他還懂俄語、德語和世界語，令人佩服。而更使人驚訝的是，台蒙詩歌節當天遇到的幾位詩人，都會數種語言，甚至也有擔任過駐外使節者。蒙古人口雖然只有台灣的九分之一，但有充分外語能力的文學人才，舉辦國際會議，

自然就具備了充分的語文條件。哈達著有多部詩集，包含《牧歌和月光》（1989年）、《血和水》（1995年）、《岩石之歌》（1996年）、《大地之語》（2000年），譯有《谷川俊太郎詩選》、《有馬敲詩選》、《李魁賢詩集》、《台灣詩人選集》等。我後來漢譯其詩集《回歸大地》，於2010年由秀威出版。

　　台蒙詩歌節另一位靈魂人物，就是擔任大會祕書長的巴特，本身也是詩人，更是著名文學評論家，在蒙古聲望很高。他在致開幕詞時，態度懇切，對台灣詩人頗多讚揚，語氣不疾不徐，風格甚為優雅。巴特的詩簡潔有力，頗富創意，試以〈玫瑰有刺〉為例，寫法非常獨特：

　　　　玫瑰有刺的說法
　　　　以前聽說卻無感覺
　　　　直到刺痛才記住

　　　　走到玫瑰花園
　　　　休息片刻只一剎那
　　　　不料一碰觸
　　　　就刺痛且嚇壞我

　　　　說玫瑰有刺
　　　　是宇宙的卑微
　　　　有時對美女喜歡
　　　　更甚於玫瑰

　　　　玫瑰長刺是對的
　　　　我憐惜碰觸是對的
　　　　不要用刺表示愛
　　　　玫瑰不須歎息

巴特1957年出生，蒙古國立教育大學畢業，留學吉爾吉斯共和國的美國大學，獲語言學博士學位，1978至2000年間兩度在語文學院研究，1981年起在蒙古廣播公司擔任記者和評論員歷十年，1992年起在數家大學和學院擔任系主任和副校長，後擔任圖格莫勒傳媒學院訓導長。巴特溫文儒雅，話不多，卻令人感到親切，常抽空來陪伴台灣詩人，最後告別時，送到大街上，仍殷殷不忍離去。巴特是蒙古作家聯盟和蒙古媒體人聯盟的會員，蒙古作家聯盟獎得主，一位深得人望的全國性文化領袖人物。

　　巴特在另一首詩〈水波〉裡，表現抒情的感性能量：

　　　　阿爾泰高山峻嶺
　　　　奔上奔下
　　　　馳騁耗費整月
　　　　像憂鬱煩躁的種馬

　　　　快速的山澗流水
　　　　一躍向下奔流
　　　　陣陣水波
　　　　浪濤成河

　　　　在舒適鋪平道路上
　　　　大象般的堅固車輛內
　　　　此時氾濫
　　　　正領先洄漩的流水

　　　　一開始我喜歡歲月和時間
　　　　長過長河
　　　　究竟如何領先
　　　　何時且如何涉過深淵

台蒙詩歌節還有一位檯面上人物是切列加布（Khaiavyn Chilaajav），年輕，有些靦腆，在詩歌節上朗誦的詩，卻熱情洋溢，詩中表達情感，大到宇宙觀察，細到兒女情長，這也是我在即席回應時，特別指出的重點。下午參觀時，在納楚克道爾基雕像前，我們兩人同時接受蒙古電視台記者現場訪問，他展現有條不紊的語言表達和組織能力。晚上聚餐時，他又帶頭唱起蒙古情歌，歌喉不亞於職業歌手，而他酒量更不容小覷。凡此種種，透示出切列加布生活層面的多彩多姿。

　　更令人驚訝的是，切列加布是農業大學出身，又在管理研究院進修過，擔任過生物研究機構的技術人員、蒙古國家廣播電台編輯、蒙古國會評論員，還是「四季」美術社社長，其多方面的才華，表露無遺。

　　切列加布1967年出生，20歲開始寫詩，出版過數冊詩集，他作詞的〈祖國〉和〈我愛父親〉歌曲，在蒙古膾炙人口，家喻戶曉。身為蒙古作家聯盟執行長，如此年輕，卻要領導600多位作家，其中有300多位詩人，幸虧聯盟資源豐富，不但本身有辦公大樓會址，而且還有許多空間出租收利，例如台蒙詩歌節翌日中午，蒙古作家聯盟宴請台灣詩人的餐廳，是張姓台商所經營，便是租用聯盟樓下的場所營業。

　　蒙古作家聯盟趁蒙古在1991年走向自由化的時機，脫胎換骨，從官方機制轉型成功，由前任執行長的一位女作家決然置產，才能獲得以後的發展，如今她雖已作古，但其素描畫像和名字，卻鐫刻在大樓外牆上，與其貢獻永垂不朽。

　　切列加布詩作風格，試舉〈周圍山岡景象朦朧〉為例，管窺如下：

　　　周圍山岡景象朦朧
　　　草原花卉的影子消失不見
　　　驟雨一剎那間襲來
　　　飛濺滴落在
　　　秋天的草原上
　　　徐徐浸泡著地面
　　　蔓延周圍地區

水滴在我的眼上
雨滴一陣一陣傾瀉
秋雨何其喧嘩？
如果喜愛豐沛雨量的男子漢
能夠照顧姑娘
潔白的神聖雨滴
就宛如我心上人的淚水。

白雨驅散
草原花卉的影子
驟雨一剎那間
籠罩了周圍山岡。

　　在台蒙詩歌節頒贈給我文化名人獎牌和詩人獎章的門德右，是蒙古詩壇的重鎮，擔任蒙古文化基金會董事長、蒙古詩歌院主席，曾經擔任過蒙古筆會會長。由窮苦游牧家庭出身，能躋身到文化界領袖，誠非易事。門德右1952年出生，五短身材，頗有威嚴，但和藹可親，講話鏗鏘有力。我發現他是此次台蒙詩歌節出面的蒙古詩人當中，唯一被列名在精裝美觀的金皮書《21世紀蒙古名人錄》（2003年）中的名人。此書收錄125位蒙古各界精英，在創作、學術、知識產業、福利、社會影響力等各方面著有貢獻的人士。門德右出版詩集有《思想鳥》（1980年）、《馬頭琴》（2003年），以及兒童讀物等20種。榮獲許多國際獎項，包括2001年國際筆會詩獎、2002年中國國際詩翻譯研究中心詩人獎、2003年美國國際和平獎等。
　　台蒙詩歌節當天在成吉思汗營主帥蒙古包內，設宴款待台灣詩人團時，門德右對朗誦詩的台蒙詩人一一賜酒。沒想到台灣詩人無論老幼，對所賞伏特加烈酒均一乾而盡，使善飲的蒙古詩人，包括門德右本人，都驚歎佩服。門德右熱心國際交流活動，是世界藝文學院終身會員，也是世界詩人大會執事，2006年在烏蘭巴托舉辦的第26屆世界詩人大會，由他擔綱任會長，我也千里迢迢，特別跑去參加，此是後話。

蒙古詩主流富抒情性，門德右詩也甚具此項特色，試舉其詩〈我正向妳走來〉五節中的前二節為例：

奔波過多少歲月時光伴隨日月
行經智慧老人留下崎嶇迂迴的道路
攀登過高山和丘陵上上下下
跋涉過數以百計的河流
雖然我不知到何時會相遇
一直思量著我要對妳說的話

　　我正向妳走來

我的道路通向冰冷的風和火
雖然有骯髒的霧沫落在路上
我保持透明的思想無任何污點
用我的愛解開所有的死結
正受到寒風的吹打
保持在我選擇的方向前進

　　我正向妳走來

門德右開始創辦《匈奴》（*Gunu*）16開本大型文學雜誌，親自擔任主編，用銅版紙印刷，從沒看過如此豪華的文學雜誌，有一半以上的篇幅刊登國內外詩篇，顯示門德右要在國際詩壇有一番作為的企圖和雄心，也可能是第26屆世界詩人大會的暖身動作。

整個2005年台蒙詩歌節結束後，按照旅行社安排行程，翌日（7月14日）是烏蘭巴托市區旅遊，參訪甘丹寺（Gandantegchenling Khild），是八世哲布尊丹巴呼圖克圖活佛（Jebtsundamba Khutughtu）在1838年所建，大盛時有五千僧侶，是藏傳佛教傳習中心，1938年被共產黨所毀。1930年代共

產黨統治蒙古時，為消除宗教信仰，殺掉一萬多名喇嘛，幾乎所有藏傳佛寺都無法倖免，甘丹寺成為碩果僅存的樣板。1990年民主運動後，佛教復興，經重建，已有10座廟和500位僧侶。甘丹寺著名的是觀音大佛，是博克多汗在1911年所建，同時在1938年被毀，1996年由佛教徒捐獻重建，高26.5公尺，用30噸黃銅打造，再鍍上黃金。續往蒙古歷史博物館參觀，館藏豐富，展覽蒙古歷史文物、成吉思汗建國偉績等資料。

下午參觀博克多汗宮（Bogd Khan Palace），是哲布尊丹巴的冬宮，夏宮已毀，現闢為博物館，除了宗教文物，還展出博克多汗宮的歷史文物，包括蒙古末代國王龍袍、登基王服、起居室、客廳、床鋪、所用器物，另闢室展示刺繡、唐卡等，唐卡指布上的畫。

是夜，搭軟臥鋪火車，凌晨到達東戈壁省會賽音山達（Sainahand），搭乘吉普車前往東戈壁大沙漠度假村，早餐後進入大沙漠探險。先去參觀重建中的哈木林寺，只看到沙漠中的一塊基地，家徒四壁，其實連四壁都不完整，但看到唯一年老喇嘛坐在門邊，兀自念經，不知道要念到什麼時候才能募到款，讓一磚一石慢慢堆砌起來。然後進入化石區，在荒漠擺一具恐龍骨骸，於沙中若隱若現，吸引遊客好奇來拍照，但無論如何，我不會相信那是真的。再經喇嘛苦修洞窟，在一片沙海中凸出的小山岡，有原始洞窟，四周不長蔬果，炎熱沙漠無可果腹之物，苦修喇嘛不知如何維生，看起來不可能的事，卻是千真萬確。這時氣溫42℃，地表溫度更高達47℃。

參觀沙漠家庭游牧生活，更是匪夷所思，沙漠地表無水，所以要鑿井供牲畜所需，而放牧往往要浪蕩到遙遠地方，不知何時才會回到原地，家裡若有上學的孩子，放假回來就找不到家在哪裡。有詩〈戈壁之女〉為證：

離開戈壁
就像一顆流星
在蒼冥的宇宙間
尋找一個方向

游牧的生活
就是滾滾黃沙
走向烏蘭巴托
成為滾滾人潮

離開戈壁
我知道自己的方向
卻不知留在沙漠的家
會流移到哪一個方位

家在天地之間
蒙古包只是休息場所
有時像沙丘
一陣風就飄到另一個地點

回到戈壁
在荒漠的八方
四顧茫茫打聽
家在何處家在何處家在何處

晚間參觀市立博物館，館藏恐龍化石、恐龍蛋（這些應該都是真的）、礦石（蒙古礦產條件得天獨厚，都在地表，開挖式推土機一鏟就有）、野生動物標本，以及馬頭琴、民俗服裝等。同樣搭夜車，清晨回到烏蘭巴托。

前往古都哈拉和林（Karakorum）前，蒙古當地導遊帶我們去參觀政府分給他的地，在郊區草原上，大約有二百坪左右，四周擺小塊石頭，就算是地界。據說，由於蒙古地廣人稀（人口密度是每平方公里2人，台灣則360人），蒙古從共產主義轉向共和國後，把收歸國有的土地，開始部分分配給人民，若年輕人結婚，夫婦地可連在一起，合併起來就加倍大，可搭建蒙古包、蓋房子或其他用途。草原相當平坦，稍有坡度起伏，形成小山巒，層層

疊疊相偎相依，非常具備溫柔感，從沒想像過山是如此女性美，賦予我心動的〈蒙古草原意象〉：

　　像一盤包子
　　端上餐桌

　　乳房層層疊疊
　　在草原上
　　向天空袒露

　　藍藍的天空
　　看到眼紅
　　終於閉目歇息了

　　綿羊躺在山坡下
　　以男嬰的姿勢
　　溫溫柔柔

　　遊覽車一路直驅哈拉和林，這是成吉思汗於1220年定都的地方，在鄂爾渾河上游，到窩闊台時代，等於全世界的政治中心，各國前來朝貢的使臣絡繹不絕，而有機可趁的商人更是蜂擁而入，使哈拉和林空前繁榮。我們到達哈拉和林，在度假村俯瞰市容，只見密集的蒙古包聚在一起而已，想像不出當年盛況。鄂爾渾河從旁流過，使水源不虞匱乏，這優勢是其他度假中心所不及。

　　第二天參觀額爾德尼召寺，建於1586年，幅員甚廣，呈四方形，各邊長度約400公尺，面積約5萬坪，周圍牆上建有108座白色佛塔，代表108尊羅漢守衛，非常壯觀。寺內鼎盛時期有多達62座殿堂，1939年被蒙古人民革命黨頭子喬巴山下令摧毀，如今只剩較小規模的3座殿堂，1965年改為博物館，保存文物甚夥。

然後，轉往哈斯台（Hustai）國家公園參觀蒙古野馬培育繁殖中心，翌日再遊覽特勒熱吉（Terelj）國家公園，自然雕塑的奇岩怪石，令人驚歎造化神功，很難想像！

　　7月19日回到烏蘭巴托，最後行程參觀在蘇赫巴托廣場（Sukhbaatar，後來在2013年改名為成吉思汗廣場）附近的蒙古自然歷史博物館，哈達又趕來陪伴我們參觀，還幫著導覽解說，告別時，又親自上遊覽車，一一致贈小禮物，令人感到親切。我特地送他下車，在街道上向他合掌表示謝意。車子開動後，哈達揮手時，竟泫然欲淚，真是性情中人。

　　蒙古交流第一回合圓滿，足以欣慰，對繼續深化交往，充滿信心與期待。走過蒙古大草原，親眼目睹從書本上很難實質體會的質感，讓我寫下帶有浪漫心情的詩〈成吉思汗的夢〉：

　　　　你有一個夢　　龐大到
　　　　戈壁容不下　草原容不下
　　　　整個千禧年也容不下
　　　　游牧的金星引導你
　　　　向北走　　向東走　　向南走
　　　　最後向西走　　一直走到
　　　　天邊　　一直走到海角
　　　　沙漠連接到茫茫海洋
　　　　草原進入到莽莽山林
　　　　你的夢在於歐亞拼圖
　　　　游牧民族不收藏土地
　　　　取諸世界　　還諸世界
　　　　你的蒙古馬是一顆流星
　　　　你的馬上雄姿眾人仰望
　　　　所到之處歷史成為流言
　　　　你忽而現身忽而消失
　　　　須臾　　成就你的須彌

第二千禧年以你為尊
你的肉體化成幻影
宇宙間自由自在無所不在
你生諸天地　還諸天地
留下畫像流落未登臨過
海角島嶼台灣的虛擬故宮
繼續一個鄉愁的夢
夢到蒙古草原　夢到戈壁
夢到蒙古繁衍的子孫後裔

　　回台後，我依例編成《戈壁與草原》一書（春暉出版社，2007年1月），副標題為「台灣詩人的蒙古印象」，收錄參訪詩人所寫豐富詩文，保存紀錄，並且提供讀者分享。

2018年10月10日

2018年4月30日獲頒第20
屆國家文藝獎獎座。

2005年高雄世界詩歌節大會詩選《海陸合鳴‧詩心交融》。

2006年2月10日參訪尼
加拉瓜聖馬可鎮，當地
文化中心贈送尼加拉瓜
民俗手工藝品。

2002年11月30日印度麥克爾・默圖
蘇丹學會頒贈最佳詩人獎獎座。

印度詩人法魯定著《福爾摩莎之星李魁賢》
於2005年由印度詩人國際書局出版。

① 台灣和蒙古詩交流成果的書籍。

② 2006年9月9日獲頒建立大蒙古帝國800週年成吉思汗金牌，和成吉思汗大學頒贈成吉思汗金質獎章。

③ 2003年再度訪印出席第8屆全印詩歌節編印台灣詩人團詩選集《嚮往和平》。

① 國際詩交流的部分成果書籍。
② 2005年7月17日蒙古文化基金會會長門德佑頒贈文化名人獎牌。
③ 2006年9月9日蒙古作家聯盟頒贈推廣蒙古文學貢獻獎證書。

MONGOLIAN CULTURAL FOUNDATION

DIPLOMA

Poet LEE KUEI-SHIEN

To awarded the

FAMOUS PERSON OF CULTURE

by the decision, taken by the Board of the Mongolian Cultural
Foundation on 20th April 2005 in recognition
of his great contribution to the
development of international cultural and literary
relations and the Mongolian cultural heritage.

Gombojav MEND-OOYO
President Mongolian Cultural Foundation

Awarded on July 17, 2005

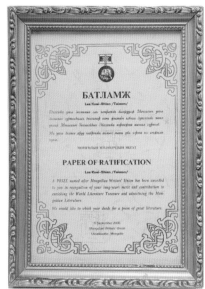

БАТЛАМЖ

Lee Kuei-Shien /Taiwan/

Өнөөдөр дэлхийн утга зохиолын баялгийг Монголын утга
зохиолоор баяжуулах, нэмэрлэх нэгэн жилийн бүтээлийн нинэ
таны Монголын Зохиолчдын Эвлэлийн нэрэмжит шагнал гэрчилнэ.

Та таны билиг авьяаг хийморьтой үйлсийг таны энэ нийгэм нэ өнджилсэн
гэрэ.

МОНГОЛЫН ЗОХИОЛЧДЫН ЭВЛЭЛ

PAPER OF RATIFICATION

Lee Kuei-Shien /Taiwan/

A PRIZE named after Mongolian Writers' Union has been awarded
to you in recognition of your long-years' merit and contribution to
enriching the World Literature Treasure and admiring the Mon-
golian Literature.

We would like to which your deeds for a poem of great literature.

11 September 2006
Mongolian Writers' Union
Ulaanbaatar, Mongolia

Homeland of Dario

達里奧的祖國

2006第2屆格瑞納達國際詩歌節

時間：2006年2月8日至2月11日

地點：尼加拉瓜

尼加拉瓜
Nicaragua

台灣
Taiwan

提到尼加拉瓜，在文學上，容易聯想到詩人魯本‧達里奧（Ruben Dario, 1868-1916）。達里奧出生於San Pedro de Metapa，為紀念他，現已改名為達里奧市。及長，旅遊薩爾瓦多，在此接觸到當代歐洲文學，影響到他的寫作，1883年回到尼加拉瓜首都馬拿瓜，任職於國家圖書館，1986年在智利瓦爾帕萊索（Valparaiso）住過三年，1888年出版第一本詩集《藍》（Azul），奠立詩人地位。後來他的抒情詩風，風靡歐洲詩壇，連帶推動拉丁美洲詩的現代主義運動，使歐美詩文學蒙受其益。他曾經獻身辦報，也是一位成功的外交官，擔任過駐哥倫比亞領事、駐巴黎領事、駐西班牙大使。他雖然沒得過諾貝爾文學獎，但聲望和詩格，並不遜於拉丁美洲幾位諾貝爾文學獎得主。

然而，另方面在政治上，也容易聯想到蘇慕沙家族專制獨裁數十年，貪贓枉法，把國家資源納入私囊，加上桑定左派的軍事奪權，紛紛擾擾，使尼加拉瓜幾乎在整個20世紀裡民不聊生，直到80年代末期民主化轉型成功，國家建設和發展才漸入佳境。這樣兩極化的印象，很難在文明光譜上，做出明確的定位。而且對台灣而言，尼加拉瓜遠在天邊，容易產生窮鄉僻壤的想像，要繞大半個地球，又要跨越赤道，不但晝夜顛倒，而且四季都要反置。想到要遠適那樣的異域，雖然有探奇攬勝的雅好，但心理上免不了有些障礙。

首次到達拉丁美洲，是在2002年參加薩爾瓦多第1屆國際詩歌節（見第1章），初履中美洲風光明媚的腹地。薩爾瓦多詩歌節持續轟轟烈烈舉辦，鄰國的尼加拉瓜似亦不甘落後，於2005年創辦第1屆格瑞納達國際詩歌節，由身為當時尼加拉瓜總統博拉紐（Ing. Enrique Bolaños Geyer）的機要祕書孟托雅（Ariel Montoya Mendoxa）發起，和薩爾瓦多詩歌節由當時薩爾瓦多總統亞歷杭德羅‧托萊多（Alejandro Toledo）的文膽赫南德茲（Federico Hernandez Aguilar）所推動，異曲同工，顯示中美洲詩人參贊政治樞機之深，又不忘以詩歌鼓舞振興國家文學之殷。

格瑞納達是一座古城，大約有11萬人口，市容帶有濃厚西班牙風味。每條街道都被連綿的牆壁隔開，家家門戶緊閉，加上鐵柵，顯得門禁森嚴。但牆壁內卻是別有洞天，空間寬廣，庭院深深，居家和商業活動都在牆內，街道上反而有點冷冷清清，整個城市安靜得像一座超大型修道院，

這跟在薩爾瓦多的印象相彷彿。選擇這樣優雅的古城舉辦詩歌節，帶有特殊的抒情氣氛。

2006年第2屆格瑞納達國際詩歌節有二大主題：一是紀念首創尼加拉瓜前衛運動的作家、翻譯家、歷史學家、詩人荷西·柯洛涅爾（José Coronel Urtcho, 1906-1994）的百歲冥誕，大會標語就是柯洛涅爾名言：「詩比希望更有希望」（La poesia es major que la esperanza）；另一是慶祝格瑞納達重建150週年，把詩歌節活動納入建城慶典節目，吸引市民熱烈參與，確實把文學與生活加深結合的好創意，從整個詩歌節的活動過程，也證明此項策劃和執行相當成功。

柯洛涅爾名言「詩比希望更有希望」是出自〈詩的王國〉這首詩：

　　　……詩偶爾
　　　比尼加拉大瀑布、比大峽谷、比大西洋
　　　和其他更令人歡賞的自然現象
　　　更有趣，更醒目
　　　　而且當然更迷人。
　　　誇張些
　　　確實可以說
　　　不可能移一座山而詩可以
　　　　　　　　到處移動。
　　　　　　　　　這真是恐怖又
　　　愉快，因為你可以認真或開玩笑說：
　　　「詩比希望更有希望，
　　　　因為詩是希望的耐性，一切
　　　　　　希望的活生生意象，
　　　詩比興奮更興奮，更加美味，
　　　詩超越成功和勝利，
　　　　　　　而且其寧靜祝福長在
　　　在最難得巧妙之後久久

像火箭一閃升空而後墜落。
詩是更強有力、更迷人的動物
勝過森林、叢林、收容所、馬戲團或動物園所有。」
……
……
因為詩像光，其實就是光。
在萬物之上閃耀，有如藍天
　　　　有如藍色正義。
因為詩是有意識的陽光。
也是生命果園裡
　　知識成果的大地：
　　　　向我們展示城市的樂趣。
闡明現實的結構。
　　　　這是知識和笑聲的原因之一：
使聰明人的口哨聲尖銳：
像早晨、早晨笛聲、歌者
　　　　且已然陶醉。

　　詩中「詩像光，其實就是光」句（la poesía es como la luz y es la luz）也被印在大會黑色T恤上，讓我們穿上詩，帶著光遊走。後來，2014年台北太陽花運動時，抗議者號召全台民眾3月30日晚上到台北市凱達格蘭大道靜坐、遊行。我一介老人也穿此件黑色T恤上陣，回來成詩一首〈我穿上新黑衫〉：

這一天
我穿上新黑衫
印有
La Poesía es como la Luz
y es la Luz

因為我深信
詩像光
其實就是光
可照亮黑箱
像照妖鏡一樣
那年我在詩人達里奧故鄉
在乾旱的天空下
突然被雨淋濕的詩心
捨不得穿的新黑衫
收藏在密封記憶箱內

這一天
我穿上新黑衫
印有
La Poesía es como la Luz
y es la Luz
在黑箱籠罩的台灣
始終不明不白的天空下
說要有光
可是始終等不到光
黑太陽躲在積層雲裡
人民手持太陽花
在黑漆漆的柏油街道發光
我穿上詩
帶著微弱的光
像螢火蟲一般遊弋

　　想當初1502年，哥倫布藉西班牙勢力，占領尼加拉瓜，以後有英、法、荷等國殖民者也想染指，在17世紀多次入侵騷擾。迄1821年，尼加拉瓜脫離

西班牙統治，暫屬墨西哥，越三年加盟中美洲聯邦，1838年退出，正式獨立。1855年美國海盜威廉・沃克（William Walker, 1824-1860）強入洗劫，把格瑞納達付之一炬，聲稱「格瑞納達已矣」（Here was Granada）。以後陸續重建，成為今日規模。所以，慶祝格瑞納達重建150週年，也有凝聚市民意識的作用在內。因此，詩歌節大會標語為「格瑞納達長在」（Aqui esta Granada，即Here is Granada），以激勵作為文化和詩的首府之生機，也有與尼加拉瓜另一大城列昂（Leon）爭鋒，互別苗頭的意味。

第2屆格瑞納達國際詩歌節有來自30國約200位詩人參加，國內外詩人大約各半，規模盛大，台灣有許悔之和我，奉文化部指派連袂出席。開幕前一天，2月7日上午以書展和手工藝展揭開序幕，下午有向資深女詩人阿列格麗雅（Claribel Alegria, b. 1924）致敬的儀式，慶祝她剛榮獲以英、法、西語為選拔對象的著名紐斯塔特（Neustadt）國際文學獎，這是國際著名文學獎之一，由美國奧克拉荷馬大學及所屬期刊《今日世界文學》（*World Literature Today*）設立，每兩年頒發給一位作家，有「美國諾貝爾獎」之譽，因為此獎得主有多位後來都獲得諾貝爾文學獎，而且評審委員當中也有多位是諾貝爾文學獎得主。

除簡單儀式外，在列昂宮廣場一口氣安排四場朗誦詩，持續二小時，悔之和我都被安排上場，悔之朗誦他的名作〈跳蚤聽法〉，我則念〈開口〉：

> 到最後關頭　剩下
> 一絲氣力　還是要開口
> 即使失去溝通的對象
> 沒有人理睬
>
> 不哀求　不討好
> 認知注定的命運
> 開口是天生的權利
> 到最後一刻也不放棄

即使被看做是唱歌

也要唱出一生練就

最精華的歌聲

詩人啊　不要閉口

管他人愛聽不聽

發言吧　大聲發言吧

　　古巴詩人包席德（Alex Pausoids）特別走到台前致意，說他對詩末呼
籲：「詩人啊　不要閉口／管他人愛聽不聽／發言吧　大聲發言吧」，深有
同感。他的共鳴，使我常記在心，等到2014年，組台灣詩人團參加古巴【海
島詩篇】國際詩歌節時，一直盼望他能出現，終於無緣再相會。

　　大會副會長倪卡西奧‧吳爾比納（Nicasio Urbina）是當地人，為美國
辛辛那提大學拉丁美洲研究中心主任，很熱心，主動為悔之和我翻譯、朗誦
西班牙譯本，以後也靠他安排朗誦，獲得很大便利。他贈送我一冊西漢對照
《魯文‧達里奧詩歌選集》，是戴永滬選譯，吳爾比納寫序，魯文‧達里奧
國際基金會烏爾庇斯出版社，2004年出版。我2016年再度參加第12屆格瑞納
達國際詩歌節時，他遠遠就跑過來打招呼，親切如故。詩朗誦後，有民族舞
蹈表演，此時已入晚，廣場擠滿人潮，似乎傾城而出。是夜，我感動之餘，
寫詩〈在格瑞納達〉，自然流露我的傾心：

在我的故鄉

經常聽到

心靈的呼喚

來自尼加拉瓜

達里奧的祖國

絲絲入扣

從太平洋此岸

到達台灣東海岸

從世紀的此岸

到達時間流逝的彼岸

從現實世界的此岸

到夢裡尋尋覓覓的彼岸

循著心靈的呼喚

終於來到尼加拉瓜

我看到達里奧的同胞

在太陽豐收的土地上

有著褐色的笑容

在古城格瑞納達

從世紀遠遠的彼岸

流傳著美麗與哀愁

從世界各國匯流

詩的友誼和夢幻

　　開幕當天2月8日上午，先是在列昂宮安排一場國內外詩人相見歡的暖身運動，除尼加拉瓜作家中心會長湯諾曼博士（Dr. Carlos Tunnerman）、尼加拉瓜作家詩人協會會長納吉理（Michel Najlis），和詩歌節大會會長法蘭西斯科・亞西西・費南德茲（Francisco de Asis Fernandez）致歡迎詞外，也安排兩場詩朗誦會。

　　下午，在原來桑定公園改名的詩人公園，舉行翁立克・費南德茲（Enrique Fernandez）和卡洛斯・馬丁涅茲（Carlos Martinez）的銅像揭幕典禮。詩人公園內的銅像很特殊，類似剪影的方式，從整片黑色金屬裁刻出頭像側影，與鏤空部分相對轉90度，實像和虛像並存，造型極為特出，創意頗見巧思。園內已在去年第1屆格瑞納達國際詩歌節進駐二座詩人塑像，同樣是剪影設計，但身體拉長像彈簧片，約有五、六公尺高，矗立空中，讓人仰之彌高。現場有許多高中和大學生觀禮，發現台灣詩人，紛紛掏出筆記本要求簽名，悔之和我忙於應付，同時贈以詩頁，不意引來更多同學。

　　晚上，開幕典禮選在懷恩教堂（Iglisia la Merced）廣場舉行。先有迎神

舞，類似台灣的迎陣頭、八家將，穿著錦袍繡服，背插令旗，臉譜是西班牙人造型，顯示尼加拉瓜混通歐美文化，已進入到民俗慶典活動裡。這類人物造型成為尼加拉瓜到處可見的紀念品，似為文化產業成品之一。開幕式行禮如儀，預定出席的博拉紐總統因政務繁忙，沒有出現，由格瑞納達市長查莫洛（Alvaro Chamorro）擔任貴賓，講話極為簡短。重頭戲放在詩朗誦，結束時，放火燒牆壁，製造高潮。最高潮出現在，火燒盡時，牆壁上顯現Aqui esta Granada（格瑞納達長在）字句，象徵格瑞納達城市浴火重生。此儀式的設計和創意，甚具震撼性，也扣緊大會兩個主題，難怪上千座位爆滿，四周圍還有許多市民圍觀，共襄盛舉。

我寫詩〈達里奧的天空〉記其盛事：

乾旱的季節
達里奧的天空
每到傍晚
飄飛著雨絲
不夠凝結成
一滴抒情的淚
教堂的廣場上
聚集人群比鴿子還多
詩句比雨絲濃些
民眾的情緒
最後被牆上點燃
才顯示灼灼的字句
擠出了驚歎
人群和鴿子一樣
四散各自找尋
回家的夜色
或許帶回一句兩句
達里奧留下

顏色不太分明的天空

藏在夢裡

　　在會場遇見瓜地馬拉駐尼加拉瓜大使，和也是詩人的尼加拉瓜駐巴拿馬大使。中南美洲外交官對詩的素養和熱中，似有其傳統，詩人從事外交官事業也所在多有，像尼加拉瓜詩人達里奧、智利詩人米斯特拉爾和聶魯達，以及巴西詩人帕斯，是其中較著名的例子。2002年薩爾瓦多詩歌節時，墨西哥駐薩爾瓦多大使館的墨西哥文化中心，曾為外交使節團安排一場詩朗誦會，可見詩文學素養是拉美國家外交圈文化體質的一項優質內涵。

　　今天結識羅馬尼亞女詩人波佩斯古（Elena Liliana Popescu），成為後來彼此積極合作的良伴。波佩斯古1948年出生，數學博士，執教於母校布加勒斯特大學，與同樣優秀的羅馬尼亞數學家尼古拉（Nicolae Popescu）結縭，兩人連袂出席詩歌節。尼古拉是一位謙謙君子，與我同齡，1992年獲選為羅馬尼亞學術院院士，可惜在2010年因腎衰竭往生。波佩斯古1994年以詩集《給你》（*Tie*）登上詩壇。接著出版《思想間的版圖》（*Tărâmul dintre Gânduri*, 1997）、《愛之頌》（*Cânt de Iubire*, 1999）、《歌頌存在》（*Imu Existentei*, 2000）和《朝聖》（*Pelerin*, 2003）。由此機緣結識後，我們開始互譯作品，她把拙詩集《溫柔的美感》（*Frumuseţea Tandreţei*）和《黃昏時刻》（*Ora amurgului*）譯成羅馬尼亞文出版。我也漢譯其詩集《愛之頌》（2010年）和《生命的禮讚》（2011年），由秀威資訊科技股份有限公司出版。目前她又譯畢拙詩集《存在或不存在》，另編譯《不同的自由》（*Libertăţi în diversitate*），我也完成她的另一詩集《季節》，都在2019年問世。

　　我在《愛之頌》譯序中提到這項難得的機緣：

　　　　2006年春節遠道前往拉丁美洲的尼加拉瓜，參加第2屆格瑞納達國際詩歌節。格瑞納達古城樸素的氣氛，令人充分放鬆心情，享受浮生偷閒的樂趣。拉丁美洲諸多國家通用西班牙語，國際聚會幾乎不須透過翻譯，便可彼此瞭解，真是便利極了，可是對不諳西班牙語的人，就有無異被攔在圈外的感覺。於是，少數來自非西班牙語系國家

的詩人，彼此自然而然便有較多接觸機會。

波佩斯古（Elena Liliana Popescu）似乎因此和我比較多交談，她來自羅馬尼亞，正好我在2002年去旅行過，無形中又增加話題。波佩斯古是一位數學教授，屬於木訥型的學者，所以談話間令人感到態度誠懇。經互贈詩集後，因詩歌節期間比較清閒，又無旁鶩，正好可以好整以暇地閱讀，見面時又可互道感想，故頗為相得。

回國後不久，接到她寄來把我的幾首詩譯成羅馬尼亞文，我當即以漢語譯她的四首詩回報，並發表在《台灣日報》副刊。過不久，她把拙著《溫柔的美感》全部50首詩譯完，也找到Pelerin出版社出書，算是行動派的人物，甚至還熱心向古巴政府主辦的國際詩歌節推薦邀我參加。

在國際詩交流上，有輸出也要有輸入，才能產生真正互通的成果，於是我也把她的詩集《愛之頌》（*Cânt de Iubir*）根據Adrian George Sahlean的英譯本（*Song of Love*）全譯成漢語，打成私印本寄給她，但遷延三年，迄今才得以正式出版，了卻一份詩交流平衡的願望。

波佩斯古的詩簡短精要，或許因數學純理性的訓練，這些短詩也有理性勝於感性的傾向。就個別言，可藉此看出數理邏輯人才寫詩風格之一斑，就全體言，何嘗不可在此管中窺豹，體會在台灣不為人知的羅馬尼亞詩人作品的一鱗半爪，由此心靈之窗，透視遙遠的陌生國度的不同文學表現，正可開拓我們無限的詩領域。

開幕儀式到晚上10點結束，在附近一家賓館才開始正式歡迎酒會。西班牙語系國家的生活習慣，似乎多繼承文化母國西班牙，晚宴也常很晚開始，到子夜結束，我們很難適應，感到吃不消。我向晚宴主人，也是詩歌節大會會長亞西西·費南德茲致意，並和今天才趕到的中國詩人北島打聲招呼，就回到隔壁的旅館歇息。

記得1990年，北島也應邀出席漢城第12屆世界詩人大會，事前他與我聯絡，希望藉此機會，能夠在首爾與台灣詩人聚首聊天。經徵得台灣詩人代表

團領隊陳千武先生同意後，晚上向住宿旅館商借到會議室，記得出席的台灣詩人有陳千武、杜潘芳格、林宗源、趙天儀、李敏勇、杜文靖、黃樹根、陳明台等。我先向大家介紹彼此認識，北島剛一開口，提到類似「台灣詩人同胞」之類的稱呼，本來可能是好意表示親切，沒想到立刻被黃樹根打槍說：「我們不同國家，不要攀親！」說完，拂袖而去。林宗源也跟著離開，說約好朋友要來房間見面。一陣尷尬後，北島轉圜，立刻表示歉意說：「沒能體會台灣詩人的心情，若說話不得體，請諒解！」以當時北島在國際間的身價行情，如此低聲下氣，讓我對他的素養另眼相看，一直存留良好印象。後來，杜潘芳格拿一個紅包塞給他道：「辛苦啦！」被北島婉拒，說他生活還可以，謝謝關心！

　　北島聲望在國際間保持高檔，就以2006年第2屆格瑞納達國際詩歌節現場而言，他一出現就受到包圍，人氣很旺。他在格瑞納達與我們住同一家旅館，翌日早晨，悔之與我在早餐時，北島一出現就加入我們，坐定後第一句話竟直率問道：「你們兩位怎麼會湊在一起？」因為他很清楚我的立場，而悔之那時擔任《聯合文學》總編輯，北島大概也注意到我不在《聯合文學》發表作品吧。台灣也有立場與我相似的詩人，卻以在《聯合文學》發表作品自詡。俗語說：「人在做，天在看。」其實人也在看，連北島在對岸，都不是在觀火，而在觀看人的行止。北島稍微談到他已回去中國的近況，覺得還是回到自己土地好，希望有一番作為，後來冒了一句：「多謝指教！」我想起在《文學台灣》第28期（2001年4月15日）發表的文章〈流亡的語詞——北島〉，他竟然看到了，我自認很認真去探討他的詩藝和現實情境：

　　　　每年到了十月，緊張的通訊社發出諾貝爾文學獎候選人名單上，總有北島，而且成為優選的名次。如果與名單上的其他人選對照起來，無論產量或份量，北島似乎顯示不出如此顯赫的位置。或許北島比較特殊的是他的代表性，代表中國在20世紀整整一個世紀裡，在世界文壇最大「卡西諾」的諾貝爾文學獎評審委員會中，一直端不出好身價的景況下，令人好奇的一枚籌碼。沒想到卻被高行健輕易捷足先得，北島可能要失去籌碼的優先性了。

誠然，北島在國際詩壇上，有相當的名氣。在詩人多如過江之鯽的社會裡，要獲得名聲，往往要有震撼性的機會和效果。這種機遇可能來自出現劃時代的作品，或者有突如其來的驚世駭俗、而在美學上有觀念性突變的成績，或者在細水長流的創作河道裡，來到平野水闊、風景爛漫的場域，引人注目。

作家應有震撼性的行動，而占上世界文壇的地位，但往往是在已失去震撼性的時期，才獲得諾貝爾文學獎。諾貝爾文學獎的評審有如詩的產生，是激情後冷卻下來的一場演出。可是儘管是在激情之後，激情的震盪卻常常還是會餘波盪漾，或餘音繞梁。

北島崛起的震撼性行動，是1978年在北京創辦地下文學刊物《今天》，和藉大字報的方式發表作品。當然，配合震撼性的效果是，他們後來被歸類為朦朧詩派崛起的一代，創作出迥異於中國傳統，尤其是瀰漫在中國詩壇已數十年的社會主義現實主義（其實是相當浪漫主義），那種傾瀉而出的直接宣洩之創作模式。當時，現代主義在中國已受到極大壓抑，以致詩人大都穿上一式的制服。

北島他們帶有顛覆性的創作理念和實踐，原先多少帶有包括或象徵著文化、社會，甚至政治的顛覆性意義和作為，確實也達成某種程度的效果。這種顛覆性的行動，很快受到敏銳的評論者和媒體，尤其是外國記者的注意和傳播。於是，北島建立名望，在當時一灘死水般的中國文壇，北島開闢出一個洩洪道。外國翻譯者也找到可以把封閉的中國現代詩，納入世界現代詩體系的一條引道。因此，北島成為另類樣板。

我注意北島好多年，1990年在漢城（現已改名首爾）有過對話的機會，同一年《今天》文學雜誌在挪威復刊，由北島繼續擔任主編，我是持續不斷的讀者，在北島身上發現許多矛盾，愈讀愈一頭霧水，許多矛盾的結糾纏不清，愈試圖解析，卻愈顯凌亂。最大的矛盾，還是在藝術和政治間的糾葛。我在1996年發表過一篇短文〈政治與藝術〉，結論是「北島是一位敏銳的詩人，完全談不上是政治人物」。說得好像斬釘截鐵，可是問題是，如果被人作為政治考量的時候，是

不是算非自願性的政治人物？

　　從北島早期起就被引用的詩〈回答〉中：「卑鄙是卑鄙者的通行證／高尚是高尚者的墓誌銘」，類似格言的詩句，流露出很明顯的政治意識，本來是抗議詩人或代表被壓迫的人民，傳達心聲時，很自然應該具備的詩人氣魄。北島一連串的名作，都有類似的聲音，例如〈一切〉裡：「一切歡樂都沒有微笑／一切苦難都沒有淚痕」；或者像〈宣告〉裡：「我並不是英雄／在沒有英雄的年代裡／我只想做一個人」；或者像〈布拉格〉裡：「真理在選擇它的敵人」，這些語言都帶有矛盾語法的弔詭性。至於像北島自己1990年在首爾朗誦的詩〈鄉音〉裡：「祖國是一種鄉音／我在電話線的另一端／聽見了我的恐懼」，在和平中蘊含極大的震撼力。

　　矛盾的是，北島後來的發展。他雖然一度夥同有識之士上書改革，展現詩人有所作為的舉動，但流亡之後，卻反而一直企圖擺脫政治陰影，不僅行動上，連詩創作上，也一直嘗試努力走向純詩。因而，常有人在他身上爭論政治和藝術。

　　北島的努力不但要擺脫弔詭式的格言詩句，更在意象上刻意著力經營。本來，詩的意象是作為「給出意義」的手段，但北島好像拿著一個黑袋子外翻，令意象露在外面掩蓋一切，而把意義封閉在裡面。這種操作方式帶有義大利奧祕主義詩人那種神祕感。二次世界大戰後，義大利也一度興起朦朧詩體（Crepuscolari），很湊巧和北島他們的中國朦朧詩，有底流的串連，而北島後來繼續的詩創作，也似乎漸漸傾向二者的共通性。

　　這種傾向造成北島詩中意象跳躍得很厲害，而且頻頻出現西方詩裡常見的獨特意象。其實，這種現象在北島詩裡早就有跡可循，例如〈白日夢〉第13首：「他指著銀色的沼澤說／那裡發生過戰爭／幾棵冒煙的樹在地平線上飛奔／轉入地下的士兵和馬／閃著燐光，日夜／追隨著將軍的鎧甲」。分開的意象很新鮮，如果讀者靠想像去補綴或串連，把飛奔的樹看做是戰場上士兵的偽裝，那麼可以看出北島在藝術上的經營，很努力在營造氣氛。

可是像〈在黎明的銅鏡中〉的詩句:「在黎明的銅鏡中／呈現的是黎明／獵鷹聚攏唯一的焦點／颱風中心是寧靜的／歌手如雲的岸／只有凍成白玉的醫院／低吟」,意象嚴重割裂,幾乎罔顧邏輯性的脈絡,使讀者很難掌握其意義。他似不在乎給出意義,意義要讀者自行在他的黑袋子裡去摸索。當然,可以認同北島嘗試用割裂的脈絡去反抗秩序,可是詩人僅止於此就能滿足嗎?難道沒有嘗試建立美學新體系的企圖心?

然而,北島傾心於意象經營的藝術,想藉此擺脫與政治聯想的糾纏時,似乎要加速把原先的震撼性餘波消震。然而不可諱言,餘波仍然會如影隨形。至於西方翻譯家和評論家持續對北島有興趣,似乎也只掌握到震撼性的餘波,而樂於把北島串接到西方超現實主義(也許說現代主義比較籠統)的系譜,或者說以北島為樣板,想把中國現代詩收編入國際現代主義詩壇的一支,這豈不是更大的政治意識和動作?

北島也許沒有自覺到,在他傾向純藝術發展時,也失去對中國政治發言的興趣,或者說,對中國事務不願表示政治態度的時候,他已經逐漸失去中國特質了。在他的詩裡漸漸讀不出中國味道。當然,他可以詩人自況,而不必拘泥於中國詩,但是在他要刻意拋棄中國特質或中國意識的時候,他的詩人屬性會成為什麼呢?

當然,我無意否定北島的中國人身分,但他的身體遠離了中國,他的意識遠離了中國政治,他的詩遠離了中國的傳統和文學生命。其實,諾貝爾文學獎最後頒給的恐怕是,西方現代文學中一株移植的變種中國薔薇,在西方土壤和氣候裡,徹底西化的一幅美學肖像。

誠然,北島孜孜矻矻於塑造語詞,但當語詞遠離意識的時候,成為流亡的語詞,正如他的筆名——北島,這豈是冥冥中注定的嗎?

北島能接受我的檢驗,如果我以同樣論據檢驗台灣詩人,不知道在國際間不見經傳的台灣詩人,能否接受我的檢驗?當然,可能會有人問,那你能檢驗自己嗎?坦白說,多年來在國際詩交流方面,走得愈廣,我愈戰戰兢兢

自審自勵,深怕有所隕越。我努力把台灣推上國際詩壇,在國際詩交流場合不斷藉詩表達政治意識——台灣獨立的呼聲。北島一介獨行俠般,第二天又先行離開了。來似火,去如風!

2月9日上午,在聖方濟修道院舉行柯洛涅爾詩學討論會,下午在懷恩教堂辦詩嘉年華,分12場的詩朗誦會,幾乎是接龍方式,晚上在獨立宮廣場有詩詠尼加拉瓜的特別節目。正好悔之和我均未列在行程內,我們抽空到馬拿瓜拜會我國駐尼加拉瓜大使洪明達,聆聽洪大使對藝文活動的一些心聲和經驗,得悉洪大使不僅努力在辦外交,也盡力協助尼加拉瓜藝文人士實現一些夢想,可謂廣結善緣,頗得人望。洪明達大使1943年出生,台南人,尊翁是著名畫家,作品布置在大使館會客室,藉藝文氛圍生輝。

2月10日詩人分成多組,深入地方傳達詩的聲音,上午有8組,下午7組,每組十餘人。悔之和我參加前往聖馬可鎮的小組,在聖馬利亞學院朗誦詩,校長貝利率幾位主管在場外迎迓。學校大廳200多席的會場,座無虛設。過午在寬敞的師生餐廳用餐。下午回格瑞納達,旁聽聖托馬斯大學的一場朗誦會。尼加拉瓜各地學生聆聽詩朗誦,都非常專注,隨身攜帶筆記本,勤做紀錄,喜歡找詩人簽名,仰慕之情,溢於言表,與薩爾瓦多學生頗相彷彿。

2月11日是詩歌節最後一天,白天分別在列昂宮和聖方濟修道院,安排朗誦詩會,晚上閉幕儀式仍然在開幕式的懷恩教堂舉行。市長出席,簡短儀式後,大會會長宣布明年繼續舉辦第3屆格瑞納達國際詩歌節。然後,同樣進行詩朗誦,這是全體詩人聚在一起的大會合,只安排有20幾人念詩的機會,悔之和我都上場了。在為期五天的整個詩歌節行程上,二位台灣詩人從開幕到閉幕備受禮遇,各分配到四場朗誦,且都是重要場合,頗受矚目,其他各國詩人都沒有如此好機會。

閉幕式和開幕式一樣在懷恩教堂廣場排上千張椅子,晚7點未到,已座無虛位,悔之和我早有預見,提早半小時進場,獲得第一排位置,議程進行可一覽無遺,又方便照相錄影。閉幕儀式結束後,接著又是音樂會,民眾持續湧進,一波一波交替,有人退出,立刻有人補位,熱鬧到半夜。

大會安排翌日遊尼加拉瓜湖,此湖為美洲第二大內陸湖,濱太平洋,面積將近台灣的四分之一,湖上有300多座島嶼,其中200多座有島主。大會借

到一個島，招待詩人，島上有清境別墅、網球場、游泳池，庭院寬廣，花木扶疏，搭有涼篷，閒坐躺椅，眺望遠方火山聊詩，心情似熱烈，又沉隱。島主似是美國人，親切款待詩人們，殷殷勸酒取食。在樹蔭下辦餐會，帶有露營味道，賓主皆歡顏。據悉尚有許多島嶼待沽，一個島嶼約值數萬美元，島上生活可充分享受隱士之樂，但一定要耐得住寂寞，看來頗合詩人的居所。

詩歌節結束後，離尼加拉瓜返國前夕，承洪明達大使邀宴，請到推動格瑞納達國際詩歌節的幕後要角、尼加拉瓜總統的機要祕書孟托雅，馬拿瓜圖書館館長和報社社長，都是當地詩人，還有一位也是參加詩歌節的美國籍阿根廷詩人安布洛吉奧（Luis Alberto Ambroggio），以及華僑和台商領袖等。宴席上要悔之和我朗誦詩，與會貴賓也頻頻主動朗誦我倆詩作之西班牙譯本，這是台灣宴席上從來未見的場面，賓主盡歡，真是一次難得頗富詩意的外交宴會。

尼加拉瓜當年國民所得還不到1,000美元，算是低所得國家，但民眾對詩的熱情令人感動。真的，正如尼加拉瓜詩人柯洛涅爾，在〈詩的王國〉詩中表達的名句：「詩比希望更有希望」！

2018年10月14日

Taiwan-Mongolian Poetry Festival at Kaohsiung

台蒙詩歌節移師高雄

第2屆台蒙詩歌節在台灣

時間：2007年10月13日至10月16日

地點：台灣高雄

高雄
Kaohsiung

2005年第1屆台蒙詩歌節，由於台蒙詩人交流熱絡，蒙古詩人當場希望下次移師台灣。在文學台灣基金會董事長鄭烱明承諾下，開始進行籌備。適2006年在烏蘭巴托召開第26屆世界詩人大會，兼任蒙古文化詩歌院院長的門德右擔任會議主席，哈達發給我邀請書，希望我出席，趁機當面敲定第2屆台蒙詩歌節的細節。我時任國家文化藝術基金會董事長，難以隨意抽空出國。

　　獲悉台灣現代詩人協會已組團，有趙天儀、陳填、莫渝、蔡秀菊、江文瑜等成員，擬在韓國開會後，轉往蒙古出席第26屆世界詩人大會，我就擬一份〈台蒙交流協議備忘錄〉，經傳真給鄭烱明確認後，託趙天儀到烏蘭巴托交給哈達簽署，作為在台灣舉辦第2屆台蒙詩歌節的承諾和分工合作方案。豈料台灣現代詩人協會團隊出門後，哈達一看名單上沒有我，立刻從烏蘭巴托打電話給我，說如果我不能親自見面商談，在台灣舉辦第2屆台蒙詩歌節事，只好作罷。

　　這時離世界詩人大會開會只剩三天，我趕辦出國手續，單槍匹馬匆匆就道。所以，我是特為策劃第2屆台蒙詩歌節跑到烏蘭巴托，到烏蘭巴托才繳費順便出席第26屆世界詩人大會，與台灣現代詩人協會團隊會合，一起參加活動。後來，有人說，我是出席第26屆世界詩人大會，順便洽談第2屆台蒙詩歌節事，正好與事實顛倒。又，會後台灣現代詩人協會和台灣文學基金會，都報導說第26屆世界詩人大會出席詩人獲得文化部補助，我也被列在獲補助名單中，因與事實不符，我分別去函澄清，台灣現代詩人協會隨即更正。

　　我在9月2日半夜趕到烏蘭巴托，翌日與哈達簽妥〈台蒙交流協議備忘錄〉如下：

協議人：蒙古　哈達
　　　　台灣　李魁賢
日期：2006年9月3日於烏蘭巴托

1. 關於蒙古詩選

   (1) 由蒙古哈達博士負責翻譯事務，自納楚克道爾基起，人數由哈達選定，按出生年序排列，由台灣文學基金會負責出版。

   (2) 原則上，頁數不超過300頁。

   (3) 如為漢蒙對照，蒙文由蒙方負責打字製版。否則，漢字部分由台灣出版者處理即可。

   (4) 出版者不支付翻譯費和版稅，可贈書100冊。

   (5) 每位作者附簡介和照片。

   (6) 交稿日期：2007年3月31日前。

   (7) 出版日期：收到全部稿件日起六個月內，即2007年9月30日前。

2. 關於台蒙詩歌節

   (1) 第2屆台蒙詩歌節預定2007年10月在台灣高雄舉行，安排蒙古詩人訪問台灣文學館，並在台北住一天，參觀故宮博物院。前後五天四夜，食宿及台灣國內交通由台灣負擔、招待，住宿以二人一室為原則。

   (2) 國際航線機票及旅遊平安保險，由蒙古詩人自行負責

   (3) 蒙古詩人代表團8至10人，超出10人部分，台灣不負擔招待費用。

   (4) 蒙古詩人代表限作品選入《蒙古詩選》者。

   (5) 確定日期由台灣至遲於2007年5月底前通知蒙古，如有變更或修正，或蒙古詩人代表團名單如有變動，須至遲於2007年7月底前通知對方。

   (6) 蒙古詩人代表團名單及照片和簡歷，至遲2007年3月底前通知台灣。

   (7) 聯絡對口單位，蒙古為哈達博士，台灣為台灣文學基金會鄭烱明董事長或彭瓊儀祕書。

　　蒙古在2006年舉辦第26屆世界詩人大會，部分原因是成吉思汗在1206年建立的大蒙古帝國，適逢800週年，蒙古舉國上下為此特殊年度大肆慶祝，趁機推展觀光事業，連蒙古航空的機身都漆上慶典標誌。此標誌是以「800」三個阿拉伯數字，按國旗三色的區塊分配，並以「8」上部的圈圈，加上二個「00」，化成三隻大鷹飛翔的造型，「8」的下部圈圈再脫穎而

出，塑造成國旗左側的圖騰，頗具巧思，充分表現蒙古的傳統和民族精神與志氣。

蒙古展示帝國13至14世紀的盛大版圖，包括1206年至1227年成吉思汗時代、1228年至1259年窩闊台汗時代，和1260年至1274年忽必烈汗時代，橫跨歐亞，統領世界三分之二人口，以目前情況對比，約40億人口，人類歷史上無可比擬。此時此際，舉辦世界詩人大會，頗有展現「長自己志氣，滅他人威風」的味道。然而，聯合國適時通過成吉思汗為第二千禧年的男子漢，成為世界公認，已不是蒙古人自我吹噓。

哈達來我旅社簽署〈台蒙交流協議備忘錄〉時，大談當年蒙古大可汗的雄才大略，我冷不防提醒他，蒙古如此「提當年勇」，難道不怕他國警惕說：「蒙古兵又要來啦！」他笑稱：「確實有些兩難，所以我們也很小心。」不過，或許今日蒙古已四分五裂，不會造成威脅。正如蒙古人私下認定的國旗三色所暗示，蒙古本國（常被稱外蒙古）、內蒙古（即被中國占領的區域）和布里雅特蒙古，共三個區塊，卻不能整合，真是情何以堪。如果蒙古人沉湎於老大帝國的盛大版圖，也學中國人開口閉口說，中國自古以來屬於蒙古的一部分，不知道中國人有何感想？還是根本不敢想？

蒙古大概也警覺到太彰顯800年的帝國慶典，不免有些敏感，所以透過向聯合國大會提出議事備忘錄，獲得24國連署，特別強調游牧民族文化跨越歐亞的影響，從而吸收東西方文化，進行人文價值交流的貢獻，做出三點決議：

1. 歡迎包含蒙古在內的會員國，在現代社會中保存和發展游牧民族文化和傳統；
2. 也歡迎蒙古政府所進行的努力，在2006年慶祝蒙古建國800週年；
3. 邀請會員國、聯合國及其專屬代理機構，和其他組織，以及相關的政府間和非政府組織、區域組織和基金會、學術機構，積極參與蒙古為慶祝此800週年所組織之事務。

蒙古的精心策略，把可能政治敏感性，轉向保存游牧民族傳統文化而努

力，因而蒙古包、大草原、戈壁、摔角、馬術、射箭、馬頭琴等等，吸引了國際觀光客的興趣。

作為建國800週年慶典活動節目之一，蒙古爭取到在首都烏蘭巴托舉辦的第26屆世界詩人大會，於焉揭開序幕。開幕典禮選在總統府大禮堂舉行，不但表示隆重，也方便總統恩赫巴雅（Nambaryn Ehkhbayer）出席。大會主席是籌備單位蒙古文化基金會董事長門德右，1952年出生，詩人、小說家、書法家、文化學者，2005年第1屆台蒙詩歌節由他頒發給我文化名人獎牌，所以算是舊識。主席致開幕詞後，請總統致歡迎詞。恩赫巴雅總統從主席台走下來，上發言台致詞，以後所有發言者都一樣，總統沒有受到特別禮遇，可見蒙古民主化轉型相當成功。而且，恩赫巴雅總統提前到場，全程參與，他在致詞後，回到座位，繼續聆聽詩人發言，到大會結束，充分顯示他的民主素養和尊重與會者。不像台灣高位者，習慣在會議進行中竄入，講完話就走人，未曾坐下來聽聽人民聲音，這哪有實質的民主姿態？

這或許與恩赫巴雅總統本身的文人氣質有關。恩赫巴雅總統1958年出生，曾留學俄國和英國，專攻文學和語言，從事文學評論，著有《蒙古繪畫、文學和超自然》（1989年）等書，並進行翻譯志業，出版過蒙譯果戈里和托爾斯泰小說，也把蒙古文學譯成俄文出版，成績斐然，還擔任過蒙古翻譯家協會副會長。後來從政，34歲即出任文化部長，2000年進入國會，出任總理，2005年當選總統，雖然後來連任失敗，但他在四年任內，把蒙古從原本社會主義國家，成功轉型為自由民主主義國家。

這位正當48歲盛年的蒙古總統，英姿煥發，當晚在有宮殿式建築的度假中心宴請詩人，站在門口迎接客人，一一握手致意。我面呈拙詩集《溫柔的美感》時，說「我是台灣來的。」他高興回應道：「哦！台灣！」我知道他在2003年曾率領蒙古經貿團訪問過台灣，對台灣很有好感。

根據大會出版的《2006年世界詩選集》，原來預定出席第26屆世界詩人大會的有33國215位詩人，我觀察實際上有很大出入，例如印度詩人總統凱拉姆（A. P. J. Abdul Kalam）、譯過我詩作的希臘柯連提亞諾（Denis Koulentianos）和俄羅斯隋齊柯甫（Adolf P. Shvedchikov），都沒有出現。但意外見到剛出席過2005年高雄世界詩歌節的孟加拉詩人阿米紐・拉赫曼

（Aminur Rahman），他在此蒙古度假中心為我拍攝的一張放大照片，後來一直擺在我書房。翌年，第27屆世界詩人大會在印度青奈又不期而遇，成為十年後彼此加強交流合作的機緣。

第26屆世界詩人大會兩天議程中，發表約30至40篇論文，形形色色，唯以蒙古杜拉姆的〈蒙古詩發展中的若干特色〉、蒙古擺嘉塞汗的〈蒙古詩作為世界詩的一環〉、印度莫漢的〈論蒙古詩〉、哥倫比亞奧特嘉的〈論詩與自然的相關性〉、蒙古切拉加布的〈現代蒙古詩的新要素〉等，最有益於對蒙古詩的理解。議程另以「成吉思汗詩歌節」特別節目壓軸，從應徵描寫成吉思汗為主題的80位詩人當中，選出20位國際詩人和35位蒙古詩人的作品，印成《長天生之歌》詩集一冊。當晚邀請其中16位上台朗誦各種語言的原音，我有幸被選中，朗誦拙作〈成吉思汗的夢〉。

會後安排古都哈拉和林和大草原三天之旅，重踏去年履痕，遇雪連雹，住在蒙古包內，生火取暖，通常使用木柴或乾糞做燃料，別有一番風味。燃料只能烘暖兩小時左右，服務人員約每二小時就要進帳添火，真辛苦。得詩一首〈雪落大草原〉：

蒙古包外
雪靜靜落著
天地柔情對話有滿月見證

蒙古包內
劈拍響的燒柴正熾
旅人的心跳聲應和著

旅人們圍著爐火的談興
追憶年輕時的豪邁
對照進入老境的心情

蒙古包內
漸起的鼾聲流水般
時而悠揚時而徐緩

蒙古包外
大草原的雪
跳起了迴旋土風舞

　　後來土耳其女詩人穆塞雅（Müesser Yeniay）鍾愛此詩，說是表現其蒙古祖先的生活，譯成土耳其文，發表在土耳其《詩刊》（Şiirden）雙月刊第37期，2016年9、10月號。

　　9月9日上午回到烏蘭巴托歌劇院議場，舉行閉幕典禮，我應邀在台上朗誦拙詩〈成吉思汗的夢〉，並獲大會頒贈蒙古建國800週年成吉思汗金牌、成吉思汗大學頒贈成吉思汗金質獎章，和蒙古作家聯盟頒贈推廣蒙古文學貢獻獎，答謝我在《Taiwan News》持續撰文介紹蒙古詩文學的努力。可惜我上台領獎時，無一台灣詩人與我分享，因為台灣現代詩人協會團隊有成員，遇到蒙古詩人寒暄時，喜歡說一句「歡迎到台灣來！」使蒙古詩人誤以為她是即將在台灣舉辦的第2屆台蒙詩歌節主辦人，紛紛對她示好，約定當晚聚餐，於是閉幕典禮未畢，整團都離開現場去赴約。此事引起哈達誤會，向我表示，如果我方另透過他人聯繫，他可以縮手，以免有所掣肘，經我保證他是蒙方聯絡的唯一窗口，他才釋然。

　　頒獎給莫渝時，他已不在場，哈達要我代領後回台轉交。晚上10時許，我已就寢，哈達突然來電，約我一起把莫渝獎狀帶到機場，要親手交給莫渝，這是哈達做事細膩的地方。我們趕到機場，稍待，台灣現代詩人協會全隊人馬才到櫃台報到，我問趙天儀說：「你們跑去哪裡交流啦？」他告訴我，聚餐後，看看時間還很多，團隊就進入蒙古電影院看電影啦！結果，莫渝接過證書時，因未能在現場親領，留下紀念鏡頭，鐵青著臉，強自壓抑，不讓氣爆發。

　　為了邀請蒙古代表性詩人出席在台灣舉辦的第2屆台蒙詩歌節，我在烏

蘭巴托開會期間，委請哈達引介幾位標竿詩人，希望他們能來台灣交流，突顯雙方的熱烈氛圍，也期待透過他們的身分、地位、熱心，讓台、蒙兩國間的詩文學交流，得以持續長久。

其中一位是達西尼瑪（Luvsandamba Dashnyam），1943年出生，畢業於國際關係學院，莫斯科科學自然科技史學院博士，著名國際經濟學家，身兼兩所大學校長，即蒙古知識大學和人文學院。達許紐姆無論談吐舉止，溫文儒雅，有翩翩君子之風。其學識和興趣廣泛，出版14冊詩和小說、3冊新聞評論、8冊翻譯、9冊科學研究書籍，包括《人類創造的蒙古知識》（2000年）和《人類文明》（2003年）等，可見他涉入領域既廣又深，然而最豐富的仍推文學創作。他列名在金皮書《21世紀蒙古名人錄》（2003年）中，據悉2005年還競選過總統，民間聲望很高。

達西尼瑪惠贈一冊新出版蒙文詩集（2004年），內有8幅插圖，都是他收藏的蒙古畫家傑作，從寫實到抽象、從表現派到野獸派，有各種風格，這又顯示他在美術方面的喜愛和素養。他的詩作顯示濃厚抒情性，帶有知識分子使命感，例如在〈世界是我的負擔〉第一段吟詠：「啊，我的藍色世界／你是我唯一的負擔／千千萬萬的人／生活在這地球上／帶動你，和我一樣。」他在〈橡樹〉裡如此寫道：

啊，我的故土
我古老古老的橡樹
你無數強力的根
被苔蘚覆蓋被石塊壓制
活在肥沃的土壤下，
部分衰竭而虯曲
我看是生活的意識
和存在的範式。
你們全部枝椏手足
掌向天空，
部分在掙扎中扭曲

仍然開花成長，
我看是對他人誠信的範例
一種奮鬥的象徵，不是投降。
啊，我的老樹
我的老爹橡樹，
世界萬物
經由根枝團結
所以，你知道，我死時
還是一株老橡樹。

　　達西尼瑪對土地的認同、社會的和諧機制、生命成長的積極意義，可以
掃除蒙古人傳統游牧性格的刻板印象。達西尼瑪體格壯碩，時露矜持笑容，
顯得為人親切。他在科學研究和學校行政繁忙之餘，詩作不斷，可以透示文
學在蒙古人生活中的情境。

　　另一位在蒙古金皮書《21世紀蒙古名人錄》內登錄在籍的詩人是烏梁海
（Damdinsaren Uriankhai），1940年出生，髮鬚皆白，一身蒙古傳統服飾，
據說終年如此，成為明顯標誌。他是國立經濟學院畢業，留學莫斯科高爾基
文藝學院高級課程二年。2002年成為蒙古國家科學院院士。他的經歷很特
殊，大學畢業後，擔任國家計劃委員會主席的行政祕書和特助，留俄後成為
蒙古作家聯盟的職業作家，並擔任其所屬翻譯局主任和理事。2006年任蒙古
智慧財產局著作權部門專員。

　　烏梁海在蒙古詩壇輩份高，作品風格獨樹一幟，被譽為有思想內涵的詩
人。例如在〈向歲月告別〉中，有些特殊的思考：

山丘草原今夜在警戒中。
叢樹密林在微風中呢喃；
我心裡聽見在向群星細語。
我揮手向歲月告別。無法入眠。
青春的回憶最為美好，

白天陽光在心中多麼溫馨。
我尋尋覓覓，找不到時代的蹤跡
徒然浪費且習於漫無目的——
光陰匆匆過，一事無成，
像燕子，俯衝下來拂掠而過
一眨眼間失去蹤影。
我已遺忘最好遺忘的事，
我已記得應該記得的事，
我珍惜身後遺留的一切，
如今我急急奔向那些
在遠遠的天際醒目的地標。

　　然而，烏梁海也是我認識的蒙古詩人當中，擅長描寫蒙古民族習俗采風的一位。他有一首〈色楞格河〉，魂牽夢縈，迴腸蕩氣，最後說：「色楞格河是世界的河流／色楞格河是我的河流」。色楞格河是蒙古主要河流，發源於中北部的杭愛山脈，注入貝加爾湖。蒙古包是蒙古游牧民族的特色，烏梁海在詩〈蒙古包〉中如此描寫：

像智慧老地球的頂篷
佛塔潔白的蒙古包
是來自東方破曉的寓所。

中央一絲糞火亮光溫暖了
死寂宇宙霜冷的寒夜，
以馬頭琴誘導撫慰
天空變幻無常的浮躁情緒
蒙古包是仿效大地的設計。

像智慧老地球的眼珠
渾圓形的蒙古包
是從東方旭出太陽的寓所。

搶奪宮殿雄偉和高樓大廈的風采
且孤立如長明蠟燭的銀碗，
蒙古包把大地圍成圈圈
保持詩神和繆思搖籃溫暖。

　　阿尤勒臧（Gun-Aajav Ayurzana），1970年出生，那時擔任蒙古筆會祕
書長，是蒙古新世紀詩人當中，備受器重，崛起於上世紀90年代，被譽為
21世紀最深受期許的才華詩人之一。出版詩集有《時間暫停》和《哲理詩
集》，小說有《無愛情的世界憂鬱》和《海市蜃樓》，編印過《新世代文
學》叢書10冊。
　　新出版的《石雕的一段旋律》（蒙古詩人選集），是為「獻給大蒙帝
國800週年」而編輯，其中選入他的下列幾首短詩，有意象、有抒情、有
哲理：

從山澗引流的水，
發現樺樹葉：
在某處分離。

……

不用怕。
在昏暗的天空中
鳥照飛。

……

你說我的手冷嗎？
然而，我的心很熱！
熱到有人要撕吃下去
等不及涼啦！

我的手指在顫抖嗎？
波浪洶湧的海洋
中心不是平靜的嗎？

……

在黑暗中
溪流突然喧嘩
在我心靈中
燈突然亮起。

　　阿尤勒臧和許多蒙古職業作家一樣，留學莫斯科高爾基文藝學院，這似乎是蒙古文藝青年在蘇聯時代的良好出身之路。記得2005年在烏蘭巴托的第1屆台蒙詩歌節上，他以蒙古筆會祕書長身分出席，靜靜聆聽別人發言，表現謙抑、誠懇的態度。他在〈紅葉〉這首詩裡，顯示蒙古民族的豪邁性格之外，另一方面又透露纖細感情，還帶有少年的多愁滋味：

對紅葉
我摘過隨即遺忘
我會扯掉這花朵
給情人踐踏
來自那脆弱的葉子
我時時刻刻記住

我會扯掉這花朵

這些花朵我稱為青春的錯誤

隨風送走時我不禁流淚了

　　伍儷姬特古絲（Luvasandorj Uligiitugs），1972年出生，被譽為21世紀蒙古文壇最閃亮的女詩人之一。不但蒙古詩人哈達當面這樣介紹她，連蒙古知識大學校長達許紐姆也如此稱讚她，她卻謙詞婉謝，顯得頗為靦腆。記得2005年在烏蘭巴托的第1屆台蒙詩歌節上，她朗誦一首詩，描寫雪輕飄飄落下來，她的聲音柔細得幾乎令人親歷到細雪的飄零。

　　在上述《石雕的一段旋律》詩選裡，她獲選入的幾首短詩，意象非常鮮明。例如，「白楊在計算且散落／泛黃的葉子／全部落葉／是來自夏天的蝴蝶」，頗有俳句的味道。又如，「可憐的樹葉／落到地面／輕輕觸及我的腹部／要求作為男子漢」，表現含蓄而大膽。再如，「敲我的門／秋雨進來／我要久久站立／計算雨水／從我臉頰滴落」，非常細膩。〈一首詩誕生在帶有雨香的一些樹葉從書頁掉落之時〉，題目很長，內容含有特殊的思惟：

在雨的味道裡，有昨日的芬芳

夏天正消失蹤影

何其多的快樂，何其多的春天

前往另一個宇宙，把我遺忘

透過冬天的窗口，太陽

神傷，一口冷氣

一種寫詩的狂熱

在今天的紙上，寫明天的事

……諸如此類隨時會發生

無疑會重演，一場夢，或許

透過我最後生命的窗口向外窺視

明天是比昨天更老

伍儷姬特古絲是蒙古在20世紀90年代崛起的彗星，已出版有詩集《樹長在空中》，一頭瀏海髮型，儼然還是女學生模樣，惜別晚宴上，特別帶來蒙古紀念郵票贈送給台灣詩人，可見為人親切之一斑。她的詩風多樣，也顯示她多面向思惟的嘗試。試讀她另一首詩〈孤獨的練習〉：

眺望山，我感到我就是一座山
深深注視煙霧，我感到我是一朵雲
在驟雨之後，我覺察到我是一株草
在沉潛和鳥鳴啁啾裡，我記得我是早晨

　　我，唯獨，不是人

群星閃熠，我知道我是幽暗
群妞熱烈注目，我記得我是春天
當宇宙中每一個人聞到慾望
我明白我平靜的心屬於魚

　　我，真正，不是人

萬能的虛無在各色的天空下
今天起，我只是……

蒙古有許多廁身學界的詩人，在學術著作和詩創作兩方面，都有輝煌的成就，固不止身為大學校長的達西尼瑪一人而已，像杜拉姆（Sendenjavyu Dulam）的成績也令人刮目相看。第26屆世界詩人大會上，安排杜拉姆首先發表論文〈蒙古詩發展中的若干特色〉，他拿著論文親自逐一致送與會外國詩人，表現他的認真態度。

杜拉姆1950年出生，國立蒙古大學蒙古語文學系畢業後，留校教書，研究領域為蒙古傳統文化、象徵派和薩滿教，成為國際薩滿學會副會長。他編

過許多書目，包括《蒙古神話人物誌》、《蒙古象徵派》四卷，並參與《蒙古百科全書》二卷、《蒙古文化史》二卷，和《蒙古習俗百科》二卷的編纂工作。出版《近代東方文學綱要》教科書，發表過60篇學術論文，像〈人類起源的傳說〉等。

杜拉姆在大學生時代開始寫詩不輟，出版過五本詩集，2006年出版過四種語文版的袖珍本詩選，大概是特為世界詩人大會，方便與國際詩人交流之用。在〈藍天〉裡，描寫蒙古包內，躺在搖籃內的嬰兒，夢想著蒙古的未來：

藍天透過蒙古包圓形天窗俯視
熟睡中嬰兒跳動的眼瞼和睜大的眼睛
搖籃中出生不到十天的這位胖娃娃
褐得像漿果在夢中浮現一連串笑容。
我的騎馬民族心中坦蕩蕩
蒙古子女在搖籃裡從小夢見藍天。

在另一首詩〈晴朗的天藍〉裡，杜拉姆展現草原民族與蒙古大地的身心交融：

從晴朗的天藍
我們學習理性之光
從遠望無際的草原
我們養成心胸開闊的寬容
從未嘗寧靜的湍急河流
我們獲得達成目標的信心
從年老髮白的堅忍山脈
我們聽到意志持久的傳說
在粉紅色的野芍藥花裡
我們發現我們衷心奉獻的愛

在夏天歡唱的三個月內
我們感到內在青春的活力
在翠綠草原枯黃的秋天
我們增進磨練堅強的體力
在白霜琴韻的寒冬
我們閱讀自己華髮蒼蒼的生命
在我們家鄉極目所至之處
莫非生活規律的知識

　　回國後，我把與哈達簽署的〈台蒙交流協議備忘錄〉傳給鄭烱明，開始
進入實際策劃行動。原本期待高雄市政府文化局會比照2005年高雄世界詩歌
節前例，負責主辦或支援，那時高雄市政府文化局局長是王志誠（詩人路寒
袖），理應會全力支持，但不知何故，鄭烱明不敢向他提案，要我出面。
2006年我擔任國家文化基金會董事長，路寒袖是董事，於是我專程南下，到
局長辦公室向他簡報，可是路寒袖很為難說，文化局沒預算，而他又不好向
陳菊市長簽報，顯然他與管碧玲任事風格大相逕庭，我無功而返。

　　後來據鄭烱明說，最後請陳坤崙以助選有功身分，去找陳菊市長幫忙，
獲得協調由中鋼捐助，所以贊助單位名正言順列中國鋼鐵股份有限公司，但
高雄市政府文化局卻與文學台灣基金會同列主辦單位，局長又成為2007年台
蒙詩歌節大會主席，真不知要從何說起！

　　第2屆台蒙詩歌節重頭戲之一，我策劃的《蒙古現代詩選》編輯工作，
哈達也準時交出譯稿，但在我不知情和未被照會的情況下，全部被莫渝攔
劫，搶刊在《笠》第257期（2007年2月），我只好趕緊補譯一些加進去，以
免二者「完全雷同」。哈達以塔赫筆名與我共選譯38位蒙古詩人作品，由春
暉出版社如期出版（2007年10月），使大會有實質的詩文本可供大家閱讀。
我為《蒙古現代詩選》寫〈台灣向蒙古詩人伸手擁抱〉代序：

　　　　國際交流的詩路歷程，從南亞轉向北亞，似乎是突如其來的一場
　　夢。開始時，有些一廂情願，有些虛幻。

結識了哈達，我才把著眼點固定在蒙古。蒙古充滿了詩的想像，何況在台灣，長期被政治虛擬化的場景下，台灣人對蒙古的認知，都被扭曲了。我想一探真實。

　　蒙古夢境之旅，籌劃一年，便在2005年實現了。蒙古行印證了想像中的實景，廣袤舒坦的草原，充滿危疑又令人莫測高深的戈壁，溫情容納旅人的蒙古包，閒散自如的馬匹牛羊，大草原上悠揚的馬頭琴韻和嘹亮的歌聲、勇士競技、駿馬奔馳，如此不同的自然和人文景觀，呈現眼前。

　　蒙古詩人朋友的善友、善歌、善飲，是取樣中精華的精華。情思都在心中醞釀，不輕易在口頭應酬，詩的溫度在底流匯合。

　　巴帕（Baabaa）的劍橋版《蒙古史》巨著，讓我進一步沉潛探索蒙古波濤起伏的歷史，和震撼人心的政治現實，我封閉的心扉大開，雖然有蒙古朋友說巴帕立論有偏。歷史學家自然有其詮釋的立場和角度，但於我，這是蒙古人主體意識的觀點，我聽到在台灣未曾聽過的聲音。

　　交流是雙方的匯通，把台灣詩引到蒙古，也要把蒙古詩引到台灣，詩的管道才算貫通，雙方詩人都有同樣的認識和熱烈期待，重擔當然都交在哈達肩上。

　　蒙古行，夢想成為真實；蒙古回來，真實又回到夢裡。蒙古意象常在夜夢中和白日夢裡出現，蒙古詩人的作品常置放在我案頭，時時翻閱、尋思、想像。我陸續以短文和摘譯詩的精華介紹十位蒙古詩人，都是因緣把交的朋友，包括以坐姿雕像永立在蒙古街頭和人民心中的納楚克道爾基，這位蒙古現代文學奠基者，剛好在我出世那一年往生，但他的孫女卻來到了海角的台灣。

　　台灣人的蒙古印象彙成《戈壁與草原》出版了。2006年專程再度前往烏蘭巴托市，和哈達確認翻譯計劃並商定進程的《蒙古現代詩選》，終於順利完成。

　　希望蒙古詩人組團來台灣訪問，並在台灣舉辦第2屆台蒙詩歌節之門，悄悄打開了，台灣詩人們正張開手，準備和對海島國家台灣也

充滿想像的蒙古詩人們，再度熱情擁抱！

　　經過努力策劃和布置，與哈達再三磋商，蒙古詩人名單幾經變更，原定十位名額，也為了兼顧容納女詩人和年輕詩人，稍加放寬，最後確定名單如下：

　　切列加布（Khaiavyn Chilaajav），蒙古作家聯盟執行長，國家廣播電視總局董事長。

　　哈達（Sendoo Hadaa），蒙古國立大學教授，《世界詩歌年鑑》主編，2005年台蒙詩歌節執行長，獲蒙古帝國800週年成吉思汗勳章。

　　嘎拉森（Tangadyn Galsan），有蒙古「國家詩人」稱號，獲國家功勳的文化活動家。

　　圖勒巴特（D. Turbat），蒙古文學院副院長，《蒙古文學精華》主編，國家獎得主。

　　達西尼瑪（Luvsandamba Dashnyam），蒙古知識大學校長，國家院士，曾經為總統候選人。

　　巴亞嘉熱格拉（J. Bayarjargal），蒙古作家聯盟《蒙古文學藝術報》執行總編輯，蒙古全球自然保護協會副會長。

　　嘎拉森蘇赫（B. Galsansukh），蒙古《特大新聞》總編輯，國家「水晶杯」詩歌獎得主。

　　淖爾伍桑布（Norovsambuu），蒙古達爾汗市廣播電台總編輯。

　　昂荷圖雅（Ankhtuya），《蒙古新聞日報》社會文化部長。

　　西利格江巴拉（R. Shiilegjambal），蒙古建築材料廠長，蒙古作家聯盟獎得主。

　　納拉滿達赫（D. Narmandakh），國稅局經濟學家，蒙古額爾登特市詩人獎得主。

　　曼德勒（N. Mandal），庫倫外語學院英語教師，蒙古作家聯盟獎得主。

　　哈薩爾（L. Hasar），國立兒童劇院畫家，藝術工作者，蒙古青年作家「斯勒奧德」獎得主。

這個名單卡司很強，可惜哈達因持中國護照，簽證沒辦下來，而我特別造訪希望能來台交流的指標性詩人，也只有達西尼瑪能夠撥空前來。蒙古詩人一行12人由切列加布領隊，2007年10月12日順利到達高雄，住進國賓大飯店。其中老詩人嘎拉森（1932年生），一身蒙古傳統獸皮裝，代表民族性格，最為醒目。其他年輕詩人都溫文有禮，反而不像在草原上的粗獷豪放。我把發表一系列介紹蒙古詩人的《Taiwan News》週刊一套，交給切列加布帶回蒙古。晚宴時，我請鄭邦鎮與達西尼瑪相鄰而坐，介紹兩位分別為台灣和蒙古的總統參選人認識，讓他們彼此相憐相惜一番。

第2屆台蒙詩歌節於10月13日上午在高雄國賓大飯店揭幕，陳菊市長到場致詞。陳菊以台語朗讀納楚克道爾基詩〈我的故鄉〉，為第2屆台蒙詩歌節揭開序幕，這一招很漂亮！然後盛讚蒙古是美麗可愛的國家，對台灣而言，既陌生又親切，她在勞委會主委任內曾經三度訪問過烏蘭巴托，當時蒙古政府送她一匹馬，現寄養在蒙古，無法帶回台灣。她希望有機會和台灣詩人一起去訪問蒙古，悠然欣賞蒙古大草原和羊群，感受台灣與蒙古詩人在大自然美景下所寫動人的詩篇。蒙古領隊切列加布帶一幅駿馬圖當伴手禮，贈送給陳菊市長。開幕典禮畢，合照時，竟然連末座都沒有我的位置，我站到最後排的最右邊角落，跟在大會手冊上「紙頭無名，紙尾無字」一樣，被列在似乎掛名的「籌備委員」，這就是歷史的縮影。

開幕式後，整天安排在現場朗誦詩，使蒙古詩人和台灣詩人相濡以沫。翌日上午前往台南參訪古蹟和台灣文學館，下午回高雄參觀高雄文學館和遠東誠品書店。15日參訪國立海洋生物博物館，遊墾丁和貓鼻頭，因作陪人數限制，我感到不適任，就先行回到台北上班，沒有等到最後一天，歡送蒙古詩人回國。

鑑於實質交流成果，哈達2007年創辦英文版《世界詩歌年鑑》（*World Poetry Almanac*）時，給予台灣很大比例篇幅，由我集稿。第一集容納70國150位詩人作品，大部分是一國一位至兩位詩人，少數有3、4位詩人，卻給台灣7位名額，僅次於中國、蒙古、日本，而與美國、希臘並列第4位。以後各年度繼續給台灣特別名額分配。歷年收錄在《世界詩歌年鑑》的台灣詩人包括張默、黃騰輝、趙天儀、李魁賢、岩上、林佛兒、唐秉輝、喬林、莫

渝、鄭烱明、利玉芳、陳銘堯、張德本、李若鶯、顏雪花、李勤岸、林鷺、陳明克、蔡秀菊、鍾雲如、林盛彬、方耀乾、張信吉、陳秋白、解昆樺等。

蒙古詩人興致勃勃，於是又有在烏蘭巴托舉辦第3屆台蒙詩歌節之議，預定要在2009年實現！

2018年11月9日

Song of Mongke Tangri

蒙古長生天之歌

2009第3屆台蒙詩歌節

時間：2009年7月3日至7月8日

地點：蒙古

蒙古
Mongolia

台灣
Taiwan

轉眼2009年已到！年初，蒙古作家聯盟提起籌備第3屆台蒙詩歌節事，但到3月底才定案。我答應配合辦理，但一經著手，卻遇到人事、經費等各方面的困難，為使詩歌節不流於兩國詩人見面哈啦了事，乃策劃編輯一冊英文《台灣心聲——台灣現代詩選》（*Voices from Taiwan—An Anthology of Taiwan Modern Poetry*, 2009），透過哈達主編的《世界詩歌年鑑》通路，發行全球，趁第3屆台蒙詩歌節開會推出，旨在經由詩文本的閱讀，達成深入而久遠的實質交流意義和成果。

　　《台灣心聲》書名的構想起源是，2008年陳水扁總統兩任期滿，改選時，政黨再度輪替，國家政策急轉彎，台灣名號無端又成為禁忌，新政府率先在國內外自行抵制使用台灣名義。在此違反人民意志的不當現實情況下，詩人只有透過詩篇、詩集、詩選的發表、編輯、出版，來表達人民真正內心的聲音，這是身為詩人，以智識分子自許的詩人，基本的天命，應該有所表示的立場和態度。基於此心志，後來《台灣心聲》繼續在伊斯坦堡出版土耳其文本《*Tayvan'dan Sesler, 2010*》，在馬德里出版西英漢三語本《*Voces desde Taiwán / Voices from Taiwan*, 2016》，而後美商EHGBooks又出版漢英土三語本《台灣新聲》（*New Voices From Taiwan / Tayvan'dan Yeni Sesler*, 2018），雖然入選詩人和作品不一致，亦即並非相同版本，但企圖為台灣發聲的初衷則一。

　　由於時間緊迫，雖然歷經不少挫折，幸虧在眾多詩人支持下，順利集合26位詩人願意參加詩選，提供英譯作品，共同用詩替台灣發聲。參加《台灣心聲》英語本的詩人有錦連、黃騰輝、莊柏林、林宗源、趙天儀、李魁賢、岩上、林佛兒、喬林、李敏勇、陳銘堯、莫渝、鄭烱明、馮青、李勤岸、利玉芳、吳俊賢、劉毓秀、蔡榮勇、林鷺、陳明克、林盛彬、方耀乾、江文瑜、陳秋白、張貴松。意外的是，我接到書時才發現，蒙古出版社Munkhiin Useg集團公司採用施並錫的油畫〈未知〉，設計書的封面，這幅畫在拙詩集《溫柔的美感》裡，是以〈意象之二〉配圖：

　　　　大板根以輻射狀延伸
　　　　在地上築起長城

盤踞著逐漸拓展的
勢力範圍

大螞蟻話多
在尋覓突破的缺口
栖栖皇皇了半天
消失了蹤影

白鴿輕易
倏起倏落城牆上
不用任何語言藉口
意象優美自然

貓儼然
一副詩人模樣
在尋找最好的角度和時機
捕捉

　　哈達本來希望參加《台灣心聲》的台灣詩人，都能出席第3屆台蒙詩歌
節，當然希望是如此，實際上很困難，因為有時間和費用的雙重考量。經努
力聯繫結果，有9位詩人共襄盛舉，包括黃騰輝、李魁賢、馮青、利玉芳、
林鷺、蔡榮勇、林盛彬、方耀乾、陳秋白，有三位眷屬隨團，即林鷺的公子
黃威霖、林盛彬的夫人杜東璃，方耀乾的夫人戴錦綢，這三位出門時是眷
屬，回來變成詩人，都交出亮麗的詩作。另外還有陳秋白的夫人，以及王秀
卿和溫麗嬌兩位觀察員，共組成15人代表團，終於排除因應機票、行程一再
改變等諸多困難，搭乘長榮班機，在首爾過境旅館住一夜，再改搭蒙航，飛
往烏蘭巴托，千里迢迢前往蒙古出席第3屆台蒙詩歌節。
　　7月3日，第3屆台蒙詩歌節在蒙古傳統研究院（Academia of Mongolian
Traditions）會議室揭幕，由院長達西尼瑪（Luvsandamba Dashnyam）主

持。《台灣心聲——台灣現代詩選》以25開本豪華面貌，呈現在全體出席詩人面前，封面紅、黑、白三色搭配的設計，加上施並錫油畫〈未知〉占半個封面，相當搶眼、動人。

過去參與過台蒙詩歌交流的幾位蒙古資深詩人都到場，有蒙古國家科學院院士烏梁海（Damdinsaren Uriankhai）、蒙古文化基金會董事長、第1屆台蒙詩歌節和第26屆世界詩人會議烏蘭巴托大會主席門德佑（Gombojavyn Mend-Ooyo）、獲得人民作家尊稱的資深媒體人巴達爾奇（P. Badarch）、蒙古著名文學雜誌《朝歌》（*Tsog*）主編額爾登奧奇爾（Arlaanii Erdene-Ochir）、來過台灣參加第2屆台蒙詩歌節的《蒙古文學報》主編巴亞嘉熱格拉（J. Bayarjargal）、遠離大戈壁在城市求生的尼莫拉赫格沃（Nyamlhagva）等，以及資深文學評論家嘎勒巴特爾（Galbaatar）。當然還有主辦單位蒙古作家聯盟新當選剛就任的執行長、年輕的女詩人孟荷其其格（G. Munkhtsetseg），以及台蒙詩歌交流推手的哈達。

主席達西尼瑪在上世紀90年代就是蒙古民主運動領導人之一，2005年參加競選蒙古總統，現為蒙古國家科學院院士，在政、學、文各界聲望崇隆，他到過高雄出席第2屆台蒙詩歌節，由他主持第3屆台蒙詩歌節，可說不作第二人想。他致詞表示衷誠歡迎台灣詩人遠道來烏蘭巴托，接著逐一點名介紹在場的台灣詩人和蒙古詩人打過照面。

孟荷其其格代表主辦單位致詞，簡略提到過去台蒙詩歌交流經過，她才剛接任第三天，可見做了功課，顯示她對台蒙詩歌交流的重視和期待，最後鄭重提到繼續雙邊交流的願望。由於5月24日總統大選時，現任蒙古人民革命黨的總統恩赫巴雅連任失敗，被兩度擔任其總理的46歲民主黨額勒貝格道爾吉（Tsakhiagiin Elbegdorj）所取代。一朝天子一朝臣，蒙古作家聯盟執行長切列加布隨即去職，幸蒙他沒有放棄繼續籌備第3屆台蒙詩歌節，才得以順利按期進行，可惜他不便出席，避往韓國，我只好把詩人鍾雲如特選以吳炫三畫裝飾的書本型高粱酒伴手禮，託哈達轉交，表達遠洋老友的問候。

主席邀我致詞，大會譯員是達西尼瑪的學生，出生於中國青海回到蒙古的一位年輕女士。由於我事先準備有講稿〈長生天之歌〉（後來作為《蒙古大草原》編者序），已傳給哈達，哈達很細心，先譯成蒙文以方便譯員，哪

知主席裁定不用譯員，以免打斷說話氣氛，要我一氣呵成講完，然後由主席親自朗讀我的蒙文譯本，充分表示他對我的尊重，也是國際場合少見的特殊禮遇。我只好照本宣科曰：

　　2005年，台灣詩人首度組團到蒙古烏蘭巴托，出席第1屆台蒙詩歌節，同時出版兩冊台灣詩人的蒙文譯詩集，呈獻給蒙古的詩人朋友，會後台灣出版《戈壁與草原》（2007年1月），紀錄了台灣詩人對蒙古意象的歌詠。2007年，蒙古詩人也組團到台灣高雄，出席第2屆台蒙詩歌節，台灣也出版《蒙古現代詩選》（2007年10月），把蒙古詩人作品系統性介紹給台灣讀者。

　　蒙古的人文、詩歌、藍天、白雲、草原、熱情、豪爽，令人念念不忘。所以今年（2009年）感謝蒙古作家聯盟的邀請，台灣詩人熱烈回應，再度組團前來烏蘭巴托，出席第3屆台蒙詩歌節，並且在蒙古出版台灣詩人英譯詩選《台灣心聲》，表達與蒙古詩人的交情，還要透過蒙古的《世界詩歌年鑑》出版機構，發行全球，向世界各國的詩人和讀者打招呼。

　　儘管台灣是一個海洋國家，海洋文化性格，和蒙古大陸國家的草原文化習俗，有許多差異的地方，但基本上敬天惜地、愛好自由、尊重個性等等行為和價值觀，是相通相融的。我在〈海洋和草原〉一詩裡描寫到：

　　我在長住的海島
　　想像廣漠的草原
　　我去草原旅行
　　帶著海洋的鄉愁

　　究竟海洋是我的草原呢
　　或者草原是我的海洋

草原和海洋是不同的具象，但人的情意可以交融，成為統一的詩意象，這是透過詩，使我們的心靈更緊密聯繫在一起的根源。

　　台灣人有一句俗語說：「人在做，天在看。」我們同樣敬畏天，天必照顧我們；我們也同樣愛惜地，地必承載我們；我們同樣熱烈創作詩，詩必豐富我們的心靈和文化。生活在海島上的台灣詩人，來到蒙古草原開拓我們的視域，台灣和蒙古有同樣的長生天，我們要來感受特殊的意涵，繼續歌詠上天對我們的照顧，也歡迎蒙古詩人朋友們再度前來台灣，呼吸海洋的微風，讓我們持續透過詩的交流，根植民族的深厚感情。

　　時任台灣國家文化藝術基金會董事長的黃明川導演，本來有意一同參與，因行程不便而飲恨，但熱誠致贈其所拍攝由國立台灣文學館出版的《台灣詩人一百影音》紀錄光碟全套二百張，託夫人即製作人王秀卿親自贈送給蒙古作家聯盟，由執行長孟荷其其格接受，蒙古詩人對台灣有這樣大規模系統性的計畫，大為讚賞，很高興接受如此特殊難得的禮物。

　　行禮如儀之後，仍然由主席繼續主持詩朗誦，他採取台灣詩人和蒙古詩人交叉上台的方式，突顯「交流」的融合情境。蒙古詩人朗誦詩很能掌握音韻表現，表情豐富動人，在朗誦後由譯員提示一下大意。台灣詩人作品因策劃在蒙古很有影響力的文學雜誌《朝歌》推出專刊，已先由哈達譯成蒙文，也交給主席，達西尼瑪在請台灣詩人朗誦時，就把蒙文譯本指定一位蒙古詩人緊接朗誦。台灣詩人朗誦一般比較拘謹，輔以蒙古詩人臨場的朗誦技巧，效果非常令人滿意，可見主席主持會議的技巧，高人一等。

　　主席留到最後指定要我念〈成吉思汗的夢〉，拙作入選2006年烏蘭巴托成吉思汗詩歌節徵詩競賽，以漢、英、蒙三種文字刊載於慶祝大蒙古國建國八百週年出版的《長生天之歌》（*Songs of Eternal Heaven*）詩集內，在蒙古已相當流傳，詩人巴達爾奇主動向主席爭取要朗誦我的蒙譯本，他不愧是國家廣播電台的資深記者和廣播評論員，音調自然而且鏗鏘有力。

　　整個開幕式歷時約兩小時結束，包括國家電視廣播電台在內的蒙古全部三家電台，都在現場採訪錄影，孟荷其其格和我分別代表蒙古和台灣詩人接

受訪問，我被問到為什麼會想和蒙古熱絡進行詩交流，以及到蒙古三次的印象，對烏蘭巴托有沒有感受什麼變化等話題。

午餐安排在蒙古作家聯盟那棟大樓（外牆上鏤雕置產大功臣的當時女執行長頭像，是最醒目的標記）的一樓餐廳，可能因新舊交接中，會裡有待整理，不像2005年邀請台灣詩人團上樓參訪。午餐後，經特別安排，台蒙詩人一行浩浩蕩蕩前往蒙古國家電視廣播電台拜訪，由總裁納蘭巴特（Myanganbuu Naranbaatar）親自率領副總裁和兩位節目部主任等主管，在會議室大陣仗迎接。總裁40開外，和蒙古各界領導人年輕形象一致，顯示蒙古新獨立以後的活潑幹勁。總裁邀請幾位台灣詩人朗誦詩，讓電視攝影機錄影，以供製作節目播出。最後，《朝歌》主編額爾登奧奇爾要求我再念一次〈成吉思汗的夢〉，由於身上未帶漢語原文，就以他遞過來新出版的拙著《黃昏時刻》蒙英雙語詩選集，我朗讀英譯本，仍然由巴達爾奇幫我朗誦蒙文版。旋由專人帶領參觀電台設施，剛換新過的全套世界先進設備，充分表現蒙古在影音廣播方面追求卓越的自豪。

參觀畢，全隊人馬往草原出發，登上詩人專車，遊覽車前張掛一面大布旗，以蒙、英、漢，三種文字書寫「台蒙詩歌節2009」字樣，這面布旗標示台蒙詩歌節活動的存在，從蒙古傳統研究院開幕式議場，專車在草原行進和參訪過程，到台蒙詩歌節營地的蒙古包，都掛在最中心做背景，引人注目。營地設在離烏蘭巴托200公里的奶桶（Bum Ban）度假村，車行近三小時。草原駛車最有趣的是，有路不一定能行，但草地可任憑馳騁，無路處卻到處都是路。

奶桶度假村包括30餘個蒙古包，算是規模不小的度假村，據說是成吉思汗故鄉的人投資建設，所以營地進口立有成吉思汗雕像，營地後方附設成吉思汗文物紀念館。度假村蒙古包通常是四人住，現代化衛浴設備另外設在共用建築內，水壓不太夠，熱水供應常不穩定，但電力無虞缺乏。廁所有專人在管理，一旦有人用過，立即清理，所以經常保持非常潔淨。

蒙古作家聯盟在大蒙古包餐廳，舉辦歡迎晚宴，以最有名的石烤羊肉蒙古大餐，饗宴台灣詩人。當晚宰二頭羊，讓詩人們大快朵頤，據說每頭羊值十美元而已，真正物美價廉。餐會上穿插朗誦詩和歌唱獻藝餘興節目，由

詩人自告奮勇表演，蒙古詩人當然還是會拿出伏特加酒深水炸彈飲法的絕招，台灣詩人在2005年已領教過，來草原的車上也一路被蒙古詩人勸飲，早有心理準備，兵來將擋，也不遑多讓，於是情境交融，自是和樂一片。蒙古詩人歌喉令人甘拜下風，台灣詩人略遜一籌，心服口服。作詞千首紅遍蒙古的詩人，也是圖格莫勒傳媒學院（Tugeemel）校長的庫勒爾巴特（Urjin Khurelbaatar）自唱抒情歌，千迴百囀，確是好聽，烏蘭巴托曾經舉辦過以他作詞為專題的演唱會，門票售罄，造成轟動，他簡直是蒙古的葉俊麟。

7月4日上午參觀營地附設的成吉思汗文物紀念館，由七個蒙古包組成，中間當然是大汗帳，擺設有成吉思汗用過的器物，大概是仿製品，櫃內有19世紀才出現的著名《蒙古祕史》，應是影印本，不是出土的原版。左右各三個蒙古包，分別陳列成吉思汗母親、后妃、文武輔佐大臣大將的畫像，包括受到重用的西遼才子耶律楚材，以及13世紀的文物。館內一隅搭有兩個薩滿教小小營帳，現代蒙古幾已絕無僅見，算是歷史陳跡。

接著到左側外的射箭靶場，讓大家試試射大鵰的身手，達西尼瑪開弓就射，但我拉滿弓時不敢放手，手一鬆，弓自然垂下，試了四次才成功，大家還以為我在搞笑。在營地空曠草原散步，充分感受天闊地廣的舒暢，留下詩〈在蒙古草原徜徉〉做見證：

> 在蒙古草原徜徉
> 尋找我心靈的故鄉
> 牧草是露水親吻的對象
> 小花用不同顏色吶喊
> 不管你注意還是不注意
> 雨忽然跑過來作弄
> 還沒有瞭解心情
> 忽然又跑得不見蹤影
> 我的心在蒙古草原徜徉
> 瞬間攀上岩石崢嶸的山巔
> 望東　草原連綿山脈

望西　山脈連綿草原

望南　馬群在蒙古包周圍馳騁

望北　蒙古包在馬群間蹲下休息

太陽跑出來又躲進雲裡

我的心不想躲藏

只想在草原的故鄉徜徉

　　參觀後回到營地，10點舉行座談會，題目是「詩的表現方式」，我原以為要讓大家正經八百引經據典，相濡以沫，或彼此激盪一番，殊不知大會出了一個絕招，要台蒙各派一位詩人朗誦自己的作品，先不經翻譯，由對方詩人憑朗誦者的聲調和表情，揣摩詩的要旨、範圍、意涵，最接近者獲獎，獎品是朗誦者在明日大會結束前，要寫一首詩親自公開朗誦獻給得獎人。這真是別開生面、極富創意的活動，以實例來回應國際間朗誦詩是否有意義，或是否可能被理解的質疑和討論。

　　由蒙古詩人額爾登奧奇爾先出招，他相當有表演天分，朗誦時唱作俱佳，台灣詩人也各自把感受毫無隱諱表達出來，結果得獎人是利玉芳。接著，由台灣詩人方耀乾朗誦對蒙古印象的新作，蒙古詩人們也是七嘴八舌推敲，由自稱肥妹的蒙古詩人巴特熱格折德瑪（B. Batregezedemaa）得獎。兩位詩人也都依約，展示敏捷的詩思，寫詩朗誦給得獎人。結束前，執行長要我念一首詩，我就以舊作〈致蒙古詩人〉（見第6章）應景。

　　下午，蒙古作家聯盟安排訪問營地外一戶游牧民之家，接受馬奶、馬奶酒、奶茶、乳酪招待，都是自產自製。游牧民的生活信念是，任何人一進入蒙古包，就是家人，再也不是客人。這可能是源自當年成吉思汗立下的規矩，凡是蒙古包的主人對進來的客人若不提供飲食，要受懲罰。所以蒙古人在大草原或沙漠都不怕餓肚子，只要找到蒙古包，就有食物吃。這一家祖母級的主婦為娛佳賓，高歌一曲，嘹亮的歌聲在蒙古包內迴盪不已。空曠的草原練就了蒙古人高亢、寬宏的音域。

　　出到蒙古包外，游牧人家備馬讓台灣詩人試騎，然後由六歲到十歲出頭的小孩四、五位，在草原馳騁，展現游牧民族的馬上功夫。小孩一上馬，就

拉開喉嚨「大鳴大放」，草原歌喉真是天賜。他們結伴緩緩騎行到極目不見影子的地方，然後一路呦喝疾馳回來，像流星一般快速。蒙古小孩還不會走路，就先學騎馬，所以個個身手不凡。十歲以前騎馬，當作玩具，長大後要幫忙家計生產，騎馬成為基本交通工具，就不再好玩啦。

散步回度假村時，達西尼瑪探詢台蒙傳統民俗文化研究方面有可能合作否？這大大超出我的知識範圍，正好台南應用科技大學的方耀乾在身旁，我加以推薦相談可能性，方教授是行動派，立即促成台南應用科技大學在舉辦的國際會議，邀請達西尼瑪參加，並發表論文，特別要我去主持，幾年後又組成詩人團去蒙古訪問，就由達西尼瑪接待。

晚餐後，大會安排同樂晚會，晚上9點開始。7月大草原白晝氣溫約攝氏25度，入夜降到約15度，溫差不小。晚會原來在一個像大禮堂的蒙古包，因氈布半遮，晚風吹來涼颼颼，有人受不了，於是改到另一個蒙古包，度假村服務人員工作效率極高，不到十分鐘就布置好新會場。因為同樂晚會，氣氛更加輕鬆，讓蒙古詩人有大展歌喉機會，台灣詩人則幾乎是搏命演出，雖然大部分唱得離離落落，個個奮勇演出，熱情可感。下半場轉為舞會，舞林好手馮青有超群表現，讓蒙古詩人大為傾倒，最後是台灣詩人搶盡鋒頭。會中傳來消息，在中國新疆的維吾爾人受到整肅，我臨時起意唱維吾爾情歌表達同情關懷，以詩〈在蒙古唱維吾爾情歌〉誌之：

> 揭起了妳的蓋頭來
>
> 不要猶豫　不要羞怯
>
> 烽火看到千里外怒睜的大眼睛嗎
>
> 草原民族曾經是親戚
>
> 曾經也是割袍的仇敵
>
> 歷史走過烏魯木齊
>
> 烏魯木齊是維吾爾人的核心
>
> 揭起了妳的蓋頭來
>
> 不要遲疑　不要等待
>
> 空氣會使彎刀般的眉沸騰嗎

命運是長生天注定
有人要刻意扭曲變造
消息來得比蒙古野馬快
烏魯木齊的流星就要燎原
世界的焦點轉向被遺忘的烏魯木齊
我的情歌有人知道心意嗎
那就快快揭起了妳的蓋頭來

　　翌日清早，獨自攀登營地後方小山岡，居高俯瞰平地，一望無際無礙，我拍攝一張度假村全景照，後來用做《蒙古大草原》封面。在突出平地上，有一巨石矗立，形似男根，我在此做日常的甩手扭腰晨操，有黑白羽相間的鳥飛來附近，找野地小花親暱，忽而飛上古蒙文石碑上停棲，忽而立在經幡架最頂尖。朝陽一出，滿地寶石，金光閃閃，原來都是風化的碎石，可見蒙古礦產豐富，有開採價值。後來聽說蒙古礦產，包括煤炭，都在表土層，用開挖式生產即可，又因蒙古薩滿教敬地，不敢隨便動土，所以地下豐富礦產，一直保存不動。

　　早餐會上，庫勒爾巴特拿出我的《黃昏時刻》蒙英雙語詩集，要我簽名，他的專長是傳統三行詩，我特地題兩行字回應：

我在蒙古草原尋找詩的故鄉
我在你的歌裡保存永久的懷念

　　餐後，回烏蘭巴托，沿路觀賞草原風光，遍地馬牛羊，石頭山磊落瑰奇，變化多端，各路遊客都會停在烏龜石景點稍微休息。附近除了蒙古包商店外，也有地攤擺到路邊來，游牧民學會了把商品推到顧客面前的商場招術，我發現有賣清朝孔方大錢幣，疑為偽造，翻看即罷。午時，專車停在三友洞參觀，蒙古詩人設計在附近草地吃三明治簡餐，旁邊有多隻土撥鼠在探頭探腦。台蒙老中青詩人在草原玩起老鷹抓小雞的兒童遊戲，個個返老還童，不知老之將至、已至。

在大自然天地間，自有一番別趣，仰望藍天，鷹隼獨自翱翔，有時追逐群飛小鳥為樂，有時俯衝覓食，顯示鷹眼銳利，驚嚇從地表探頭出來的土撥鼠。但偌大天空，除了悠悠白雲，無與爭鋒，更顯示其孤傲自大，獨霸天下的氣概，所以我寫〈草原天空無戰事〉，一片寧靜到無聲無息：

一隻鷹在天空飄舉
俯衝時有撕裂時間的流聲
呼應詩人尋鷹的焦灼
所有土撥鼠密藏在
大草原掩蓋下自掘的防空洞
像夢中一樣無聲的大草原
已習慣遠離大興安嶺南下
以天空為家的孤獨老鷹
背襯著藍天白雲
潑墨遺落的一滴墨漬
瞬間渲染成百隻雀鳥群
亂雲般向西席捲而去
俯衝的老鷹以腹滾式翻騰
拚出戰鬥機的特技追逐
橫掃過靜靜無事的天空
來不及留下一點影子
給洞裡的土撥鼠咀嚼

回到烏蘭巴托，住進四星級成吉思汗旅館，梳洗休息後，參加蒙古作家聯盟與哈達夫婦餞別台灣詩人，席設達西尼瑪的學生所經營餐廳，主人收藏很多蒙古文物和佛教器具，餐桌布置在藏品專櫃環伺間，達西尼瑪本身是蒙古傳統文化研究專家，擔任臨時義工親自導覽，如數家珍。

晚宴時，達西尼瑪和孟荷其其格先後致詞，感謝台灣詩人遠途前來參加第3屆台蒙詩歌節。我答以謝詞：「感謝主辦單位費心安排草原詩歌節，讓

台灣詩人享受到非常不同的體驗，我們見面彼此擁抱時，心貼著心；我們閱讀彼此的詩時，心進入對方的心，永難忘懷。特別要感謝達西尼瑪院長、孟荷其其格執行長和庫勒爾巴特校長，三天全程參與詩歌節活動，陪著台灣詩人三天不離不捨，還有哈達對台蒙詩歌交流的全心投入，連夫人也一起不眠不休幫忙。」

用餐時間，特別安排一位民間藝人以喉腔清唱蒙古歌謠，另演奏馬頭琴娛賓。餐後，又互贈禮物紀念，互道期待再相會，彼此依依不捨，如此完美結束了三天的2009年烏蘭巴托第3屆台蒙詩歌節。

接著是台灣全威旅行社安排的會後三日遊，7月6日先在烏蘭巴托市內觀光，從成吉思汗旅館出發前，一樓大廳遇見中國軍事訪問團大批人馬，也在等集合後出發。這些軍人雖然身穿軍服，但軍容不整，有的衣領掀開，領扣不扣，有的軍帽歪斜，但都不佩官階，且幾乎一律在抽菸，無視牆壁上有禁菸的明顯標誌，而更離譜的是隨地亂丟菸蒂。我實在看不下去，向一位旅館服務生請問：「大廳不是禁菸嗎？為什麼客人可以不守約束？」服務生只說一聲「對不起」，低頭走向櫃台去報告，我們就出發了，後果不詳。

早上遊覽著名景點甘丹寺和博克多汗宮，都是2005年參觀過，溫故知新，再複習一次，加深印象，而印象最深的還是那些據說世上最豐富的唐卡。午餐享用正宗蒙古烤肉，據稱有800年歷史，傳說是蒙古帝國在1206年建國時，士兵歡慶，以盾為鑊煮肉吃，而發展下來。除特殊佐料外，台北的蒙古烤肉算是相當地道，差不了多少。

下午車往高爾基‧特勒吉國家公園（Gorkhi-Terelj National Park）內的成吉思汗紀念館附近度假營地，這裡居然有豪華蒙古包，各包內有衛浴設備，不像在奶桶度假村，是在包外的公用衛浴。黃昏時，出去騎馬，其實有馬童牽著韁繩，人只是「放」在馬背上，跟著馬散步而已。

第二天清早，我獨自攀登營區周邊的山丘，海拔不高，但坡度很陡，因為旱地又是滿地礫石，所以相當好走，約20分鐘就登上稜線，居高俯瞰平地，兩側一望無際無礙。我沿著稜線向右行走，俄頃，一陣風，抬頭一看，黑雲飛馳而來，驟雨隨至，速度之快，像千軍萬馬，排山倒海，因山丘野地，無處躲避，我想從走過三個山頭的稜線，急回蒙古包，心一慌，腳踩在

山坡風化碎石，右腳往下滑溜，趕緊以左腳和左手撐地，降低滑行速度，約五公尺才止住。左掌被石子磨破出血，幸虧雨掃過即停，虛驚一場，許多團員分別出外爬山，都被雨水洗禮。

　　早餐後，首先參觀成吉思汗紀念館，此時主體建築和成吉思汗雕像剛完成，其餘部分和館內設施還在收尾。此紀念館採用BOT方式，私人投資占資本60％，政府出40％。紀念館建築主體呈蒙古包的圓形結構，直徑50公尺，建在廣大草原的突起小丘上，成吉思汗英姿煥發的騎馬雕像，矗立在二層建築主體頂上，非常壯觀。建築物高12公尺，雕像30公尺，採用不鏽鋼打造，耗費250噸材料，動用500位專家合力建造，為迄今世界上最高大的騎馬雕像，也只有成吉思汗可當之無愧。建築物正廳入口供奉成吉思汗馬鞭，說明牌上刻有當地傳言，意思是：「每一位蒙古人都可征服世界，只要他手中有馬鞭。」我們乘電梯登上雕像馬頭觀景台，可以遙望肯特山（Khentii），遠眺圖拉河（Tuul）和大草原，又可近身接觸成吉思汗，讓我寫成〈再見成吉思汗〉：

經過七十年的冬眠
再見到您復出光芒四射
仍然令人目眩神迷
以不鏽鋼的雄姿
躍馬挺立在蒙古大草原上
您八百年反射的太陽光輝
在歷史上永遠奪目燦爛
太陽因您才令人不敢逼視
誰要是冤屈您
您必因而擴充能量
誰要是埋沒您
您必沉潛再度崛起
在長生天的庇護下
您已化成天地間的一環

即使形相不在
蒙古民族的心與您結成一體
在天底下閃閃發光

　　接著前往參觀13世紀蒙古民族部落風情園，等於是保存蒙古帝國初期生活起居狀態的大民俗村，主題的大汗帳蒙古包，擺有大王和王妃服，可供想入非非穿戴，登上正中央王座拍照，過幾秒間虛幻夢境。帳外有大木輪的二輪勒勒車、旗竿、弓箭、勞作工具等。園區內還包括游牧部落、軍營、薩滿教堂、經書宮、工匠營等。由於蒙古大草原天地廣闊，一望無際，當地導遊常說下一站我們要到「隔壁」參觀什麼什麼的，結果車行都要幾十分鐘才能到達，確實也正如所說，因為中間都不見一屋，未見任何蒙古包，所以說「隔壁」並無誤。在工匠營的工匠自然岩洞，居家兼工作室外入口處，繫一老鷹立在支架上，金睛炯炯發亮，或許馴養關係，對人並不敵視，卻是工匠的生產工具，為主人捕捉肉食材料。
　　途中除重訪著名烏龜石和三友洞外，瀏覽沿途若即若離的岩石山丘，散布渾然天成的磊落巨岩，凸出於丘陵上，凌空而起，各具風格，似出自天神雕刻家的巨掌創作，成為戶外藝展場，有詩〈大草原石雕展〉為證：

誰有此神工
雕琢這些超大型巨岩作品
或瑰奇如千年烏龜
或磊落如男性圖騰
或如怒目羅漢亂髭叢生
或如豎立排笛隨意安插
誰有此能耐
把這些奇巧的石雕
或百噸或千噸或無量噸數
遍置在凸出的圓滑山丘
相距數里數十里數百里

經歷時間巨斧慢慢鏤刻

以大草原綠絨為墊

展示給日月光華風雨洗練

為萬物賦形的創作者

不老的長生天在草原上展出

無始無終

　　回到烏蘭巴托，晚上看電視第27台CCTV中國新聞報導，新疆維吾爾人抗議事件擴大，烏魯木齊市內發生焚火燒車、燒商店，被軍警鎮壓，死150人、傷1,500人、逮捕1,400人，中國駐荷蘭海牙大使館，也被維吾爾人包圍抗議、砸破門窗玻璃，荷蘭動用150名軍警才把抗議人員驅離。中國新聞報導和評論，承認這是民族主義運動人士有組織的行動，在新疆共有六處同時烽起，表示是計劃性的遍地開花。

　　最後一天市內觀光，到市中心點的蘇赫巴托廣場，為紀念蒙古獨立革命英雄達木丁・蘇赫巴托（Damdinii Sükhbaatar, 1893-1923）而命名。蘇赫巴托是蒙古人民黨的創始人之一，後為該黨領導人，是蒙古脫離中國走向獨立關鍵人物，被尊為「蒙古革命之父」。廣場中央矗立蘇赫巴托揚手招喚的騎馬雕像，東側為國家歌劇院、中央文化宮、新任總統額勒貝格道爾吉所屬民主黨總部，西側為中央行政機關、國家郵局、烏蘭巴托市政府，北側為國會大廈，迴廊正中央坐像是成吉思汗，左側是窩闊台汗，右側是忽必烈汗。蘇赫巴托廣場在2013年，改名為成吉思汗廣場。

　　最後，上市區邊緣齋桑山岡上，參觀為紀念1939年卡爾克河戰役中死難蘇軍而建的紀念碑，2005年來過，除中央尖塔外，周圍全景式雕像，顯示蘇聯幫蒙古獨立革命、抵抗外侮、合力殲滅日軍，以及蒙古捐助的蘇聯坦克軍攻入柏林等畫面。經70年的蘇聯統治後，蒙古走向真正獨立的共和國，但蒙古人對蘇聯仍然感情深厚。據當地導遊說，目前與蒙古關係密切的四國當中，蒙古人對美、俄最好感，對日本沒信心，對中國很討厭。從紀念碑高地俯瞰，可見在烏蘭巴托主要河流圖拉河畔，也蓋起樓房，都市景觀大受影響，蒙古人有異議，但敵不過財團侵入。

晚餐後，回到成吉思汗旅館，哈達夫婦在大廳久候，準備十餘幅蒙古畫，贈送給團員，親自逐一送到房間門口，禮數周到。翌晨3時起床，4時赴機場，不料哈達夫婦又先一步，來機場送別，台灣詩人已入關辦登機手續時，他們還久久佇立在玻璃窗外，我一再揮手請他們回去，才依依不捨離開。

第3屆台蒙詩歌節圓滿落幕，但詩交流的實質作業並沒有停頓，我除了為第1屆台蒙詩歌節編印台灣詩人蒙古印象詩文集《戈壁與草原》（春暉出版社，2007年1月）、第2屆編印《蒙古現代詩選》（春暉出版社，2007年10月）外，又為第3屆編印台蒙詩人合集《蒙古大草原》（國立台灣文學館，2009年11月），在國際詩交流上盡量做到輸出和輸入兼顧，以求更加週全。哈達在此前後陸續蒙譯出版莫渝、鄭烱明、李勤岸等人的詩集，對台灣詩在國際上推廣協力不少。但意外發生一項插曲，李勤岸的蒙譯詩集出版時，在他擔任系主任的台灣師範大學台文所網站，報導說這是唯一的蒙譯台灣詩人作品，被顏雪花抓包，逼得他道歉又訂正才了事。

在第3屆台蒙詩歌節後，值得附帶一提的是，按照我的計劃，從南亞印度到北亞蒙古，進一步想要打通中亞，那時第一個擬定的目標是烏茲別克。烏茲別克人口約3000萬，是古代花剌子模王國轄地，成吉思汗西征時的一個重要據點，被蒙古帝國併吞後，劃歸金帳汗國與察合台汗國，與蒙古淵源深遠。緣於烏茲別克共和國和平團結博物館（Museum of Peace and Solidarity, Uzbekistan）在1993年已收藏我的簽名著作和照片、手稿，常寫信要我去看看。

後來因哈達適時給我介紹土耳其詩人妥占‧阿爾坎（Tozan Alkan），我就順勢操作，改向土耳其進軍。土耳其不但是人口7000萬的大國，也是伊斯蘭世界的文化古國，對中亞各國影響深遠。土耳其文在中亞屬於強勢語言，中亞國家像格魯吉亞、哈薩克、烏茲別克、土庫曼，甚至烏克蘭、蒙古，懂土耳其文的人所在多有，土耳其語總人口數約有一億。土耳其文學在世界文壇上占有一席之地，奧罕‧帕慕克（Ferit Orhan Pamuk）即以小說《伊斯坦堡：一座城市的記憶》（İstanbul: Hatıralar ve Şehir）獲得2006年諾貝爾文學獎。

妥占・阿爾坎身為土耳其的跨文化詩翻譯學院（Intercultural Poetry and Translation Academy）執行長，也是《翻譯家筆記》（*Çevirmenin Notu*，簡稱*Ç.N.*）文學雜誌主編。與他聯絡後，獲得熱情回應，同意把《台灣心聲》譯成土耳其文，預定進度是2010年底前在伊斯坦堡出版，2011年7月在伊斯坦堡大學舉辦台（灣）土（耳其）詩歌週。原先的英文本有4位詩人未回應，新加入5位，故土耳其譯本共選譯27位台灣詩人作品，順利完成，如期出版土耳其文本《台灣心聲——台灣現代詩選》（*Tayvan'dan Sesler—Modern Tayvan Şiiri Antolojisi*）。並藉2010年10月23日在台師大圖書館舉辦第6屆台語國際研討會，邀請阿爾坎出席發表論文的機會，同時舉辦新書發表。

至於台土詩歌週籌備是由跨文化詩翻譯學院祕書長梅舒・暹諾（Mesut Senol）執行，他擬定完整計畫書，非常專業，不但詳列活動日程，逐項預算，也做出成效預估，於2010年底向台灣駐土耳其代表處申請經費補助。由於當年中華民國政府為宣傳建國100年，在外交上撒錢，引起暹諾雄心，擬邀請27位台灣詩人出席，全額負擔來回機票、在土耳其期間食宿交通費用，預算高達14萬3千美元，他又親自跑到安哥拉和台北經濟文化代表處陳進賢大使面談。幾度磋商後，陳大使答應補助一半，要求主辦單位相對自籌一半。我建議暹諾，由於機票費占預算一半，我們台灣詩人機票自費，他們就不需要負擔，但暹諾認為他們要照計劃進行，可是又無能力自籌，只得放棄，充分顯示土耳其詩人的固執。

可惜這個好計劃功虧一簣，只完成文本先行，詩人卻空歡無緣相會。後來，我改弦易轍，在2011年2月提出計劃，安排台灣詩人以旅遊方式，到土耳其與當地詩人聯歡交流，並利用土航延長境外兩站優惠，轉到烏克蘭首都基輔探祕，作為下一波開疆闢土的預備。因為那時紀念小說家柯羅連科（Vladimir G. Korolenko, 1853-1921）的柯羅連科國家科學圖書館，已收藏我的俄文和英文詩集譯本，以及陳秋白英譯錦連詩集《在北風之下》，和《當代台語文學》，該館外國文學部主管維多麗雅・伊絲朵密娜夫人（Victoria V. Istomina）與我保持聯絡，答應與台灣文學界加強聯繫，正好可趁機布局一番。結果因招募參加人數不足，無法組團，計劃付諸東流，至今

引以為憾。

2016年我獲得馬其頓頒贈奈姆・弗拉謝里文學獎（Literary Prize "Naim Frashëri"），與陳秀珍應邀出席馬其頓奈姆日（Ditët e Naimit）國際詩歌節，得便經伊斯坦堡時，承妥占・阿爾坎夫婦晚宴招待，我重提交流事，未獲積極回應。翌日，暹諾與其服務機構Artshop集團總裁Vedat Akdamar連袂來旅館商談合作方案，我提出編譯《台灣新聲》計劃，對方欣然接受。我很快就邀到十位詩人參加，計林武憲、莫渝、利玉芳、謝碧修、林鷺、蔡榮勇、陳明克、陳秀珍、楊淇竹，和我自己，所以書名另加副標題「台灣十位詩人選集」。

原預定2017年初出版後，策劃在伊斯坦堡Bahçeşehir和Haliç兩所大學合辦台土詩歌節，不料在2月間已確定封面設計後，土耳其因預定4月舉行全國公投，政治動亂，5月又接到暹諾通知，他與總裁發生齟齬，已離職，轉任全國官商團結協會副主席，兼里澤省官商和經營者團結協會主席，擬改由兩單位出版後，在黑海辦台土詩歌節，哪知書封面都設計完稿後，暹諾又離職啦！

幾經挫折後，經暹諾同意，我才設法找美商EHGBooks微出版公司，於2018年4月出版。書雖然出版了，但本書關台土詩交流一章，只能在此章末附記，以留下遺憾的紀錄。至於暹諾以土耳其文翻譯拙詩集《黃昏時刻》（*Alacakaranlik Saati*），有幸在他與Vedat Akdamar和解，2018年又回到Artshop工作後，才在該年7月由Artshop出版土英雙語本，算是繞了一大圈，還是回到原點。

2018年11月16日

第 10 章

Movimiento Poetas del Mundo

世界詩人運動組織

2014年古巴5月文化節第3屆【島國詩篇】

時間：2014年4月30日至5月9日

地點：古巴

古巴
Cuba

台灣
Taiwan

2009年花費很大心力的台土詩歌週，計劃中輟後，頗感沮喪，蒙古方面一直期待在台灣續辦第4屆台蒙詩歌節，我因一再找不到資源，也缺乏合作對象，只好停頓，從此對國際詩交流工作沉潛有3年之久。這時也思考到人生古來70須休息，不必再逞強做逾分的工作，所以就安分守己，守在書房，閉門思過往，專注於撰寫《人生拼圖──李魁賢回憶錄》自娛。此書幸承新北市政府文化局於2013年專案出版後，感到此生已有所交代，其餘已是身外事。

　　不料，2013年10月30日突接到世界詩人運動組織（Movimiento Poetas del Mundo，簡稱PPdM）創辦人兼祕書長智利詩人路易・阿里亞斯・曼佐（Luis Arias Manzo）、PPdM古巴國務祕書邱鐸・耶洛・托雷斯（Kiuder Yero Torres），和古巴設在奧爾金的拉美之家（Casa de Iberoamérica）專員尤麗雪兒・莫蕾諾・薩蒂娃（Yuricel Moreno Zaldivar）聯名邀請函，出席2014年5月古巴文化節第3屆【島國詩篇】（La Isla en versos）詩會，為期十天，自4月30日起至5月9日，包括朗誦詩、宣讀論文、座談會、會晤出版商、探訪歷史文化古蹟，行程從首都哈瓦那（Havana），至南部西恩富戈斯（Cienfuegos），再到東南奧爾金（Holguin），經中部謝戈德阿維拉（Ciego de Avila），最後回到哈瓦那。

　　策劃古巴【島國詩篇】詩歌節的PPdM祕書長智利詩人路易，1956年出生於智利梅里皮亞市（Melipilla），17歲時，因皮諾契特（Pinochet）將軍政變上台，不得不於1973至1991年間流亡國外，最後12年居留法國。出版過三本書，即《水月》（*Agualuna*, 2002）、《千年愛》（*Mil años de Amor*, 2003）和《瞬間》（*Instantes*, 2004）。這三本書都在處理唯物主義與靈性間的矛盾。試舉《水月》二首窺其詩風之一斑：

第13首

詩人每次接觸
就因日常褻瀆而中止
或是畫家的隱喻

被例行飢餓而錯置
漫步走過周邊無人的街道，
還是那麼匆忙，
我記得她的名字，水月[1]，
詩人朋友呀，我要你的文筆，
畫家兄弟呀，我要你的畫筆，
寫出我心上人的名字
在雕花瓦片繪出她的臉 。

一時之間我哭起來
在此數世紀的時間路途上，
你指示我正確的位置，
在審慎徘徊中認不出來，
人的心靈受到焦慮打擊，
空無的頑強鬥士，
宇宙和宿命的代理人，
何處是寒冷的邊界
毫無憐憫地分割
我悲情百年的幽暗
和我戀愛中心靈的清明。

如今我在永遠追尋中迷失，
答案慢慢模糊不辨，
你繪畫時隨著浪漫畫筆的衝刺，
或書寫名字時隨著墨水醞釀，
我無意加重我的狂妄，
但誰能依賴金屬年華？
有誰比你更清楚忍受
如此無知的誹謗！

我知道你，世界的男子漢

在我晚年只有你能陪伴我。

1　水月（Aqualuna）是一種巴拿馬塔羅牌，可用以喚醒直覺。

第14首

情人水月呀，幾天前我夢見：

我們同在天然樹木叢林中

我們是一組待戰勇士，

我們為主義和神聖戰鬥，

隨即發生突襲，

我們遭遇到埋伏

全隊覆沒無一倖存，

我們受到殘暴殺害，

在我們還有時間談判前

全部已經用我們的鮮血簽署。

過了多少年多少世紀，

曆書的無數歲月，

然後引來戰爭和占領，

祖先的傳說被褻瀆，

真正的戰士迷惘了，

大屠殺加上戰亂

無名的苦難和罪行，

好像在圍剿世界，

在我名字淌血的影像序列中

我所見到的就是這一切。

熄滅多年的燈光突然亮了。
是時代所知並且受難的容貌。
他拉我的手，壓到疼痛。
他說，這是我在尋找的。
我已經找到你。
你知道，我們全部撤退，
如今我們都正在履行盟誓，
回到營火蟲森林，
我們在此焚化體膚，
但忘記燒掉魂魄。

我在回憶中醒來，情人，
在我心中火焰熊熊燃燒，
那種震撼像是被妳的眼神衝擊，
我忍不住只有望著虛線
在炙熱太陽和黑暗大地的天際。
情人，讓我在妳力挺下找到庇護，
告訴我為何眾多的黃金騎兵隊
在平原千遍萬遍不斷流淚和等待，
我的靈魂擠壓成水手結，
水月呀，吻我，我感到活起來了。

　　路易流亡法國期間，學習營建，成為建築師，2005年10月14日在智利瓦爾帕萊索（Valparaiso）創立世界詩人運動組織，此時會員已超過8,000人，遍布五大洲120餘個國家，具有相當活力的運動能量。目前擔任會長的是法國詩人阿沙納斯・凡切夫・德・薩拉西（Athanase Vantchev de Thracy），另由哥倫比亞詩人瑪姬・郭美姿・塞普薇妲（Maggy Gómez Sepúlveda）擔任副祕書長襄助，PPdM古巴國務祕書邱鐸・耶洛・托雷斯（Kiuder Yero Torres）協力，舉辦第3屆古巴【島國詩篇】詩歌節。

世界詩人運動組織除了5月在古巴舉辦【島國詩篇】詩歌節外，緊接著6月2至9日在哥倫比亞瓜希拉（La Guajira）半島舉辦第2屆海洋文學（Literatura al Mar）、8月15至18日在哥倫比亞托盧鎮（Tolú）舉辦向馬奎斯致敬的第3屆國際詩和小說季，又將在10月8至20日在智利舉辦第10屆詩人軌跡（Tras las Huellas del Poeta）國際詩歌節，預定巡迴14個城市，可見這個詩人團體運動能量驚人。

我大致摸清底細後，即回函表示接受邀請，並探詢是否可多邀請幾位台灣詩人共襄盛舉，立刻獲得熱烈歡迎，符合我戮力推動台灣進行國際詩交流活動，在國際上建立台灣意象的初衷，和進入21世紀打造台灣詩人與國際詩壇面對面溝通的志趣。於是我著手台灣與拉美詩人直接接觸的計劃，世界詩人運動組織隨即邀請我加入為會員，經查其網站，確定台灣具有獨立國家身分，我欣然參加，會員編號為8062，顯示此時會員已超過八千位。

世界詩人運動組織是運動型的全球性詩人組織，其成立志趣展示在其發表的〈共同宣言〉（Universal Manifesto），作為會員間共識的基礎，已譯成28種語文，但中文不通順，路易在信上聲明是用Google翻譯的緣故。我想既然要參加這個組織，加以重譯，責無旁貸。目前我的漢語譯本，就放在世界詩人運動組織〈共同宣言〉各種語文的首位。全文如下：

身為「世界詩人」一分子，已經到了應該為生命延續，站立起來參與、團結努力的時候了。我們是和平勇士，也是人類新階段的信使。我們是光明的詩人，光明驅使我們接受此項召喚，無論在任何情況下，我們都不會無動於衷。人類目前正生活在腐敗狀態的垂死掙扎中，詩人要扮演獨特的角色，接受新時代誕生的考驗。

這是人類存亡絕續的關鍵時刻：不願繼續沿懸崖峭壁小徑走向滅亡，便該操舵認清方向，端賴集體努力衝破困境，以求永存之道。

自從遠古時代起，人類就是攜手與環境共存，確保生命延續不斷。弔詭的是，人類又同時貪求無饜，強取豪奪，致使整個地球敗壞到極限，物種存活正面臨危機。於今，若人類不改弦易轍，後代子孫會有堅定理由譴責我們。

另方面，同此脈絡，人類始終需索無度，不但地球的物質資源耗於成長和維生，人力資源亦然，被驅使進行人間的無情競爭，構成我們當中的主要驅動力。甚至達到互相殘殺地步，只為求生存，或不過是剛愎自用，自恃能耐。我們一邊敗壞地球生命體系，過度浪費物力和人力資源，一邊製造大量破壞性武器，造成瞬間毀滅人類的威脅。政經權力的稱霸，始終集中在同一批人手裡；這是今日我們公認的帝國統治形態。

固然並非事事都負面，唯當前道德淪喪，倫理乖違，政治腐敗引起戰爭，經濟脫序造成歷史上的勞工陣痛，就像女人分娩，類似一個階段結束，另一階段誕生。

我們的信念如下：

面對傾向獨裁控制的情境，導致我們人類社會不可避免走向自我毀滅，並且發生野蠻行為。有鑑於新時代在望，我們「世界詩人」採取一方面抗議，另方面建設新曙光，引導我們尋求堅決解放。

「世界詩人」（並不是所有詩人），也唯有「世界詩人」（因為不是所有世界上的詩人）願意說：不是我，「是我們」。只有願意放棄害人的「自我」，彼此以「平等」相待的人，才是全球集體行列的一分子，我們視藝術是為人類服務。

身為詩人不但要寫出美妙詩篇，更要身體力行，意即不僅是有所感，而且要天天力求實踐，無時無刻，始終不易，同時定心思考，由衷感受。

身為「世界詩人」任重道遠。身為「世界詩人」承擔本宣言最基本要素，承擔保衛生命、愛、多樣性、自由，甚至能夠「為生命」犧牲生命，儘管我愛我的生命。我們所謂「足夠」，是「足夠」愚笨；我們受夠「自我」，因為無論對群體成長或個人成長，都無補於事，我們把詩藝置於為人性實存服務的位階。

身為「世界詩人」要立志成為勇士，馳騁於人性實存的平原，自時間漫漫長夜以來，即為詩人所當為。詩人追求生活完美和進化，努力以赴，揹起行囊，迎向將會遭遇到的實存條件。基於此等理由，我

們面對日日假借自由之名所犯罪行，不甘默爾而息。我們要揚聲放射光芒，讓懦夫顫慄，我們要化文字為最佳武器，透過歷史的縱橫座標留下刺客聲望。

我們承認「世界詩人」對數世紀的人類成長貢獻卓著，聲名已鐫刻在百年普世史冊上和人類集體記憶裡。我們也承認匿名詩人行過地球，履行穿越時代的傳奇使命。我們深信其貢獻在當時，甚至到今日，我們站在人類新階段的門檻此刻，仍有其價值。但我們21世紀詩人不願沉湎於過去，而是更加凝視現在，展望未來。身為世紀詩人，我們要戮力創作，發揮想像力，找尋答案和詮釋，「今日」人類肆意從事明顯破壞和倒退的行為，正是我們此時此刻所面臨危機。

我們「世界詩人」宣告，彼此一律平等。無論是夙著盛譽或鮮為人知、成名沒沒無聞、富有或貧窮、黑人或白人、混血或黃種人、只要我們站在生命這一邊，就要握緊刀劍，對戕害生命的敵人戰鬥，在拒馬前並肩作戰，保衛「正義」（全體同一正義）、「平等」（對地球住民一視同仁）、「自由」（真正的自由，不是人造）、和「人權」，和平共存共榮。

「世界詩人」茲宣告，凡是找得到打擊邪惡舞台的任何場所，都是大殿堂，不然就是可悲的都市洞窟，地球人作息的大草地，或是礦工流血流汗的坑底。要敦親睦鄰，聽其言如像甘霖滋潤大地，傳遞優美景象，有如人類面前的花卉。詩人是引導勇士的光，正如黑夜裡的沙丘。

「世界詩人」茲宣告，我們本身是和平主義者，既不懦弱，也不消極，更非好戰之士，唯無論態度或姿勢，絕非天真。我們本質上重感情，為求藝術表現，費盡心血寫作。我們沉醉於創作魅力，已臻藝術創作暈頭轉向的極限。此項藝術創作始終有一集合目標：「試圖改善生命」，我們個別的生命以及集體的生命。我們是和平主義者，追求「普天之下」的和平，但「和平」得之不易，必須辛苦力爭。這是我們要自許勇士的道理。而若無「正義」，即無「和平」可言。只有首先實現正義，才有可能帶來和平，否則就像目前一樣，統治形態與

「墓地」裡的「和平」無異。

身為「世界詩人」，必須不斷力求上進，增加多樣性，也接受多樣性，正如我們接受存在的複雜性。在「世界詩人」隊伍中，始終有戰鬥的空間，無論信者或不信者、無神論者或宗教信徒、立場對或錯，始終站在生命這一邊；無論異性戀、雙性戀或同性戀，只要是崇高愛情的戀人；無論現代勇士或古代勇士，始終捍衛「善良」的鬥士。大鍊條會結合世界，環環相扣，由詩人打造，在時代曙光初露起就已發生的抗爭中，傳遞希望和笑聲。

人都有卸責給他人的傾向，我們的挑戰是，每一位都為自己的本質和方向感負責，不假他人來掩飾失敗和錯誤。我們的希望在於藉文字提升自己，亮起各人心中的動詞，詠出詩的高峰，在心靈寧靜之夜，保護自然的子宮。身為早晨的千里眼，我們每人都能以愛，透過文字提升心靈。詩屬於世界，使我們自己受惠。

世界詩人
參加戰鬥支援人性實存！
自動團結使生命永續發展！

路易·阿里亞斯·曼佐（Luis Arias Manzo）

創辦人-祕書長

此〈共同宣言〉相當令人動容，因為字裡行間充滿知識分子詩人「以天下為己任」的使命感，不像一些自命超凡入聖的名詩人，那種似乎不食人間煙火，其實都有賴人民供養的異端。〈共同宣言〉的理念與我相合，自然感到在國際詩壇上有了可以攜手合作的對象。

不久，2014年1月16日，路易傳來委我為世界詩人運動組織駐台灣大使（Ambassador–Taiwan）的任命狀，此項大使任務的職責計有：

1. 在缺國務祕書情況下，正式代表貴國，並確保本組織運動一貫性。

2. 發送貴國所發生文學活動，特別是「世界詩人」（按：指世界詩人運動組織）會員一般所關心的詩活動相關事務，報告給本組織全球執行理事會（按：成員包括會長、祕書長、副祕書長、六位副會長、六位大陸區助理祕書長）。

3. 普遍實際支援國務祕書和理事，從事活動、促進聯繫、開放門戶等等……。

4. 推薦任命新的領事，並請其與國務祕書協調。

5. 提名詩人參加為「世界詩人」會員。

6. 支持傳布「世界詩人」會員作品。

為了履行大使職責，更重要是壯大台灣詩人在世界詩人運動組織中的分量，以便在出席古巴國際詩歌節中突顯地位，我發出數十封邀請函，附上〈共同宣言〉請台灣詩人共同參與，以壯聲色，立刻獲得許多詩人響應，紛紛經我介紹加入世界詩人運動組織。世界詩人運動組織網站（http://poetasdelmundo.com/）即在亞洲國家區內設台灣詩人網頁（http://poetasdelmundo.com/asia.php?id=97），以及已經加入為會員的台灣詩人個人網頁。

到2018年此刻執筆為止，陸續參加的台灣詩人會員共有60位，依參加順序名單為：李魁賢、莊金國、林佛兒、李若鶯、謝碧修、林鷺、蔡榮勇、方耀乾、莫渝、非馬、陳銘堯、鴻鴻、黃騰輝、賴欣、張德本、顏雪花、解昆樺、張芳慈、李敏勇、陳慕真、鍾雲如、林央敏、陳寧貴、岩上、林葦芸、謝三進、楊淇竹、陳秀珍、喬林、鄭烱明、葉衽榤、利玉芳、陳坤崙、涂妙沂、林盛彬、吳俊賢、陳秋白、陳明克、胡長松、鄭美蓉、楊風、顧蕙倩、陳金順、李昌憲、張月環、郭成義、張信吉、黃仕宜、林蔚穎、王韶君、包德樂、許世賢、趙天儀、何信翰、王羅密多、張貴松、林武憲、雨弦、陳秀枝、簡瑞玲。為亞洲區參加人數最多的國家，使世界詩人運動組織對台灣刮目相看。甚至有中國20位、印度7位、馬來西亞、緬甸、菲律賓、新加坡的詩人，透過我介紹加入組織。

世界詩人運動組織是服膺人道的國際詩人團體，不與任何政府、政治或

宗教結合，經濟上完全獨立，不依賴捐助，由部分詩人藉編輯詩選和開發事務支應，只要認同該組織的詩人均歡迎參加為會員，會員無任何義務，也不須繳任何費用，但有參與活動的權利，作品可在組織網站上擁有個人專屬網頁。因會員人數眾多，已建立龐大組織系統，到現在執筆為止，已涵蓋130多個國家，會員9,500位。茲根據資料整理出組織架構大致如下：

1. 全球執行理事會：

會長：阿沙納斯・凡切夫・德・薩拉西（Athanase Vantchev de Thracy），會址在法國

祕書長：路易・阿里亞斯・曼佐（Luis Arias Manzo），總部設在智利

副祕書長：瑪姬・郭美姿・塞普薇妲（Maggy Gómez Sepúlveda），駐在哥倫比亞

副會長：

奈及利亞：Ayo Ayoola-Amale（非洲）

突尼西亞：Youssef Rzouga（阿拉伯國家）

古巴：Pierre Bernet Ferrand（美洲）

2016年改為薩爾瓦多Oscar Benítez（美洲）

塞爾維亞：Duska Vrhovac（歐洲）

澳洲：Lucina Medina de Barry（大洋洲）

台灣：李魁賢（亞洲）

助理祕書長：

摩洛哥：Aziza Rahmouni（阿拉伯國家）

印度：Sonnet Mondal（亞洲）

巴西：Branca Tirollo（美洲）

法國：Patrick Duque-Estrada（歐洲）

2. 擴大執行部門：

由洲務祕書、國務祕書（每國限一位）和大使（每國限一位）組成世界擴大執行管理部門。會員眾多的國家另在都市設領事，使節可機動任免。

今已設洲務祕書的有：

非洲：Justo Bolekia Boleka（赤道幾內亞）

駐聯合國親善大使：Sarah Carrere Mbodj（塞內加爾）

美洲榮譽大使：Thiago de Mello（巴西）

歐洲文化大使：Diva Pavesi（法國）

本部榮譽大使：Nicanor Parra Sandoval（智利）

今已設國務祕書的有：

迦納：Rashid Pelpuo

盧安達：Alphonse Pacifique Hitimana

摩洛哥：Abdelmajid Benjelloun

卡達：Ali Al-Dimshawy

阿根廷：Leonor Escardo

玻利維亞：Patricia Collazos Bascope

巴西：Fabio Ramos

智利：David Altamirano Hernández

哥倫比亞：Hernando Ardila González

古巴：Kiuder Yero Torres

厄瓜多爾：José Bucheli

祕魯：Feliciano Mejía Hidalgo

薩爾瓦多：Fredy Ramón Pacheco

尼加拉瓜：Jimmy Javier Obando

烏拉圭：Gerardo Paz Delgado

委內瑞拉：Rodolfo Sequera Antique

委內瑞拉：Armando López（國務祕書助理）

西班牙：Xuanxo Bardibia Garçelya

瑞典：Candida Pedersen

烏克蘭：Viktoria Roitenburd Belacortu

澳洲：Beatriz Copello

已設大使的有：

【非洲】

安哥拉：Antonio Gonçalves

維德角共和國：Joao Pereira Correia Furtado

喀麥隆：Gervais de Collins Noumsi Bouopda

塞內加爾：Alioune Badara Coulibaly

塔瑪札哈：Ali Khadaoui

突尼西亞：Youssef Rzouga

【阿拉伯國家】

沙烏地阿拉伯：Mohammed Harbi

阿爾及利亞：Nouara Lahrash

巴林：Ahmed Alajmi

埃及：Ahmed Shablool

伊拉克：Basim Furat

約旦：Hassine Jelaad

庫德斯坦：Orkesh Brahim

科威特：Saadiah Mufarreh

黎巴嫩：Sabah Zwain

利比亞：Khouloud Al-Falah

摩洛哥：Abdelouahid Bennani

阿曼：Saida Khater

巴勒斯坦：Suleiman Daghash

卡達：Muhamed al-Dheeb Al-Ajami

敘利亞：Ghalia Khoja

蘇丹：Essam Aissa Rajab

葉門：Ahmed Slamy

【亞洲】

亞美尼亞：Babken Simonyan

印度：Ram Krishna Singh

中國：張智

伊朗：Najmeh Shobeyri

日本：Kae Morii（森井香衣）

哈薩克：Tolegen Mukhamejanov

台灣：李魁賢

土耳其：Ayten Mutlu

【美洲】

阿根廷：Marcela Predieri

玻利維亞：Francisco Azuela

巴西：Thiago de Mello

加拿大：Jorge Etcheverry

智利：Héctor Vega

巴塔哥尼亞（阿根廷和智利南部）：Jaime Yanes Guzmán（智利）

馬普切國：María Huenuñir Antihuala（智利）

哥倫比亞：Fernando Soto Aparicio

瓜希拉：Delia Bolaños Ipuana（哥倫比亞）

哥斯大黎加：Paola Valverde Alier

古巴：Lina de Feria

厄瓜多爾：Simón Zavala Guzmán

薩爾瓦多：André Cruchaga

美國：Rei Berroa

海地：Margaret Mitchell Armand

宏都拉斯：Luis Méndez Torres

墨西哥：Isabel Cristina Murrieta López

委內瑞拉：Siboney del Rey

【歐洲】

阿爾巴尼亞：Jeton Kelmendi

德國：José Pablo Quevedo

波斯尼亞－黑塞哥維那：Sabahudin Hadzialić

保加利亞：Violeta Boncheva

克羅埃西亞：Vinko Kalinić

丹麥：Daniel Martini

愛沙尼亞：Jüri Talvet

芬蘭：Anni Sumari

法國：Marc Galan

格魯吉亞：Paata Natsvlishvili

希臘：Dimitris P. Kraniotis

冰島：Hrafn Andres Hardarson

義大利：Giuseppe Napolitano

立陶宛：Erika Drungytė

馬其頓：Ljubomir Mihajlovski

馬爾他：Lida Sherafatmand

蒙特內哥羅：Bećir Vuković

挪威：Adam Donaldson Powell

波蘭：Marta Cywinska

葡萄牙：Alexa Wolf

羅馬尼亞：Simona Dancila

俄羅斯：Sofía Faddeeva Sknarina

瑞士：Samira Begman

【大洋洲】

澳洲：Antonio Aza

2014年5月出席古巴第3屆【島國詩篇】詩歌節（詳見第11章）時，我大膽向世界詩人運動組織祕書長路易提出亞洲區，或不如說是為台灣，近期可列入活動的兩項計劃：其一是到2015年，世界詩人運動組織即將創立十週年，希望能到亞洲舉辦慶祝活動，走出歷年主要局限在拉丁美洲運動的困境，當然為方便起見，在亞洲週年慶活動地點以台灣為首選；其二擬議編譯《兩半球詩路》（*Poetry Road Between Two Hemispheres*），以漢英西三語印

製，我負責選20位台灣詩人作品，由路易祕書長負責選20位拉美詩人，每位詩人選詩數首，合計70行以內，占兩頁，三種語言，再加大頭照和簡介，每位詩人占6頁篇幅，全書共240頁，由PPdM出版發行全世界，特別是西語系國家，這是台灣詩人透過拉丁美洲詩人橋梁進入西語系國家的良好管道。以上兩案都獲得路易贊成和支持，我回國後，開始思考找詩歌節合作對象，並列出詩人名單，進行邀稿。

5月出席古巴第3屆【島國詩篇】詩歌節回國後，9月間我進一步被任命為負責亞洲區的副會長，全力發展亞洲組織。這副會長的任務，根據職掌劃分內登載，包括：

1. 協調其所處世界大陸或地區的工作。
2. 代表在其陸地本體內的活動。
3. 確保在該大陸或地區運動的一貫性。
4. 協助本會會長和祕書長完成任務。
5. 建議執行結構和外交使團運作所需的任命。

為了當面說明清楚，同時交換編譯細節起見，我決定應邀再度組團，出席世界詩人運動組織2014年10月在智利舉辦的第10屆【詩人軌跡】（Tras las Huellas del Poeta）詩會（詳見第12章），經確認彼此瞭解無誤，以及編譯方面職權範圍，和分擔費用等，回國後決定與台南市政府文化局合作，舉辦2015台南福爾摩莎國際詩歌節（詳見第14章）。

至於第二項計劃《兩半球詩路》，我很快就編好20位台灣詩人作品，傳給路易處理西譯，然而路易應該提供的20位拉美詩人（後來不限拉美詩人）及其作品，則似乎不很順利，頗費時間，只能斷斷續續傳給我漢譯，所以書一直延到2015年7月才由路易經營的頓呼出版社（Apostrophes Ediciones）出版。路易帶著一箱書，繞道巴黎探望女兒，9月再帶到台南出席福爾摩莎國際詩歌節，把書呈現在大家見面前。此書收入詩人名單為：

台灣：黃騰輝、李魁賢、岩上、林佛兒、喬林、李敏勇、陳銘堯、鄭

烟明、顏雪花、利玉芳、張德本、陳坤崙、吳俊賢、林鷺、陳明克、林盛彬、方耀乾、林弦（陳秀珍）、陳秋白、胡長松。

外國：阿根廷 Amanda del Carmen Tomalino

阿根廷 Avelino Domínguez

阿根廷 Lidia Inés Palacios

比利時 Ghislaine Renard

巴西 Alexandra Vieira de Almeida

巴西 José Hilton Rose

巴西 Luiz Otávio Oliani

智利 Boris Durandeau Stegmann

智利 Jorge Claudio Mussiett Canales

智利 Luis Arias Manzo

哥倫比亞 Luz Elena Sepúlveda

哥倫比亞 Maggy Gómez Sepúlveda

古巴 Alberto Peraza Ceballos

英國 Tim Cloudsley

墨西哥 José Martín Hurtado Gálvez

墨西哥 Margarita Garcia Zenteno

奈及利亞 Ayo Ayoola-Amale

祕魯 Carlos Sanchez Vega

波多黎各 Ilsa E. Garcia Gonzalez

西班牙 Luís Ángel Marín Ibáñez

西班牙 Soledad Benages Amorós

我在《兩半球詩路》內自選三首詩，即〈達里奧的天空〉（參見第7章）和〈切格瓦拉在古巴〉（參見第11章），選用這兩首詩的考量是，要與拉美讀者搏感情，以書寫拉美的詩應比較容易與拉美人拉近距離，產生共鳴，同時表達台灣詩人也在關懷拉美的社會現實。第三首詩則選〈不同的自由〉（選自拙詩集《台灣意象集》，秀威，2010年），顯示普世「和而不

同」的自由真諦，也是詩人真實的內心世界：

> 公園裡
> 鳥在隔著步道的樹上
> 唱著不同的曲調
> 一隻飛過來一隻飛過去
> 採取不同的姿勢
> 兩隻同飛時
> 一隻飛向東一隻飛向西
> 選擇不同的方向
> 兩隻飛向同樹時
> 一隻棲上枝一隻棲下枝
> 停在不同的高度
> 因為自由自在而顯得孤單呢
> 還是孤單才能自由自在

　　《兩半球詩路》的出版相當引起注目，一來這是台灣詩人首度集體闖入拉丁美洲書肆，對當地讀者而言，具有異質的台灣詩作，會有某種程度的吸引力，二來另一半作品涵蓋美、歐、非三大洲12國的詩人聲音，正好也有參照意味。我見機不可失，趁勢再向路易提出續編第二集的構想，因為我覺得台灣詩人只選20位，陣容還不夠壯大，而且仍有許多應該可以在外國詩壇露面的詩人，還未選入，何況以一半篇幅被台灣詩人所占的國際詩選，史無前例，其隱喻實不言可喻。我們有過第一集的合作共識和經驗，已經駕輕就熟，就按部就班推動，原則上是選輯對象不重複，但路易說我們兩位共同編輯例外，因為不得不共同就範。

　　我同樣獲得台灣詩人朋友的支持，很順利集稿完成，送給路易，但路易也同樣又遭遇到意外，說是譯者身體頻頻出狀況，無法穩定進行翻譯工作，所以一曝十寒，才勉強完成任務，得以在2017年10月同樣由頓呼出版社出版。此第二集收入詩人名單為：

台灣：趙天儀、非馬、李魁賢、賴欣、林武憲、林蔚穎、莫渝、雨弦、郭成義、王羅蜜多、謝碧修、李昌憲、蔡榮勇、鍾雲如、謝振宗、許世賢、張信吉、張貴松、楊淇竹、凃妙沂、張月環。

外國：阿根廷 Laura Casamayor

　　　阿根廷 Nora Patricia Lizarraga Reguera

　　　玻利維亞 Pilar Pedraza Pérez del Castillo

　　　巴西 Carmen Lucia Hussein

　　　巴西 José Hilton Rosa

　　　智利 Atilio Laurence Almagia

　　　智利 Guacolda Cofre

　　　智利 Luis Arias Manzo

　　　哥倫比亞 Hernando Ardila González

　　　哥倫比亞 Maria Eugenia Campo Silva

　　　哥倫比亞 Susana Jimenez Palmera

　　　哥斯大黎加 Alexander Anchía Vindas

　　　古巴 Marleny Londres Cobas

　　　厄瓜多 Andrés Rivadeneira Toledo

　　　法國 Alain Sancerni

　　　法國 Athanase Vantchev de Thracy

　　　墨西哥 Arcelia Cruces de Aizpuru

　　　墨西哥 Marizela Rios Toledo

　　　墨西哥 Soledad Tobar Saenz

　　　突尼西亞 Khédija Gadhoum

　　《兩半球詩路》第二集的新書雖然在出版後，作者贈書很快就寄到台灣詩人手上，但正式新書發表會，延到2018年10月21日才找到良機，那天在智利黑島的聶魯達紀念館會議廳，由世界詩人運動組織創辦人兼祕書長路易，和亞洲副會長李魁賢，兩位共同編輯共同主持，加上美洲副會長歐斯卡·

貝尼帖茲（Oscar Benítez）擔任現場口譯，這個新書發表會的時點安排，實在有夠壯觀。新書發表會的兩本紀念書，由我分別贈送給阿根廷Susana Goldemberg和入選詩人墨西哥Arcelia Cruces de Aizpuru，讓我贏得兩位資深女詩人出聲的吻頰答謝。

《兩半球詩路》第二集我自選三首詩如下，都是多年來在國際詩歌節場合，常念與各國詩人分享的作品：

島嶼台灣

你從白緞的波浪中
以海島呈現

黑髮的密林
飄盪著縈懷的思念
潔白細柔的沙灘
留有無數貝殼的吻

從空中鳥瞰
被你呈現肌理的美吸引
急切降落到你身上

你是太平洋上的
美人魚
我永恆故鄉的座標

鸚鵡

「主人對我好！」
主人只教我這一句話

「主人對我好！」
我從早到晚學會了這一句話

遇到客人來的時候
我就大聲說：
「主人對我好！」

主人高興了
給我好吃好喝
客人也很高興
稱讚我乖巧

主人有時也會
得意地對我說：
「有什麼話你儘管說。」

我還是重複著：
「主人對我好！」

輸血

鮮血從我體內抽出
輸入別人的血管裡
成為融洽的血液

我的血開始在別人身上流動
在不知名的別人身上
在不知名的地方

和鮮花一樣
開在隱祕的山坡上
在我心中綻放不可言喻的美

在不知名的地方
也有大規模的輸血
從集體傷亡者的身上

輸血給沒有生機的土地
沒有太陽照耀的地方
徒然染紅了殘缺的地圖

從亞洲　中東　非洲到中南美
一滴迸濺的血跡
就是一頁隨風飄零的花瓣

　　世界詩人運動組織祕書長路易年輕時即參加社會改革運動，與當時極右派政府和御用企業家敵對，養成堅持信守社會主義立場。所以，世界詩人運動組織雖不斷舉辦活動，卻從不向政府和企業界伸手請求支援，欲自力更生實在不易，經營頓呼出版社為詩人出版詩集，也不一定有正面收益。我看到他也盡力在出點子出書，例如他每年編印《詩曆》，命名為《備忘錄》（Agenda），新25開本，一天一頁，每頁右半印當天生日的詩人照片、簡介和一首詩，左半空白分上午、下午、晚上、日記四段，可供記載。凡參加的詩人，在自己生日那一天，就可在此詩曆上遇見自己。這是非常有創意，又具備詩味的筆記簿，我代為招呼幾位台灣詩人參加過。

　　路易對淡水福爾摩莎國際詩歌節舉辦規模和成效，極為欣賞稱讚，或許也受到激勵，除固守拉丁美洲活動空間外，開始要策劃往歐洲和非洲發展，希望他能開拓出更寬廣的領域。

2018年11月17日

第 11 章

La Isla en Versos in Cuba

古巴島國詩篇

2014年古巴5月文化節第3屆【島國詩篇】

時間：2014年4月30日至5月9日

地點：古巴

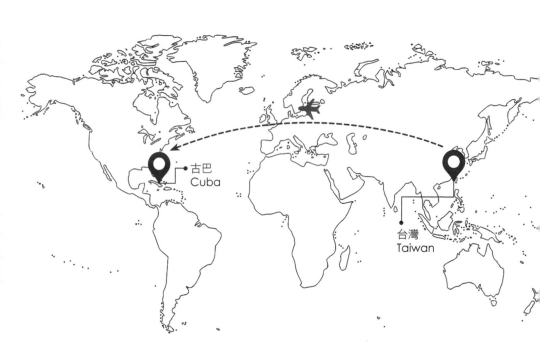

古巴
Cuba

台灣
Taiwan

2014年古巴第3屆【島國詩篇】詩歌節，仍然一如往年，容納在古巴5月文化節的整體活動內，這項活動由拉美之家主催，與赫爾曼諾斯‧賽茲協會（Asociación Hermanos Saíz）以及古巴國家作家藝術家聯盟（Unión Nacional de Escritores y Artistas de Cuba，簡稱UNEAC）合辦。所以，古巴詩歌節雖是由世界詩人運動組織策劃，而正式邀請函則由政府單位的拉美之家發出。拉美之家目前由尤麗雪兒‧莫蕾諾‧薩蒂娃（Yuricel Moreno Zaldivar）專員負責。

古巴詩歌節選在5月舉辦，因為這是古巴光輝的月份。5月1日是國際勞動節，各地勞工代表聚集在首都哈瓦那革命廣場，從古巴獨立之父荷瑟‧馬蒂（José Martí, 1853-1895）巨大雕像前出發，每年有百萬人參加，是古巴最盛大的群眾遊行，成為古巴國際觀光旅遊活動的起點。5月19日是馬蒂成仁殉難日。來自各國參加2014年古巴詩歌節的詩人，亦將出席5月1日在馬蒂廣場的聚會，揭開為期10天【島國詩篇】詩歌節活動的序幕。

經查拉美之家是為慶祝哥倫布發現古巴500週年，於1993年由當時文化部長阿曼鐸‧哈特‧達瓦洛斯（Armando Hart Davalos）發起成立，旨在保存古巴傳統藝術文化、發展古巴與其他拉美國家關係、加強拉美歷史文化研究，以社會文化思惟，提升平民文化。每年舉辦拉美文化節，整合理論、藝術、社區、社會文化活動，促進對話、交流和團結。古巴文化節每年主題有不同的面向，2014年第21屆文化節以世界青年藝術家嘉年華（Festival Mundial de Juventudes Artísticas）為重點，加上街頭舞蹈表演和說唱音樂，展現古巴民俗文化藝術的年輕與活力。

赫爾曼諾斯‧賽茲協會是古巴政府資助的古巴特色嘻哈音樂（hip hop）街頭飆舞拚鬥的創發機構，由一群年齡限35歲以下的年輕作家、藝術家、知識分子和贊助者，於1986年創立，旨在鼓吹藝術和文學創作，任務在推展與平民生活相關的革新青年文化運動。20多年來扮演藝文生產與文化體系機構間的界面角色，設立文學獎、協助出版著作，舉辦美術展覽、音樂會、旅遊、交流活動，參與5月文化節也是其重頭戲之一。

古巴國家作家藝術家聯盟是1961年由古巴詩人尼古拉‧紀廉（Nicolás Guillén, 1902-1989）結合作家、音樂家、演員、畫家、雕塑家，和不

同類別的藝術家組成。我在1969年即譯過紀廉的詩，他出生於卡瑪圭（Camagüey），畢業於哈瓦那大學法律系，以雜誌記者身分參加西班牙內戰，然後居留巴黎多年，1960年回到古巴，大力推展拉美文學自主性運動。現任會長是米蓋爾‧巴尼特（Miguel-Barnet Lanza），詩、小說、散文，多管齊下，本身也是聯盟創始人。

按照我應邀參加國際詩歌節慣例，事前會先確定對方就台灣國家主權的肯定和接受，以及對台灣的政治態度和立場，以決定取捨，免得臨時發生無謂的困擾。所以，我依例探詢世界詩人運動組織的意見，很快獲回信堅決表示充分瞭解台灣是獨立國家，不會與其他國家混淆，而且古巴與台灣之間不會有任何政治顧慮，歷年在古巴舉辦詩會，有來自不同屬性國家的詩人出席，從未受到政治干擾。其實從世界詩人運動組織網站把台灣列為國家獨立網頁，已可理解到其在〈共同宣言〉中所揭櫫普世平等價值的堅持和實踐。

為確定台灣詩人出席身分和尊榮，我要求發個別邀請函給林佛兒、莊金國、李若鶯、謝碧修、林鷺、蔡榮勇、方耀乾，和我，古巴官方主辦單位拉美之家，也立即寄來5月文化節理事會主席亞歷士‧特立安納‧赫南德茲（Alexis Triana Hernández）簽署的正式函件。我進一步確認詩歌節10天活動行程，又查知古巴氣候與台灣類似，屬亞熱帶海洋性氣候，不尚冠冕堂皇衣裝，一般穿著輕便，且因詩人聚會，不重繁文縟節，力求自適自如，一切隨遇而安。

援引參加印度和蒙古詩歌節前例，我將此次參加2014年第3屆古巴【島國詩篇】詩歌節的8位台灣詩人，已貼在世界詩人運動組織網站的作品各5首，共40首，輯印成漢英雙語《台灣島國詩篇》（*Verses in Taiwan Island*）一冊，刻意與大會主題【島國詩篇】（La Isla en Versos）對稱，以期相互呼應，求取與會各國詩人的深刻印象和感同身受。原先計劃是採取漢英西三語的首創方式，也委託一位據說有西譯台詩經驗的外交單位人員處理，結果到截止日未依約進行，只好緊急聯絡古巴拉美之家協助，有賴雅娣‧裴瑞茲‧盧格（Yáite Pérez Luque）幫忙在短期內完成，使我們在古巴的六場詩朗誦會，因西班牙譯本之助，與古巴和西語系國家的詩人，達成更深心領神會，可惜倉促間來不及印在書本上。

我自己選入《台灣島國詩篇》的5首詩，除後來編入《兩半球詩路》內的〈台灣島嶼〉、〈鸚鵡〉和〈輸血〉三首（參見第10章）外，就是〈在格瑞納達〉（參見第7章）和〈給妳寫一首詩〉：

　　我給妳寫一首詩
　　沒有玫瑰和夜鶯
　　在歲末寒流中
　　只有霹靂的鼓聲頻頻

　　在歲末寒流中
　　我給妳寫一首詩
　　看不到妳的時候
　　深深感覺到妳的存在

　　看不到妳的時候
　　思考我們存在場所的現實
　　我給妳寫一首詩
　　信守我們的承諾

　　信守我們的承諾
　　期待愛的世紀來臨
　　在禁錮的鐵窗裡
　　我給妳寫一首詩

　　當初接受邀請參加古巴【島國詩篇】詩歌節，多少抱有探險的心情，一方面對長期與台灣斷絕往來，甚至形同陌路的古巴政治與社會生態，想身歷其境一探究竟，另方面期望把台灣文學訊息和台灣詩人心聲，傳播到可能毫無所聞的陌生地。等到決定成行，安排航程時，才發現不但台灣的旅行社，甚至與古巴通航的外國航空公司在台分公司或代理，對如何進入古巴的規定

莫衷一是。雖然弄清楚古巴沒有簽證制度，是為掩護前往古巴的美國人免受美國政府刁難，採取以旅遊卡代替簽證的全球獨特設計，但如何申辦旅遊卡，卻問不出明確答案，也有傳說除旅遊卡外，另須購買保險或至少醫療保險，至於是由台灣或古巴出具保險證明，也各有說辭。最後不得已，我還是求助拉美之家，請其修改邀請書，加註在古巴詩歌節期間的生活保證，並請其行文哈瓦那海關，給予應邀貴賓通關方便。

安排航班時，由於長榮和中華航空都未與古巴通航，經由他國飛機進入古巴須至少停兩站，有的航空公司遇載客量不到預定比率時，有停飛紀錄。去過古巴的自助旅行客，在網路上貼文大都建議加拿大航空，可是到達哈瓦那時間太晚，趕不上大會歡迎晚宴，若搭歐洲班機，繞遠途既費時，費用又貴，斟酌再三，決定搭巴拿馬航空，可在中午抵達。然而，搭巴拿馬航空須過境美國，而美國一向對過境旅客採取入關再出關的「不方便」措施，除了訂機位時不得不安排多留一些浪費在轉機通關的時間外，也鄭重要求同夥勿帶大型行李，一律攜帶隨身行李上機，以節省領取託運行李的時間，避免耽誤行程。

台灣詩人既然以團體方式參加古巴詩歌節，理應有組織形態的分工，以免散漫或步調凌亂，因此我按照構想設定如下任務編組，獲大家同意：

發言人：方耀乾，除對方指名找我外，對外由方耀乾代表發言，包括
　　　　參加記者招待會或接受當地記者採訪，以及座談會發言等。
聯絡組：林鷺，司聯絡交涉事宜，大會期間議程、集合時間地點確認等。
採訪組：林佛兒、莊金國，司活動攝影、記事、報導、資料收集等。
編輯組：李若鶯、謝碧修、蔡榮勇、方耀乾，負責回國後在各自編輯
　　　　雜誌《鹽分地帶文學》、《笠》、《滿天星》、《台文戰
　　　　線》策劃專輯，以顯示國際詩交流成果。
服務組：李魁賢，行前行後一概雜事處理。

一切準備就緒，4月29日搭上長榮半夜飛機，飛到美國洛杉磯，巴拿馬航空派人在空橋接轉機客人，發快速通關紙條，帶往特別關口，客人才數十

人，與旁邊通常驗關幾百人的排隊長龍，形成很大對比。儘管如此，經過繁瑣通關，再從第二航站轉到第五航站，趕上出關隊伍，再脫衣脫鞋、掏空全身檢查，已臨登機時刻。若非在桃園就領到兩段航程登機證、帶隨身上機行李，又加上快速通關服務，預留三小時的轉機時間絕對不夠用，我跑過50餘個國家，未見過像美國機場如此「整人為樂」的無效率作為。

原以為在巴拿馬機場購旅遊卡可能須排隊驗證，費不少時間，結果是在一個服務櫃台付20美元，領到一張兩聯紙，一手交錢一手交貨，不看護照，不對人頭，比買一杯咖啡還要簡單。自填姓名、護照號碼，等於自行簽證，在哈瓦那機場進關時，關員撕去一聯，離開古巴時，再繳一筆25古巴可轉換比索的出境稅（約29美元；外國人限用可轉換比索，類似中國外匯券，1CUC只換到0.8美元，但可換到24古巴比索），另一聯被收走，進古巴的紀錄不在護照上留任何痕跡。古巴進關的方便簡捷與美國強人所難繁雜，落差很大，對極權與自由國度的根深柢固刻板印象，立即被顛倒翻轉。

4月30日走出哈瓦那國際機場，是以荷瑟·馬蒂（José Martí）為名（他是古巴1895年推翻西班牙殖民統治的首波獨立戰爭中，壯烈成仁的詩人），而不以獨裁統治古巴半世紀（1959-2008）的費多·卡斯楚（Fidel Castro）稱之，我對乍見的古巴印象無形中又加分。

披著世界詩人運動組織旗幟的祕書長路易迎面來接，拉美式的大擁抱，他帶來地主國古巴詩人邱鐸、與會的旅美古巴女詩人馬格達·柯勞（Magda Kraw）、墨西哥女詩人克拉雅·德爾·卡門·紀廉（Clara del Carmen Guillén），以及三位剛到達的祕魯詩人諾里·門多薩·塞維拉（Nori Mendoza Sevilla）、卡羅斯·桑傑士·維嘉（Carlos Sanchez Vega）和安傑爾·埃德加多·齊里諾斯·拉萬達（Angel Edgardo Chirinos Lavander），以大陣仗歡迎台灣詩人，在機場外的大草坪上先行大合照，然後以專車送到住宿的鬱金香（Tulipán）旅館，為我們一一介紹先到達還在大廳等候進房的各國詩人。

鬱金香旅館稍嫌簡陋，由五棟四層樓房連棟組成，連棟間以室外樓梯相連，圍成長方形中庭，只有大廳和對立長側中間有電梯，如果不嫌麻煩，就走樓梯，但若提行李就得靠耐力。這旅館似青年旅館，以背包客為主，因靠

近五一大遊行的革命廣場，算是首選位址。等候進房登記，唯一的櫃台服務員抄護照、查電腦上的空房紀錄、找鑰匙，慢吞吞的動作，看似從容，客人不免等得心焦，我發現事先傳給大會的台灣詩人團體名單，姓名、護照號碼、住址、聯絡電話號碼，一應俱全，卻沒有受用，徒然浪費時間，因為只按習慣作業，不顧效率，結果等了約兩小時才拿到鑰匙。

大會宣布預定晚上7點鐘的歡迎晚宴，延到8點。我因參加過薩爾瓦多和尼加拉瓜的國際詩歌節，也多次去西班牙旅行過，深知西語系人民閒適的處世態度，不以為意。以後整個古巴詩歌節也大都不嚴格準時，只有坦然處之。

晚宴設在離旅館步行約20分鐘的安靜住宅區，一條小巷內的花園餐廳，家庭式經營，服務員都是自家人，所以倍感親切。其實那小巷也是餐廳的一部分，餐桌安排在內部庭院，外部種植花木，留花徑通道，形同小巷。庭院周邊花木扶疏，頭頂上花棚有藤蔓花蕾蔽蔭，燈光似暗似明，營造氣氛，四方餐桌和餐椅都是鐵製，重到不易搬動，也就不會意外傾圮或絆倒。今晚餐廳等於大會包場，被陸續報到的11國近30位詩人占滿。

出席古巴詩歌節的詩人除台灣人數最多外，有來自阿根廷、巴西、智利、哥倫比亞、墨西哥、祕魯、西班牙、烏拉圭、美國，以及地主國古巴，大都到場。祕書長路易希望每桌有一位台灣詩人，以利交流暢談，唯顧慮大家不會西語，各國詩人又多不擅英語，經長途飛行後第一餐應放鬆心情為宜，所以，我要求讓我們自己隨意。路易同意，但要我和巴西詩人荷西·希爾頓·羅薩（Jose Hilton Rosa）、美國女詩人柯勞，與他同坐主桌。

會場利用樹幹掛上PPdM會旗。路易先致歡迎詞，特別表示歡迎遠道而來的台灣詩人，會長法國詩人薩拉西未克前來，由代表美洲的副會長古巴籍皮埃·博涅特·費蘭德（Pierre Bernet Ferrand）致詞，主要在詮釋「世界詩人」的概念，以及詩人對社會的責任。

路易要我講話，我趁此機會，表示台灣因與拉丁美洲距離很遠，台灣詩人一向對拉美詩壇，尤其古巴詩的生態比較生疏，但詩是最好的友誼橋梁，我們透過詩來建立友誼暨世界和平。個人為此開始有系統翻譯拉美詩人作品，特別是古巴詩，正好利用林佛兒帶來的《鹽分地帶文學》向各國詩人展示，說明第50期刊出古巴先烈荷瑟·馬蒂、PPdM會長薩拉西、祕書

長路易、副祕書長瑪姬（這時才知道她是路易的妻子，但缺席）、此次承辦古巴詩歌節的邱鐸，我每念一個名字，就聽到一陣歡呼聲。接著展現第51期發表的古巴詩選譯，包括尼古拉‧紀廉、羅貝拓‧費爾南德斯‧雷塔瑪（Roberto Fernández Retamar）、米蓋爾‧巴尼特、南希‧莫雷虹（Nancy Morejón）和里喀鐸‧包洛薩（Ricardo Pau-Llosa）。也是每念一個名字就有點騷動，因為這些都是古巴詩壇經典詩人，只有最後一位受到沉默以對，大概是他才60歲，尚未進入經典，又因多年流亡美國，拉美詩人反而對他陌生吧。我向大會承諾將會盡力，繼續多譯一些詩給台灣讀者。《鹽分地帶文學》第50期和第51期即分別贈送一套給路易和邱鐸收藏。

最後，我表示為肯定和感謝路易創立和經營PPdM的成果，特地從台灣帶來贈品，是一個海藍色鋁合金製名片盒，鄭美蓉特別精心為我準備，表面特別鏤刻對方姓名，外加一個鑰匙圈，圓環上是台灣地圖和「Taiwan」字樣，可與受贈者隨身同在。我分別贈送路易、瑪姬、邱鐸和尤麗雪兒，本來我還準備一個給薩拉西，但他沒來，有待來日機會。

原先擔心語言障礙，會導致冷場，幸賴美籍古巴詩人柯勞的西英對譯，溝通無礙，台灣詩人也藉拍照與各國詩人交流，融洽無間，接下來的場面已經像多年朋友的聚會。烏拉圭女詩人馬莎‧烏爾貴佐（Martha Mabel Urquizó Detassis）因患糖尿症，行動不便，卻帶來拉美難得一見以雪銅紙精印的二百多頁詩集《愛情交響曲》（*Sinfonias de Amor*）簽名書，逐一贈給出席詩人，每冊超過半公斤，共帶來10餘公斤的書，足見她的毅力。晚宴在歡笑聲中，到夜晚11點，情緒更昂，按照我對拉美人生活習慣的瞭解，不過夜半不會盡興，但長途飛行的台灣詩人已經有點支持不住，徵得路易同意，先告退回旅館休息。

按照議程，5月1日清晨6點要參加古巴5月文化節序幕的遊行，在荷瑟‧馬蒂革命廣場。我們準時在旅館大廳集合，左等右等，除台灣詩人和巴西詩人羅薩外，其他各國詩人大概都還在睡鄉，等到6點半已經太過分了，邱鐸只好帶著我們安步當車，往廣場徐步前進。以身高180公分以上的邱鐸而言，如此慢步形同逛街，不像要參加活動的樣子，後來每天都看到他這樣不徐不疾走路，體會到古巴人悠然的人生態度。

許多行人循著大路往廣場前進,愈近廣場,人潮愈多,遠遠已經聽到廣場傳來播放的雄壯音樂聲,邱鐸提醒說,那是切格瓦拉寫的歌詞。有一條直通廣場的捷徑,受到交通管制,路口有警車,旁邊站著三位警察,邱鐸走過去,說有台灣來的詩人們要趕去參加遊行,警察比個手勢,歡迎通過,我道:「¡Gracias!」警察向我舉手敬禮。這是多麼文明的社會,跟我以往被台灣輸導的印象差距有多大!

革命廣場矗立一座截面五星形巍峨的荷瑟‧馬蒂紀念碑,高109公尺,用古巴離岸的青年島所出產大理石砌造。此時晨光已露,陽光照到紀念碑下方純白色的荷瑟‧馬蒂坐姿雕像。紀念碑的廣場對面有兩座相對的鐵雕,九層樓高,內政部外牆的是切格瓦拉(Che Guevara, 1928-1967),另一大樓外的是卡米羅‧西恩富戈斯(Camilo Cienfuegos, 1932-1959),都是卡斯楚的革命夥伴,皆未分享到革命成功的權力,卻高踞在人民心中的尊榮歷史定位。

廣場牽繩的範圍內已擠滿群眾,但無人散布或散步於圈外開闊草地,也無人任意跨越或竄穿繩圈,顯示古巴人遵守公共秩序的自制文化水準。邱鐸帶我們到有人管制進出的通口,讓我們結伴接踵而入,在人縫裡閃身穿越,摩肩的人群都會自動讓出空隙,我們慢慢側身到接近紀念碑,也就是演講台前,有比較寬鬆的位置停下來,周邊古巴人開始主動跟我們哈啦、拍照,非常容易親近,喜歡攀談。進場穿越時看到民眾幾乎都是自發性參加,未見有領隊、糾察隊,或場內維安人員,大都兩三人或十幾人成群,集在一起站著,學生則大都會就地坐下歇息,很多人拿國旗或團體旗幟,有工農會社、社團、文化單位、學校,甚至同性團體,幾乎人手一支小國旗,放眼望去,一片旗海飄揚。

台上演講者是古巴勞工聯合會祕書長尤利塞斯‧基爾拉特‧德‧納西綿多(Ulisés Guilarte de Nacimiento),正在抨擊美國對古巴的封鎖政策,聲嘶力竭,很有煽動性,確是演講高手,廣場內群眾只是聆聽,並未跟著起鬨。約7點半,勞爾‧卡斯楚總統(獨裁者費多‧卡斯楚的弟弟、接班人)蒞臨,致詞同樣慷慨激昂,這是運動型政治人物的專長。最後在喊「自由」(¡La Libertad!)、「萬歲」(¡Viva!)口號聲中結束,開始遊行。大家隨著最前面的人潮往前徐徐推進,沒有排隊,不爭先恐後,有人且走且舞,也有

人三不五時領頭喊口號。演講台設在小丘般高出街道的馬蒂紀念碑周邊空地，上面聚集不少人，大約是貴賓或居高看熱鬧的民眾。附近有許多攝影車，忙著從高架上獵取影像，許多人向攝影師揮手，想搶鏡頭。遊行通過演講台後，就自動散去。像嘉年華一般的聚會遊行，據稱有達百萬眾的壯觀，但今天親自參加所見，至少也有幾十萬民眾！

8點半回到旅館早餐，等到11點，全體詩人上車向南，前往西恩富戈斯（Cienfuegos），離哈瓦那250公里。8線的國道因車流少，顯得寬闊，中間分隔島種植杜鵑花，沿路處處可見花卉，率皆日日春、九重葛、海棠、夾竹桃、雞蛋花、向日葵之類，水果有芒果、鳳梨、木瓜、香蕉、甘蔗、西瓜等，樹木以風鈴木、鐵刀木、鳳凰木、椰子、棕櫚最多，完全和台灣相似的亞熱帶花木。不過和台灣平地過度開發情況不同的是，因地廣人稀，除大片牧場外，農地還是小農戶耕作形態，靠人力和獸力，面積小，空留許多荒地，雜木叢生或被芒草掩沒，灌溉系統不興，許多看天田。農家仍然依賴馬車載運，可上高速國道施施然與汽車同行，儘管應是不同世代的交通工具。

途中在帕拉多（Parador）餐廳午餐。帕拉多是家庭式餐廳，開放式建築，無外牆，屋頂以椰子樹葉覆蓋，很獨特的民俗風貌。這是規模不小的聯鎖店，在古巴到處可見，西式餐飲不輸給歐美簡餐店，很合胃口。西班牙詩人暨佛拉明戈歌唱家費力沛‧拉臘（Felipe Lara）就座前對我說：「Buen apetito！」我雖不諳西語，但會意，以德語回答：「Guter Appetit！」使其大樂！拉臘以後每場詩朗誦會，必唱，有時在車上也禁不住引吭高歌，確是很出色的職業歌唱家，使詩歌節生色不少。

西恩富戈斯是古巴南部的港都，人口約16萬，我們下午5點住進帕薩卡巴洛（Pasacaballo）旅館，臨海，房間走廊都面海，非常舒暢，庭院也有游泳池，空間寬闊。邱鐸宣布今晚的詩朗誦以海為主題，希望詩人每位寫一首詩給西恩富戈斯，我進房立即起稿，描述今天行程印象，譯成英文應付第一關。8點晚餐，9點趕往西恩富戈斯青年創作者之家（Casa del Joven Creador de Cienfuegos）朗誦詩，在室外舉行。會館獨門獨院，後面有延伸的開放空間，在港邊，可能已下班，到達時才忙著布置燈光，以後在各地都有臨時抱佛腳的情況，大概是古巴人做事習慣。會場有十幾位當地詩人先到場，在一

張長桌上布置小型詩書展。

台灣詩人擔綱首發，我急就章的詩〈來到西恩富戈斯〉（Arriving at Cienfuegos）派上用場：

熱烈的陽光一路親吻我
溫柔的加勒比海微風吹撫我
我感受到台灣故鄉的爽朗

繽紛的杜鵑日日春鳳凰木笑臉迎我
鳳梨甘蔗木瓜芒果香蕉對我甜言蜜語
我感受到台灣故鄉的情意

平野敞胸迎我不離不棄沿途相伴
山巒曲線若即若離欲迎還拒
我感受到台灣故鄉的浪漫

海以寬容無際波浪展開眼前
港灣張開雄偉臂膀擁抱我
我感受到台灣故鄉的親暱

有一位古巴年輕詩人雅里耶・羅培茲・霍姆（Ariel López Home）贈我一冊與朋友合著的詩集《收穫者》（Harvester），和所譯英國詩人威廉・布萊克詩集《經驗之歌》（Cantos de Experiencia），後來他又給我介紹在場書展的出版者愛蓮・隆巴德・卡布雷拉（Eilyn Lombard Cabrera），年輕人，不到30歲，創業很積極，想在文學書籍出版業務大展身手，她贈送我一本童詩集和一本漫畫書。

各國詩人和古巴詩人都逐一上台念詩，非常熱絡，到半夜12點才結束，再度見識了古巴人和拉美人一樣不眠不休的精力。

5月2日早上9點出發，到奧爾金（Holguín）行程500公里，差不多等於

台灣頭到台灣尾。奧爾金位在古巴東南方，如果把古巴地圖看做一尾鱷魚，奧爾金正好在鱷魚的眼睛部位。這裡是哥倫布1492年首度登陸古巴的地方，開發最早，成為文化藝術古都，人口約36萬，如今已成為度假勝地。沿途和昨天一樣，仍然像台灣的風光，但台灣南北方向長，跨越緯度大，有溫帶、亞熱帶和熱帶，變化較大；古巴是東西方向長，緯度變化小，各地氣候差異不大。

到達奧爾金，是此次第21屆國際青年藝術節暨第3屆古巴【島國詩篇】國際詩歌節活動的主場城市，晚上7點趕到市立圖書館，正好歡迎會要開始，有六人少女拉丁樂團已經在暖場。5月文化節理事會主席亞歷士和PPdM祕書長路易致詞後，突然點名要我講話。我說，我們從台灣飛行兩天到哈瓦那，又從哈瓦那驅車兩天才到達奧爾金現場，可見要把台灣詩人的心意傳達給來自各國的青年藝術家是多麼不易。然而，我們千里迢迢到此，更重要的是希望能作為一座文化橋梁，透過詩的接觸，把一向彼此陌生的台灣與拉丁美洲，尤其是與古巴之間，建立溝通管道，增加心領神會的瞭解，願盡我所能，多盡一點力量。說畢，拉美之家專員尤麗雪兒前來向我致意，並說她剛被調職另一單位擔任主任，我向她道賀，感謝她常協助我解決困難，例如緊急找人把台灣詩人作品翻譯成西班牙文，並表示帶來禮物要給她，後來才知道原來她是邱鐸的妻子。

我們剛進場時，有一位年輕人名叫埃內斯多・加爾塞斯（Ernesto Garcés），拿給我一份印刷的詩會行程表，詳列每天的議程和時間，比大會原先傳給我的行程更明確，不過後來證明還是不少臨時變更，他並表示我們在奧爾金期間，由他負責翻譯，我剛才的講話就是他現場翻譯。此後四天，他果真亦步亦趨，無論是活動、行程、講話、念詩、導覽、換鈔，都盡心盡力幫忙，隨侍左右，非常稱職。台灣詩人在活動中稍微走散時，他會立刻前後照顧，好像趕鴨子又把大家湊在一起。

埃內斯多另外給我一份《光明報》（La Luz）今天特刊，四版都是詩歌節消息，第二版發表「向切格瓦拉致敬」的徵詩，分別用西班牙文、葡萄牙文、法文、阿拉伯文、俄文、義大利文刊出，我當初因對切格瓦拉未深透，沒有應徵，結果採用我翻譯荷瑟・馬蒂的八行短詩〈我種白薔薇〉（Cultivo

Una Rosa Blanca），以漢字刊出，充分顯示這份文化報的國際胸懷，報頭使用切格瓦拉手持照相機的影像。

簡短儀式後，拉丁樂團表演娛賓，使用各種獨特克難式樂器，輕快節奏充分反映古巴人熱情豪爽。結束後，領詩歌節出席證掛牌時，出現負面狀況，在密不通風的室內，黯淡燈光下，逐一登記護照，還調查出入古巴日期，承辦女士以左手用心填寫，但動作遲緩，和旅館住宿登記一樣慢吞吞。我心裡納悶，在機場進國門通關時，這些都不問，領參加活動掛牌時，反而做起身家調查。結果，詩人們被遷延約一小時，8點多才晚餐，進佩爾尼克（Pernik）旅館已10點，放下行李，就匆匆準備出席夜間音樂會。

埃內斯多集合我們在旅館大廳，左等右等，等不到其他國家詩人，到11點只好放棄等人，從旅館後面徐徐散步，越過荷瑟‧馬蒂體育場，過大路就到，現場已擠滿人。不多時，他國詩人也陸續到達，才集體向內移動，聽到主持人亞歷士宣布詩人到場，包括台灣詩人，大家立刻自動讓出路來，我們被引導到音樂台前兩排就座。移時，多國青年藝術家各掌國旗進場，大約有20國左右，把旗幟布置台上後，紛紛坐在第一排與舞台間的空地上。音樂會準夜半12點開唱，其實只有一個樂團由一位主唱者撐到底，中間也有粉絲點唱，台上台下融成一體。音樂會到凌晨1點結束。

5月3日早上參加第21屆國際青年藝術節開幕遊街，詩人搭乘遊覽車到集結地街道旁，約10點出發，開路先鋒是機車隊，每車後坐者掌各國國旗，狀似飆車，接著是貨車載運的化裝隊，有少女啦啦隊，全身熱勁；有打扮古羅馬戰士，全身塗磚泥、仿陶俑，一路文風不動，活像銅人；最後是步行隊伍。詩人專車原接踵在化裝隊後面，進入市中心區後，因路面較小而顯示塞車情況，路易乃囑咐大家下車步行，由參與者變成觀眾湊熱鬧，後又招來馬車，改讓大家嘗鮮。路旁圍觀者眾，也有學生列隊加油，住家則閒適以對，老人和小孩都在家陽台赤身觀看。

遊行到開幕典禮場地市政廳（Casa Consistorial），聽到廣場搭建的舞台上，主持人亞歷士丹田十足在介紹活動情況，宣布詩人到場，又特別提到台灣詩人，此外沒有「訓話」或「勉勵」之類的官樣文章。節目即以跳舞開場，有傳統的探戈，以及恰恰、曼波、倫巴等拉丁舞，這些舞蹈發祥地正是

古巴。最後以釋放和平鴿、高唱貝多芬〈快樂頌〉結束。如此開幕儀式真正表現出藝術的本質，絲毫不受政治污染，深感古巴社會的文化藝術氣質。

下午在UNEAC有一場論文發表會，由烏拉圭女詩人馬莎・烏爾貴佐談〈胡安娜・德・伊瓦爾沃羅：生活與野史〉（Juana de Ibarbourou. Vida y anecdotas），按：胡安娜・德・伊瓦爾沃羅（1895-1979）是南美洲最負盛名的烏拉圭女詩人，1950年當選烏拉圭作家協會主席。另一篇論文是哥倫比亞女詩人盧姿・瑪麗・吉拉朵（Luz Mary Giraldo）談〈哥倫比亞詩：詩的識別地圖〉（Poesía colombiana：mapa de una identidad poética）。由於沒有準備英譯，對不諳西語的台灣詩人像是鴨子聽雷，這充分顯示西班牙語在國際應用上的強勢，特別是在拉丁美洲舉辦國際會議，共同使用西班牙語，根本不須透過翻譯。UNEAC是四合院式建築，四周隔成許多會場、放映室等，方便辦各種活動。

晚上9點在拉美之家舉行古巴第3屆【島國詩篇】國際詩歌節開幕式，入場後，路易把我找到裡面辦公室，為我介紹UNEAC奧爾金分會副會長曼紐爾・加西亞・韋德希雅（Manuel García Verdecia），他提到2006年在尼加拉瓜聽過我念詩，印象深刻，後來又讀到我在印度和其他地方發表的詩，他建議與路易、邱鐸和我，聯合起來辦一份國際詩季刊，每首詩都使用漢語、英語、西班牙語三種文字發表，我極表贊成，路易和邱鐸也同意，他很高興，說細節再談。

開幕式由古巴詩人也是小說家卡羅司・埃斯基維爾（Carlos Esquivel）主持，請路易講話後，朗誦詩開始。由於是開鑼戲，各國只有一位念詩，人選是大會事先安排，載明在行程表上。我念〈鸚鵡〉，曼紐爾跳出來主動幫我翻譯，朗誦得抑揚頓挫，配合手勢肢體語言，很能扣住詩中對話的情緒，足見他的感受敏銳，獲得不少掌聲。他念完後又退到場邊，我這才注意到古巴詩人都坐在邊緣，前面顯著座位一律讓給外國詩人，以後各地各場朗誦會都如此，若找古巴詩人一起拍攝團體照時，他們總是站到後排，古巴人謙讓禮客的文化素養令人衷心欣賞。

本來晚間11點在聖荷瑟公園還有一場戶外朗誦會，已安排林佛兒和莊金國上場，臨時取消，據說是燈光布置沒配合好。古巴人做事規劃似相當周

密，但執行不夠嚴格，往往臨時才動作，以致常拖延或讓人等待，已經有多次經驗，以後還常遇到。他們的對應方式也似乎無所謂，一副何必太計較的樣子。

5月4日上午在UNEAC奧爾金分會舉辦卡羅司詩集《流亡書》（*El Libro de los Desterrados*）發表會，由作家隆涅・岡薩雷茲（Ronel González）講評。大會體諒台灣詩人勞累，可不參加，休息半天以調適體力。

由於前晚音樂台布置背景有一秀髮飄揚的女性大型雕塑，因好奇心驅使，利用早餐後空餘時間，回到現場一探究竟，發現是在森林公園的進口，昨晚因夜間視線不良，又擠滿觀眾，毫無所覺。原來這是古巴獨立戰爭英雄嘉立斯托・加西亞・伊尼桂茲（Calixto Garcia Iñiguez, 1839-1898）將軍紀念公園裡，他的母親露西亞・伊尼桂茲・藍鼎（Lucía Íñiguez Landín-Moreno, 1819-1906）的墓園所在。前夜的音樂會不知會不會吵死人？

探訪時，因摸錯方向，意外發現在一條街道巷內有一個小公園，建立切格瓦拉的雕像群，共十幾尊青銅雕塑，呈現切格瓦拉一生的重要生活面向，包括青年時代、騎機車揹機槍的游擊隊員、與妻兒的家庭生活、和卡斯楚的革命夥伴等。我想瞭解這是什麼單位所設，看到旁側似某機關辦公室，我剛進門，有一位男士立刻迎上來，打手勢不讓我進去，我說想拍攝這些雕像，打聽不知是什麼單位，他因不諳英語，只說：「可以，沒問題！」

中午在十字岡（Loma de la Cruz）餐廳午餐，此地在一小山岡上，因山頂矗立一座十字架而得名，登山岡須爬一百多階，車則直上山頂。餐廳外有一座耶穌揹著十字架前往各各地的受難雕塑，在此視界遼闊，俯瞰市容，一覽無遺。此餐廳也是純開放空間，屋頂覆蓋椰子葉片，沒有牆壁，幾乎是古巴鄉間餐廳的典型，也可見治安良好，無虞宵小。

下午回到旅館會議室，原訂2點的活動已遲至3點半，由智利詩人攝影師大衛・阿爾塔米拉諾（David Altamirano）報告紀錄片的拍攝經驗，播放在智利北部安托法加斯塔區（La Región de Antofagasta）詩歌節活動，他此次也拍攝古巴詩歌節全程紀錄，幾度訪談我，談觀感（古巴詩歌節結束後，他拍攝的紀錄片已在PPdM網站向全球播放）。各國詩人觀賞後，就紀錄影片內容發言踴躍，尤其是西班牙歌唱家費力沛數度發言，使會場相當熱絡，延

到5點才盡興。

晚上8點半又到拉美之家，先有10歲左右、高矮不等的小朋友舞蹈迎賓，都有家長照顧，看似社區舞蹈班，而非學校同級生。首場是《台灣島國詩篇》發表會，為此選集臨陣磨槍代打的譯者雅娣適時出現，帶來她完成的全部40首詩打字稿，我的引言就簡單宣讀《台灣島國詩篇》的前言：

> 《台灣島國詩篇》（*La Isla Taiwan en Versos*）是因應台灣詩人團受邀參加古巴2014年島國詩歌節（La Isla en Versos 2014），前進古巴從事實質國際詩交流而計劃編譯出版。
>
> 來自太平洋島國台灣的詩人，在加勒比海島國古巴，與來自各國詩人相見，以詩交流，分享台灣詩人的心聲，透過詩增進友誼，共同為世界和平而努力。
>
> 此次應邀參加第3屆古巴島國詩篇詩歌節的台灣詩人，共有李魁賢、林佛兒、莊金國、李若鶯、謝碧修、林鷺、蔡榮勇、方耀乾等八位，各選詩五首，輯成此選集。
>
> 古巴世界詩歌節以島國詩歌節為名，台灣基於同樣島國屬性，特以《台灣島國詩篇》為書名，相互呼應，以求古巴和周邊國家的感同身受，附加國際詩交流的意義和效應。

由雅娣當場譯成西班牙語，因她在譯詩時尚無此前言，我為台灣詩人唱名時，就請逐一跟大家打招呼。接下來由台灣詩人陸續出場念詩，都由譯者雅娣親自陪伴朗誦，韻味十足，有她幫忙，真是幸運，後來幾場分別由埃內斯多和邱鐸代勞。繼台灣詩人之後，由古巴詩人接棒。以後各地各場都有安排古巴詩人共襄盛舉，我們每場約送出20本書，晚到者還會來索取，到最後回到哈瓦那時，剩三本，以致無法給到場的古巴詩人都能人手一冊。

本來晚間11點同樣在聖荷瑟公園又有一場戶外朗誦會，已安排林鷺上場，結果因下雨，不得不臨時取消，這是天公不作美，奈若何！不過古巴多姿多彩富於變化的節目安排，令人印象深刻。

第五天5月5日早上原定兵分兩路，台灣詩人集體到教育大學（Universidad

Pedagógica "Jose de la Luz y Caballero"），他國詩人全部到醫科大學（Universidad de Ciencias Médicas），這樣大家都有機會念詩，與大學生共享，並且議程上已安排好方耀乾在教育大學演講〈台灣當代詩與反殖民現象〉，結果因大會與二大學的聯繫脫節，無法進行。原先也請大會安排林鷺演講一場〈台灣女性詩人簡介〉，來不及納入議程。由於行程臨時更改，全體詩人前往UNEAC奧爾金分會拜訪，副會長詩人曼紐爾在他的辦公室接待台灣詩人，會長畫家朱立歐‧孟德茲（Julio Méndez）前來打個照面就忙去了。

曼紐爾在簡報中說明UNEAC的任務是協助作家出版、行銷著作，輔導藝術家表演、推廣等業務，他個人對台灣情況相當關心，有某種程度的理解，表示很有興趣能與台灣加強交流。他是我們此行遇到英語最道地的古巴人，贈送每人一冊他編選剛出版的詩選集《隱形屋》（*Los Aposentos Invisibles*），用再生紙印製70頁，頗為精巧（古巴詩人一路贈送詩集大都如此小巧型，正像台灣50年代的通例），選有他自己的長篇散文詩。此時正好有一位也入選的年輕詩人帕布洛‧格埃拉（Pablo Guerra）在會裡，他立刻走出去把他叫進來，跟台灣詩人哈啦一番。林佛兒也送曼紐爾《鹽分地帶文學》第50和51期，我向他說明譯介古巴詩的實況。

下午參觀古巴小學教學觀摩，老師與學生在遊戲中互動，甚至扮演小丑增加趣味，學生非常活潑自然，笑聲連連，後來乾脆把詩人都找上去玩成一團。另外抽空參觀的一家小型印刷廠，還在使用活字圓盤機，承印一些詩集，相當精巧，看到這樣的作業，才令人感到給詩集加持的溫馨。廠內還保存早期的德國谷登堡（Gutenberg）印刷機，不是收藏品，而是還在服役中。

利用回旅館較長休息時間，我找路易具體討論2015年PPdM來台灣辦詩會的一些細節，我預先準備好備忘錄，列9項問題，逐項與他溝通，獲致結論是：時間預定在9月或10月；期間約10天，可長可短；參加人數視預估費用而定；原則上以PPdM會員為對象，若非會員，請其入會即可；可編印出席詩人選集，方便交流；行程由我方擬定；有興趣參訪綠島人權紀念園區。

晚上在奧爾金最後一場詩朗誦會，仍然在拉美之家進行，由於有惜別之意，每人都上場，雅娣今晚未能出席，委請埃內斯多代念台灣詩人的西班牙文譯本，他說從來沒有朗誦過，有些緊張，結果表現很出色，令人激賞。朗

誦會穿插音樂會，生色不少，費力沛技癢，免不了高歌娛賓，餘音繞梁，長久不絕。

曼紐爾也出席，對我贈送的《黃昏時刻》漢英雙語本愛不釋手，熱烈表示要譯成西班牙文，讓我在台北出版，以此起步，進一步加強合作，至於三語國際詩季刊事，他說要等路易設法計劃出版費用來源。曼紐爾信守承諾，成果就是《黃昏時刻》（*La Hora del Ocaso*）漢西雙語本（EHGBooks微出版公司，2015年）。

奧爾金在整個文化節中四天詩活動，至此劃下休止符。回到旅館，卻有意外的另一章，由於昨天中午埃內斯多帶我們去十字岡時，車子彎到他家裡去拿東西，要離開時，母親送他出門，我們都下車向她打招呼致意，結果母親託埃內斯多帶來9件禮物，有飾品、工藝品、紀念品等，把我們當作多年老友惜別之意，埃內斯多還寫平生第一首詩，依依不捨，情意懇切動人，大家深受感動。翌日清晨又來送行，我們共同送他一個出乎他想像的大紅包，感謝古巴人的情誼。

晚上一位哈瓦那電台駐奧爾金的記者，透過埃內斯多約好5月6日早上8點錄音訪問，果然準時到訪，本來埃內斯多準備幫我翻譯，但美國女詩人柯勞自動要幫忙，也想聽聽我的見解，我們在二樓大廳找到安靜角落的沙發。這位記者詳查過我的資料，從被印度三次提名諾貝爾文學獎的經過問起，談到我和印度詩壇的因緣、交往情形，切入到為何寫詩、詩人的任務、詩人的社會責任、詩人如何達成社會改造使命等，相當深入。柯勞頗肯定我的見解，翻譯時偶爾插入她的詮釋，她也認識印度元老詩人施里尼華斯（Krishna Srinivas），但不知道他已經往生。本來約定訪問20分鐘，卻談了近一小時，出發時間快到，才不得不結束。

9點發車往中部的謝戈德阿維拉（Ciego de Ávila），有300公里路程，人口約10萬。沿路大都是牧場，不像南方路線有那麼多廢耕地。跑了三分之二路程，正好來到卡瑪圭（Camagüey），人口有30萬，是古巴第三大城市，西班牙殖民時代建築物街屋，富歐洲風格，外牆大都粉刷鵝黃色，具有穩重中的朝氣。走過一處小公園，邱鐸指給我看教堂旁的尼古拉·紀廉之家，惜因前往餐廳，無時間一窺內景。

在卡瑪圭午餐的地方，顯然原本是豪宅，因為沒有大餐廳，而是一間間只能排兩、三張四人位的餐桌，彼此間有門道相通，後面還有庭院，每張餐桌上插一朵向日葵，很特殊的布置，非常溫馨。巧遇新娘在後院拍新婚照，在古巴難得看到這麼窈窕少女，一般所見女性都是身軀拚命橫向發展，卻不以為意。

約5點住進謝戈德阿維拉旅館，以城市為名，理應不虛盛名，結果卻是電梯故障，所有旅客須自提行李爬樓梯。古巴觀光業還屬初創時期，普遍節省開支，或許也因電力供應不足，照明不很充分，房間都只有檯燈，沒有壁燈，也沒有吸頂燈，顯得黯淡，看書寫字都不方便。

當地雖然過境性質，也安排一場詩朗誦會，晚上10點才開始，在UNEAC謝戈德阿維拉分會。古巴的機關建物都很古典，可能是接收西班牙殖民時代留下的建築，古色古香，當地有10位左右詩人出席。

第七天5月7日早上9點從謝戈德阿維拉回哈瓦那，車程450公里，除中途午餐外，都在高速公路上，沿路看到不少馬車在公路外線道上自在行走，這已經是古巴常見的景象，其實在城市裡的大街小巷，馬車和機車、腳踏車，都是日常方便的交通工具。我寫〈古巴國道〉詩，留做見證：

> 馬路已變成車道
> 汽車在車道上
> 疾馳
> 車道依然是馬路
> 馬車在馬路上
> 散步
>
> 八線路的國道
> 從國都綿延到文化古都
> 19世紀的馬車　瞬間
> 停格在汽車疾馳的視窗上

左邊是人力獸力在墾荒

　　右邊是農耕機在起哄

　　汽車疾馳而過

　　馬車留在風景裡嘀嘀咕咕

　　等回到哈瓦那才大為改觀，汽車多了，但與各國城市特異其趣的是，滿街都是50、60年代的古董車，車齡應該都在半世紀以上，車型大、鈑金特厚，當地人的說法是，並非老爺車，而是舊型車殼、拼裝新引擎，所以還算是新車，因古巴人對車型戀舊，每天在街上看到的是流動性汽車博覽會。

　　晚上5點進到上星期住過的鬱金香旅館，折騰到8點才領到房間鑰匙，因為櫃台作業無法弄清空出的房間，結果有幾位他國詩人等到9點，才確定沒有房間，轉到其他旅館。

　　翌日5月8日，大會安排參觀歷史文化景點，主要參觀荷瑟・馬蒂紀念館，是一棟二層樓房，19世紀建築物，保存舊觀原貌，外壁髹漆鵝黃色，門窗框藍色，非常醒目。這裡是荷瑟・馬蒂誕生地，1925年建館，內有馬蒂從童年起，到從事革命運動各時代的寫真，他用過的器物、各種證件、書法優美的手稿，他在委內瑞拉、法國、美國等處創辦、編輯的雜誌影本，馬蒂的詩集，尤其是他的袖珍本詩集《關達拉美拉》（*Guantanamela*），紙張已泛黃，後來風行全世界的歌，便是以他的詩譜曲。上二樓的樓梯轉角處，立有他的銅像，旁插古巴國旗，外面庭院也有銅像，其實古巴到處是他和切格瓦拉的雕像。

　　下午舉行閉幕式，地點在女詩人杜爾塞・瑪麗亞・洛伊納茲（Dulce María Loynaz, 1902-1997）的故居，一棟巴洛克式豪宅。杜爾塞的父親是著名的恩立克・洛伊納茲・德・卡斯蒂略將軍（Enrique Loynaz del Castillo），獨立戰爭英雄，也是古巴國歌歌詞作者。杜爾塞少女時代即開始詩創作，獲哈瓦那大學民法博士後，因家庭生活優渥，從未執業，得以雲遊四海，結交許多文學大師，像西班牙詩人洛爾卡（Federico García Lorca）、希梅內斯（Juan Ramón Jiménez）、智利女詩人米斯特拉爾（Gabriela Mistral）、古巴小說家卡彭鐵爾（Alejo Carpentier）等。宅第是杜爾塞繼承的家產，終生生活、寫作的居

所，外側設有洛爾卡紀念館，庭院豎立詩人銅像，可見杜爾塞對他的心儀。杜爾塞過世後，故居成立博物館，保存她生前使用樣貌，提供做文人聚會場地。以杜爾塞·瑪麗亞·洛伊納茲為名的詩獎，在西班牙文學界的地位僅次於塞萬提斯文學獎。

閉幕式由PPdM副會長古巴詩人皮埃·博涅特主持，也沒有官樣文章那一套儀式，還是朗誦詩。我在念詩前，順便提一下，說PPdM預定2015年9或10月間要到台灣舉辦詩會，我代表台灣詩人朋友竭誠歡迎各位共襄盛舉。

今晚也有十餘位古巴詩人出席，會後我請古巴詩人與台灣詩人共同在洛爾卡銅像旁合照，我禁不住脫口喊出：「Viva Cuba！」古巴詩人也忘情回應：「Viva Taiwan！」成為兩國詩人心湖裡迴蕩的漣漪。

最後一天5月9日，大會安排會後輕鬆的參訪活動，前往古巴北方離哈瓦那約150公里的維拉德洛（Veradero）度假村，沿路終於看到工廠，附近也有發電廠、煉油廠，但有許多油井好像挖掘後即封井，沒有抽油。這邊海岸風景迷人，沿路都是別墅型豪宅，看來古巴也不見得是典型的社會主義國家。度假村設施無與倫比，連海岸線、細柔灰白沙灘都圍入村內專屬範圍，竟然可以這樣獨霸。

第3屆古巴【島國詩篇】國際詩歌節就此完滿結束。整體而言，因古巴是拉美文化水平很高的國家，幾無文盲，經濟以農漁牧為主，不屬工業化形態，物價不高，人民所得與外界相較偏低，但生活條件不差，人民文化水平相當高，待人處事很有禮節，體貼周到，公共衛生受到重視，到處地面很乾淨。卡斯楚不搞個人崇拜，全國各地除馬蒂和切格瓦拉外，沒有看到卡斯楚任何一尊雕像，突顯文學和革命遠勝於政治和權力的優質社會文化。詩歌節活動中，沒有政治人物伸手進來，甚至都不用「典禮」的形式和名目，連開幕式和閉幕式都全場念詩。這是非常有氣質、深度的文化國度。

此行對每位台灣詩人都是很特殊的經驗，所以詩作很多，回國後，我按照慣例，編輯《古巴詩情——島國詩篇·前進古巴詩文錄》（西港鹿文創社，2015年）一書出版，還包括古巴著名詩人馬蒂（José Martí）、紀廉（Nicolás Guillén）、雷塔瑪（Roberto Fernández Retama）、巴尼特（Miguel-Barnet Lanza）、莫雷虹（Nancy Morejón）、包洛薩（Ricardo

Pau-Llosa）、托雷斯（Kiuder Yero Torres）等7位的詩篇，留下完整的國際詩交流紀錄。

我在古巴寫的另一首詩〈切格瓦拉在古巴〉英譯本，被歸化美國的國際作家暨藝術家協會會長巴西女詩人裴瑞拉（Teresinka Pereira）推薦，收藏在阿根廷的切格瓦拉紀念館。原詩如下：

在革命廣場高樓外牆鐵雕
看到切格瓦拉
在通衢大道沿路巨面看板
看到切格瓦拉
在紀念館庭院的雕像群
看到切格瓦拉
在餐廳牆壁上裝飾物
看到切格瓦拉
在各種色彩的Ｔ恤衣衫
看到切格瓦拉
在住家臨街的外壁標語
看到切格瓦拉
在文化報每日報頭
看到切格瓦拉
在詩歌節海報和出席證件
看到切格瓦拉
在古巴歷史書重要部位
看到切格瓦拉
在古巴人大寒立春的內心
看到切格瓦拉

2018年11月18日

第
12
章

Tras las Huellas del Poeta in Chile

在智利循詩人軌跡

第10屆【詩人軌跡】智利國際詩歌節

時間：2014年10月8日至10月20日

地點：智利

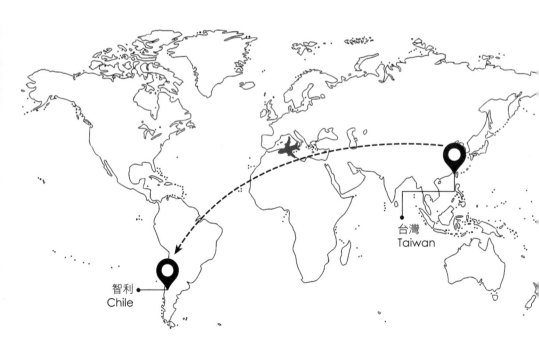

台灣
Taiwan

智利
Chile

2014年5月在古巴參加第3屆【島嶼詩篇】（La Isla en Versos 2014）詩歌節臨別時，主辦單位世界詩人運動組織（Movimiento Poetas del Mundo，簡稱PPdM）創辦人兼祕書長路易·阿里亞斯·曼左（Luis Arias Manzo）問我，10月能不能來智利出席第10屆【詩人軌跡】（Tras las Huellas del Poeta）國際詩歌節？我當場順口答以：「可能很難！從台灣到南美一趟要飛30幾個小時，真累！」

回來不久，接到行程表，看到走訪聶魯達三個故居景點，La Chascona、La Sebastiana和Isla Negra（黑島），不禁心動，把行程從西班牙文整理成華文，傳給已加入PPdM的40位台灣詩人，獲得積極回應，給我充分信心，乃確定再度出擊，遠征南美在國際詩歌節重要活動據點智利。和參加古巴詩歌節的準備工作同樣，事先請參加的10位台灣詩人林佛兒、李若鶯、利玉芳、林鷺、蔡榮勇、凃妙沂、鴻鴻、林葦芸、楊淇竹，各選詩五首，以漢西雙語方式印製成《詩人軌跡·台灣詩篇》一冊，隨行李帶到智利分發。

此次智利詩歌節參訪相關智利詩人遺跡，以1971年諾貝爾文學獎得主聶魯達（Pablo Neruda, 1904-1973）為主，另有更早在1945年獲獎的第一位拉美詩人，也是迄今唯一拉美女性詩人米斯特拉爾（Gabriela Mistral, 1889-1957）、浪漫派詩人劇作家奧斯卡·卡斯特羅（Oscar Castro, 1910-1947），以及現代派詩人文森·維多夫羅（Vicente Huidobro, 1893-1948）。全部行程13天，自2014年10月8日至10月20日，

台灣詩人前一天從桃園出發，鴻鴻攜眷王楚蓁從紐約前往，分別到達智利聖地亞哥（Santiago，我以台語姑且戲譯瘦豬哥）機場，PPdM副祕書長瑪姬·郭美姿·塞普薇姐（Maggy Gómez Sepúlveda）偕幹事卡宓洛（瑪姬的兒子）來接機，美國費爾蒙大學教授西班牙女詩人蒂娜·艾斯卡雅（Tina Escaja，大會期間為台灣詩人義務翻譯）同時到達，一同驅車進城，到倫敦廣場旅館（Plaza Hotel London）報到，位在倫敦區77號。

到智利聖地亞哥當天10月8日下午，路易帶大家徒步前往La Chascona。這是聶魯達在1953年為當時祕密情人伍魯蒂雅（Matilde Urrutia, 1912-1985）所建的愛巢，在美景區（Barrio Bellavista），臨聖克利斯托瓦爾山（Cerro San Cristóbal）斜坡，原先只有簡單兩房，即客廳與臥房，等到聶魯

達在1955年離婚後遷進來，才陸續增建廚房、餐廳、吧間和書房。聶魯達因參加共產黨被整肅後，於1949年逃亡國外，伍魯蒂雅受託照顧他，由此緣分成為詩人情詩的靈感泉源，包括1952年匿名出版的《船長詩篇》（*Los Versos del Capitán*）和1986年德州大學出版的英西雙語版《愛情十四行詩100首》（*100 Love Sonnets*）。

La Chascona占地不小，格局像小小建築群，散布在層層坡度，各具獨立空間，又呈現整體組合，內部構成自然庭院，花木扶疏，頗有大隱隱於市的田野佳趣。La Chascona的主體雖然是二層結構，也是依坡而建，姑且分成前後二段式來看，前段二樓與後段一樓齊，前段一樓緊靠後段地基，後段二樓則凸出於前段屋頂以上，像船艙凸出於甲板上。參觀路線是從屋外進入後段一樓。主體結構包含船長酒吧間、餐廳、寫作間、客房，應該是伍魯蒂雅獨居時的原樣，後來成為客廳。前後段間的屋外坡度空地，為弧形六層梯級的小形劇場，最上面外圍有廊柱，與外界道路區隔。前段屋外掛在簷下的識別標誌，是特殊造型的La Chascona字樣鐵雕，以太陽花為圖案設計，非常雅致。

主體建築後面應屬較私密的居住空間，聶魯達住進來後陸續加蓋，似在林間布局，力求與自然共處。很特別的是從主體建築進來後，循屋外懸架階梯，攀上「燈塔」客廳，建造形式確實有幾分形似海岸燈塔，約90度寬的落地窗，採光或視域都很好。從階梯進來是一道窄門，到此有明顯限制性區隔，塑造一種遺世獨立的空間。外表看來，此燈塔也很凸出，在背景蓊鬱樹林襯托下，成為視覺的明顯焦點，就整體La Chascona而言，確實充分呈現守望機能的重點所在。

客廳樓上是臥房，住此世外林園，確實感受「春眠不覺曉，處處聞啼鳥」的氛圍。聶魯達晚年有知心人相伴，享受自然寧靜居家生活，獲得幸福，不虛半生為文學、國事、人民，栖栖皇皇浪跡天涯。「燈塔」客廳有一幅聶魯達畫的伍魯蒂雅雙面畫像，一面是公眾所認識的歌唱家伍魯蒂雅形象，另一面是聶魯達所鍾情的伊人，滿頭濃密的亂蓬紅髮間還藏有聶魯達側影，表達隱密的情愛關係。聶魯達命名此宅第為La Chascona緣由在此。La Chascona在智利西班牙語中，意指馬鬃。

由燈塔出來，經過坡度徐緩的庭院，駁坎用雜色石礫鑲嵌一幅現代版畫般的拼圖，似乎是有擋土牆的作用。走過庭院登階，進入更高坡度的後院，另一建築群，中間距離形成中庭花園。後院包含吧間、書房和法蘭西屋，儼然是聶魯達心靈更私密的寫作領域。吧間內牆由大小形狀不一的石材砌造後，不假修飾，保持自然趣味，但擺設顯示不出特別布局，似各自隨遇而安。五斗櫃、藤椅、高腳塑膠椅，未見一致性規劃，應是聶魯達生前所用，布置供人參觀，牆壁上海報也是，可能不一定完全按照實況配置。就博物館意義言，原般保存詩人聶魯達生前的收藏品，像非洲木刻、智利藝術家的畫等等。

由此轉入書房，除了一張會客桌似的書桌外，兩張沙發椅加一張茶几，明顯不搭調，好像是古物收藏的意味。壁爐右側書櫃放聶魯達著作，左側五斗型書櫃內書籍不多，有一些手稿。書櫃內擺獎牌，最重要的是那一枚諾貝爾文學獎金牌，似乎並沒有賦予凸出顯赫位置。後來發現另有一枚放在黑島，不知為何分置兩地。諾貝爾獎按規定頒發兩面獎牌，通常得獎人會贈送其中一枚給最有意義的單位收藏。

出書房後，更發現La Chascona整體藏身林間的幽靜情趣，就私人住家評鑑，確屬豪宅不為過，遺留作為國家文化資產，當如是也。不過，我懷疑是在聶魯達基金會（Fundación Pablo Neruda）經營有成，打造成La Chascona故居博物館後，才得以塑造成果。1973年聶魯達因前列腺癌逝世，隨政局動亂，La Chascona拋荒多年，甚至因土石流造成嚴重崩塌，後賴伍魯蒂雅整修，得以在此終老。庭院內特別耀眼景觀，反而是到處無所不在的大眼睛，掛在樹枝上，那是聶魯達的大眼睛望著你，好像作為主人在迎接你，準備隨時與你對話。

參觀La Chascona出來時，路易已經在室外小劇場頂面角落，掛上世界詩人運動組織活動布幕，擴音器擺好，就招呼參加【詩人軌跡】詩歌節的各國詩人集攏來，展開室外街頭詩朗誦會。以後整個詩歌節活動，到任何地點、場所，都採取這樣機動性，隨時隨地可念詩、不愧是社會運動型詩團體。

我在全套25冊《歐洲經典詩選》（桂冠圖書出版公司，2001-2005）中有半冊是聶魯達詩作，出國前又在《鹽分地帶文學》第53期（2014年8月）譯刊五首

聶魯達的詩。我刻意準備在詩人紀念場所念其漢譯本，表達敬意，而不念自己的詩，這應該是比較特別，而且有意義的方式。所以，我就在第一場選念〈詩人〉（El Poeta）這首詩，表示我對聶魯達敬仰、認同，肯定他作為詩人的尊崇聲望，似乎也正好適當隱喻詩人晚年避居La Chascona的心情和隱逸自得：

那時我在悲痛居喪期間
為諸事忙進忙出；那時
我喜愛一片小小石英
並且專注於終生的職業。

我側身在貪婪的市場內
善事居然也有價碼，呼吸
嫉妒的無情沼氣，不顧
人情爭論假面和存在。

我苦守濕地住家；百合
破水而出，突然間攪亂了
水泡而綻放，令我著迷。
行腳所至，精神自然反映，
不然就轉向崎嶇坑洞。

我的詩於焉誕生，像是
從荊棘叢脫困，一趟苦行，
在孤獨中受盡折磨；
或者就離開去荒廢花園
埋葬最祕密的花卉。

我隱居，像隱蔽的水
在幽深的走廊流動，

快速逃離人人的存在，
以各種方式，習於厭煩。
我看到他們的生活是：
壓抑一半的生命，像魚
在陌生的海域，而在
無際的泥沼面臨死亡。

死亡敞開門檻和道路。
死亡在牆上滑行。

　　智利第10屆【詩人軌跡】國際詩歌節沒有任何開幕儀式，就在參觀聶魯達La Chascona故居室外念詩，揭開序幕，可見祕書長路易不尚形式的風格。

　　翌日前往瑪利亞平托鎮（Maria Pinto）參觀公社學校，觀賞學童奎卡舞（La cueca）娛賓，這是智利的傳統舞蹈，男女成雙對舞，似有西班牙佛朗明哥舞和鬥牛士舞的節奏，但動作比較溫和。在學校視聽室朗誦詩，與學生分享。隨即到市政府拜會市長，在簡報室朗誦詩，贈送《詩人軌跡·台灣詩篇》給市長。市長在體育場露天花架下招待午餐，花棚藤蔓枝葉扶疏，日影隨風搖曳，智利餐配上紅酒，從2點吃到4點，完全是西班牙式生活步調，在古巴也領教過啦！

　　第三天10月10日早上前往蘭卡瓜（Rancagua）憑弔詩人、劇作家奧斯卡·卡斯特羅（Oscar Castro, 1910-1947）。奧斯卡出生於蘭卡瓜，16歲開始發表詩，1936年起擔任《論壇報》（La Tribuna）編輯，與女詩人伊索達·普拉特爾（Isolda Pradel, 1915-2012，埃訥斯蒂娜·朱尼嘉Ernestina Zuniga的筆名）結成連理。1936年為死於西班牙內戰的洛爾卡寫傳，才開始專志於文學創作，詩與小說雙管齊下，產量豐碩。惜從小體弱多病，以致早逝。

　　在公墓內，有奧斯卡家族墓，但奧斯卡的墓單獨位在更內部轉角處，石材墓碑前有方塊草坪，詩人逐一在墓碑前獻花後，我拿出《鹽分地帶文學》第53期，刊載拙譯奧斯卡詩五首，念其中〈祈禱勿忘我〉（Oración para que no me olivides）追悼，念完即將該刊贈給在場接待的奧斯卡孫子：

我要活在妳看見的
每朵玫瑰和百合裡
所有鳥鳴都唱妳名
請妳勿忘我。

如果妳認為星在哭
不可能填滿你心靈
容我的孤獨來親你
請妳勿忘我。

我繪玫瑰色水平面
也繪出藍色香羅蘭
再使月亮伴妳秀髮
請妳勿忘我。

若睡夢般輕鬆走過
模糊恍惚花園世界
我內心夢想的是妳
請妳勿忘我。

黃昏時在遠方祭壇
妳挽新人臂受福證
當金戒指套上手指
我的心靈噙著淚水
在垂死的基督眼中
請妳勿忘我！

轉往聖費爾南多（San Fernando），參觀第一間西班牙殖民風格建築的歷史古蹟。這種四合院的建築風格，上次在古巴和此次智利後續行程中，還常常遇見，可見西班牙遺留的文化資產，所在多有。午餐在自由藝術文化中心（Centro Cultural Librearte），有琴師Daniel Osorio吹簫助興，贈以《詩人軌跡・台灣詩篇》，他讀後請求授權在社區報轉載拙詩〈島嶼台灣〉。回國後，他藉越洋書面訪談，刊於《社區報》（*Diario vi Region*）社論版。2018年我再度到智利，意外遇到他出席念詩，原來他也是詩人，但一直深藏不露。

　　午後在聖費爾南多公園朗誦詩，有樂隊演奏，加上少男少女奎卡舞，熱鬧非凡。我念完〈島嶼台灣〉後，退出圍圈，因為音樂太過喧嘩，寧願到公園內四處走動，平衡一些清靜，卻意外給我創作〈在公園念詩〉的成果，讓我興起要寫《給智利的情詩20首》的念頭：

> 陽光溫煦的公園
> 有羅德里格斯銅像
> 矗立在青空下
> 春天正風光
> 樹葉翠綠炫目
>
> 少年騎士以剛健舞步
> 擁著羞澀女郎翩翩
> 鳥聲在伴奏花在拍手
> 無端發現自己的騎士夢
> 竟已流失不知去向
> 我的祖國夢還未醒
> 同志已不知去向
>
> 島嶼台灣似遠又近
> 頓覺沮喪不知所措

自己的〈島嶼台灣〉詩篇

以天籟的聲音喚醒我

好像來自比羅德里格斯

更高的天使之音

天佑我有島嶼台灣

美夢隨身相伴

天涯海角即使短暫

感受詩的永恆力量

純美的聲音令人不忘

　　詩中提到的羅德里格斯（Manuel Rodríguez Erdoíza, 1785–1818），是智利律師，為反抗西班牙殖民統治，成為游擊隊領袖，遭到安地斯輕步兵營的士兵暗殺，後被尊為智利獨立元勳之一。羅德里格斯的銅像就矗立在聖費爾南多公園中心。

　　活動結束，轉往聖費爾南多市立圖書館，參觀藏書，由資深市民樂團在館前，奏樂跳舞迎賓，我贈送《詩人軌跡‧台灣詩篇》給女館長後，詩人們在簡報室念詩分享。晚上與當地詩人聚餐。

　　第四天10月11日，安排參觀聶魯達另一故居 La Sebastiana，在聖地亞哥西北方約110公里的瓦爾帕萊索（Valparaíso，意思是天堂谷），濱海，有太平洋珍珠的美譽，是智利國會所在地，也是文化、教育中心，世界詩人運動組織2005年在此成立。La Sebastiana建在佛羅里達山坡，俯瞰港口，側面是依山坡層層疊疊積木般的彩色房屋，使整個瓦爾帕萊索景觀具有童話世界的趣味。La Sebastiana名稱是為紀念蓋此房屋的建築師Sebastián Collado，主體五層樓結構，色彩也很鮮豔。

　　La Sebastiana幅員不僅如此，從街道步入大門，就顯得很氣派，有咖啡店、前庭花園，特殊景觀是以聶魯達側影打造的座椅，讓參觀者坐下來，與聶魯達並列拍照或對話。進入主體建築之前，還有紀念品店兼售票處（聶魯達三處故居的門票同樣是5,000比索，約等於新台幣250元），進口處有寄物櫃房，臨海大觀景台下方是公關新聞資料室。

我在一樓入口的訪客留言簿上，寫下聶魯達《20首情詩和一支絕望的歌》第二首的首句：「光把妳籠罩在致命的火焰裡」，簽漢英名字，註明來自台灣，表達千里迢迢的景仰心情。

一樓環牆以大海報分期展列聶魯達生平大事，圖文並茂，充當簡報，旁側是視聽室，周而復始播放聶魯達生前紀錄片。La Sebastiana因依山望海建造，視域特佳，三樓客廳、四樓臥室，以落地窗君臨城市和海港，氣象萬千，大有世界就在掌握下的氣概。而三樓餐廳90度的大景窗，把海港綿延到佛羅里達山坡彩色斑斕的住宅區，盡覽眼底，真是美不勝收。餐桌上擺設一尊義大利名瓷大白牛，約一公尺長，成為訪客注目焦點。

La Sebastiana收藏品更勝過La Chascona，有著名油畫、雕塑、木刻、家具等，五樓更有一個中國仕女圖折疊式大屏風。聶魯達於1928年、1951年和1957年三度到中國，與詩人艾青等有過交往。1954年智利為聶魯達慶祝50歲生日，艾青應邀出席，所寫賀詩中有一段歌頌他：「太平洋的波浪／千萬年來都一樣／而你的歌聲／是我們這時代的波浪」。

近午時，參觀畢，詩人移步到過街斜對面的詩人廣場。這裡有三尊銅像：維多夫羅坐姿，手持柺杖，圓盤帽放置膝上，左手伸長，似跋涉後歇息，遊客若坐下來靠近合照，正像老友閒聊；米斯特拉爾也是坐姿，一幅老婦獨坐沉思或正享受日光浴的悠閒模樣；聶魯達則採立姿，像是在迎賓或送客。我在此選念聶魯達《20首情詩》中的第二首〈光把妳籠罩〉：

> 光把妳籠罩在致命的火焰裡，
> 精神恍惚而蒼白的傷心人，
> 站在黃昏時靠近圍繞妳
> 轉動的老舊螺旋槳。
>
> 我的朋友，單獨無言
> 處在這死寂時間的孤立中
> 並充滿著火熱的生命，
> 成為荒廢日子的純粹繼承者。

果樹的枝枒從太陽落到妳深色的
衣服上。夜的巨大樹根
驟然從妳的心靈苗長，
在妳內心裡隱藏的事物再度呈現。
所以妳新誕生的氣色慘青的
人們獲得了營養。

雄壯、精力旺盛而且有魅力的奴僕啊，
以輪流通過黑色和金色運動的圓圈：
建立、領導，據有一項創造
使生命如此富饒以致花謝
而滿懷悲傷。

　　在瓦爾帕萊索港口Cerreza Austral餐廳午餐，我們選挑空二樓的臨窗位置，俯看海港船隻進出頻繁，顯示此地經濟貿易居於重要地位。餐後，前往比尼亞德爾馬（Viña del Mar，海濱葡萄園市），在碼頭附近散步觀海景，海關大樓門口釘有尼加拉瓜詩人達里奧（Ruben Dario, 1867-1916）曾在此工作的銅牌。當地詩人卡斯逖羅（Inés Zeiss Castillo）為我導覽港口，說明碼頭上無名海軍將士墓故事，並主動提起將來若有需要，願為台灣詩人作品翻譯成西班牙文。

　　到達胡爾芙城堡（Castillo Wulff），此古堡為德國硝石和媒炭貿易商暨經營海運事業的古斯塔夫・阿道夫・胡爾芙（Gustavo Adolfo Wulff Mowle）在1906年所建，臨海，在北側礁岩上砌造燈塔，與古堡橋連接成一體，造型獨特美觀。1959年歸市政府後，成立智利海軍博物館，1990至1999年一度作為1967年智利國家文學獎得主薩爾瓦多・雷耶斯（Salvador Reyes Figueroa, 1899-1970）的著作典藏館，如今是智利國家歷史紀念館。

　　到達胡爾芙城堡，發現台灣詩人團獨缺林葦芸，無人注意到她脫隊，不知去向。我趕緊請求卡宓洛和蒂娜協助尋找下落，原以為在餐廳時沒有跟

上，後來有人看到她一起走出餐廳。正準備報警時，林葦芸趕到，原來是在餐廳時，與一位當地詩人談得興起，詩人開車要送她一起到古堡，順路彎到家裡坐一下，不料這一下讓我嚇一大跳。

與海濱葡萄園市當地詩人們舉行讀詩會，由詩人卡斯逖羅（Castillo西語即古堡之意）在古堡主持，似不作第二人想，他先邀我講一些應酬話。當地詩人念詩很熱絡，到晚上9點才結束，在現場吃披薩，與當地詩人交誼，詩人們跳舞助興，路易親自下場跳奎卡舞，後來聽說智利人人從小都會跳。當晚回到瘦豬哥已是半夜。

10月12日前往梅里匹亞市（Melipilla），這裡是路易故鄉，適逢建城128週年慶，市長率領學生在公園前廣場跳奎卡舞迎賓，帶領參觀興建中的藝文中心，對此項新政績很自豪。隨後到詩人Bruno Jimene R.經營的咖啡店歇息、喝咖啡、聽歌手演唱。隨即轉往黑島參觀聶魯達故居博物館。

黑島位在天堂谷與聖安東尼奧之間，臨太平洋，位於瓦爾帕萊索南方70公里、聖地亞哥西方110公里，顯示聶魯達三個故居位置大約呈三角形態勢。聶魯達1939年在此置產，當時還是荒涼漁村，如今因聶魯達「黑島之家」成為博物館，周邊不但有許多藝文人士在此長住創作，商家也因湧入的觀光客而大發利市。

黑島海邊黑岩「亂石矗矗」，但沙灘卻很平坦。「黑島之家」前面為了觀光客布置大餐廳，實在影響觀瞻，反而「黑島之家」與沙灘之間的後庭比較可觀，從後庭看進來，左側是客廳，像船長室，四周都是航海設備，舵輪、航海儀、海圖等，屋頂到閣樓，布置成船首，連船首女神像都齊備。中間是古堡型的塔樓，右側是餐廳，再往右延伸是臥室和酒吧間，內收藏無數的藝術酒瓶，各種奇巧造型，諸如女神像，更奇特的是手槍型之類，前所未見，酒瓶內藏帆船，形形色色，多到不可勝數。

戶外隔著中庭，有一艘小舟擱在沙地上，旁邊是叉形架，上面吊掛幾個銅鐘，像是警鐘。再向右延伸一長串接近L形參差不等的房子，好像長龍擺尾。

這整排房屋都擺滿各類收藏品，比較特殊的是書房，掛了許多聶魯達好友的各國文學大師手稿、照片、獎牌等，另一面諾貝爾文學獎牌就放在這

裡。我注意到有一封信上蓋著「聶魯達」三個漢字的印泥圖章，是當年他到中國訪問時，艾青找人刻送給他的。

最末尾的一間是貝殼珍藏室，各種前所未見的貝殼，我在各國參觀過的海洋博物館、自然史博物館等都未必有如此之豐富，充分顯示聶魯達對海洋的鍾情，從黑島之家的布置和收藏表露無遺。

貝殼珍藏室外面往沙灘幾步之遙，就是聶魯達和最貼心的伍魯蒂雅長眠之所，朝向無限廣闊的海面。墓地簡樸，形似花圃，矮矮壁崁貼黑色大理石墓碑，右邊刻「Pablo Neruda, 1904-1973」，左邊刻「Matilde Urrutia, 1912-1985」，我在墓前栽一株花，表示敬意。

1973年在聶魯達臨終前幾天，社會黨總統薩爾瓦多·阿葉德（Salvador Allende, 1908-1973）被右派軍頭皮諾契特（Augusto Pinochet, 1915-2006）政變推翻，當時聶魯達人在黑島，軍方搜查黑島之家，聶魯達講了一句傳誦遐邇的話：「搜吧！這裡對你們唯一危險的東西，只有詩！」這句話讓我印象深刻，也常在座談會上引用，以支持詩的軟實力。

在黑島之家對面，高出街道十餘台階的一家商店門口，遙望著聶魯達墓地朗誦詩，我選擇念聶魯達《20首情詩》的最後一首〈今夜我會寫下〉，表現詩人的浪漫熱情：

今夜我會寫下最傷心的詩行。

例如寫下：「夜碎成片片
而藍星在遠方寒顫。」

夜風在空中迴旋悲吟。

今夜我會寫下最傷心的詩行
我愛過她，有時她也愛我。

像這樣整夜我擁抱她在懷裡。
我一再吻她在無盡的天空下。

她愛過我，有時我也愛她。
怎能不會愛上她寧靜的大眼睛。

今夜我會寫下最傷心的詩行。
想到我沒有她了，感到我失去她了。

聽到無際的夜，沒有她更加無際。
詩落在神魂如像降露在草地上。

我的愛不能留住她怎麼辦。
夜碎成片片而她不在我身邊。

就這樣。遠方有人唱歌。在遠方。
我的神魂悲傷失去了她。

我極目搜索好像向她走近。
我心尋找她，而她不在我身邊。

同樣的夜漂白同樣的樹。
我們當時的風光已經不再。

我不再愛她，真的，但我多麼愛過她。
我的聲音試圖託風送到她的耳邊。

別人的。她會是別人的。像我以前的吻。
她的聲音。她漂亮的身體。她無限的眼睛。

我不再愛她，真的，或許我還在愛她。
愛情這麼短，忘記卻要這麼久。

因為像這樣整夜我擁抱她在懷裡。
我的神魂悲傷失去了她。

雖然這是她造成我最後的痛苦
我還是要把這些最後的詩寫給她。

　　回程在卡達赫納（Cartagena）午餐，有歌手駐唱。餐後前往智利前衛詩人文森‧維多夫羅（Vicente Huidobro,1893-1948）墓園。文森‧維多夫羅出生於聖地亞哥富裕家庭，18歲出版第一本詩集《心靈迴聲》（*Ecos del Alma*），即帶有現代主義傾向。1916年到歐洲，與畢卡索、布勒東等巴黎前衛藝術家、詩人交往，一度和阿波利奈爾一樣熱中於圖畫詩，成為前衛詩人中堅分子。1925年回到智利，創辦政論雜誌，支持者擁他競選總統，卻有人在他家門口扔炸彈，他逃過一劫。以後又前往歐洲，專志寫小說，參加超現實主義運動，也是創造主義（Creacionismo）藝術運動的主腦，主張詩人應將生活融入事物內，而非僅止於描寫自然。

　　維多夫羅墓園在一片廣大的斜坡草原間，疑似荒地，沒看到有任何耕種農作物。附近有標示維多夫羅紀念館，但外觀像是維多夫羅相關的紀念品店，奇怪的是，路易沒有安排進去，也沒人來墓地打招呼，與去憑弔奧斯卡的情形，大相逕庭。詩人在維多夫羅墓園朗誦詩，我選念他的〈詩藝〉：

詩像一把鑰匙
可以打開千道門。
樹葉落下；有時飛舞；
眼所見莫非創造，
聽者內心震動不已。

發明新世界應謹慎用字；
形容詞，沒有生命，死掉罷了。

我們處於神經周期。
肌肉曬到枯乾
像古董，放在博物館內；
但力道並未減弱：
真正力量
留在頭腦中。

為何歌頌玫瑰，詩人呀！
讓它在詩裡綻開吧！

對我們而言
太陽下事事物物都活生生。

詩人是一位小小上帝。

晚上8點回到梅里匹亞市，在瓜幾羅斯社會文化空間（Espacio Social-Cultural Los Guajiros）舉辦詩會，紀念詩人維多・馬林・卡爾昆（Victor Marin Calquín）去世11週年。我贈書《詩人軌跡・台灣詩篇》給市長。市長招待吃披薩、喝紅酒。看來路易公關不錯，甚得訪問單位熱情接待，不論是政府或學校，反過來也顯示，詩人和詩活動，受到智利各界重視。回到瘦豬哥又是半夜。

翌日，自由活動，路易帶我們市區遊覽，經波西米亞街，沿路可見隨便塗鴉的街道。智利【詩人軌跡】國際詩歌節活動，實際上分兩個梯次，第一梯次從10月8日到14日，第二梯次銜接從10月14日到20日。

在兩梯次銜接的14日安排特殊活動，早上參訪智利國立中學（Instituto Nacionale de Chile），此高校政治意識特強，畢業生出產過17位總統，每次

政治運動率皆由此校發動。與此校詩社同學座談，朗誦詩，感受到學生敏感度強，發言踴躍，學生創作的詩，有明顯的現實關懷。下午參觀總統府（Palacio Presidencial La Moneda），在西班牙殖民時代原本是鑄幣廠，詩人們在府內小教堂朗誦詩，憑弔故阿葉德總統辦公室時，看到阿葉德總統被政變軍隊士兵開槍時，在他座位後方牆壁上留下的彈孔，阿根廷女詩人葛雅希拉（Graciela Mónica Muñoz）情不自禁，就在辦公桌旁念起詩來。後來又進入府內原來的阿葉德總統官邸，向其致敬。

下午在國家歷史博物館（Museo Histórico Nacional）舉辦新書發表會、朗誦詩、觀賞民族舞蹈表演。晚上為第一梯次詩人惜別餐會，包括阿根廷、巴西、哥倫比亞、西班牙等國家詩人就要回去，由我代表世界詩人運動組織（PPdM）致贈參加證書。實際上，並無新來詩人加入第二梯次，以後行程台灣詩人團獨大，因為只有另外兩位哥倫比亞，以及烏拉圭，和為台灣詩人義務翻譯的西班牙蒂娜，共四位他國詩人留下來。

第二梯次行程從10月15日往北出發，中午到達離瘦豬哥230公里的洛斯·比洛斯（Los Vilos）港市，接受社區電台訪問。午後，在公園內，2013年10月設立的世界詩人廣場，有一場揭牌儀式。廣場豎立一座大致半身高的四方水泥台，頂面傾斜，安置不鏽鋼板，蝕刻「PLAZA POETAS POR EL MUNDO, Los Vilos, Octubre de 2013」字樣，左上角是洛斯·比洛斯市徽，右上角是世界詩人運動組織標章，下方有市政府法正（Alcalde，沿西班牙制度，即地方首長）Manuel Marcarian Julio立名，證明是官方法定設置。

揭牌儀式由PPdM駐洛斯·比洛斯領事David Altamirano Hernandez主持，請法正致詞後揭牌，把二塊不鏽鋼板安置在四方水泥台正向立面，鋼板蝕刻PPdM在洛斯·比洛斯已往生的二位會員名牌，形同小型紀念碑，充分表示社會對當地詩人的接受和肯定，非常溫馨。二位會員的家屬在現場擺桌，陳列詩人著作。我趁機贈送《詩人軌跡·台灣詩篇》給市長及夫人，並在現場接受電視台記者採訪。晚間，法正夫婦宴請詩人們，夫人雍容有禮，甚具親和力，表現對詩人的崇敬態度。

第9天10月16日，早上參訪迪戈·德·阿爾瑪哥羅（Diego de Almagro）中學，與學生座談。然後轉往參觀原石聖母像園區，裡面有一座巨岩，形似

天然雕塑的聖母像，立在基座上。我因想走捷徑，不願繞到階梯上去，跳過一壕溝，不料跳過後卻腳軟，自然跪下去，驚動在旁的路易、蒂娜和葦芸，我怕見笑，拉住葦芸伸出的手，一骨碌站起來。路易安慰我說，智利俗諺有云：「跌倒時，表示你是那塊地的主人」，這句話促成我翌日清晨早起寫詩〈膜拜姿勢〉：

    天然聖母造型的巨石
    立在山丘上召喚信徒膜拜
    非信徒抱著虔誠前來
    竟然仆倒雙膝跪地
    是無意識的動作
    還是有什麼緣分等待連結

    智利詩人說　跌倒時
    表示你是那塊地的主人
    啊　即使是膝蓋下
    小小方寸之地可供立錐
    流下幾滴血可以算是
    有心還是無意耕耘

    感謝妳扶我一把
    我來不及親吻方寸土地
    可以起身繼續人生未來行程
    猛然發現我要追求的是
    真正內心方寸之地
    我想膜拜的是那新形象

    肅穆沉靜時有幾分
    聖母慈善的神似

如果我勇敢在那方寸間
跪下請求接納我
引導我餘生的信念
妳會微笑還是掉頭離去

　　午間去參觀在Pujio山谷設立的考古園區，位於Aranda山和Mauro山間。此地原為七千年的先民遺址，因礦業公司要在Mauro山建礦渣壩，將使500塊岩畫，加上2,000件岩石雕刻和148個考古位址，被淹沒在礦石廢渣底下，永不見天日。於是政府要求礦業公司就近在Aranda山興建岩畫公園、陳列館和儲藏室，以保存考古材料和在Mauro山發現的岩石雕刻。由於礦業公司未履行承諾，被考古研究人員提告，環保署於2014年2月7日確定，因礦業公司於獲准興建礦渣壩，移除考古材料經十年後，未遵守政府規定，結果被國家主計長訴諸於法，礦業公司被罰230萬美元。

　　傍晚在洛斯・比洛斯街道上，追悼奧斯卡・佳斯敦・埃度・赫雷拉（Oscar Gastón Aedo Herrera）等烈士。1973年10月16日這一天，拘留在小夜曲監獄（la Cárcel de La Serena）的15位烈士（現任法正之父為烈士之一）因反抗獨裁者奧古斯多・皮諾契特總統，意圖劫持薩拉曼卡（Salamanca）軍營，被阿里卡（Arica）軍團射殺。41年後，世界詩人運動組織帶領詩人前來悼念。街道上貼有15位烈士的遺照，和當時剪報，周邊沿街地面點蠟燭，遺族靜靜默坐在一起追思。台灣詩人跟隨路易，在路邊點蠟燭致意，在場遺族特別起立向台灣詩人答謝。可是忽然闖來五、六位中年婦女，站在路旁，指著遺族大聲詈罵，邊喊叫邊離去，遺族無人答腔。我目睹現狀，深深感受智利已經是發展成熟的民主國家，但保守勢力還是會無端尋事，台灣似乎也是一面鏡子。

　　翌日從洛斯・比洛斯市繼續往北，先到卡列納（Calena），接受社區電台訪問，現場播出，主持人半途要求我用母語談話，說想聽聽台灣語言原音，請葦芸譯成英語，再由蒂娜轉譯為西班牙語。結果，使得去逛街和商店的其他台灣詩人朋友，突然從電台播音聽到我的台語，大感驚訝。電台台長是印尼人，現為本地教堂牧師，派駐智利已十餘年，很瞭解台灣，特別表示

對台灣照顧印尼外勞的謝意。

中午到市政府演講廳舉辦座談會，朗誦詩，並由林葦芸向當地詩人作家介紹台灣，市政府全程錄影，供傳播用。我贈送《詩人軌跡‧台灣詩篇》給市政府。市政府招待午餐。餐後驅車往塞廉納（Serena），在海灘吹一下海風。趕到科金博（Coquimboe），轉往駱馬鎮（Vicuña），住進米斯特拉爾街706號的豪宅民宿，由門牌可知即在米斯特拉爾博物館同一街上，居停女主人說她小時候常見米斯特拉爾，因母親與她是知交。在民宿後院烤肉晚餐。

10月18日早上驅車進入埃爾桂山谷（Valle Elqui），前往蒙特葛蘭德（Montegrande），憑弔1945年諾貝爾文學獎得主米斯特拉爾（Gabriela Mistral, 1889-1957），其墓園在山岡上，立一巨石為墓碑，刻有米斯特拉爾詩句：

> LO QUE EL ALMA
> HACE POR SU CUERPO
> ES LO QUE EL ARTISTA
> HACE POR SU PUEBLO

> 心靈之於
> 肉體的意義
> 正如藝術家
> 之於人民

詩人們在米斯特拉爾墓前排練交響詩，以備參加音樂會節目。隨後參觀米斯特拉爾年輕時執教的小學校內所設置米斯特拉爾紀念室，門票500比索，室內資料不多，珍貴的是一組諾貝爾獎牌和一封學生聶魯達從義大利寫給她的信。

回駱馬鎮（Vicuña），參觀米斯特拉爾博物館，著作、相關文物收藏豐富。博物館前面是米斯特拉爾前故居，屋前有一立式說明牌，標題La Casa

（家）。於是，我站在旁邊，念米斯特拉爾的詩〈家〉應景：

兒子呀，餐桌上
放著潔白的乳酪，
四壁的陶器
閃耀藍色光芒。
這裡是鹽，這裡油，
中央，麵包像在說話。
黃金比麵包金黃可愛
不會開金雀花或結果，
小麥和烤箱香味
予人無止境的快樂。
小兒子呀，我們撕麵包
硬指和軟掌並用，
你看得目瞪口呆
黑土竟然開出白花。

你放手摳到食物
學母親下手的樣子。
兒子呀，小麥靠空氣，
陽光和鋤頭；
麵包稱為「神面」，
不會自動掉到餐桌上。
若其他孩子還沒有，
兒子呀，你最好別碰，
最好你別伸出
那丟臉的手先去拿。

午後，回科金博午餐後，繼續趕路回到洛斯・比洛斯。晚上9點，出席

洛斯‧比洛斯音樂晚會，有二樂團分擔兩場演唱，中間休息穿插詩人今早在米斯特拉爾墓前排練的交響詩朗誦，輪流由一位台灣詩人朗誦台語或華語，一位智利和其他拉美國家詩人朗誦西班牙語，每人念四行，交錯進行。後場是由智利當年反抗獨裁總統皮諾契特（任期1974-1990年）流亡國外的奇萊拔雲（Quilapayun）樂團演唱，壓軸歌〈團結的人民永遠不被擊潰〉（El pueblo unido jamás será vencido）風靡全場，此歌在台灣太陽花運動時也被引進，在台北街頭傳唱。市長全家出席，和詩人們坐在貴賓席。

音樂會到凌晨1點結束，市長夫婦宴請詩人和樂團「晚餐」，鴻鴻在餐廳帶領台灣詩人唱華語版〈團結的人民永遠不被擊潰〉，樂團為之動容，立刻再以西班牙語原音回應，有一位團員到我身邊告訴我，他的祖父是華人，姓王，他一句華語也不會說。餐間PPdM頒贈詩人參加詩歌節證書，結束整個智利【詩人軌跡】國際詩歌節活動。到凌晨3點，台灣詩人無法熬夜過度，先行告退，晚宴還沒結束。樂團有一位團員，趁機隨我們告退，陪我慢步聊天，再三說祝我趕快獲得諾貝爾文學獎，從來沒遇過這樣熱情的國際藝術家！

上午補眠，中午最後行程是遊覽洛斯‧米洛斯（Los Millos）的私家不墾（Puquén）生態保護園區，滿山遍野的仙人掌，非常高大，但花蕾很細小，不成比例。路易帶大家去看一個風櫃岩洞，海水沖進岩下，往上噴起，大聲呼嘯，相當淒厲。以詩〈不肯的迴音〉為證：

　　我一向習慣在野地行走
　　原生植物生態是我的最愛
　　勝過瓶花的嬌美
　　插花的巧飾作態
　　生態保護區有海岸作伴
　　天荒地老無盡期

　　人生寄旅有幸中途歇腳
　　眺望太平洋隱伏波濤

心情無法平靜
澎湃聲聲衝擊虛弱心房
不知誰能聽到共鳴
岩礁小島離岸邊這麼近
卻無法親密在一起
島上海獅喁喁求偶聲
顯得心慌意亂

相對望風櫃岩洞
海浪湧進往洞口上衝
吼聲驅風追雲
捲起飛沫噴向天際
我偎著石壁傾聽迴音
生怕走錯一步
會造成不能回頭的遺憾
妳不肯的吼聲
使我沮喪到步伐踉蹌

　　在荒地海濱野餐，路易問我訪問智利觀感，我正容答以沿途完成《給智利的情詩20首》，足夠印一本詩集，但應該不會有絕望之歌，如果有，我寧願寫一首希望之歌，給我的祖國台灣。蒂娜當場承諾，她一定幫我譯成西班牙文。我們的諾言都很快兌現，後來蒙俄羅斯詩人隋齊柯甫（Adolf Shvedchikov）和羅馬尼亞詩人波佩斯古（Elena Liliana Popescu）青睞翻譯，《給智利的情詩20首》於2015年8月由美商EHGBooks微出版公司，以罕見的台、華、英、西、俄、羅馬尼亞，共六種語文版本出版。

　　晚上回到瘦豬哥，在旅館附近餐廳惜別晚宴，我致謝詞，感謝PPdM創辦人兼祕書長路易、副祕書長瑪姬、幹事卡宓洛、攝影雅立（Alex），以及義務翻譯蒂娜等的辛勞，讓我們賓至如歸。除致贈紀念物外，當場宣布2015年9月將在台灣舉辦國際詩歌節，歡迎大家共襄盛舉。

智利首都聖地亞哥是世界詩人運動組織總部所在地，【詩人軌跡】已連續舉辦10屆，駕輕就熟，活動面廣，不但從聖地亞哥，到聖費爾南多（San Fernando）和蘭卡瓜（Rancagua），又前往瓦爾帕萊索（Valparaíso，天堂谷市）、比尼亞德爾馬（Viña del Mar，海濱葡萄園市）、黑島、梅里匹亞市（Melipilla），再前進洛斯·比洛斯（Los Vilos）、拉佩爾（Illapel）、科金博（Coquimboe），深入埃爾桂山谷（Valle Elqui），遊駱馬城（Vicuña），最後回到聖地亞哥。經過十餘個城市，與各地詩人同台念詩，接受電台、報紙訪問，台灣意象受到歡迎，拜訪總統府、各地市政廳、圖書館、各級學校、文化機構，參加音樂會，帶去的《詩人軌跡·台灣詩篇》除智利詩人外，也贈送給市長、圖書館、記者等，進行推廣。

出席智利詩歌節的台灣詩人創作更為豐富，我照例編成《太平洋詩路》（*Trans-Pacific Poetry Road*）詩文錄（西港鹿文創社，2015年），附錄拙譯智利經典詩人文森·維多夫羅（Vicente Huidobro）、米斯特拉爾（Gabriela Mistral）、聶魯達（Pablo Neruda）和奧斯卡·卡斯特羅（Oscar Castro）的詩，也在台灣與智利的國際詩交流留下鮮明痕跡。

四年後，2018年我再到智利，參加第14屆【詩人軌跡】活動，有陳秀珍作伴，自10月17日至28日，行程大致上與第10屆無甚差別，只是更增加到中小學交流活動，可見詩歌節受到教育單位的重視與支持（詳見陳秀珍〈循詩人軌跡，遇見聶魯達——2018年第14屆智利【詩人軌跡】國際詩歌節紀要〉，發表於《笠》詩刊第329期，2019年2月）。在智利各城市參訪活動中，我念《給智利的情詩20首》與智利人民分享，受到熱烈回應與共鳴。此次寫《給智利的離情詩11首》，沒有達成20首的成果。離情者，或許離情依依，或許離情別戀：此生重臨智利似已不可能，故曰離情依依；若還有體力出外多見見世面，不妨去新地方見識，則曰離情別戀矣！

2018年11月24日

Yangon, Myanmar

緬甸仰光

第8屆東南亞華文詩人大會

時間：2015年3月7日至3月9日

地點：緬甸

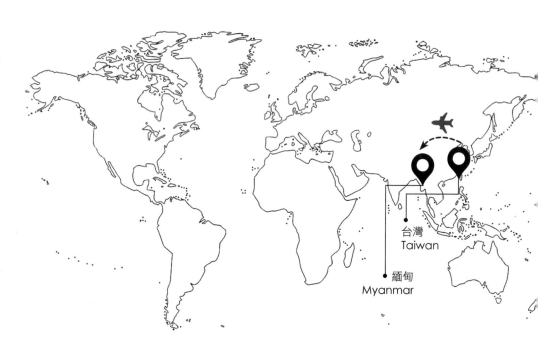

台灣
Taiwan

緬甸
Myanmar

2014年有一位緬甸華裔青年寫信給我，名叫黃德明，筆名奇角，想參加世界詩人運動組織，要我幫他推薦辦理入會手續。根據奇角寄給我的資料，知道他是1986年出生於緬甸臘戌，在馬來西亞住過多年，現住在美國，是緬甸華文詩社「五邊形」和「緬甸華文文學網」共同創辦人之一，也是菲律賓《世界日報》副刊專欄作家，經常投稿給印尼《國際日報》亞細安（按：東南亞國協或簡稱東協）文學副刊、中國《詩刊》、香港《橄欖葉詩刊》。

我按照PPdM入會所需提供資料後，很快就通過，並賦予會員個人網頁。奇角開始與我經常聯繫，傳來詩作，有一次傳來三首仰光詩，讓我眼睛一亮，不但意象詭譎，充滿對當時緬甸軍頭獨裁高壓統治人民，造成社會黑暗困境的強烈批判，又隱隱把首都仰光名詞，巧妙轉變成動詞，產生仰望光明的寄託和期待：

擁抱

早晨的陽光
刺破雙眼
照進了一棵樹
樹是一個怕冷的孩子
站在那裡
像一個空洞的黑色影子
站在影子裡
瞪著你

日

蒲甘城的光
人們仰望的天空
照亮蒲甘城的黑暗
蒲甘城的光
照不亮蒲甘城的影子

蒲甘城
金色的麻雀
從東向西飛行的樣子
像一個刺眼的日頭

墓地

十九世紀
埋葬在仰光城裡
仰光城
你是一座麻木的空城
城裡埋葬著木頭
城裡有點不著的火
十九世紀
一個站在黑白照片中的孩子
像一座雕刻在黑白紙上的雕像
仰光城
我必須仰著頭看你
我必須低著頭想像你
十九世紀的仰光城
你的城牆上
一隻麻雀停下又飛去
你的天空
一線光芒和一片黑夜
像一隻起起伏伏的麻雀
十九世紀
在仰光城中
為了一塊木頭和一個孩子
一個始終站立在黑白照片中的孩子

你是一點沒有溫度的星火

燃燒著黑白照片中的仰光城

　　那時，我正在準備組團前往智利，出席第10屆【詩人軌跡】國際詩歌節，奇角突於9月11日來信邀我以貴賓身分，參加由「五邊形」詩社在緬甸舉辦的第8屆東南亞華文詩人大會，時間2015年3月7日至9日，如果我同意出席，籌辦祕書號角王崇喜（筆名王喜）會寄來正式邀請函。「五邊形」詩社是一個年輕詩社，我發現除奇角黃德明、號角王崇喜外，「五邊形」詩社社員筆名統一有角，包括方角張祖升、轉角段春青、廣角王子瑜、一角張芙秀、雲角張惠雲、風角禹風、海角流風、凌角耿林學等，這樣獨特的筆名系統，隱喻社員間的手足之情。

　　「五邊形」詩社活動狀況，從2014年出版的《五邊形詩集》第二集序文，約略可見端倪：

　　　　詩，是一種美。生活，是一種存在。生活在任何地方，任何環境，詩以一種美存在。在或不在，近或不近。沒有地域，沒有時間。寫，就是一種美，一種存在。

　　　　「五邊形」社員，每一個都是獨立的個體，有自己的世界，有自己的詩。但「五邊形」社員，每一個都屬於詩，每一雙手，每一個字，都是閃耀的星星。詩社成立三年來，「五邊形」首先在2012年8月，在吉隆坡舉辦的《第13屆亞細安文藝營》上發布第一本詩集。一本四人合集的詩集，標竿緬華文學的優美端莊，在文學史上，它以自己的形式發展自己。「詩」是美麗語言，在之前，緬華從未出版過新詩集。它的出版，不堂皇，不自卑，相對地，我們看見一種美。這種美，沒有跟跟蹌蹌，它像一棵樹發芽，像春天開花，自然，簡美，力量。引導著青春的手，青春的腳步，一直向前，一直發現。於是，我們去發現更多的社員加入，方、轉、號、奇、廣、一、雲、風、凌……一個一個角友，一樣的力量。接著，我們設立《緬甸華文文學網》，我們在菲律賓《世界日報》、在緬甸果敢《果敢報》，開闢

《五邊形》專欄，在世界許多地區發表作品。如今，我們在仰光主辦首次在緬甸舉行的第8屆《東南亞華人詩人筆會》詩人大會，並出版《五邊形詩集2》，出版五邊形社員個人詩集數本。這種美，是一種力量。詩的力量。博大的力量。

「五邊形」並不希望在緬華文壇上一枝獨秀，除了「五邊形」詩社，出現更多的文學社團，是我們一直在努力的方向。《五邊形詩集1》，大部分都送往緬甸華校，《五邊形詩集2》，也是這樣的本願。不管多少學生是否認認真真地去翻看過書中的句子，只要在過程中有人因此而對文字的未來充滿力氣和願景，就是「五邊形」一直所期望的。

數大，而美。在於緬華文壇，五邊形已然成長，可對於緬華文壇，不止於五邊形，任何一位執筆者，都需要朝一個大方向行走。鼓勵學生創作，培養更多文學愛好者，這不止是「五邊形」的希望，也是緬華社會對緬華文學的希望。

《五邊形詩集2》出版了，作品與詩社，在世界和緬華文壇上，還需要諸多的力量和指導。作品，我們一直創作，路，我們一直在走。但在路程中，希望各方面給予指正及指點。

詩的世界，是那座愛情島，「巴塔哥尼亞島」。那裡有沙漠，有冰川，有深谷，有湖泊，有火山，有草原，有猛獸……那裡什麼都有，什麼都能容納。詩人是愛所能愛的，一隻螞蟻，一棵樹，一條河流，一座山……美與不美，生活的輕與重，生命的生或死。我們向前走，左，右，每一步，富於生活，沒有所謂。

我接受奇角邀請後，第二天王喜就寄來正式邀請函，處事快捷。我希望大會能給我幾個名額，讓我邀請詩友同行。據告，「為均衡兩岸四地及東南亞華文詩人出席人數之比例，兩岸四地詩人皆以不超過10人為限」，由於大會已另邀請其他台灣詩人，所以，我可邀3至4位，後來因確定有受邀的其他台灣詩人無法出席，最後協商結果，給我6個名額。經探詢台灣詩友後，我提出報名名單是林佛兒、莊金國、陳明克、方耀乾、戴錦綢，和我。

為安排班機，經探詢報價結果，相差大到離譜。華航直飛仰光台幣

20,000，搭國泰到香港，轉港龍到仰光才台幣11,000，幾乎半價。當然轉機增加不便，但為了經濟效益，確定大會接機時間沒問題，我們選擇國泰，明克和我從桃園，其餘四位從高雄小港出發，到香港會合，飛3.5小時到達仰光，已是半夜。王喜和「五邊形」詩社社長張祖升來接機，香港秀實（梁新榮）同機到達。我們住進大會場地的仰光飯店。

翌日早餐後，上12樓會議廳報到，繳費、領會議資料等。台灣另有林煥彰、白靈和葉莎報到。從大會論文集顯示，第8屆東南亞華文詩人大會是由緬甸五邊形詩社與東南亞華文詩人筆會共同主辦，筆會現任主任（會長）是汶萊孫德安、副主任是砂勞越吳岸（丘立基），和越南林小東。根據資料，對東南亞華文詩人筆會簡介如下：

> 東南亞華文詩人筆會乃由菲律賓、馬來西亞、泰國、汶萊、新加坡、印度尼西亞，六國14位華文詩人：雲鶴、明澈、陳扶助、吳天霽、吳岸、杰倫、秋山、嶺南人、曾心、海庭、史英、郭永秀、莎萍、顧長福，於2006年端午節，應邀出席中國福建省港澳暨海外華文文學研究會主辦之《東南亞華文詩國際研討會》時所創辦。並以增強東南亞各國華文詩人之間交流互勉互勵，以推動東南亞華文詩運為宗旨。
>
> 自首屆東南亞華文詩人大會在中國福建省福州市舉行後，已分別在中國廣東省韶關市（2007年）、越南胡志明市（2008年）、中國貴州省遵義市（2010年）、中國山東省青島市（2011年）、汶萊（2012年），舉行過6屆大會，為加強各國詩人的交流做出努力。並由東南亞各國輪流編輯出版9本《東南亞詩刊》；7本東南亞華文詩評論集：《蕉風華韻》、《熱風吹雨灑江天》、《本土與母土》、《美麗中文把我們連在一起》、《風雨兼程　更上層樓》、《詩緣三星堆》。
>
> 2013年，筆會設立「東南亞華文詩人網」，以適應信息科技猛訊發展時代的需求，為各國華文詩人增加新的交流平台。

利用報到後空閒時間，莊金國、陳明克和我，出外散步，眼到之處幾乎三步一寺、五步一廟，街上常遇到年輕僧侶，一肩披著金黃色袈裟，沿路托

缽，緬甸對佛教之虔誠信仰，可見一斑。佛寺大小不一，基本結構相似，四方基礎數層，頂上是倒置的搖鈴式形狀，外表貼金，陽光照耀下，金碧輝煌，不可逼視。仰光氣溫37至38℃，屬熱帶氣候，九重葛灌木叢特別茂盛，繁花特別豔麗。我們繞街上人行道走，不敢越過馬路，因為很少紅綠燈，十字路口也沒有行人斑馬線。公車很舊，沒有冷氣，車上人又擠，通常有人霸占車門邊吹風，不讓車門關上，幾乎每輛公車都是這樣在街上行駛。

大會在飯店頂樓以雞肉便當，招待提早報到的各國詩人午餐，正式歡迎晚宴則在凱里童子雞餐廳。各國出席詩人60餘位均已到達，還有緬甸臘戍地區中學生和果文中學生寫詩同學，場面相當盛大，除先讓各國詩人互相介紹認識外，還有歌唱舞蹈助興。

第8屆東南亞華文詩人大會，實際上正式會議只有3月8日一天，早上由會長孫德安主持，致開幕詞。孫德安1942年出生於福建廈門，汶萊中小學畢業，留學台灣國立政治大學外文系，曾任汶萊中華中學校校董，汶萊留台同學會創會會長（1968年），汶萊華文作家協會創會會長（2004年），亞洲華文作家協會總會長（2014年起），汶萊電器商公會會長等職，足見是一位事業有成又熱心公益的詩人。出版著作《千年一顧》（2000年）、《百年一得》（2010年）和《汶萊河上圖》（2012年）。

接著由副會長吳岸致詞，說明東南亞華文詩人筆會成立經過，和目前發展情況。吳岸與我同齡，出生於馬來西亞砂勞越古晉，滿頭白髮，蓄髯，一副仙風道骨模樣。15歲開始寫詩，1962年即出版首部詩集《盾上的詩篇》，1966年因參加砂勞越獨立運動，入獄十年。已出版詩集《達邦樹禮讚》、《我何曾睡著》、《旅者》、《榴連賦》、《吳岸詩選》（北京版）、《生命存檔》、《破曉時分》、《美哉古晉》、《吳岸詩選》、《殘損的微笑》，及多部文集。榮獲2000年馬來西亞華文文學獎、2009年國際華文詩人筆會頒「中國當代詩魂金獎」。

大會上來了一位怪咖，是台灣前監察院院長王建煊。這位在院長任內對採訪女記者，答非所問，大談做愛要墊枕頭的小丑大官，聽說現在緬甸經商，居然到場大談李白，沒人理他，連拍團體照時，也沒人跟他打招呼，兀自哼著不知什麼歌曲，何時自己偷偷溜走，也沒人注意。開幕儀式後，整天

都在發表論文，上下午各五篇，依前後順序計有：

> 趙東：東南亞華語詩歌新傳統的形成與展望
> 許均銓：伊江後浪推前浪
> 李魁賢：東南亞華文詩人參與國際詩交流的一個通路
> 郭惠芬：從五四到新世紀：緬甸華文新詩淺探
> 曹安娜：生活磨出來的力——讀晨露的詩
> 北塔：轉身，驚見詩的天空
> 熊國華：獨到的視角與意象
> 林煥彰：轉骨中的緬華現代詩
> 蕭成：遲開的花朵——緬甸「五邊形詩社」華文詩歌論
> 白靈：台灣新詩的多元色彩與跨界經驗

我提出的文章〈東南亞華文詩人參與國際詩交流的一個通路〉，一方面身為世界詩人運動組織亞洲副會長，應把握機會讓不論國籍、種族、宗教、膚色、性別、語言等的亞洲詩人，瞭解世界詩人運動組織宗旨、活動情況，並歡迎加入會員；另方面是期待使用全世界最多語言人口的華文詩人，能夠勇敢前進到次多人口的英語和西班牙語文壇活動。拙文如下：

1. 前言

　　詩本質上沒有國家地理界限，但是有表達語文的隔閡。儘管如此，透過翻譯，詩可以在國際間溝通，互相交流。詩透過文字翻譯理解，是純個人操作，以文本方式進行，如果不同國度或區域的詩人間，能有機會接觸，建立私交，互贈詩書和朗讀詩作，可更加密切心領神會，產生文化交流的實質成果。

　　國際交流管道很多，尤其是各國舉辦詩歌節，多到不可勝數，大都以開放的國際式進行，即不採任何限制性的條件，歡迎有興趣的各國詩人出席。世界詩人運動組織（Movimiento Poetas del Mundo，簡稱PPdM）是運動型的詩人團體，架設網站，每年在世界各地舉辦詩

會，是國際交流很好的一個通路。

2. 世界詩人運動組織概況

　　世界詩人運動組織（以下簡稱PPdM）是2005年10月14日由智利詩人路易・阿里亞斯・曼佐（Luis Arias Manzo）創辦，兼任祕書長，主持會務，由副祕書長哥倫比亞詩人瑪姬・郭美姿・塞普薇妲（Maggy Gómez Sepúlveda）襄助，會長推法國詩人阿沙納斯・凡切夫・德・薩拉西（Athanase Vantchev de Thracy）擔任，他原籍保加利亞。

　　PPdM目前會員已達8,500位，涵蓋五大洲，另加阿拉伯世界，共分六個區域，有120個國家的詩人參加。PPdM舉辦詩會相當頻繁，茲就創辦人主要活動領域的拉丁美洲，以2014年為例，5月在古巴辦【島國詩篇】詩歌節，緊接著6月2至9日在哥倫比亞瓜希拉半島辦第2屆「海洋文學」（Literatura al Mar）會議、8月15至18日在哥倫比亞托盧市（Tolú）舉辦第3屆國際詩歌朗讀會「向馬奎斯致敬」，10月8至20日在智利舉辦第10屆「詩人軌跡」（Tras las Huellas del Poeta）國際詩歌節。而歐洲方面由會長主催，在塞爾維亞共和國等舉辦國際詩歌節活動。

　　為慶祝PPdM創立10週年，2015年將首度到亞洲活動，已決定9月初在台南舉辦第1屆福爾摩莎國際詩歌節，接著巡迴到歐洲，最後回到創辦國智利聖地亞哥，辦第11屆「循詩人軌跡」國際詩歌節，劃下句點，預計是一場很有意義的環球國際詩交流場域，跨越亞洲、歐洲、拉丁美洲，可接觸到各國眾多詩人。

　　PPdM設有網站（http://poetasdelmundo.com/），經常在網站上發布活動消息，下面分設五大洲和阿拉伯世界，共六個獨立網站，各洲再按各國分設網站。亞洲國家底下又有各國網頁，例如台灣是（http://poetasdelmundo.com/asia.php?id=97），目前參加人數有41位，在亞洲參加人數最多。其他亞洲國家除土耳其28位較多外，中國13位、日本10位、印度10位、伊朗10位、以色列9位、亞美尼亞5位、哈薩克2位、塞浦路斯2位、孟加拉1位、韓國1位。至於東南亞各

國參加人數更少，可能是知道這個組織的詩人不多，目前只有汶萊2位、菲律賓2位、馬來西亞2位、緬甸1位（奇角）、新加坡1位、泰國1位、越南1位，如此而已。

因此，參加PPdM爭取出席國際詩交流活動，是東南亞華文詩人應該積極考慮的課題。

3.「世界詩人」共同宣言

（見本書第10章）

4. 組織體系

（見本書第10章）

5. 參加會員條件

凡是詩人，不分種族、國籍、宗教、膚色、性別，只要基於自由、平等、和平、人權、友愛、正義等普世價值的信念，都可加入PPdM為會員。不收任何入會費和常年會費，會務支出完全由祕書處靠舉辦活動，和編輯詩選等收入支應。加入會員擁有個人獨立專屬網頁，例如本人網頁為http://poetasdelmundo.com/detalle-poetas.php?id=8062，末四位阿拉伯數字即為本人會員編號，最近新加入會員編號接近8500。會員除擁有個人網頁外，還有參加PPdM舉辦各項活動，和被選入PPdM策劃各種詩選集的權利。

參加會員的程序非常簡便，只要提供簡介、照片、三首詩，傳給PPdM，亞洲區詩人也可以傳給我，經編輯專屬網頁，賦予會員編號，手續即告完成，PPdM會以電郵通知申請人，另在臉書（Movimiento Poetas del Mundo）上公告，讓所有會員和查閱人員，都可獲知最新訊息。會員可隨時查閱自己網頁或PPdM網頁上的活動資料。

會員提供詩作不限語言，可用本國文字或母語，但為求國際交流方便，以英語或西班牙語為宜，至少簡介最好使用此二種文字之一，姓名和詩題可兼用母語以利查考和檢索。請參見下節例，申請人若依

此做文字檔提出，很快就會被接受為會員。

　　凡有意參加PPdM會員的詩人朋友，若須由本人代為處理，可將申請資料傳到本人郵址。

6. 網頁例

　　（本書略）

　　實際上，與期待值落差極大，在我論文發表後，與我進一步接洽瞭解只有幾位，到我回國後，經由我申請入會，也只有砂勞越吳岸、香港秀實、菲律賓山石（施逸謀）和洪美琴四位。不幸的是，吳岸才加入不久，就在當年8月9日往生。而施逸謀很熱心，後來又介紹菲律賓晨雨加入。不過，山石說翌年12月準備在菲律賓辦詩會，要邀請我出席，卻斷了音訊。

　　由於出席人員多達60餘位，在一起時間又短，不一定都有交談機會，但大會一日之間，我接到下列贈書，這些詩人我鐵定都見面，且至少略有寒暄：

　　　　汶萊海庭（張銀啟）：中英對照《海庭短詩選》

　　　　汶萊海庭（張銀啟）：《汶華文學痕迹窺探》

　　　　馬來西亞秋山（陳秋山）：《我在尋找一道光》

　　　　馬來西亞王濤（鄭進寬）：《王濤詩選》

　　　　馬來西亞晨露（陳美仙）：《魚說》

　　　　馬來西亞曾榮盛：《釋放》

　　　　荷蘭池蓮子（池玉燕）：中英雙語《幽靜的心口》

　　　　砂勞越吳岸（丘立基）：《吳岸序跋集》

　　　　砂勞越田寧（田國清）：《踰越千灘》

　　　　西班牙張琴：《落英滿地，我哭了》

　　　　緬甸雙木蘭（周揚波）：《雙木蘭新詩選集》

　　其中尤以馬來西亞曾榮盛給我印象最深，他1945年出生於柔佛州居鑾，

1945年出生於仰光,生日與我巧合,緬甸獨立英雄翁山將軍的女兒,二歲失怙,1964年到英國留學,念牛津大學聖休學院,結識英國人邁可,結成連理,1988年回緬甸照顧病母,適逢緬甸發生民主運動,目睹軍警殘殺人民,乃投身政治運動,組織全國民主聯盟,隨即被軍政府軟禁,直到1995年才釋放,但此後陸續多次被軟禁,長達20幾年。1991年獲諾貝爾和平獎,2009年獲國際特赦組織頒給良心大使獎,國際聲望日隆,2010年起,領導反對黨投入選戰,屢遭軍政府杯葛,甚至國會在憲法中規定,家人有外國籍者不得選總統。我的〈仰光印象〉如下:

在仰光
兇暴的陽光
高舉昂揚九重葛
上九重天
蔭下還是一片黑暗

金光佛塔到處輝煌
延續陶醉歷史中
讓信徒赤足趺坐地面
或喃喃自語
或馳騁手機超越時空
解放自己

囚禁的鳥
為了嚮往自由
平等自在的本質
從最暗的角落
仰望天光

午餐後去遊燕子湖(Yinya Lake,意外發現「燕子」竟然是台語發

音），是仰光第一大湖，環境清幽，許多男女青年在此遨遊，培養感情。湖邊有步道，由此漫步到一廟宇，建在湖濱，形似雙燕船，亦有遊客說是水鴨或鴛鴦。2009年有一位美國記者，冒險由此泅泳到對岸，採訪軟禁中的翁山蘇姬，成為轟動國際的新聞大事件，燕子湖也跟著聲名大噪。

前往勃固（Bago），晚餐後去瞻仰大金塔寺，另稱雪德宮塔（Shwedagon Pagoda），因為入夜更能顯示緬甸金頂佛寺的燦爛輝煌，在白天陽光照射下，可能無法睜眼看清楚。進大金塔寺須脫鞋，所以地面較乾淨，其實灰塵不少。周圍有64座小塔和4座中塔，塔內供奉佛和菩薩雕像，塔前都有人在捻香參拜，可是我也看到有些年輕人席地滑手機，究竟是來禮佛，還是來偷閒？中央大金塔高達98公尺，外表貼金竟有7頓之多，據稱全部寶塔都計算在內，則多達60噸。適遇一小塔在整飾，我也排隊上去撒金箔，真是難得奇緣。

奇特的是，此宗教聖地竟常與政治連結，1852年第二次緬甸戰爭時，英軍占領大金塔寺直到1929年，長達77年；1936年仰光發生大學生罷課事件，是以此為駐紮基地；1946年1月翁山將軍在此，對群眾發表向英國要求獨立的宣言；1988年翁山蘇姬在塔前對50萬群眾，發表向軍政府要求民主的演說，成為「8888起義」的契機。

3月11日一大早飛往蒲甘（Bagan），搭螺旋槳小飛機，60餘人座，意外觀賞到雲上日出奇景。飛行約80分鐘，到達後驅車到良烏（Nyaung U）市場，完全是傳統式鄉村市場形態，農產品分區擺攤，批發零售都有，落後的市場形式，比台灣傳統市場還要古老。不料，看到韓國和法國觀光客一車一車開進來，大概是來開開眼界吧，其實沒什麼可看。

蒲甘是曼德勒省歷史悠久的城市，出現過蒲甘王國，歷經9至13世紀，佛教寺廟林立。瑞西貢佛塔（Shwezigon Pagoda）是蒲甘最古老的佛寺，建於1054年，造型與大金塔相似，感覺上比較樸素。再轉往參觀達瑪雅吉佛塔（Dhammayangyi Temple），1170年所建，外觀似埃及金字塔，四方形，層層向上斜縮。再往達比努佛塔（Thatbyinnyu temple），建於1144年，高達60公尺，跟以往單層式寺廟不同的是，首創雙層式結構，成為後代多層式佛塔的先鋒。這種四面塔，各面進口有大佛，塔內有環路相通。然而，這些佛塔

並非獨座，在周圍極目所至，均是佛塔，大大小小不一，星羅棋布，簡直是佛塔群落。

下午繼續佛塔巡禮，先到阿難陀寺（Ananda Pagoda），是蒲甘最著名且最美的寺，建於1090至1105年，也是保存完善的一座，白牆紅頂，進門長廊，具備獨特建築風格，尖頂造型，顯示受到北印度的影響。民間傳說在11世紀末，有來自印度的8位僧侶，晉見國王時，盛讚喜馬拉雅山區有廟宇，可遠觀雪景。國王聽後，決定在蒲甘仿建，完成後，國王為唯我獨尊，狠心把建築師殺掉，不讓有第二座相似廟宇出現。阿難陀寺同樣四門都有金身大佛，立姿有數人高，其中有二尊金佛，近觀面貌嚴肅，遠看則笑容祥和。

最後到瑞山陀佛塔（Shwesandaw Pagoda），建於1057年，塔高50公尺，類似柬埔寨吳哥窟，也是四方塔，分五層，每層有陽台和迴廊，坡度很陡，有欄干扶手，是為觀光客攀登而設。我上到頂塔，俯瞰蒲甘平原漠漠，遠近皆塔，成一大片塔林。暮色靄靄，夕陽朦朧，哪知即將沉落時，突然紅似熟柿。觀賞日落遊客，絡繹不絕，顯然是一著名景點。晚餐在室外，有著名緬甸傀儡戲、緬甸舞蹈，與亞細安各國似有似無相通。

在一佛塔前廣場，有藝人在樹上懸吊各種傀儡戲偶，迎風擺盪，各自風騷，引起我的詩情〈吊在樹上的傀儡〉：

失去舞台
失去中央掌控的
一隻手
集體零落吊在樹上
各有扮相
或耀武揚威
或含羞默默
一律蒼白無血色
剩下裝模作樣
任日曬
任風吹

四面玲瓏
毫無方向可循
讓遊客指指點點
隨意撥弄
竟然無人收買

　　3月12日上午參觀古標基佛塔（Gubyaukgyi Temple），建於1113年，四稜錐形塔尖類似印度佛寺，以精美壁畫聞名，表現先民孟族（Mon）的故事，但有些壁畫，因斑剝嚴重，且塔內光線幽暗，看不清楚精緻程度。然後，轉往蒲甘考古博物館，此館始建於1902年，在1979年重建，收藏11至13世紀石雕佛像甚豐，還有不少20世紀青銅雕塑的模擬作品。有趣的是，佛像從印度人的面相，隨著歷史進展，漸漸轉變成緬甸人的面相，原來佛像也有本土化傾向，像耶穌到了非洲，也變成黑人啦。

　　下午到了曼德勒（Mandalay），緬甸第二大城市，在仰光北方716公里，伊洛瓦底江東岸，車程約5小時，遊覽車時而馳行高速公路，時而走捷徑。曼德勒是緬甸文化中心，也占有上緬甸經濟樞紐地位，接近中國雲南和四川，所以華人移民甚多。沿路看到平原上，到處是芒果樹。黃昏抵達，去遊覽烏本橋（U Bein Bridge），於1850年建成，跨越東塔曼湖（Taungthaman Lake），全部用柚木建造，長1.2公里，共有1,086根木柱插入湖中，部分因年久腐爛，以水泥柱取代。此橋不但是當地人民出入交通要道，也變成觀光景點，橋頭商店林立，雜亂無章，橋上有休息涼亭，成為小販生意場地，大大影響通行。緩緩走到另一橋端，走到橋下沙灘，在此觀賞夕陽從橋墩木柱間下沈，別有一番情趣。

　　在緬甸最後一天3月13日，早上參觀固都陶佛塔（Kuthodaw Pagoda），在曼德勒山和曼德勒舊皇宮之間，一大片白色塔群，建於1857年，周圍有729座藏經亭小佛塔，內各安置一石碑，雕刻巴利文佛經，小佛塔縱橫整齊羅列，非常壯觀，我發現有些小佛塔的鐵門已損壞，不能關閉。在空地大樹下，有學生席地而坐，跟隨僧人教導，吟誦經文。

　　最後一站金色宮殿僧院（Shwenandaw Kyaung），是緬甸封建時代最

後貢榜王朝（Konbaung Dynasty, 1752-1885）的木造宮殿，建在數以百計的柚木支柱上，屋頂及內外門窗和牆壁的柚木雕刻非常精美。末代國王錫袍（Thibaw）於1885年被入侵英軍俘擄，貢榜王朝遂滅，緬甸淪為英國殖民地，此殿隨即重建為修道院。柚木雕刻都是神話故事，我在此看到有幼嬰長翅膀，有如基督教天使造型。

緬甸行讓我目睹和體會緬甸人民安居樂業的生活、聽天由命的性格，和虔誠的佛教信仰，導致二次世界大戰結束後，由軍人長期霸占政壇，獨裁專制統治的局面。翁山蘇姬出來挑戰軍方，推動緬甸民主化運動，令人感佩，竟致身陷囹圄，長年受到軟禁，引起全世界同情和聲援。這一年，2015年3月參加緬甸第8屆東南亞華文詩人大會回來後，因身歷其境，更會注意緬甸政治社會發展情況。

該年11月8日緬甸舉行1990年以來首次選舉，翁山蘇姬領導的全國民主聯盟（National League for Democracy）勝出，但因軍政府修訂的憲法，禁止家人有外國籍者擔任緬甸總統，就設計由翁山蘇姬以國務資政身分，在幕後主導，凌駕總統，成為實質的緬甸領導人。不料，翁山蘇姬執政後不久，即發生緬甸政府對居住西部若開邦羅興亞人，進行軍事鎮壓與種族迫害，經聯合國2018年8月27日公布初步調查報告指控，有羅興亞人約1萬名被殺害，70萬人被迫流亡。國際特赦組織旋即於11月12日宣布取消授予翁山蘇姬的良心大使獎。眼見當年被害人化身成為加害人，只能徒呼天厭之！天厭之！

2018年11月28日

第
14
章

Flame Trees in Blossom

鳳凰花開時

2015台南福爾摩莎國際詩歌節

時間：2015年9月1日至9月9日

地點：台灣台南

台南
Tainan

2014年10月在智利，與世界詩人運動組織（PPdM）創辦人兼祕書長路易，商談好在台灣舉辦國際詩歌節一事，回國後，我開始策劃，思考名稱用「2015台南福爾摩莎國際詩歌節」（2015 Formosa International Poetry Festival in Tainan, Taiwan），日期選定在9月1日至9日，預定邀請PPdM外國會員20位和台灣會員10位，經11月20日正式提案後，路易立刻同意了。我設計此名稱，特別加上「台南」，因為尚未把握台南市政府文化局會接受主辦，如果不辦，或即使接受而沒有長久舉辦的打算，換由其他單位主辦時，地方名稱可以更換，而「福爾摩莎國際詩歌節」可不受影響。後來，證明我的預慮不是杞人憂天。

於是，我草擬一份〈2015台南福爾摩莎國際詩歌節企畫案〉，分四大項目，包括緣起、宗旨、行程計劃表、經費概算表，交給林佛兒，送交到台南市政府文化局。其中「宗旨」是針對台南市政府著墨，分成四點說明：

1. 協助實現台南市長「文化立市」、「文化首都」願景：

    台南市在台灣的地位，猶如京都之於日本，費城之於美國。市長賴清德嘗說：台南市是一座「生活博物館」，有豐富的歷史古蹟、人文自然景觀，活潑的文學藝術創作。是台灣最有條件成為文學之都的城市。詩歌節活動藉由各國詩人見證台南文化之美，進而樂為宣傳於國際，增值台南文化首都的建構。

2. 提高台南的國際能見度與國際文學地位：

    台灣由於政治情勢特殊，要在國際間崢嶸出頭頗為不易。本活動合作之PPdM為非政府組織，卻有120餘國的8千多名會員，透過詩人藉由詩文或口耳相傳，更具備跨國行銷台南形象的軟實力，必可使台南美名傳播世界。

3. 促進台灣詩人與國際詩人之交流：

    台灣詩人為PPdM之會員者約四、五十名，可以不必費時耗錢與各國會員接觸交流；更由於此活動開放台灣詩人自動參加，造福台灣文學

界、詩界。

4. 拓展台南市民之文學視野，增進文學素養：

　　台南從未有過類似性質之國際文學界大型活動，相對於台北一年一度
　　耗資一、二千萬國際詩歌節，台南市民的文學視野比較封閉。此一活
　　動特色之一是詩歌誦讀以戶外為主，可營造文學城市之氛圍；另外安
　　排詩人到各級學校與學生交流，也是難能可貴的文學刺激和文學基層
　　播種。

　　可是，台南市政府文化局的反應，似乎不是很積極，越過年已是2015
年，林佛兒約我一同去見葉澤山局長。1月27日在高鐵台南站簡餐廳會合，
一起到文化局局長室，稍待葉局長到，找文史研究科凃淑玲科長、陳富堯科
員等到場，我向他們簡報PPdM的組織和活動概況，葉局長聽到我是PPdM
亞洲副會長時，立刻坐直說：「有解啦！文化局可以用委託案方式，委託你
策劃，因為你在台灣是唯一的PPdM副會長，不必公開招標。然後，你再交
給林佛兒承辦。」葉局長當場期待台南福爾摩莎詩歌節不止辦一次，而是能
夠長期辦下去，這正合吾意。後來，文化局甚至把福爾摩莎國際詩歌節的活
動，列為「2015台南文化季」起身砲。

　　我回台北後，有些結還是打不開，一來委託費用由我再轉手出去後，年
底我平白多出來的綜合所得稅怎麼辦？二來我的經費概算表只列基本預算90
萬，到時增加出來的費用如何處理？後來幾經思考後，繼續與文化局協商，
我認為最妥當的方式是，由文化局主辦，直接交林佛兒執行，我負責策劃邀
請國內外詩人出席、編印大會詩選，不經手費用，可以比較專心。結果，就
按此方式進行。

　　我照原先提供給PPdM的計劃，邀請外國會員20位和台灣會員10位為目
標進行，並且根據多年國際詩交流經驗，欲獲得比較實質的交流成效，應編
譯大會詩選，一方面詩人之間可以分享，另方面可提供給有興趣的讀者，
尤其是到詩歌節活動現場的來賓。我構思大會詩選書名為《鳳凰花開時》
（*Flame Trees Are in Blossom*），因為台南有鳳凰城之稱，而「花開」有詩

歌節盛會的隱喻，可是後來才發現台南鳳凰花季，是在5月初夏開始，到9月已是尾聲，但還是不絕。意外的是8月8日有強烈颱風蘇迪勒襲來，籠罩全台，鳳凰城的鳳凰花被橫掃一空，到開會期間只剩下寥寥無幾，在枝頭點綴。幸運的是，詩歌節期間，平安無事，會後沒幾天，9月25日又來一個強烈颱風杜鵑，令人聞之喪膽。

　　本來要為大會詩選準備一篇序言，後來轉念，何不另闢新途，寫一首序詩，於是產生同名的詩作〈鳳凰花開時〉，有台語和華語版，我就以台英雙語刊在大會詩選集內：

在九月
我忍不住
為人唱當紅的歌
我知矣人
也會用共款熱情的言語
給社會一點矣好看的色彩
給悶悶的人間氣氛
燒出一個新節季
親像鳳凰家己火燒
不斷重新創造新生命
我注希望的花
展開高高高
照光天頂
帶給大家愛
無論是啥人
向我來
我就迎接伊
用詩
作為生命獻禮

PPdM首度在亞洲辦活動，顯然有擴張版圖的雄心，我希望創辦人兼祕書長路易‧阿里亞斯‧曼佐、副祕書長瑪姬‧郭美姿‧塞普薇妲、會長阿沙納斯‧凡切夫‧德‧薩拉西，這三位代表性人物都能出席，獲得他們肯定答覆，我信心大增。於是，開始招軍買馬，除了PPdM網站刊登消息外，我廣發英雄帖，結果有23國34位外國詩人，和39位台灣詩人報名，依照規定提供的詩作，全部以雙語編入大會詩選，唯墨西哥馬格麗塔‧加西亞把路易為《兩半球詩路》的徵稿，誤以為是大會詩選要用，沒有另外提供，所以在《鳳凰花開時》內缺詩。2015台南福爾摩莎詩歌節，屆時實際上只有11國14位外國詩人出席，和數位台灣詩人全程參與，這個差距讓我獲得很好經驗，在以後處理上得益不少。出席的外國詩人名單如下：

Argentina 奧古斯多‧恩立克‧盧非諾 Augusto Enrique Rufino

Chile 路易‧阿里亞斯‧曼佐 Luis Arias Manzo

China / Singapore 朝歌 Han Chaoge

Colombia 瑪姬‧郭美姿‧塞普薇妲 Maggy gomez sepuveda

Colombia 馬里奧‧馬索 Mario Mathor

El Salvado / USA 歐斯卡‧雷涅‧貝尼帖茲 Oscar René Benítez

Hong Kong 秀實 Xiu Shi

India 阿索克‧恰喀拉瓦諦‧托拉納 Ashok Chakravarthy Tolana

India 郭魯度‧阿瑪勒斯瓦 Korudu Amareshwar

India 蘇基特‧庫瑪‧慕赫吉 Sujit Kumar Mukherjee

Jamaica / USA 馬拉祁‧史密斯 Malachi Smith

Japan 森井香衣 Kae Morii

Mexico 馬格麗塔‧加西亞‧曾天諾 Margarita Garcia Zenteno

Taiwan / USA 許達然 Hsu Wen-hsiung

我最關心的是，路易非出席不可，因為他是始作俑者，具有領頭羊角色。路易1956年生，因智利獨夫皮諾契特將軍政變，1973年起流亡國外18載。2005年創辦世界詩人運動組織（Movimiento Poetas del Mundo），任祕

書長。出版詩集《水月》（*Agualuna*）、《瞬間》（*Instantes*）等。他提供的下列詩〈帕查媽〉第3首非常出色。帕查媽（Pachamama）是安地斯原住民族崇拜的女神，稱為大地與時間之母，在神話裡，為創世主帕查卡瑪克（Pacha Kamaq）之妻，生日神印蒂（Inti）和月神基拉（Killa）。路易在〈帕查媽〉系列詩中，充分表達強烈反抗精神：

祢藉螢光蒞臨時
森林一片幽暗，
那一天
我們被困在叢林內。

我迷失在追思光裡
已不知經過多少世紀？

我們被全身抹黑
毫無色彩，
他們以為我們看不見
就可肆意殘殺我們。

他們不遵守和平條約。
任我們顛沛在昏暗情境
在離亂沉淪中崩潰。

今天已無法阻止我們，
每個人可以去約會
像從前一樣聚會。
免受狂風暴雨肆虐。

我在不明不暗中跋涉多少歲月？

副祕書長瑪姬是路易的夫人，出生於哥倫比亞北部桑坦達省（Santander）。是心理學家，曾參加祕魯、哥倫比亞、巴西、古巴等國際詩歌節活動，到智利出席詩歌節時，遂與路易結成連理，從過客變為久留，當然內舉不避親，在PPdM事務上，成為路易的得力幫手。瑪姬感性豐富，台灣詩人團要離開智利，他們夫婦送到機場，告別時，淚流滿面。瑪姬提供的詩〈哥倫比亞〉，描寫她的祖國，詩短，熱情洋溢：

> 你是誰，
> 要棕櫚樹搖擺枝葉
> 對世界叫囂
> 你不是
> 烏雲
> 怎會有陰影。
>
> 你是咖啡
> 土著打擊樂
> 石油
> 連同大山
> 開放歡迎世界。
>
> 哥倫比亞
> 是美麗的雕塑
> 張開手臂
> 渴望拚命尖叫
> 我愛你

　　PPdM會長阿沙納斯，1940年生於保加利亞，已歸化法國，為法蘭西學術院、保加利亞科學藝術院、歐洲科學藝術文學學術院、巴西文學學術院等院士。出版詩集約50冊。他法譯拙詩集《黃昏時刻》（À L'Heure *du crepuscule*），由美商EHGBooks微出版公司出版（2015年），我則漢譯其詩集《我們，在主內永生！》（*Nous, Immortels en Dieu!*），法國版由Solenzara文化協會出版（2015年），台灣版由秀威資訊科技股份有限公司出版（2016年）。他提供給大會的詩是傳統的商籟體〈詠伊麗莎白·布朗寧〉。伊麗莎白·布朗寧（1806-1861）是英國女詩人，與詩人愛德華（Robert Browning）絕璧雙輝。詩集以《葡萄牙十四行詩》最著名，里爾克曾譯成德文。阿沙納斯此詩有點刻意仿伊麗莎白·布朗寧詩風的味道。他在出發來台灣途中，經保加利亞故國時，病倒住院，未能到台灣，成為憾事。阿沙納斯在此〈詠伊麗莎白·布朗寧〉詩中，顯示宗教情懷：

炫目的愛情，心靈的意外救主
突顯帝國統制下的死亡，
前方溫柔的路途，淨心若僧尼
把薔薇的心連結夏日的自然。

慌亂的手親筆書寫的詩歌，
大膽敘說光明擁抱的天堂
語氣比聖人禱告更純潔
令天使的音樂在夜裡失聲！

馬爾薩斯排闥高興蒞臨，
雙唇因羞怯擦傷而變蒼白
悲愁的寒冬讓恐懼結晶

在苦悶的胸懷被暈眩掃空！
她被感情升華的熱火俘擄
變成害怕、高山、天空、深淵！

為了暖身造勢，我把漢譯完成的詩篇，除編入大會詩選《鳳凰花開時》

外，並整理成《第1屆台南福爾摩莎國際詩歌節專輯》，連載於台南市政府文化局出版刊物《鹽分地帶文學》第58至60期（2015年6至10月）。我在第58期專輯〈弁言〉中最後有一段提到：「適逢台南賴清德市長、葉澤山文化局長，努力打造台南文化城市國際化，熱烈支持國際詩歌節的舉辦，以第1屆台南福爾摩莎國際詩歌節為名，充分表達這不是唯一的一次，將會繼續辦下去。讓台南的美在世界發光，讓來台南的各國詩人，為台南印象賦詩，流傳到世界不同角落。」可惜台南市政府文化局虎頭鼠尾，我的期待落空，幸而轉由淡水文化基金會發揚光大。

各國詩人於9月1日中午前陸續抵達桃園機場，大會以遊覽車接送到台南大億麗緻酒店，只有阿根廷的奧古斯多忘了辦簽證，被航空公司拒絕登機，他立刻通知我，我請文化局陳富堯聯絡外交部領務局，即刻交代我國駐阿根廷台北商務文化辦事處，奧古斯多翌日一大早趕辦簽證，馬上登機，晚一天抵台，公務機關這樣的快速辦事效率，令人讚歎！而路易則把與我合編的《兩半球詩路》漢英西三語詩選，趕在2015年7月出版，他帶著一箱書，繞到巴黎去探望女兒，再帶到台灣來，無形中給台南福爾摩莎國際詩歌節增加喜氣。

開幕儀式是9月2日上午，在國立台灣文學館舉行，先由我介紹出席的國際詩人，賴清德市長致歡迎詞，我把麥克風遞給市長時，賴市長對我說：「你剛剛講台語，我非跟著你講台語不可！」我知道這是台灣官場現象，尤其是在選舉場合，台語盛行，好交陪，選後上任，官話全部變成華語。我則「倒行逆施」，由於早年有奉派到多語言國家瑞士工作的經驗，朋友之間交談使用彼此方便的語言，但在正式場合，包括我在國家文化藝術基金會董事長任內，上台講話一定用台語，這是我的「官話」。賴市長贈送一個毛筆禮盒給路易，他根本用不到，只是作為紀念，當然這也是官樣文章。我另策劃在台灣文學館閱覽室舉辦詩書展，徵求參加詩歌節的國內外詩人，提供詩集，共得78種，展後贈給台灣文學館，書目如下：

　　李魁賢《黃昏時刻》（*La Hora del Ocaso*）西漢雙語本2冊
　　陳秀珍（林弦）《林中弦音》2冊

吳俊賢《走出森林》2冊

賴　欣《第一首詩》2冊

林佛兒《鹽分地帶詩抄》2冊

李若鶯《寫生》2冊

陳銘堯《想象的季節》2冊

陳銘堯《台灣詩人群像：陳銘堯詩集》2冊

陳銘堯《詩人札記》2冊

陳銘堯《夢的三棲》2冊

張月環（東行）《水果之詩》2冊

張月環（東行）《風鈴季歌》2冊

Krystyna Lenkowska《An Overdue Letter to a Pimply Angel》2冊

Atanase Vantchev de Thracy《Jour Plus Clair Que le Jour》2冊

張德本・顏雪花《累世之靶》2冊

顏雪花《千年之深》2冊

顏雪花《跨立光箭頂的詩》2冊

陳秋白《當風佇秋天的草埔吹起》2冊

謝碧修《台灣詩人群像：謝碧修詩集》2冊

林　鷺《星菊》2冊

森井香衣《琉璃光》1冊

Sujit Kumar Mukherjee《Dewdrops》2冊

陳金順《一欉文學樹》2冊

張信吉《我的近代史》2冊

黃光曙《回望關山：詩三百首》1冊

黃光曙《劫後再生》1冊

方耀乾《烏／白》2冊

方耀乾《Tayouan Paipai》2冊、

鴻　鴻《暴民之歌》2冊

陳明克《聽不到彼此》2冊

蔡榮勇《小詩十首》2冊

蔡榮勇《童詩・齊步走》2冊

蔡榮勇《生命的美學》2冊

蔡榮勇《台灣詩人群像：蔡榮勇詩集》2冊

蔡榮勇《北斗・我的最愛》2冊

蔡榮勇《洗衣婦》2冊

蔡榮勇《一本畫不完的繪本》2冊

蔡榮勇《三葉集》2冊

蔡榮勇《布袋戲的話》1冊

蔡榮勇《讀詩學作文》1冊

凃妙沂《土地依然是花園》2冊

李昌憲《美的視界》2冊

李敏勇《美麗島詩歌》2冊

鍾雲如《時空切片》2冊

林盛彬《風動與心動》2冊

林盛彬《觀與冥想》2冊

林盛彬《風從心的深處吹起》2冊

郭成義《詩人的作業》2冊

郭成義《國民詩——我們茉莉花》2冊

郭成義《國土》2冊

郭成義《從抒情趣味到反藝術思想》2冊

阮美慧編《台灣詩人選集：郭成義集》2冊

莫渝《陽光與暗影》2冊

喬林《基督的臉》2冊

喬林《喬林詩集・狩獵》2冊

喬林《布農族詩集》2冊

喬林《台灣詩人群像：喬林詩集》2冊

喬林《台灣詩人選集：喬林集》2冊

非馬《芝加哥小夜曲》1冊

秀實《圓桌詩刊》46期1冊

秀實《圓桌詩刊》47期1冊

秀實《蝴蝶不造夢》1冊

秀實《九個城塔》1冊

秀實《雪豹》1冊

秀實《荷塘月色》1冊

秀實《福永書簡》1冊

Mario Mathor《Eucuentro Cósmico Con un ser Humano》2冊

Mario Mathor《LIVRES》1冊

李魁賢漢譯Athanase Vantchev de Thracy《我們，在主內永生》1冊

李魁賢著、Athanase Vantchev de Thracy譯《黃昏時刻》法漢雙語版1冊

李魁賢著《給智利的情詩20首》華、台、英、西、俄、羅六種語文本1冊

李魁賢編譯《鳳凰花開時》2冊

利玉芳《貓》1冊

利玉芳《台灣詩人選集：利玉芳集》1冊

林宗源《無禁忌的激情》2冊

Fahredin Shehu《Maelstrom》1冊

Fahredin Shehu《Pleroma's Dew》1冊

李魁賢和路易合編《兩半球詩路》（*Poetry Road Between Two Henispheres*）漢英西三語詩選2冊

　　下午「繆思論壇」安排兩場討論會，第一場原來預備給PPdM會長阿沙納斯演講，因他未能出席，臨時改由林盛彬與路易對談，林盛彬事先用心設計提問，由路易盡情發揮，現場口譯請到古孟玄教授和簡瑞玲老師幫忙，這兩位都是「自投羅網」。緣於台北國際書展2月12日為我在世貿展覽館藍沙龍安排一場演講，題目是〈島國台灣詩人前進古巴和智利〉，聽眾不多，但出現一位專家，就是古孟玄，她是西班牙巴塞隆納自治大學翻譯暨跨文化交流博士，政治大學歐洲語文學系副教授兼翻譯中心主任。在我講完後，她前來打招呼說，雖然去過許多拉丁美洲國家，恰好古巴和智利還沒去過，所以特別有興趣來聽，希望有機會可以一同去訪問拉美，還熱心說如有西譯需要

協助，她很願意幫忙。另外，5月30日我應邀出席台中靜宜大學鍾肇政文學討論會，簡瑞玲老師過來招呼說，她是趙天儀教授擔任靜宜大學文學院院長時的特助，聽趙教授說我要辦國際詩歌節，如有需要，很願意幫忙。這兩位這次真是幫了大忙，我一直心存感念。

路易在對談中，透露出他身為詩人的成長經歷和抱負，根據出席詩人國立屏東大學應用日語系主任張月環，在〈繆思之旅——記2015年台南福爾摩莎國際詩歌節〉一文內摘記：

> 面對恐怖分子的威脅、生態維護、全球暖化的問題，詩人要謙卑面對，互相對話、溝通才能拯救這世界。詩歌可以中止誤會與衝突。它必須是客觀、中立的，必須知道衝突的來源，知道生命的本質、力量，其實也就是愛，而傳遞這訊息的是詩人。要達到世界和平，詩人第一步就是要學會謙卑。不管有名、獲獎者，或沒沒無聞的詩人，大家一律平等。詩人必須謙卑，如無謙卑之心，則只算是詩人，非世界詩人；如無謙卑之心，則不能化解衝突。
>
> （中略）
>
> 我出生於天主教的工人家庭，小時候就知道貧窮、飢餓、寒冷。當時年輕便參與政治。當知道智利的納粹主義者當上總理，於是便開始冷戰，當時我只有14歲。70年代我成了對抗政府的左派份子。1973年9月11日智利發生政變，我17歲，目睹年輕的同伴被逮捕、虐待，甚至因而自殺的；我只能四處逃竄、流亡國外18年，有12年在法國。智利兩次政變，有三萬人失蹤，三萬人被捕，但我從未放棄希望智利建立一個民主的國家，90年代我終於回國。我夢想可以有一個美好的社會，不過事非如此。當時我不信上帝，然而我生命經歷過180度的大轉變，生命中出現了天使，於是我開始學寫作，我寫詩集《水月》（Aqualuna），相信靈魂存在，我終於瞭解對政治的立場我並不是孤獨的，天使在我身邊。我的詩集描述著物質與精神、過去與現在的衝突；寫了四本詩集後，我才發覺成立世界詩人運動組織的必要。

第二場演講是專程從美國回來台灣相挺的歷史學家、散文作家、詩人許達然教授，特別撰寫論文〈台灣詩裡的疏離和抗議，1924-1945〉，非常扎實，論述周延，資料豐富，舉證歷歷。文章開宗明義就說：

> 我想簡述1924至1945年台灣新詩裡的疏離和抗議。疏離和抗議不僅是台灣人民的集體潛意識（the collective unconscious），也成了台灣文學創作的原型（archetypes）。探討集體潛意識和原型的容格（Carl Gustav Jung, 1875-1961）認為：「我們所生的世界殘酷無情，但同時也異常的美麗。」這「異常的美麗」是創作，包括詩。台灣詩人用母語、漢文，和日文寫浪漫主義、寫實主義、象徵主義，及超現實主義的詩。不管擁抱什麼主義，他們的詩都或多或少表達社會關懷，揭露生命悲苦、人間疏離，抗議世界殘酷，反擊資本主義和殖民統治。

　　許達然這篇三萬多字的論文主旨和申論，正是我多年來所注目和關心的現象，也在詩創作上力求實踐和表達，所以深獲我心，而且獲益良多，會後向巫永福文化基金會推薦，獲得2016年巫永福文學評論獎。許達然的論文，理路清晰，鏗鏘有力，有宏觀，又有微觀，發人深省的創見，實為台灣難得的詩論，結論的辯證結構真是精彩：

> 　　讀1924至1945年台灣詩裡的疏離和抗議時，我們的生活世界和詩人的文本世界會合，拼出，或迸出，或碰出詩義。在「生活世界」，我們進入台灣詩人文本疏離和抗議，感同身受文本世界裡的生活、行動，和苦難。台灣詩人文本世界裡疏離和抗議的集體記憶，成了我們生活世界裡疏離和抗議的集體記憶，使我們反思，要思反，並探索。在文本世界裡，我們不必探索就有邪惡的衝來，要把我們擊倒，不許我們讀。在生活世界裡，我們探索自主的一些可能性，還沒找著，蠻橫的就故意跟我們撞了個滿懷，頑強阻擾。
> 　　在共同的集體記憶裡，讀文本裡的集體疏離時，我們一不小心就可能被抗議的文本讀了。我們勤讀文本裡的抗議，要讀出台灣文學和人民

的主體性，一不小心就可能被文本擒，堵了。無論如何，在文本世界和生活世界有限的閱讀和理解和解釋裡，我們都主觀主動投入了，也耐心感受，忍受了台灣人的集體潛意識和集體記憶的疏離和抗議。倘若發現疏離從文本世界溜出來，到生活世界讀我們，我們要抗議。

　　第三天9月3日安排「繆思校園」，到學校參訪，與學生座談交流。經文化局策劃布置對象有：大港國小、光復國小、新泰國小、新營國小、學甲國小、大成國中、後壁國中、南光中學、黎明高中、北門高中、家齊女中、台南女中，共12所中小學校，原則上每所學校以一位外國詩人搭配一位台灣詩人參訪。我和陳秀珍陪同路易前往家齊女中，這所知名學校位在台南市中西區健康路，創立於1924年，歷經不同階段的職業學校發展，教學特別加強生活技能，為加收男生，於2016年改名為家齊高中。我們到訪時，由兩位高二女生用熟練西班牙語分別介紹台灣和家齊女中，讓路易讚不絕口。校內張貼學生為我們三位參訪者設計的個別海報，上面有我們的詩，教務主任和老師還請我們在教員休息室午餐閒聊。

　　下午，等各組學校參訪詩人回來後，開始孔廟文化園區之旅。從孔廟到武德殿，聽黃南海演唱呂泉生名曲〈杯底不可飼金魚〉，觀賞山本柳舞踊團的舞藝，然後轉到葉石濤文學館，路易與我代表詩人們，在館前共同種植一株茶花樹，並立牌作為2015台南福爾摩莎國際詩歌節活動的紀念（2018年意外發現紀念牌已無端被拆除，真奇怪號稱文化古城的文化行為）。接著，在葉石濤文學館後院，安排三位書法家，當眾為詩人揮毫，給詩人帶回去典藏，最讓詩人感心。傍晚在吳園享用自助餐，再到公會堂觀賞「風乎舞雩跨領域創作劇團」以詩編舞表演，拙詩〈鳳凰花開時〉也被選用，但感覺不到跨藝術領域的溝通。瑪姬有備而來，換上舞衣，跳哥倫比亞康比亞（cumbia）土風舞，台灣攝影師為瑪姬拍攝的舞姿，很受瑪姬喜愛，她用於設計海報，如今掛在智利梅利比亞（Melipilla）市PPdM總部的Edetrem文化中心牆壁上。

　　9月4日上午參訪成功大學，與台灣文學系合辦座談讀詩交流，特別安排幾位台語詩人念詩，另有林瑞明教授演講。由於演講未準備口譯人員，時間

又過於冗長，而且內容似針對學生，沒有理解到現場都是創作經歷豐富的詩人，結果講到一半，就被國內詩人轟到下不了台。下午參觀奇美博物館，這是奇美實業集團創辦人許文龍1992年創設的私人博物館，原先設在奇美實業仁德廠內，我去參觀過，因收藏品多，以西洋藝術、樂器、兵器、動物標本和化石為主，但空間明顯不足，非常侷促。現館址原為台糖公司仁德廠，後劃為台南科學園區，由政府撥9.5公頃地給奇美博物館興建，依約完成建築物要捐給台南市政府，但由奇美博物館經營，於2015年元旦啟用。新館址設計和展品布置，不輸給外國著名博物館。晚餐後，至赤崁樓廣場，音樂會正要結束，央請女歌手唱安可曲〈關達娜美拉〉（Guantanamera）。結果，拉美詩人立刻聞樂起舞，使音樂會達最高潮結束。

9月5日前往佳里，參觀公園內的吳新榮雕塑和佳里七子碑，轉往漚汪香雨書院，接受書法家李伯元贈墨寶，又去參觀方圓美術館。然後到鹽水台灣詩路，在木棉花夾道的鄉村道路兩旁，女兒牆波浪起伏的頂面，布置燒陶詩板，成為特殊景觀。以往來過幾次，參加詩人方耀乾主持的「吟遊台灣」詩會，與園區主人的詩人林明堃也很熟悉。初夏木棉花盛開時，台灣詩路更是美豔。再到雕塑家楊明忠位於湖畔的工作室參觀，空間相當大，庭院內布置雕塑作品。特別委託楊明忠製作一件雕塑作品，作為貢獻獎，贈給路易，慶祝PPdM成立十週年，在此公開致贈。

黃昏時，到達七股潟湖觀落日，紅霞滿天，在湖濱詩碑前吟詩，欲罷不能，等天都黑了，人馬正要撤退時，一直站在堤防上的張德本，猛然大聲唱出他的詩：「福爾摩莎呀！」簡直石破天驚，大家停步，被他的歌聲深深吸引住，所有相機都對準他，這個鏡頭就成為詩歌節紀錄片的片頭，非常震撼！張德本當時，剎那間的時機，掌握得非常精準，而且驚準！

在台南活動最後一天9月6日，遊覽古蹟，在台南當然就數安平古堡和億載金城。安平古堡原本是荷蘭人1624年所建的熱蘭遮城（Zeelandia），作為殖民政府中樞，明朝鄭成功把荷蘭人趕走後改名，後來經歷次整修，現完全是紅磚建築，最頂上有白色四方形瞭望塔。外面有一堵糯米牆廢址，榕樹氣根穿牆，再層層包圍。到了億載金城，上面大砲台有定時穿古裝兵在操練表演，路易邀我在大砲台旁合照，其實我們兩人只是硬骨頭，並非大砲型傢伙。

最後一站來到安平樹屋，原英商德記洋行倉庫，已完全被密密麻麻的大片榕樹氣根占領，鑿牆穿壁，無孔不入，無遠弗屆。看到整個倉庫被摧殘到不成形，極為驚訝。有詩〈樹屋〉見證：

　　我在內部留下空隙
　　讓你翻牆進來
　　根植入固執石壁
　　從此不再分離

　　榕樹
　　也堅持占有空間
　　遮蔭我的大地
　　永遠在一起

　　歷史留下
　　斑駁的記憶
　　樹頂射入的陽光
　　更加燦亮

　　當晚，在大億麗緻三樓舉行閉幕晚宴，我被指定致詞，本來最不喜歡此類制式拘束，也只好行禮如儀，表達對各方盡力的衷心謝意：

　　　　六天的台南福爾摩莎國際詩歌節到此完美結束。
　　　　特別感謝台南市文化局葉澤山局長主辦這次國際詩歌節。在賴清德市長支持下，文化局的同仁得以積極、有效率地推動，讓世界詩人運動組織的各國詩人會員，有機會與台灣，尤其是台南的優秀詩人，進行交流，參觀訪問台南文化設施和生態特色，看到台南市民藝文活動的一些層面，和藝文人士的創作能量，體驗永遠第一名的賴市長落實的政績，使世界詩人運動組織創辦人兼祕書長路易甚至想移民到台

南居住。特別是文化局安排詩人分組去各中小學校參訪，和學生進行對話，無論學校方面或者國內外詩人，都相當感動。

外國詩人都深切領受到台南之美，認同台南是適於居住的都市，連陽光都很熱情。他們都在探問、關心、期待台南是否要繼續主辦這項有意義的福爾摩莎國際詩歌節。

在此要感謝外國詩人來台南參與國際詩歌節活動，希望你們回國後，把台南給予你們的印象，用詩文加以紀錄發表，無私地讓你們的讀者分享。如果你們的詩文能夠傳送給我，台南市文化局主辦由林佛兒主編的《鹽分地帶文學》將設專輯，留下共同的記憶。

非常感謝許達然教授為故鄉台南的國際詩歌節撰寫論文〈台灣詩裡的疏離和抗議，1924-1945〉，特別從美國趕回來宣讀，把台灣特別是台南詩人的精神充分表達，介紹給各國詩人瞭解。

感謝林佛兒和李若鶯教授夫婦，以及林蔚穎有效率的執行，以致獲得令大家滿意的成果。

感謝林盛彬、方耀乾、古孟玄、簡瑞玲、張月環，諸位教授自動鼎力相助，參與現場翻譯工作，使交流活動順利圓滿。

感謝這麼多位文藻大學的同學，熱情服務，協助接待和翻譯，讓我們欽佩台灣年輕一代為人處事的能耐，使我們對未來充滿期待。

謝謝各位，後會有期！

賴清德市長致詞時，呼應我繼續主辦詩歌節的希望，甚至決然詢問在座的國內外詩人說：「如果我們明年再辦，你們還來不來？」贏得一陣歡呼和熱烈掌聲。可惜這張支票沒有兌現，真是「從一而終」，始料未及。翌年3月我又參加鹽水「吟遊台灣」詩會時，葉澤山局長要我坐到他旁邊，但絕口不提詩歌節續辦與否，我失望之餘，為向外國詩人兌現諾言，找到淡水文化基金會許慧明董事長，承慨然允諾，才不失台灣面子。

2015台南福爾摩莎國際詩歌節雖然到此結束，為使外國詩人多瞭解台灣，我們又安排三天會後旅遊活動，因為不在台南市政府文化局規劃範圍內，必須由承辦人自己負擔。由於我知道林佛兒在籌備階段，信誓旦旦說有

把握向台南企業界募款，但一直沒聽他提起有何成果，所以在台南結束當晚，我就把向外國詩人收費支付大會詩選集《鳳凰花開時》編譯印費用外，剩餘US$6,050和NT$57,000，合計約新台幣24萬元，交給林佛兒簽收，供會後活動費用。

第一天9月7日由詩人岩上安排到南投交流行程，遊日月潭，我憶起1995年在此主辦亞洲詩人會議時，寫過一首詩〈彩虹處處〉，如今一晃又過了20年，感受到「日月潭依然青春　依然嫵媚」：

> 清晨我沿湖邊林中步道
> 當頭就看到一道彩虹
> 其實是一株向湖面傾身的麻竹
> 卻高高掛在半空中
> 兀自照映著水影
>
> 漁夫立在搖晃的小舟拋網
> 以彩虹的姿勢潛入水裡
> 槳板起落猛拍著湖面
> 把早起的鳥聲打碎
> 散漫了七彩的晨光
>
> 四十年後的我初顯老態
> 日月潭依然青春　依然嫵媚
> 霧靄漸褪　詩興漸濃
> 不明不白的戀情
> 卻大張旗鼓掛起回憶的彩虹

晚上，南投縣政府文化局代為安排布農族，演唱名聞國際的八部合音，即傳統祭典的祈禱小米豐收歌，真如夜鶯婉囀。牙買加詩人馬拉祁‧史密斯（Malachi Smith），忍不住以加勒比海地區熱情帶動唱形式，朗誦他的詩，

確實精彩絕倫。

　　第二天由詩人方耀乾安排前往台中教育大學參訪，演出布袋戲，讓外國詩人大開眼界。然後，直奔台北大直，參觀故宮博物院。晚上在外雙溪餐廳舉辦歡送晚宴，頒贈出席證書。夜宿桃園過境旅館，方便翌日外國詩人賦歸。至此，劃下完美句點。

2018年12月1日

① 台灣與印度間國際詩交流的部分成果書籍。
② 《兩半球詩路》第1集和第2集。
③ 拙詩集《黃昏時刻》孟加拉文譯本。

黃昏時刻・李魁賢

參加2014年10月智利第10屆【詩人軌跡】國際詩歌節編印台灣詩人團詩選集
《詩人軌跡‧台灣詩篇》。

▍ 2014年前往古巴參加【島國詩篇】詩歌節交流成果的出版品。

▍ 與世界詩人運動組織創辦人兼祕書長路易合編《兩半球詩路》。

2015年台南福爾摩莎國際詩歌節惠贈楊名忠
雕塑作品〈青鳥〉，和大會詩選集。

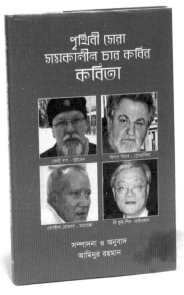

① 2016年卡塔克文學獎金牌。
② 拙詩集《黃昏時刻》孟加拉文譯本。
③ 孟加拉文《當代頂尖四位世界詩人選集》。

Kathak

a poetry initiative of
Bangladesh

hereby confer upon

Dr Lee Kuei-shien

a famous poet of Taiwan

the distinction of the

LITERARY AWARD 2016

In appreciation of his outstanding contribution,
initiative and deep commitment to
national and world literature

Presented this 31st day of January 2016 at the
National Academy of Fine & Performing Arts, Bangladesh
on the occasion of
International Poets Summit 2016

Aminur Rahman
President

2016年卡塔克文學獎證書。

2016年卡塔克文學獎獎座。

第 15 章

Kathak Poets Summit in Bangladesh

孟加拉卡塔克詩會

2016年卡塔克國際詩人高峰會

時間：2016年1月31日

地點：孟加拉

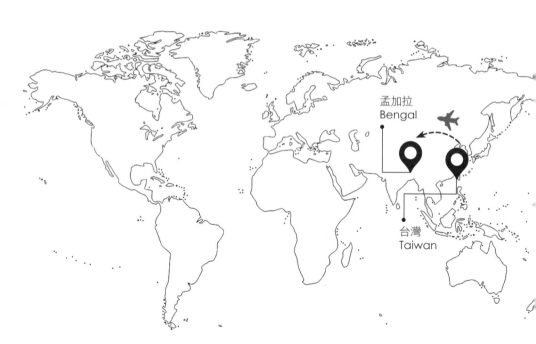

孟加拉
Bengal

台灣
Taiwan

2015年3月起，我已展開台南福爾摩莎國際詩歌節作業，到6月正忙時，突然接到孟加拉卡塔克文學社團（Kathak Literary Circle）會長阿米紐・拉赫曼（Aminur Rahman）邀請函，要我參加2016年卡塔克國際詩人高峰會（Kathak International Poets Summit 2016），並謂在1月31日特別安排由新聞部長哈薩努・哈克・伊努（Hasanul Haque Inu）親臨頒贈給我卡塔克文學獎，希望我無論如何要撥空前往領獎。

　　阿米紐是舊識，我邀請他出席2005年高雄世界詩歌節，那時他未滿40歲，風度翩翩，待人接物彬彬有禮，我翻譯他3首詩收入大會漢英雙語詩選集《海陸合鳴・詩心交融》（高雄市政府文化局，2005年）。說來緣分不淺，接著2006年蒙古烏蘭巴托第26屆世界詩人大會、2007年印度清奈第27屆世界詩人大會，連續見面。承他對拙詩情有獨鍾，把我的六首詩譯成孟加拉文，收入他編譯的《世界當代十大詩人選集》（*Contemporary Top 10 Poets of the World*, 2010）（達卡Adorn出版公司），還推薦給馬來西亞詩人Ahmad Kamal Abdullah（Kemala）譯成馬來語，在Putra大學朗誦，並收入馬來亞文《世界當代十大詩人選集》（*Pelancaran—Antologi 10 Penyair Dunia*, 2010）內。

　　據阿米紐告知，卡塔克（Kathak）社團20年來專志於詩的提倡推廣，主要作業領域包括主辦詩人高峰會、印行詩集、安排國際詩人在孟加拉讀詩會。卡塔克文學獎僅頒贈給對世界詩壇貢獻卓著的外國詩人，歷年得獎者有日本白石嘉壽子、奧地利曼弗雷德・卓柏特（Manfred Chobot）、印度蘇迪普・沈（Sudeep Sen）、馬來西亞阿瑪德・卡瑪爾・阿布都拉（Ahmad Kamal Abdullah）、比利時葛爾曼・德洛根布洛德（Germain Droogenbroodt）等詩人。

　　萬萬想不到，我在國際詩交流的地圖流程中，從南亞、北亞、中亞，遠征加勒比海（古巴）、中南美（在智利之前，2002年獨自出席第1屆薩爾瓦多國際詩歌節、2006年與許悔之連袂參加尼加拉瓜第2屆格瑞納達國際詩歌節），繞一圈又回到南亞。

　　卡塔克國際詩人高峰會今年頒發卡塔克文學獎，給瑞典Bengt Berg、斯洛伐克Milan Richter、摩洛哥Benaissa Bouhmala和台灣李魁賢，大會只邀請

卡塔克文學獎得主參加，我仍然秉持「台灣意象・文學先行」的抱負和理念，請求老友阿米紐讓我邀幾位台灣詩人同行，由兩位、三位、四位，終於敲定五位。經徵求有興趣前往出席卡塔克國際詩人高峰會的台灣詩人，有林佛兒、李若鶯、方耀乾、戴錦綢和陳秀珍，我把六位各四首詩傳給大會，預先譯成孟加拉文，以方便念詩時對照用。孟加拉也是台灣詩尚未開拓的原生地帶，在政治現實環境限制下，唯有詩、文學能輕易突破藩籬，這是一次難得機會。

回想我與孟加拉關聯，應該追溯到1974年，算起來已經有41年啦！話說，近代印度在聖雄甘地領導下，爭取獨立，於第二次世界大戰結束後，1947年終於獨立成功，結束英國自1858年殖民統治89年的歷史。獨立時，分成印度和巴基斯坦，孟加拉本身分為西孟加拉地區（歸印度，設立孟加拉邦），和東孟加拉地區（歸巴基斯坦，稱東巴基斯坦），中間被印度隔開。巴基斯坦的官方語言為烏爾都語（Urdu），東巴基斯坦人民要求增加孟加拉語為共同官方語言，未果，由語言平等運動發展成政治運動。以謝赫・穆吉布・拉赫曼（Sheikh Mujibur Rahman）為首的人民聯盟在1970年大選中獲勝，但巴基斯坦總理布托（Zulfikar Ali Bhutto）不肯交出政權，甚至派兵屠殺孟加拉人三百多萬，又放任士兵強姦孟加拉女性幾十萬人。最後因印度出兵，逼使巴基斯坦投降，孟加拉在1971年3月26日獨立，謝赫・穆吉布・拉赫曼擔任首屆總統，被尊為孟加拉國父。

孟加拉獨立後，天災人禍連連，穆吉布（當時台灣報紙都稱拉曼）無法有效領導黨政，又無力控制軍隊，甚至有本身貪瀆傳聞，社會治安更加不穩，在1975年8月15日軍方發動政變中，遭到殺害。動亂之際，我一直關心、觀察孟加拉政局變化，1974年8月2日寫下〈孟加拉悲歌〉，翌年獲第3屆吳濁流新詩獎：

> 豪雨一陣緊似一陣
> 孟加拉的弟兄們
> 張大嘴巴一如合不攏的天空
> 你們無告的深陷眼神

凝視著不確定的黑影
漸漸逼近　一步又一步……

同樣不安的眼神
三年前凝望過
你們的異母兄弟
用戰車履帶耕耘你們的田園
成為只生產彈殼的廢鐵場
用鐵絲網任意阻絕你們的街道
讓麵包和水都不能流通
還用刺刀和自外人手中
卑躬屈膝討來的不流行的步槍
煽動對你們同胞流行的殺戮

這都不去說它啦
即使你們嘴巴失去語言的機能
記憶仍然留在腦中
有一天　你們突然衝出蛇居的洞穴
望見甘露滋潤了乾旱的土地
你們不世出的英雄人物
從巴基斯坦的囚籠中回到自己溫馨的土地

拉曼　拉曼　拉曼……
你們用單調的名字唱成多優美的旋律
　　我們有拉曼
　　就有麵包吃
　　我們有拉曼
　　就有水喝
　　我們有拉曼

土地會再長穀子
我們有拉曼
就有黃麻可織衣
我們有拉曼
就能平安過生活
好讓子子孫孫傳說
拉曼是我們的阿拉

你們有了自己的國旗
曾經為孟加拉這親切的母親
流血　流汗　賭命的子民
現在不禁淚眼汪汪
望著新鮮旗幟在空中招展

破壞之後是建設的開始
孟加拉的弟兄們
人人爭先用雙手翻新初春的田地
用泥土和芒草搭建一幢幢溫暖的茅屋
人人自告奮勇刷新重整殘破的官府
為穿上新制服的同胞子弟兵
興建營房和防禦工事
起先沒頭沒腦往鄰居躲藏
向恆河逃亡的家族
又跟著候鳥飛回舊家園

你們閒談的題材
除了祖先世代增添的歷險
如今漸漸互道親身的體驗
彼此慶幸和拉曼生在同一時空的座標

大家傳頌　英雄人物如何身入狼穴
如何結歡鄰居的偉女子
如何使澳洲鴕鳥轉世的布托
低聲下氣親送他返回母親的懷抱

英雄　不世出的英雄
孟加拉的弟兄們
用舞蹈迎候午夜太陽的君臨
多優美的旋律

可是第一季尚未收成
太陽開始出現黑點
成為不可逼視的噩夢
拉曼為自己籌組的黨派蒐羅金銀
把肥沃的土地強徵劃分給他的親信
任他挑選的士兵掠奪喜愛的物品
無瑕的珍玩　未成年的女子
自他們同一血緣同一母體懷孕生下的兄弟手中
用孟加拉弟兄們
排山倒海起義奪來的巴基斯坦刺刀
取鬧地割開孟加拉弟兄們餓癟的肚皮

把穀物成袋運往吉大港
把黃麻成綑運往吉大港
把棉花成包運往吉大港
把不聽話的少年成車運往不知所終的沼澤
他們呼著口號
拉曼是我們的阿拉

阿拉要求子民犧牲
子民怎能不奉獻

糧食落空了
你們辛勤耕作的田地長出了石頭
飲水枯竭了
你們挖鑿的泉源流出了腥血
蝗蟲滿天飛
棉花隨著蒲公英亂成一片飛絮

孟加拉的弟兄們
你們失眠的眼神
看出了這場僭越的序幕
真正的阿拉割開了天空
豪雨一陣緊似一陣
土地淹沒了十分之九
霍亂從吉大港登陸
宰殺了四百餘條生命
不確定的黑影一步一步往內陸踐踏

孟加拉的弟兄們
張大嘴巴一如合不攏的天空……

　　我們決定參加卡塔克國際詩人高峰會後，發現孟加拉簽證很麻煩，台灣護照要送到日本或泰國處理，後來央阿米紐請求孟加拉外交部准予落地簽。但為防意外，在我們到達卡機場時，阿米紐特別請准進到入境處協助，總算順利入境。進關時嚇一大跳，在詢問台背面牆上，貼著我們的超大頭像，以為是通緝照片，原來是大會出席詩人的宣傳海報。

參加高峰會的各國詩人於1月29日報到，翌日早上，先去離首都達卡西北方35公里處的薩瓦（Savar），參拜國家忠烈祠，亦即1971年獨立戰爭烈士紀念碑。紀念碑設計非常傑出，由七堵三角形尖牆層層組成，最外層最矮最寬，向內逐漸遞增高寬比，最內形成尖頂。七堵牆代表孟加拉近代史上七大章，即1952年語言運動、1954年聯合陣線選舉、1956年制憲運動、1962年教育運動、1966年六點運動、1969年群眾起義，最後是1971年最高潮的解放戰爭，終於使孟加拉成為獨立國家。紀念碑前有水池，讓紀念碑倒影與實體，相映成趣。我們抬著花籃在水池前獻花、留影紀念，在旁邊準備交接班的憲警，對我們鼓掌。我寫詩〈獻花〉誌其事：

> 1971年獨立戰爭
> 誕生了孟加拉
> 三百萬勇士的血流入大地
> 英雄魂輝耀著天空

> 獨立戰爭烈士紀念碑
> 永留歷史見證
> 我在1974年留下
> 〈孟加拉悲歌〉詩紀錄

> 親臨孟加拉第一個行程
> 向獨立戰士獻花致敬
> 因為獨立是詩人共同語言
> 詩人公民的第一課

> 尖形碑高聳與日月同光
> 百英畝曠野容納神魂優遊
> 我敞開的無限詩空間
> 是台灣獨立願望的釀槽

參拜後，到附近觀賞各國政要前來孟加拉國是訪問，於瞻仰紀念碑時植樹紀念，已成一片蓊鬱樹林。我審視每棵樹前置牌，說明何人何時所植，都是政治人物，竟無文學家、教育家、人權鬥士、社會運動人士等。我對身旁的阿米紐反映說：「你應該爭取一塊區域，稱為詩人林園，請詩人來植樹，插牌打上一首詩，創造不同的文化景觀。」他稱善，但笑容有些尷尬，我深知詩人大致使不上力，但是從事發明專利事業以來，養成保持不斷頭腦體操，已改不掉隨時出點子的習慣。

　　由獨立戰爭烈士紀念碑轉往參訪在薩瓦的賈罕吉爾納加大學（Jahangirnagar University），這是孟加拉唯一學生要全體住校的公立大學，1970年創設時才有150位學生，如今發展到有16,781位學生、755位教師、1,430位職員的規模。特別是校園內有一大片池塘，池中滿眼是盛開的紅蓮花，青草綠水中點點紅，非常醒目。更特別的是此自然生態池竟成為候鳥度假園區，每年冬季成千上萬的西伯利亞候鳥，遮天蔽日破空而至，在此優哉游哉，度完溫暖的冬季，再遠飛北返初暖的西伯利亞原鄉。

　　從校園生態池沿校內林蔭大道，散步走到研究中心前廣場，讓詩人坐在一棵盤根錯節的大榕樹下念詩。廣場置放許多塑膠椅子，許多學生，也有教職員，就座聆聽，阿米紐的夫人碧姬絲・曼素華（Bilkis Mansoor）也在座。女學生結伴穿著顏色鮮麗的服飾，頭繫紗巾，顯得青春活潑。也許尚留下剛剛觀賞候鳥的餘緒，我刻意選念拙詩〈留鳥〉對應，然後再以詩〈校園候鳥〉誌之：

　　　　大學自然生態池
　　　　容納西伯利亞候鳥
　　　　結群而來
　　　　一批一批飛走
　　　　吸引大家來觀賞
　　　　留下的影子

在大學榕樹華蓋下
為愛護候鳥的學生
朗誦我的詩〈留鳥〉
在逐漸放空的池內
留下來靜靜
綻開一朵朵紅蓮花

　　下午去參觀孟加拉國會大廈，占地2萬多坪，號稱世界上最大的立法機關複合結構，周邊空曠，更顯得頂天立地，一枝獨秀。晚上在Chitrak畫廊舉辦一項特殊讀詩會，此畫廊在達卡住宅區Dhanmondi，除展覽孟加拉著名畫家作品外，也常辦慈善活動，例如為學童營養午餐募款。這次讀書會之所以特殊是，有許多畫家到場，等於為畫家念詩，包括賈希杜爾・胡克（Jahidul Huq）等孟加拉詩人也出席。會前茶敘中，詩人與畫家先有互相談話認識機會，意外發現達卡當地詩人與畫家平常多所接觸，似常有跨藝文活動。會場有三人樂隊，席地盤坐台前，分別吹長簫、彈曼陀林、擊小鼓助興。

　　在此純藝文場合，居然有台灣詩人在念詩前，大剌剌以似通非通的英文，對在場藝術家，倡導台灣與中國一邊一國，我當場差點昏倒。阿米紐邀請時，曾提醒說，孟加拉與中國有外交關係，而且中國駐孟加拉大使館很活躍，我們去達卡最好不要惹政治，他會盡力保護我們。孟加拉好幾份全國性英文大報，包括《觀察家日報》（*The Daily Observer*）、《太陽日報》（*Daily Sun*）、《新時代》（*New Age*）、《星星日報》（*The Daily Star*）、《達卡導報》（*Dhaka Courier*）、《新國族》（*New Nation*）、《獨立報》（*The Independent*）等，都以很大篇幅報導我們出席大會，統一使用台灣詩人稱呼，有簡介，又有照片，我私下正在擔心安全問題。而現場根本沒人在談政治，卻自己在撩撥，又自鳴得意，我很怕在1978年瑞士日內瓦國際發明展和1986年比利時布魯塞爾世界發明展，遇到中國到現場干擾的故事重演（見拙著《人生拼圖──李魁賢回憶錄》第32章和第48章，新北市政府文化局，2013年），幸好到大會結束，都相安無事。

　　卡塔克國際詩人高峰會，於1月31日傍晚，在孟加拉美術和表演藝術

學院（Bangladesh Shilpakala Academy）的國家畫廊大禮堂揭幕。此學院於1974年創立，在文化部指導下，其業務範圍包括組織研修會、研討會、討論會、短期專業培訓、對有才華的藝術家提供獎學金和資金補助、組織各種美術和表演藝術競賽。會上由孟加拉總理祕書長Abul Kalam Azad頒贈卡塔克文學獎（Kathak Literary Award）給四位得獎人，各一枚金牌、一尊獎座和一張獎狀。到場的孟加拉著名詩人有哈雅特・薩伊夫（Hayat Saif）、亞薩德・喬德福理（Asad Chowdhury）、哈比布拉・西拉吉（Habibullah Sirajee）、穆罕默德・努錄爾・侯達（Mohammad Nurul Huda）等。我在受獎時，致謝詞曰：

> 本人能獲得由總理祕書長Abdul Kalam Azad頒給我2016卡塔克文學獎，深感榮幸！
>
> 對我來說，台灣與孟加拉距離很遠，非但是地理上的隔閡，而且在歷史上、政治上、外交上和社會上，關係和瞭解都不充分，幸賴文學，尤其是詩的交流，孟加拉人與台灣人間心靈建立愈來愈親近的連結。
>
> 感謝卡塔克國際詩人高峰會主席詩人阿米紐・拉赫曼，给予2016年卡塔克文學獎的榮譽，此事提醒我，台灣與孟加拉的國際詩交流有待加強，也讓我決心努力設法把孟加拉優秀詩篇多介紹給台灣讀者，以促進台灣對孟加拉詩的欣賞，這是我接下來的功課和任務。
>
> 謝謝各位！

在達卡每天出入都會嚇破膽，重複經歷在印度加爾各達的驚魂經驗。街上中巴、小巴、計程車、三輪車、二輪車、板車、前拉貨車、後推貨車、機車、腳踏車、行人，橫衝直闖，互相交叉蛇行，險象環生，但沒見過交通事故，實在是默契十足。街上唯獨不見大巴，因為根本開不進來，如果大巴真正上街，大概只能停在原地，無法行駛。達卡城市人口密度約台北的11倍，卻無捷運、無高架路（只見到有一段在興建中）、無地下道，甚至很難見到斑馬線，真難為達卡市民。我有紀實詩〈達卡〉：

汽車交叉向前衝
迷你計程車從右邊插進來
人力三輪車從左邊插進來
送貨拉車從右邊插
腳踏車從左邊插
行人插進快車道
像一支卡榫
交通瞬間打結卡住了

行人安然穿越過去
腳踏車向右邊竄出去
送貨拉車向左邊竄出去
人力三輪車向右蛇行
迷你計程車向左蛇行
汽車繼續交叉前進
一秒鐘就解開卡榫
街道交通無事故

在達卡旅館最惱人的不是冷氣問題，而是蚊子也躲進冷氣房來，無論室外室內，蚊子像二次大戰末期的B29轟炸機，讓人好不自在。所以，詩〈戲擬孟加拉虎〉就是這樣產生的：

室內到處是蚊子
尋機吸血
有一隻趴在鏡面
自戀自照
啪！我奮力打死
一隻孟加拉虎

街道上擠滿車輛

　　爭搶有限空間

　　四輪三輪兩輪間

　　行人悠然穿過

　　叭叭！迎面衝闖過來

　　一群孟加拉虎

　　2月1日上午前往阿米紐母校達卡大學參觀，看到醫學院藥學系一些實驗設備，已過時不用，但當作歷史文物，依然保存在走道。達卡大學是孟加拉歷史最悠久的公立大學，由英屬印度政府於1921年創立，學生數達3.3萬人。孟加拉許多著名人物出身此最高學府，包括著名教育家、作家和語言學家穆罕默德・沙希度拉（Muhammad Shahidullah, 1885-1969），詩人布達德倍・柏塞（Buddhadeb Bose, 1908-1974），戲劇、文學、表演藝術等先進那諦雅古魯・努陸爾・莫門（Natyaguru Nurul Momen, 1908-1990），孟加拉國父謝赫・穆吉布・拉赫曼（Sheikh Mujibur Rahman, 1920-1975），南亞外交創始人之一阿部・法特（Abul Fateh, 1924-2010），現代結構工程先驅法茲勒・拉赫曼汗（Fazlur Rahman Khan, 1929-1982），社會民主經濟學家列曼・梭部漢（Rehman Sobhan, b. 1935），先進公共知識分子和作家謝拉洙爾・伊斯拉姆・喬德福理（Serajul Islam Choudhury，b. 1936），以創設小額信貸獲得2006年諾貝爾和平獎的穆罕默德・尤努斯（Muhammad Yunus, b. 1940），以及物理學家穆罕默德・阿陶・卡林（Mohammad Ataul Karim, b. 1953）等，足見孟加拉出過多少國際級名人。

　　下午出席孟加拉學術院（Bangla Academy）所舉辦Ekushy全國書展開幕典禮，由孟加拉總理謝赫・哈希納（Sheikh Hasina, b. 1947）揭幕。謝赫・哈希納是孟加拉國父穆吉布的女兒，1996年起擔任總理，孟加拉歷史上任期最長的執政者。這項全國書展是為1952年語言運動在2月21日死難的烈士舉辦，這一天後來也成為國際母語日。從1972年由Muktodhara出版社在孟加拉學術院前擺書攤起，逐漸發展成每年2月在達卡，由政府舉辦整整一個月，有三、四百家出版商參加的大規模全國書展。書展前方交通要道戒備森嚴，

道路兩旁聚集許多年輕人，看來都是學生，集體大聲呼喊口號，雖然激烈，但秩序良好，沒有占用車道、阻礙交通。書展在室外地上搭攤位，因非水泥地，所以不少灰塵。結束後，離開時，示威群眾也平和逐漸散去。

然後，我們去達卡烈士紀念碑，在市內，也是紀念1952年語言運動在2月21日和22日示威遊行時，不幸遭警察射殺死難的達卡大學和達卡醫學院學生，以及政治運動人士。建碑歷經挫折，到1971年孟加拉獨立後才落成。我們到達時，廣場上正舉辦小學生現場繪畫競賽，不但有老師指導，也有許多家長在場陪伴。適市政府教育局官員前來視察，鼓舞學生，對我表示感謝台灣詩人關心。我為此寫詩〈孟加拉紀念碑〉表示悼念：

　　烈士紀念碑前

　　青年在歌唱和平

　　幼童在寫生比賽憧憬

　　導遊可汗訝異我圓帽上

　　228徽章的設計

　　哀傷的紀念意義在異國並行

　　孟加拉獨立壯舉中

　　屠夫殺戮穆斯林的犯行

　　經半世紀才判處死刑

　　遲來的正義

　　在孟加拉還是呈現實質正義

　　在我祖國台灣

　　正義還不知如何書寫

　　烈士紀念廣場

　　陽光燦爛

　　普照在亮麗大地

　　孟加拉人的笑臉上

詩中提到「228」，因為我戴的盤帽上，有一「228」字體的徽章，當地

導遊好奇問我。巧的是在2013年2月28日，孟加拉穆斯林政黨領袖戴爾瓦‧胡笙‧薩葉迪（Delwar Hossain Sayeedi）被孟加拉國際犯罪法庭，以1971年獨立建國期間協助巴基斯坦政府軍犯下強暴、謀殺、虐待人民的罪行，宣判死刑。這項判決引起歡呼正義得到伸張的一方，與支持薩葉迪的另一方相爭，導致首都達卡街頭暴動。

　　翌日，早上先去孟加拉獨立大學（Independent University of Bangladesh, IUB），與學生座談和念詩交流。後轉往出席孟加拉全國詩歌節，在達卡大學附近搭棚舉行，棚高像要演野台戲，台上全面鋪白布。台上的人按照穆斯林習俗，脫鞋、盤腿席地而坐，台灣和摩洛哥詩人都脫鞋上台，唯獨瑞典Bengt Berg和斯洛伐克Milan Richter不予理會，穿鞋上台踩在白布上。歐美人士無論居家或辦公室，固然已習慣穿鞋踩在地毯上，但無視當地人行事方式，多少透露歐美部分人士傲慢自大的心態。原先不知道阿米紐和孟加拉全國詩歌節大會接觸情形，因為沒有事先照會詩人和安排節目，我們到場只是讓大會介紹一下，和台下大眾招呼一聲，念一首詩就匆匆結束離場。

　　接著轉往昨日開幕的全國書展，Adorn出版社也在書展設攤位，因出版此次高峰會為四位卡塔克文學獎得主，用孟加拉文編譯詩集《當代頂尖四位世界詩人選集》（*Top Four Contemporary Poets of the World*）精裝本，所以我們四位特別到場，站在舞台上，一字排開，各持一冊，供媒體拍照，算是公開新書發表動作。翌年，拙詩集《黃昏時刻》漢孟雙語本，也是由Adorn出版。《當代頂尖四位世界詩人選集》選我的詩8首（其實阿米紐在2010年已先同樣用孟加拉語編譯過一冊《當代世界十大詩人選集》（*Contemporary Top Ten Poets of the World*），選我的詩6首），大會另以英語編印一冊《2016年卡塔克國際詩人高峰會詩選》（*Kathak International Poets Summit 2016*），每位出席詩人分配兩頁詩篇，加上一頁簡介和照片。

　　最後一天2月3日，在世界文學中心（Bishwa Shahittya Kendra）大廳舉行著名孟加拉詩人法查‧沙哈布汀（Fazal Shahabuddin）逝世二週年追思會。沙哈布汀是1936年2月4日出生於達卡，在英國殖民統治下受教育成長，1952年因參加歷史性的語言運動，身為學生和青年詩人對國家打造的想像破滅，離開學院。後來從事過郵局職員、商販兼差、電影評論員、影片記者。

終於，成為新聞從業人員，創辦孟加拉最具影響力的週刊《*Bichitra*》，該刊1975年被政府接管後，他去周遊歐亞國家。沙哈布汀以情詩見長，1972年獲孟加拉學術院詩獎，1988年獲人人羨慕的孟加拉民間最高榮譽的Ekushey Padak文學獎。

沙哈布汀生前擔任孟加拉筆會祕書長，也熱衷於國際詩交流活動，我們結識多年，他曾應我邀請參加2005年高雄世界詩人節，那年阿米紐也出席。沙哈布汀過世後，於1956年創刊已60年歷史的詩刊《*Kabikantha*》，由阿米紐一肩負擔起續刊重任，還設立年度詩獎，2015年得主是詩人哈雅特・薩伊夫（Hayat Saif），就在追思會上由我頒贈。

2016年2月號《*Kabikantha*》設有台灣詩人專輯，就此次參加卡塔克國際詩人高峰會的李魁賢、林佛兒、李若鶯、方耀乾、戴錦綢、陳秀珍等六位詩人，各譯一首詩為孟加拉語，並附有照片。也發表我一篇〈悼念孟加拉詩人法查・沙哈布汀〉的英文稿〈In Memory of Poet Fazal Shahabuddin〉，讓我在追思會上宣讀：

> 孟加拉詩人法查・夏哈布汀（Fazal Shahabuddin, 1936-2014）過世二週年，我幸有此機會前來悼念故友，也對孟加拉和台灣詩壇的接觸交往，做一番見證。
>
> 我是參加1993年亞洲詩人會議漢城（今首爾）大會時，首次認識同樣出席的夏哈布汀。那次我獲亞洲詩人貢獻獎，由韓國資深詩人具常頒贈。會議結束回國時，正好與夏哈布汀同一班機，我到台北，夏哈布汀繼續飛回孟加拉，我們相約再會。
>
> 1995年亞洲詩人會議日月潭大會，我忝為台灣筆會會長，擔任大會祕書長，除一向以日本、韓國和台灣三國為主外，心想擴大邀請亞洲其他國家詩人參與。我邀請夏哈布汀，他是孟加拉筆會祕書長，最適當的人選。可惜他無法出席，但提供一首詩〈而妳〉，讓我翻譯成華語，刊在《'95亞洲詩人作品集》裡，也發表在當年11月24日《台灣新生報》：

而妳身體羞怯的河流
常急轉彎，我知道
沙漠熱浪炙灼了妳的腿、妳的胸
而盲目的情慾盤繞妳的腰部。

無休止的吻使妳的美展現光輝
而火熱的魅力侵蝕了殘酷的線條。
慵懶且輕忽，妳卻不知道
在妳迷人的雙峰上
聳立尖塔的財富。

妳的赤足在隱藏的彩虹亮麗中閃耀。
而妳，就像鳥在雨的前鋒
歡呼渴慕的壯觀
在妳眉毛的顫抖間。

妳慾望的火焰獨自熊熊燃燒
在妳的體內以光和影循環輪替。
在妳心中沉湎的漆暗中
於裸露的騷動裡含情顫抖著。
妳浮沉如像不休止的無名河流。
可是沒有妳就沒有出路。
而妳身體的陰影深度
開啟了夜裡愛情的航行。

　　這首詩熱情洋溢，把人體與自然生態互相參照，呈現抒情詩的極
大魅力。2003年台北縣政府文化局出版《李魁賢譯詩集》全套八冊，
譯詩涵蓋五大洲72國的詩人353位，詩877首，可惜孟加拉只有三位，

除夏哈布汀外，就是蒙尼魯查曼（Mohammad Moniruzzaman, 1936-2008）和薩卡爾（Shihab Sarkar, b. 1952），顯示台灣對孟加拉的詩瞭解太少。

在《李魁賢譯詩集》第三冊裡，收錄夏哈布汀的詩〈而妳〉外，另一首是〈鳥群〉：

二百萬隻的鳥群瞬間死去
透過電視新聞宣告的
鳥群喲
振翅飛翔的生命的輝煌喲
鳥群被波斯灣瀰漫重油的海封喉而死
我從電視畫面看到的
不過是其中一隻而已

我由此明白感受到
地球完全死去的日子不遠了

「好像已經死亡啦！」

是誰說的
在此戰爭進行中
為正義的戰爭進行中
啊啊　我以人類之一的身分
非常憂傷
無法忍受羞恥

有一天我們也會為了其他的正義
發動戰爭
漸漸把地球破壞殆盡吧

鳥死滅　樹木消失
和他們共同面向地球的末日

人類已告瘋狂
為了阻止他們瘋狂
欸　怎麼辦呢

　　這首詩描寫1991年中東戰爭時，因油井受到破壞，大量原油外洩，漏入海洋，以致鳥群因羽毛沾黏重油，無法飛翔而死難，經電視報導後驚悚全球人類。此詩由鳥的受難，能近取譬，隱喻到人的可能同樣遭遇，是一首強烈人道關懷的詩。

　　經過十年，2005年在高雄舉辦世界詩人節，以【海陸合鳴・詩心交融】為主題，我再度邀請夏哈布汀，也邀請阿米紐・拉赫曼（Aminur Rahman），兩位都出席參加了。夏哈布汀提供的詩是〈每當我眺望海〉，輯入《海陸合鳴・詩心交融──2005高雄世界詩歌節詩選》，另發表在當年3月21日《聯合報》：

每當我眺望深藍的海
似乎看到孤獨奇異的鳥
牠的巨翼鼓動時揚起
遠方海岸的迴響
傳到幽幽的林間
一陣狂風呼嘯。
在我血液深處響起
海風
在水平線間吹送，
從深林的聲音
發出叫喊吞沒我的意識。
在夜的子宮裡

戰慄著黑暗以及
黎明時刻的光，
這時我的幽暗充塞著
音樂，強勁而奇妙。

每當我眺望憂鬱的海
有一群鳥飛過，
從含糊不清的聲音
出現完整的交響樂。
我荒蕪的花園滿眼綠葉。
在令人銷魂的風聲裡
原始的海翩翩起舞。
而在渴慕的天空中
我注意到海的龐大身影，
這時奇妙強勁的
深情音樂熱烈揚起
波浪沿著遠方的海岸。

　　3月24至27日三天的高雄世界詩歌節期間，夏哈布汀住在國賓飯店，正好俯瞰著名的愛河，河岸正好是「鰲躍龍翔」巨座雕塑，浪漫河景化入他的詩情想像，回國後寄來一首〈愛河，高雄之后〉，我翻譯後編入《文學台灣》第55期（2005年冬季號），列在【海陸合鳴‧餘波盪漾】欄內：

（獻給參加2005年台灣世界詩歌節的詩人們）

當我進入房間內
高踞國賓飯店16樓

我沒想到她會在
可是真驚奇，她確實在。

奇妙的涼風
從她的血液吹來
像孤寂的舊花被拋棄
深心夢想不倫呼應和情念
她確實在那裡
豐滿又鮮美且嬌弱
像永恆的處女。

拉開窗簾時
三月底的天空入眼來
灰白的雲和零碎的豔陽
像一幅巨畫
她占有我存在的內部

我沒想到她會在那裡。
可是像黑暗中鮮明的夢
她確實在那裡。

我突然感到周圍在下雨。
在國賓飯店的我體內
鰲躍龍翔的巨座雕塑內
風在河床上低吟
水在顫抖像一首悲歌
我知道她在那裡像一首詩。

有人告訴我

她是海的女兒

在她體內，天空和海洋相會

她是靈感，高雄的心臟。

她與詩人及畫家戀愛

我聽說，她名叫愛，真好。

你是海陸間的對話

她是愛河

她是高雄之后。

夏哈布汀對台灣的熱情，令人懷念，我以有這樣的一位孟加拉朋友為榮。今天能出席他的紀念會，緬懷故友，深願為台灣與孟加拉的國際詩交流多盡一分心力，盡量多翻譯一些孟加拉的優秀詩篇給台灣讀者。

祝福各位！

夏哈布汀的女兒坐在台上聽我演講，結束後，向她致悼念之意。不料在會後茶敘中，又遇到在追悼文內提到的蒙尼魯查曼（Mohammad Moniruzzaman）的兒子，來跟我打招呼時，我問候他父親，才得知他父親已在2008年過世了。

1966年出生的主辦人拉赫曼除自己努力創作、熱心參與國際詩壇活動外，又在經營企業有成之餘，獨力出錢出力主辦卡塔克國際詩人高峰會、頒授卡塔克文學獎，以及詩刊《Kabikantha》年度詩獎，為孟加拉詩運和國際詩交流負起重大任務，為詩奉獻的精神和毅力，令人欽敬。

高峰會於2月3日結束，會期中成為媒體矚目焦點，孟加拉語文報《保證》，英文報《新時代》（New Age）、《觀察家日報》（The Daily Observer）、《新國族》（New Nation）、《獨立報》（The Independent）等，天天有大幅報導、刊載活動照片，頻頻出現Taiwan，我接受兩家電視台現場採訪。能獲得孟加拉國的贈獎榮譽，使台灣國名彰顯在無邦交國的孟加拉報紙和電視，端賴台灣祖國的培育，感謝台灣！

我在卡塔克文學獎受獎謝詞中所提功課和任務，以及追悼文內提到的願望，在與阿米紐合作下，很快實現。第一步，我漢譯阿米紐詩集《永久酪農場》（*Perpetual Dairy*），他以孟加拉文翻譯拙詩集《黃昏時刻》，在2016年分別由台北秀威和達卡Adorn出版，並趁他應邀出席2017淡水福爾摩莎國際詩歌節時，在淡水舉行新書發表會。第二步，我漢譯《孟加拉詩100首》，選譯25位詩人的詩作，上述高峰會當晚到場的四位孟加拉詩人，都包含在內，也在2017年由秀威出版。但我編好與陳秀珍合著詩集《詩詠孟加拉》（*Poems on Bangladesh*）英漢雙語本，含李魁賢卷6首和陳秀珍卷20首，阿米紐信誓旦旦說要譯成孟加拉文，在2017年出版三語本，卻迄今仍在算命中，2019年3月間還說一定會出版，深切期盼能在孟台詩交流途上，多搭一座橋梁！

2018年12月4日

第16章

Returning to Nicaragua

重臨尼加拉瓜

第12屆格瑞納達國際詩歌節

時間：2016年2月14日至20日

地點：尼加拉瓜

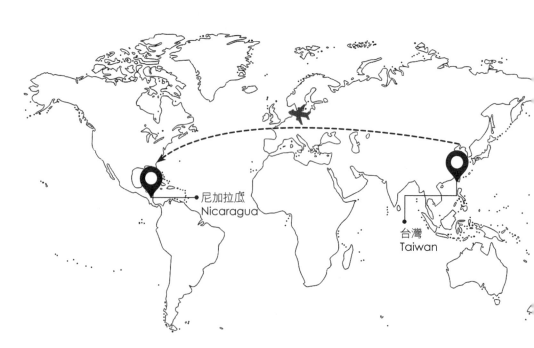

尼加拉瓜
Nicaragua

台灣
Taiwan

2015年9月正忙著進行要去孟加拉，出席卡塔克詩人高峰會，突接文化部通知說，尼加拉瓜的格瑞納達國際詩歌節基金會指名邀請我，出席明年第12屆格瑞納達國際詩歌節。猶記得2006年2月，經外交部聯繫，由文建會指派，與許悔之連袂出席第2屆格瑞納達國際詩歌節，結識拉丁美洲詩人，建立日後在拉美活動的良好基礎（參見第7章）。時間過得真快，一晃十年，虧得大會還記得我，但據我所知，因為我國駐尼加拉瓜大使館有捐助大會，所以往年都是透過外交部，會文化部指派人選，為何今年特別指名我，令人納悶。

由桃園飛尼加拉瓜，一天到不了，2006年我是飛到紐澤西州，探望家兄，住一晚，翌日到邁阿密機場，與許悔之會合連袂飛到馬納瓜。此次，文化部幫我安排到休斯頓轉機，在該地過夜。有文化部和外交部跨部作業，向大會報名、購機票、安排航程、接送機，都由公家處理，自己就省事多了。我心無罣礙，1月29日飛往孟加拉出席卡塔克詩人高峰會（參見第15章）。回國前，高峰會主辦人阿米紐知道我將參加格瑞納達國際詩歌節，說他前年參加時，答應大會會長法蘭西斯科・亞西西・費南德茲（Francisco de Asis Fernandez），用孟加拉文編譯《尼加拉瓜詩選》，現已出版，但他今年可能無法出席，所以託我帶兩本去給會長。

第12屆格瑞納達國際詩歌節期程是2016年2月14日至20日。我搭12日晚上飛機飛14小時到休斯頓，還是12日晚上。休斯頓機場通關，比以往經過的洛杉磯、邁阿密等機場簡易快速，關員連簽證都不看，只問「是否從台灣直飛過來？要去哪裡？有何貴幹？」這樣就通過啦。這時晚上約10點，連詢問處都不見人影，有司機過來問，要不要搭計程車，我告以要搭過境旅館接駁車，他很客氣帶我到候車處。一整排都是旅館站牌，各家旅館接駁車川流不息，但旅行社幫我訂的Holiday Inn Airport車子，卻等到10點50分才到。我因十年前有在邁阿密獨守機場過夜經驗，所以好整以暇，頂多再重溫一次舊夢吧。後來才知道這家旅館接駁車，是固定每半小時發車一次，但預約時完全沒有交代，我在台北發信詢問也都有讀不回。

翌日清早飛到尼加拉瓜首都馬納瓜機場，我國駐尼國大使館陶志偉祕書，連同剛到差不久的魏禎瑩祕書來接機，把我安頓在皇冠廣場（Crowne

Plaza）旅館，就帶我去馬納瓜湖畔散步。馬納瓜湖和中美洲最大湖泊的尼加拉瓜湖毗鄰，若比做一大一小眼睛，則在馬納瓜湖南岸的馬納瓜，和在尼加拉瓜湖北岸的格瑞納達，分別在二湖邊對峙，就像鬥雞眼的兩顆眼珠。兩地相距約一小時車程，巧的是尼加拉瓜湖輪廓竟然與台灣島的番薯型，頗相彷彿。

　　馬納瓜湖畔休閒區，很適合散步閒逛，商店、餐廳林立，湖邊長椅，安適坐下來，面對湖色，心曠神怡，正好鬆弛長途飛行勞頓。在湖畔，我看到兩尊塑像，一尊是智利前總統薩爾瓦多・阿葉德（Salvador Allende, 1908-1973），立姿站在靠近阿葉德港口的路中央小圓環，金身，右手高舉揮手，身披智利國旗。阿葉德在1970年以社會黨人馬克思主義者身分，公開競選智利總統，獲勝進入總統府，因政策走向親蘇，獲蘇聯頒給1972年列寧和平獎，卻得罪美國，1973年9月11日被美國中央情報局支持軍方，阿葉德任命的國防部長皮諾契特（Augusto Pinochet）將軍政變殺害。阿葉德受到許多拉美國家敬重，尼加拉瓜是其中之一。

　　另外一尊是尼加拉瓜詩人魯文・達里奧（Rubén Darío, 1867-1916），身穿外交官大禮服，手持羽飾帽，佩短劍，繪在空地豎立的斜形三角看板上，因為今年適逢達里奧逝世一百週年，格瑞納達國際詩歌節也是以此作為主題之一。達里奧是推動拉美文學現代主義運動的先鋒，在19世紀末大展風華。他出生於雷昂市（León），12歲開始寫詩發表，一生到過許多拉美國家，包括薩爾瓦多、智利、瓜地馬拉、哥斯大黎加、古巴、阿根廷，然後到歐洲，擔任尼加拉瓜駐西班牙大使。達里奧詩作產量甚多，10年前格瑞納達國際詩歌節大會副會長倪卡西奧・吳爾比納（Nicasio Urbina），贈送我西漢對照《魯文・達里奧詩歌選集》（魯文・達里奧國際基金會烏爾庇斯出版社，2004年），是戴永滬選譯自8本詩集123首，相當豐富。

　　湖畔還有一個特色是，有民俗村的風味，例如到處可見用芒草搭蓋的傘形涼亭，還有多角形建築餐廳，餐桌擺在四周迴廊，好像在室外，但又有頂蓋。沿街鋼架樹狀裝置藝術，每棵漆上不同顏色，五彩繽紛，聽說是第一夫人，也是總統府發言人的創意。即使路旁商店和餐廳，布置都很開放式，裝潢色彩相當鮮豔，顯示人民的開朗性格。後來轉去參觀馬納瓜幾家教堂，其

中有一家設計很獨特，圓形幾何構圖，每個圓頂又像手榴彈。

〈馬納瓜湖〉是我第二次來到尼加拉瓜，用台語書寫的第一首詩：

十年前
在格瑞納達詩歌節
雨毛子火燒慶典城市
我無張持想起
達里奧的天頂
今年情人節
馬納瓜湖靜悄悄
情人統在輕聲細說醉茫茫
我忽然間遇到達里奧
縖劍　手提羽毛帽子
一身外交大禮服
企在花園中心
土地用帥花布置周圍
詩人穿便服偓湊陣
拱高在世界詩史頂面
在情人節即一工
我更加相信
詩是一世人上深的愛
詩人專情
是不會變心的情人

晚上承大使館安排《新報》女記者Letzira Sevilla採訪，在楊姓台商的餐廳「鄉味」餐敘，現場還布置我的人形廣告牌，多虧陶祕書和魏祕書的用心，也偏勞他們為我口譯。採訪過程相談甚歡，妙的是在大會前的採訪，到大會閉幕翌日才見報（詳後），似有意對我此行做一總結評論。

魏禎瑩祕書2月14日中午開車送我到格瑞納達，住進十年前同樣的那一

家La Alhambra旅館，門前就是公園，公園對面就是獨立廣場，等於活動的中心點。放好行李，魏祕書就帶我到「三個世界之家」（Casa de los Tres Mundos）報到，在獨立廣場旁邊，和十年前同一地方。領到名牌、資料袋、還有幾本書，包括：

1. 大會主席Francisco de Asís Fernándz詩集《*Luna Majoda*》（濕月）：法蘭西斯科1945出生於格瑞納達，2005年創辦格瑞納達國際詩歌節，尼加拉瓜語言學術院通訊員，2013年榮獲尼加拉瓜國會榮譽金獎，2014年獲西班牙國王胡安·卡洛斯一世頒發十字勳章。詩集自《開設帳戶》（*A principio de cuentas, 1968*）起，已出版14本。其父是著名詩人費南德茲（Enrique Fernández Morales），誠可謂家學淵源。

2. Ernesto Mejía Sánchez《詩選集》（*Antología poética*）：厄涅斯妥·梅吉亞·桑切斯（1923-1985）是今年大會致敬的尼加拉瓜詩人，留學馬德里，獲博士學位，擔任墨西哥自治大學教授多年，出版論著《尼加拉瓜傳奇小說和歌謠》（*Romances y Corridos Nicaragüenses, 1946*年）、政治詩集《新芽》（*El Retorno, 1950*年），1985年編達里奧詩全集。1980年擔任尼加拉瓜駐墨西哥大使，而後轉任駐阿根廷大使。

3. Luis Cardoza y Aragón《詩集》（*La poesía*）：路易·卡多薩·伊·阿哈宏（1901-1992）是今年大會追念的瓜地馬拉詩人，早年到巴黎，與布魯東結交，受到超現實主義前衛派影響。1923年出版第一本詩集《月亮公園》（*Luna Park*），1947年起先後擔任瓜地馬拉駐哥倫比亞、智利和法國大使。

4. Carlos Tünnermann Bernheim著《魯文·達里奧生活與工作筆記》（*Apuntes Sobre La Vida y Obra de Rubén Darío*）：包含24則筆記，研究魯文·達里奧的隨筆紀錄。

5. 2015年第11屆格瑞納達國際詩歌節詩選集：收2015年應邀參加的47國112位詩人作品，每人有照片、簡介和一首詩，台灣出

席的是瓦歷斯‧諾幹。

　　我看到今年（2016年）資料，應邀參加竟然高達61國90位詩人，加上尼國32位詩人，共122位。其實按照大會報告，出席詩人超過160位，增加人數是未列在名冊上代表名單內的尼國詩人，自由前來參加，共襄盛舉。我向服務的學生志工打聽，據說運用志工達百位之多。這是我所知最大規模的國際詩歌節，參加國家計有：

北美洲：加拿大、美國、墨西哥；
中美洲：哥斯大黎加、瓜地馬拉、薩爾瓦多、洪都拉斯、巴拿馬、尼加拉瓜；
南美洲：阿根廷、巴西、智利、哥倫比亞、厄瓜多、祕魯、巴拉圭、烏拉圭、委內瑞拉；
加勒比海：古巴、海地、多明尼加；
歐洲：德國、奧地利、比利時、丹麥、蘇格蘭、西班牙、愛沙尼亞、斯洛伐克、芬蘭、法國、希臘、荷蘭、匈牙利、英國、愛爾蘭、義大利、拉脫維亞、馬爾他、挪威、葡萄牙、捷克、羅馬尼亞、塞爾維亞、瑞士、土耳其、烏克蘭；
非洲：阿爾及利亞、剛果、南非；
亞洲：孟加拉、菲律賓、印度、伊朗、日本、巴勒斯坦、新加坡、敘利亞、台灣；
大洋洲：澳洲、紐西蘭。

　　在報到會場吃午餐，有一位年輕詩人Luis Ricardo Arévalo A. 會幾句應酬中國話，過來打招呼，拿一本《尼加拉瓜和多明尼加兩國詩選集》〔（M） *UN Dos： Muestrario de Poesía Nicaragüense y Dominicana*〕贈送給我，兩國各選25位詩人，有詩人照片、簡介，每人選詩1至7首，編印都不錯，說希望能幫忙漢譯，在台灣出版。他正在為我簽名時，來一位中年女士坐到他身邊，打一下招呼，伸手向我要收書款10美元。定價不貴，但是這樣要求我幫

忙，卻變相推銷書，真是平生第一遭。

　　報到後，回到La Alhambra旅館，陶志偉祕書又從馬納瓜趕來，我們正好遇到大會會長法蘭西斯科，坐在輪椅上，和夫人Gloria跟幾位剛進住旅館的詩人在閒聊，他見到我一開口就說，記得十年前出席過第2屆格瑞納達國際詩歌節，歡迎我再臨。我把孟加拉詩人阿米紐託帶給他的孟西雙語《尼加拉瓜詩選》交給他，完成差使任務，並代致歉意，說阿米紐因時間不巧，今年無法出席。

　　魏禎瑩祕書安排來採訪的《新聞報》（*La Prensa*）記者瑪塔‧雷翁納‧龔查蕾姿小姐（Marta Leonor González），也剛好來報到，立即展開訪談，由於她也是出席詩人，談得比較涉及創作經驗和寫作技巧，然後帶我到會場外取景，幫我拍出席詩歌節的活動照片。越兩天清早，旅館經理打電話給我說，他看到報紙有我的新聞，我下樓一看，就是16日《新聞報》（*La Prensa*）。瑪塔報導刊登在第7版頭條全欄，標題〈台灣人的眼光〉（*Mirada taiwanesa*），照片放中間，占約一半的版面，她如是寫著：

　　「在古城格瑞納達／從世紀遠遠的彼岸／流傳著美麗與哀愁」，這就是台灣詩人李魁賢在他的詩集《黃昏時刻》中，看待格拉納達的眼光。他前來參加第12屆格瑞納達國際詩歌節，有來自60國的137位詩人聚集在一起。

　　李魁賢說他發現尼加拉瓜人「熱情」，這感覺給他醞釀完成好幾首詩，上舉詩是獻給魯文‧達里奧，詩歌節紀念他逝世一百週年。

　　台灣作家李魁賢，職業是化學工程師，16歲開始寫作，從小就知道「詩是交流和觀察世界的獨特方式」，他致力於散文、文學批評和翻譯，出版25冊他所喜愛歐洲和拉丁美洲作家詩選集，以及【名流詩叢】系列，包括19冊詩集和8冊漢譯詩集。

　　被印度國際詩學院三度提名角逐諾貝爾文學獎的李魁賢表示，他的「生活和詩始終在一起，行年80歲數，知道如何將感情、思想和知覺，融成一體，賦予詩真正的美」。

　　他提醒說：「拙詩的另一層面，永遠與弱小人民的願望站在一

起，把訊息帶給年輕人。台灣確實正在變化中，現在年輕人都在關心社會問題。你必須關注那少數在倡導世界和平的人士。」

第12屆格瑞納達國際詩歌節於2月14日傍晚6點，在獨立廣場開始有暖身活動節目。今年大會以「整合中美洲」（Por la Integración Centroamericana）為訴求，活動主軸除紀念詩人魯文·達里奧逝世一百週年外，另向尼加拉瓜詩人厄涅斯妥·梅吉亞·桑切斯（Ernesto Mejía Sánchez）致敬，也追悼瓜地馬拉詩人路易·卡多薩·伊·阿哈宏（Luis Cardoza y Aragón），足見格瑞納達國際詩歌節在建立和彰顯拉美詩文學方面的用心和努力。台上有人演講介紹主題詩人生平和詩作、放映相關影片。

念詩會在晚上7點開始，主題是向中美洲詩人致敬，安排由中美洲詩人念詩分享。然後，是尼國民俗舞蹈。現場布置旗幡五彩繽紛，勝似嘉年華會，正顯示拉美人的熱情奔放。以詩〈獨立廣場〉誌記：

在獨立廣場
彩色旗幡裝飾彩色廣場
彩色馬車裝飾彩色公園
彩色攤位裝飾彩色遊客
彩色房屋裝飾彩色街路
彩色教堂裝飾彩色天頂
歌舞者彩色服裝裝飾
尼加拉瓜彩色生活
連天星統依（an）落來
斟酌聽詩人吐心聲
設想有一工
在台灣獨立廣場
詩人吟開創時代的詩
歌舞者活跳新時代的脈
彩色世紀會當裝飾

台灣不免復掩掩揜揜（ng ng iap iap）
全然現實的獨立廣場

　　晚上9點，我轉往報到地點「三個世界之家」參加酒會，以為有小點心可充饑，結果是純酒會，會場擠滿人，這裡的普通話是西班牙語。10年前贈送我西漢對照《魯文‧達里奧詩歌選集》的倪卡西奧‧吳爾比納，走過來打招呼，他很高興我再度來到格瑞納達。我這次回贈他《黃昏時刻》西漢雙語本，和印度穆罕默德‧法魯定著《福爾摩莎之星李魁賢》（The Star of Formosa Lee Kuei-shien），他今年不擔任大會副會長，但因人脈關係，很多人來和他應酬。

　　在會場巧遇日本森井香衣，她一直盛讚2015台南福爾摩莎國際詩歌節，令人懷念。她贈送我一本英文詩集《66—The Mega Quake, Tsunami & Fukushima》，2012年7月7日出版，離日本福島第一核電廠2011年3月11日核災事故不久，我喜歡這種關懷社會現實的詩創作。之前已譯過日本女詩人多喜百合子寫福島核災詩10首，收在拙編譯《世界女詩人選集》（秀威，2013年2月）。我立刻對森井香衣說，我要漢譯在台北出版，成果就是《66詩集——大地震‧海嘯和福島》（秀威，2016年9月），森井香衣也特地到台灣參加2016淡水福爾摩莎國際詩歌節，出席她的新書發表會。

　　翌日早上，已經10點鐘，在獅子廣場的書展開幕式還沒有動靜，不準時已是拉美國家常事，倒是昨天已陸續布置展售的書攤，櫃上有許多文學套書，其中有一攤位，幾乎是達里奧著作專賣店，各種版本詩集和傳記、評論集等，大大小小不同版型，形形色色，琳瑯滿目，等於書展，也是達里奧逝世一百年紀念的應景出版事業吧！畢竟還是令人欣慰，回頭看為台灣文學苦心奮鬥一輩子的文人，在世都不一定受到肯定，往生就一切俱往矣，百年後還有誰會懸念，何況是身後百年？11點在詩人公園，舉行詩人厄涅斯妥‧梅吉亞‧桑切斯側影雕像揭牌儀式，預料詩人雕像逐年增加後，此公園一定成為令人景仰的獨特文化景點。

　　我沿旅館旁的格瑞納達市主幹道卡爾札達街（Calle la Calzada），散步走到尼加拉瓜湖邊碼頭。在外牆黃色的大教堂附近徒步區，正在舉辦手工藝

展，也是詩歌節大會的一項活動。街道兩旁民宿、餐廳、酒館、咖啡廳櫛比鱗次，可見觀光客不少，毗鄰房屋都漆不同顏色，使街道非常豔麗。房屋內院深邃，商家也是表面平淡，內部則廣闊如集合商店，沿街也有掛出租出售廣告板。街上小販賣水或賣椰子，收入不豐，可想而知，卻都閒適悠然。偶然看到「自由之家」出售的廣告板，引起我的遐思，寫詩〈自由標售〉：

標明自由的旗幡

自由逮風搖

在獨立廣場

我行過自由街

看到自由之家欲出賣

擔心自由

遂無地企起

自由之家失落

自由欲何去

自由無可自由

靠偎獨立廣場

自由佮獨立

敢無法度共存

該當的事誌

出現佮事實相反

自由未應得交易

自由是

生存的本質

看到在802號的一棟房子，牆面鑲崁故詩人游阿坤・帕索思（Joaquín Pasos）故居的銘牌。游阿坤（1914-1947）14歲開始寫詩，是尼加拉瓜先鋒文學運動（1927-1929）領袖之一，其詩以〈事物戰歌〉（*Canto de guerra de las cosas*）最著名。最後一段為：

世界全部聲音形成一個大靜寂。

世界所有人形成單單一個鬼。

戰士呀，在此痛苦中，你的位置或空或滿。

剩下的生命有空隙，

完全真空，

好像要從他們身體取出一塊肉。

仔細瞧瞧我胸膛上這個傷口

由此看天堂和地獄。

瞧瞧我頭上龜裂百孔千瘡：

經此照耀白色陽光、黑色星星。

摸摸我昨天持鋼鐵的手，

你可以穿透空氣進入；

你可以貫穿手指：

這裡無人在，逃避恐懼、肉體

歲月、事物、心靈、火。

一切留在時間裡。一切燒得精光。

下午到聖方濟教會修道院（Convento San Francsco），參加以達里奧和惠特曼為主題的討論會。由於參加詩歌節詩人有一百多位，討論議題又多，大會用心安排許多活動，除有關尼國詩人魯文・達里奧詩作專題演講，以及尼國詩人厄涅斯妥・梅吉亞・桑切斯和瓜地馬拉詩人路易・卡多薩・伊・阿哈宏的作品討論會外，另特闢中美洲詩論壇、加勒比海詩論壇、達里奧與惠特曼、西班牙與現代拉美詩、墨西哥詩人朗誦會，還有針對尼國青年詩人設計的專題，例如「詩文學工作坊：文字創造力」、「青少年詩工作坊：種夢得詩」、「詩工場」、「詩生活：自傳在詩創作中的任務」等多樣化設計。分別在獨立廣場、三個世界廣場、獅子廣場、聖方濟教會修道院、懷恩教堂、大街口、花園咖啡廳、中央公園、西班牙文化中心、日耳曼圖書館等不同場地座談和吟詩。

聖方濟教會修道院在懷恩教堂（La Merced）旁邊，四合院式，非常清靜，中庭成排椰子樹，迎風搖曳，在35℃暑氣中，坐在椰影下，頓覺涼爽得多。傍晚轉到懷恩教堂中庭聽朗誦詩。詩歌節這麼多活動都沒有提供口譯，全部以西班牙語進行，對不諳西語的人實感不便，所以許多活動無法參與，或只是應卯，吸取經驗。回旅館寫詩〈在修道院吟詩〉自遣：

在隱世的修道院內
風吟詩予
躬身的椰子樹聽
有鳥子在唱歌謳樂
詩人用寫詩修行
隱居在世俗現實社會
但詩無隱世
熱烈介入庶民生活
詩人進入修道院吟詩
終歸會行出修道院
在修道院外
俗風相爭自由
像鳥子獨唱心聲
在自由的天跤下
孤椰子樹留在院內
習慣無言無語無振動
靜觀跤下面土地

16日上午在「三個世界之家」，舉辦一場迎新會，讓參加詩歌節全體詩人聚集一堂，每人自我介紹一分鐘，就耗掉一個多小時，我掌握機會向大家表示歡迎來台灣，參加9月淡水福爾摩莎國際詩歌節。接著是大會藉舉辦國際詩歌節的成果，向聯合國教科文組織（UNESCO）申請格瑞納達為世界文化遺產城市的提案，徵求大家支持，由詩人發表高見，又用去半小時，最後

吟詩結束。

在會場，坐在我旁邊的匈牙利詩人Istvan Turczi英語流利，說他去年10月間去過台灣，出席世界詩人大會。另外一位斯洛伐克詩人Attila F. Balazs跟他作伴，英語不大順，說希望有機會去台灣，他們之間用匈牙利語對話。在介紹會上，發現森井香衣竟然可運用西班牙語，也常常對我試說華語，真是努力用心。

第12屆格瑞納達國際詩歌節正式開幕儀式，傍晚6點在獨立廣場舉行，獨立廣場排滿椅子，除前面詩人保留區外，已經坐滿市民，四周燈光通明，電視台攝影機高架在廣場後方正中央。外交使節團到場觀禮，有美國、歐盟、西班牙、日本、墨西哥、薩爾瓦多等國駐尼加拉瓜大使，我國莊哲銘大使也出席，可見格瑞納達國際詩歌節已從純粹詩會，更往國際外交意義延伸。莊大使攜帶夫人和來尼國度春假的公子出席，很客氣不去使節團貴賓座席，坐在我後面幫我口譯，讓我過意不去。

天主教國家開會行禮如儀，先由神父開場引用聖經讚美詩祝福，接著大會榮譽主席民營企業最高委員會（COSEP）總裁荷西・亞當（José Adán Aguerri）致詞時，對外國以落後國家印象看待尼加拉瓜，有所不滿，呼籲更要加強人文建設，提升文化層次。會長法蘭西斯科致詞歷數感謝支持單位，念出席詩人的國家名稱，最後強調詩要追求和平、為弱勢大眾發聲、人類不分種族一律平等的普世價值，正好與今早《新聞報》刊出我專訪的內容契合。

接著就由詩人念詩，開幕式分兩組吟詩，每組8位，開幕第一組由尼國領銜代表詩人91歲的埃內斯托・卡德納爾（Ernesto Cardenal）開場。埃內斯也是尼加拉瓜天主教神父和政治家、解放神學家、索倫蒂納梅群島（Solentiname Islands）原始主義藝術社區的創辦人，在群島住過12年。曾經是桑定民族解放陣線成員，後來退出該組織，1979年至1987年擔任尼加拉瓜文化部長。他因年歲已高，我們每組念詩人坐在台上，但他在室內休息，有人扶他走出來，巍巍顫顫走上念詩講台。

我被安排在第一組第5位，念〈在格瑞納達〉和〈島嶼台灣〉，技巧性把尼加拉瓜和台灣緊密連接，我每念完一首，就由一位女學生幫我念西譯

本。我念詩時，莊大使還到台前幫我拍照，我下台後，他說剛剛周圍詩人聽我念詩，都叫好，莊大使又稱讚西譯文字優美，我告訴他是古巴詩人所譯。莊大使提到他祖父在二戰後回福建原鄉省親，因中國內戰而無法回台灣，莊大使又說念台語比念華語更美。夜裡，我寫這首詩〈吟詩交流〉：

你的語言
由意義變成聲音
我的語言
用聲音表達意義
無共款的語言
用無共款的聲音
交流意義
詩人的志業
運用無共款語言佮意義
追求共款的和平．
友誼．愛．理解
像五彩旗
逮風搖
共款的姿勢

翌日，我國外交部網站刊出下列消息，應是我國駐尼加拉瓜大使館提供的新聞稿，應歸功於陶志偉和魏禎瑩兩位祕書。

外館消息
我國詩人李魁賢應邀出席尼加拉瓜格拉納達第12屆國際詩會
日期：2016年2月17日　　資料來源：公眾外交協調會

尼加拉瓜第12屆國際詩會於105年2月16日晚間在古城格拉納達開幕，我駐尼加拉瓜大使館莊大使哲銘應邀出席，儀式由大會主席尼國

知名詩人Francisco de Asís主持，尼國政府官員、國會議員、外交使節團、以及65國160位與會詩人、尼國文化界及格城數百位民眾出席，場面盛大。

本次是我國詩人李魁賢第二度參與此年度盛會，他在開幕式中朗讀詩作。第一首是2006年他首次訪尼參與第2屆國際詩會時所作之〈在格拉納達〉，表達訪問尼國之感觸，對尼國著名詩人魯本・達里歐之懷念及對美麗格拉納達市之讚歎；後再朗讀〈島嶼台灣〉，表達對母國之深厚情感，並成功連結兩首詩突顯兩國之深厚情誼。現場觀眾對我國詩人之詩作所表現之意境及涵義均大為讚賞。

李詩人訪尼期間，在駐館安排下與尼國兩大報《新聞報》及《新報》文化專欄記者暢談創作心得，兩報均以大篇幅刊登，讓許多尼國讀者感染東方詩人的文學歷程。

格拉納達國際詩會自2005年舉辦迄今，本年係於本月14至20日舉行，計有來自全球65國超過160位詩人出席，係中南美最盛大之國際詩會，期間除有吟詩會外，亦有書展、手工藝品展、新書發表會、研討會、圓桌論壇等系列活動，為尼國各界引以為傲的文學大活動。

2月17日上午在懷恩教堂前台階拍團體照，我提前到達，在聖方濟教會修道院靜坐，參觀尼國先民生活展和遺物石雕文物展。下午舉行詩嘉年華，在格瑞納達市區踩街遊行，就從懷恩教堂前出發，會長法蘭西斯科因中風後行動不便，由他陪女市長朱麗雅（Julia Mena）坐馬車前導，看到我，要我也上車，我說要照相湊熱鬧，婉謝啦。後面接著一部汽車，車頂裝設演講台，後跟著遊行隊伍，有打扮仙女的小學生、穿彩色鮮豔服裝的女中學生沿街熱舞、有社團抬著棺材抗議的化裝隊伍等等，街道塞爆，熱鬧極啦！沿街到較大十字路口就停下來，共停11站，讓各國詩人輪流登上車頂演講台朗誦詩，以反對破壞地球、反對污染環境、保護人類生存世界、詩萬歲、自由萬歲、愛情萬歲等主題訴求。由詩人主導帶動社會各界團體，展現詩的運動能量，可能是世界各國舉辦國際詩歌節活動所僅見。這樣有創意的詩嘉年華不可無詩，〈詩迎鬧熱〉於焉產生：

格瑞納達久久長長

世界久久長長

詩歌節變成迎鬧熱

停止破壞地球

詩關心嚴肅課題

挈領少年郎街頭跳舞

扛黑色棺材抗議

打扮魔鬼警戒

詩人呼籲停止環境污染

在挈頭車架子頂

用各種語言念詩喝咻

保護咱生存世界

格瑞納達久久長長

世界久久長長

詩歌節變成迎鬧熱

街頭街尾停站接手念詩

詩萬歲自由萬歲愛情萬歲

安靜古城

全員出動鬧熱滾滾

注二月空氣契到變成

熱天

　　詩嘉年華遊行後，第二天活動比較輕鬆，我因喜愛聖方濟教會修道院的寧靜環境，上午去出席「向瓜地馬拉詩人路易・卡多薩・伊・阿哈宏致敬」圓桌論壇，工作人員給我耳機，可以聆聽現場口譯，雖然斷斷續續，聊勝於無，另外給我一張當晚在達里奧旅館的酒會請帖。由於拉美人習慣晚上9點才要晚餐，酒會又是純酒會，無點心，普通話又是西班牙語，找不到英語對象聊天，所以只能收下留做紀念。下午仍然到修道院出席「瓜地馬拉詩討論

會」，因語言和耳機問題，不能專心進入情況。

19日詩人分七路出訪周邊市鎮Rivas, San Marcos, Jinotepe, Diriamba, Diriá, Masatepe, León七鄉鎮，舉辦座談交流、吟詩和音樂會等。我和烏拉圭Alfred Fressia、巴拉圭Adriana Almada（他一路兀自繪立體主義素描）、尼加拉瓜Humberto Aviles 和巴西Renata Bomfim（女）一起，前往Diriamba，在一個研究機構念詩，我用台語念〈鸚鵡〉、華語念〈三位一體〉。有一位年輕人操流利英語，跟我討論，說他喜歡〈鸚鵡〉這一首，要求讓他下載，分享朋友。

午餐後，參觀當地歷史文化博物館，館內展示許多民俗服飾，就是前天詩嘉年華化裝遊行隊伍的穿著。由於太累，回格瑞納達車上，一路睡得昏昏沉沉。再到獨立廣場聆聽詩朗誦。

20日就是最後一天，去遊尼加拉瓜湖，可能事先作業不周，沒能像10年前到湖中島遊覽，只在碼頭涼亭休息、午餐，有少數人下湖划舟，我利用此閒暇寫詩〈尼加拉瓜湖〉：

　　棕樹在湖邊企做標兵

　　已經由青春

　　企到開始變黃

　　用乾葉搭的涼亭子跤

　　一家人抵在享受

　　日頭蔭影的下晝頓

　　湖面

　　一半被水蓮花掩蓋歷史

　　一半是鳥子陣由半空中

　　落落來的高山水影

　　小隻船子停在倒落樹箍邊

　　無人無牽索子

　　上蓋吵的是

　　火焰樹尾紅葩葩

上霸氣的是

拉丁美洲樂隊熱情鼓吹

由觀光台頂面欣賞湖景

唯一在眄徇的是

彼隻搖椅

　　2月20日傍晚閉幕式，由大會會長宣讀兩份文件，其一是向UNESCO申請格瑞納達為文化遺產城市，由全體詩人聯署支持，今年尼國指名要我出席目的在此；其二是宣布明年繼續舉辦第13屆格瑞納達國際詩歌節，獲得全場詩人和格瑞納達市民歡呼。閉幕式也是分兩組吟詩，每組7位，第一組由大會會長法蘭西斯科首發，我排在第三棒，深以受到尊崇為榮。在開幕加閉幕的全體大會上念詩，總共有30位機會，其中兩場都上場的只有我和西班牙詩人Juan Carlos Mestre，而只有我在兩幕時都安排在第一組念詩。閉幕時，除我國大使館魏禎瑩祕書和陶志偉祕書前來觀禮外，台灣在尼國擔任志工的何心儀和江竺霓因看到報紙訪問我的頭條新聞，特從Diriomo市前來加油，給我無限溫馨。

　　《新報》（*El Nuevo Diario*）記者Letzira Sevilla在馬納瓜對我的採訪，則於閉幕翌日（2月21日）在該報6E版，同樣以頭條配合半身照片刊出，標題為「詩，人民之間的橋梁」（La poesía, un puente entre pueblos），似刻意安排到閉幕發稿，有作為結論的意味：

　　　　2016年格瑞納達國際詩歌節已經落幕，台灣詩人李魁賢奮力開啟心扉，迎接創意，紀錄他在2006年就首度參加的格瑞納達詩歌節，令他著迷的經驗。

　　　　身為現實生活的詩人，在生活中找主題，就是這位80歲的作家，把自己界定為化學工程師的道理。

　　　　他分享經驗說道：「我不會為寫詩而寫詩，因為在生活裡，我天天會發現材料。在我作品中，非常重要的一點是，不想重複題材。雖然生命過程在循環中一再重複，但我尋找新的材料，幫助我觀察原型

的經歷。」

　　詩人李魁賢榮獲過亞洲詩人貢獻獎、台灣榮後詩獎、印度年度詩獎和千禧年詩人獎等，然而他確信，儘管獲獎是很大榮譽，並鼓舞他更加努力創作，但他沒有運用詩的才華求取桂冠，他寫作是要滿足自己。

　　對他而言，美洲不是陌生之地。他已經來過四次，2002年薩爾瓦多、2006年尼加拉瓜、2014年古巴和智利。他說，第一次參加格瑞納達國際詩歌節時，有幸遇到一位羅馬尼亞詩人和一位古巴詩人，分別把他的詩譯成羅馬尼亞文和西班牙文。

　　關於詩在當今世界中的任務，他說：「有許多人認為詩已經壽終正寢，事實不然。科技和文學是兩方迥異的事務，但文學會永遠存在，因為自始是人類生活的一部分，所以不死，然而，科技是唯一可以強化的事務，經常被超越。甚至連科學家也需要詩來安撫其精神。」

2018年12月9日

第 17 章

Formosa Poetry Festival at Tamsui

福爾摩莎到淡水

2016淡水福爾摩莎國際詩歌節

時間：2016年9月1日至9月7日

地點：台灣淡水

淡水
Tamsui

2015年台南福爾摩莎國際詩歌節舉辦後，台南市政府文化局對續辦詩歌節的熱誠，表現得「頭興興、尾冷冷」，在閉幕典禮上，賴市長公開向國內外詩人詢問：「如果我們明年再辦，你們還來不來？」贏得熱烈迴響後，從此有講視同沒講。大人講話不算話，我對詩人朋友無法自圓其說，總要有所交代。我想到邱斐顯寫過一本書《想為台灣做一件事：台灣價值訪談錄及心情紀事》（前衛，2010年）。書中訪談30多位台灣藝術文化人士，我忝為受訪者之一，書名啟發我想為淡水家鄉做一件事。說來慚愧，少小離鄉，老來才想到反哺，但轉念一想，遲做總比不做好。於是，我立即想到淡水文化基金會。

　　說來，我與淡水文化基金會稍有淵源。基金會於1995年成立時，我敬陪淡水鄉賢王昶雄和國立藝術學院（國立台北藝術大學前身）劉思量院長之末，獲聘為顧問。2002年初被補選為第3屆董事，連任第4屆，嗣因2005年初接任國家文化藝術基金會董事長，為遵守公私分明的平生原則，只好辭卸淡水文化基金會董事，所以我自嘲做到無頭無尾，有違我的人生態度。算一算擔任淡水文化基金會兩屆董事，合計三年時間，剛好是一屆的任期長度。幾年來，淡水文化基金會在許慧明董事長和董事會的努力下，正推動申請淡水為文化遺產城市的方案。我想藉尼加拉瓜的經驗，舉辦格瑞納達詩歌節，歷經12年努力，以提出申請文化遺產城市，作為參考案例。當然還有難解的關鍵因素，就是台灣尚非聯合國會員國，這有待時局解決，但總應預做準備，建立合格條件。

　　2015年11月21日，我把想法寫電郵告訴許慧明董事長，過三天他約我去淡水殼牌倉庫淡水文化基金會辦公室做簡報，受到熱烈支持。2016年2月5日參加孟加拉卡塔克詩會回來，10日就接到許董好消息，說董事會已通過要舉辦淡水福爾摩莎國際詩歌節。27日應邀出席在殼牌倉庫舉辦的新北市民間文化會議，讓我向與會關心新北市文化發展人士報告詩歌節構想，獲得讚許。為使外界對淡水福爾摩莎國際詩歌節有具體概念，並尋求支援，我即草擬〈第2屆福爾摩莎詩歌節企劃書〉，3月6日到基金會當面向許董和執行祕書顏神鈦解說，以求共識：

1. 緣起

國際間多年來盛行舉辦國際詩歌節,凡各國首都和文化特殊市鎮,莫不紛紛舉辦國際詩歌節,一則彰顯其文化特質分享國際,二則經由國際交流促進文化提升和更新,相輔相成。

淡水具備舉辦國際詩歌節的諸多優越條件,例如:

地理上:居於台灣北部港口,是最早與海外交流通航的港埠,海洋與陸地接壤,山河秀麗,風光明媚,交通便捷;

歷史上:前後是原住民凱達格蘭平埔族、漢族福系和客系、外族西班牙人、荷蘭人、滿清人、日本人等居地,多元族群文化融混、共生共榮場所;

教育上:是台灣各級學校最密集、最完備的區域。

淡水要建立成世界文化城鎮,應充分運用優秀條件,進一步提升優質文化吸力,成為國際知名的特殊文化景點。而詩是最能表現心靈美的文體,可在國際讀者心中引起最深層的共鳴。淡水舉辦國際詩歌節可藉以提升作為文化城鎮的地位和名望,經由詩的交流和傳播,進一步建立優質文化印象和實質條件。

2. 構想

世界詩人運動組織(Movimiento Poetas del Mundo,簡稱PPdM)由智利詩人路易·阿里亞斯·曼佐(Luis Arias Manzo)於2005年10月創辦,兼任祕書長,會長是法國詩人阿沙納斯·凡切夫·德·薩拉西(Athanase Vantchev de Thracy),會員涵蓋五大洲和阿拉伯世界,近130國超過8,800位會員,是迄今全球最大的詩人團體,歷年在歐美各國舉辦詩歌節。

策劃人李魁賢接任PPdM副會長後,即積極參與國際活動,除2014年帶領台灣詩人團出席古巴、智利國際詩歌節外,並策劃福爾摩莎國際詩歌節(Formosa International Poetry Festival),2015年9月在台南舉辦第1屆,邀請到11國14位外國詩人和約50位國內詩人出席,會後就國內外詩人所寫台南和台灣的抒情詩篇,編印成《福爾摩莎

詩選》（*Anthology of Formosa Poetry*）一冊廣傳。外國有五家報紙報導，包含印度四家和阿根廷一家，PPdM並在網路上貼放紀錄片供會員觀賞，外國詩人亦將其詩作原文在本國發表，產生極佳宣導效果。

　　與PPdM合作舉辦國際詩歌節，可藉組織廣布網絡和眾多會員傳播，在會前宣導和會後報導方面，收到快速把淡水名號推出到國際詩文學領域的成效，讓淡水在國際文壇上快速打開知名度，並經由詩人的詩作描述，有利提升文化層次，增進淡水在國際間的文化體質和實質位階。

3. 訴求

　　第1屆福爾摩莎國際詩歌節因配合台南鳳凰城外號，為大會編印《鳳凰花開時》（*Flame Trees are in Blossom*）詩選集，作為心靈交流起點，會後又收集國內外詩人為台南和台灣印象所寫詩篇，編印《福爾摩莎詩選》（*Anthology of Formosa Poetry*）廣傳。

　　為突顯淡水特質，第2屆福爾摩莎國際詩歌節擬以【詩情海陸】（Poetry Feeling in Sea and Land）為訴求，比照第1屆方式編印大會詩集，即以【詩情海陸】為書名，供國內外詩人交流觀摩，在活動場域，特別是在學校座談吟詩場地，提供學生和參與者閱讀體會，達成詩浸潤心靈的美感效應。擬於會後仍以《福爾摩莎詩選》為名編印第2集，保存詩人對淡水人文、自然美景吟詠的詩情紀錄，以供傳布和典藏。

　　另外，應設計具有淡水特質的主視覺，在會場布置、資料印製、宣傳等，作為統一識別，收加強意象之效。

4. 分工

　　策劃人李魁賢負責聯絡PPdM邀請外國詩人前來淡水參加第2屆福爾摩莎國際詩歌節，和邀約國內詩人共同參與。為求交流實質成效，擬以邀請15位外國詩人和15位國內詩人為原則，全程參與，視情況必要時，可彈性調節。人數限制之目的，一則在接待上可照顧周到，使

詩人賓至如歸、深入體會淡水人文之美，二則國內外詩人間可獲得充分交流，達成詩美效應，三則籌備預算負擔，不致過於沉重。另負責編印《詩情海陸》大會詩選和會後《福爾摩莎詩選》第二集，各書無償提供100冊給執行單位贈送出席詩人和貴賓，如須增加數量供應學校等，則增印按定價六折計價。

執行單位淡水文化基金會負責執行整個詩歌節大會流程，編列預算、設計標語和海報、提供國內外詩人大會期間9月1日至7日食宿交通招待、接洽協辦學校和單位、敦請主題演講人、擬定邀請出席貴賓、編印大會手冊、約聘大會翻譯和工作人員、議程和行程安排聯繫、會場布置和餐飲協調、錄影紀錄、媒體公關等一應事誼。

5. 行程（摘錄）

9月1日　國內外詩人報到，詩書展揭幕，歡迎晚宴；

9月2日　詩歌節開幕式，淡江大學校園吟詩；

9月3日　文化之旅，欣賞淡水文史、山水之美，真理大學校園吟詩；

9月4日　藝術之旅，與淡水和鄰區藝術家交流；

9月5日　北海岸一日遊，參訪北台灣勝景；

9月6日　學校參訪交流，與淡水中小學校學生進行詩交流活動；

9月7日　特別安排與環保反核社團座談分享實際經驗，賦歸。

於是，籌備工作即時積極展開，進入學園交流事，基金會找到熱心的淡水國校連進福校長，由他號召淡江中學、淡水國中、淡水國小、鄧公國小、新興國小、水源國小、文化國小、天生國小等8所學校合作，4月14日我陪同淡水文化基金會執行祕書顏神鈦和專案助理陳伯瑋，在淡水國校向8所學校的校長或教導簡報，獲得大家認同和全力合作支持。

國內外詩人也熱烈響應，我希望報名的台灣詩人要能全程參加，一來有協助淡水文化基金會，陪同外國詩人的意義，二來藉詩歌節期間與外國詩人朝夕相處，增進彼此認識和瞭解，促進未來長期交流發展。國內15位名額很快就滿，參加的台灣詩人有利玉芳、李魁賢、林武憲、林盛彬、林鷺、涂妙

沂、張月環、張德本、莊金國、莫渝、陳秀珍、陳明克、楊淇竹、蔡榮勇、謝碧修、顏雪花、簡瑞玲。至於外國詩人「真歹剃頭」，我發出初擬名單共43國79位，幾經折衝正式報名只有8國10位，PPdM祕書長路易信誓旦旦要參加，卻沒報名，連帶副祕書長瑪姬也不能「隨夫出征」，報名的名單如下：

孟加拉：阿米紐・拉赫曼 Aminur Rahman
孟加拉：賈希杜爾・哈克 Jahidul Huq
哥倫比亞：馬里奧・馬索 Mario Mathor
厄瓜多：安德列斯・里瓦德涅拉・托萊多 Andrés Rivadeneira Toledo
薩爾瓦多：歐斯卡・雷涅・貝尼帖茲 Oscar René Benítez
印度：阿索克・恰喀拉瓦諦・托拉納 Ashok Chakravarthy Tolana
印度：柯魯篤・阿默雷斯沃 Korudu Amareswar
伊拉克／美國：雅遜・阿爾巴卡特 Ati Albarkat
日本：森井香衣 Kae Morii
突尼西亞／美國：赫迪雅・嘉德霍姆 Khédija Gadhoum

不料臨時又頻頻發生意外，先是印度柯魯篤去年來台南參加後，脫離公務員生涯，提不出公司登記和存款證明，拿不到我國簽證，邀他一同參加的印度阿索克，只好「陪他不出席」。旅美的伊拉克雅遜本來2015年就要參加台南福爾摩莎國際詩歌節，提早三天到台北，卻在台北第二天接到母親噩耗，又匆匆趕回奔喪，幸而2016年終於順利出席。最後前來出席2016淡水福爾摩莎國際詩歌節是7國8位外國詩人。這樣的實績雖不滿意，也只好接受，抱著犧牲打的精神，期待「明日會更好」。

我苦思積慮，提出一個具體訴求，當作淡水福爾摩莎國際詩歌節努力的中心思想，以為長期砥礪的目標，那就是：「建設淡水，成為詩的故鄉」。我整理一下思慮，撰文〈淡水，風景的故鄉，詩的故鄉〉，發表在淡水文化基金會發行的社區報紙《文化淡水》第199期（2016年7月），一方面作為宣導，另方面在徵求淡水鄉親認同，此文也留做大會詩選集《詩情海陸》的〈編後記〉：

淡水，舊地名滬尾，一向以風景優美著稱。從早期開始有文人騷客選取台灣八景起，滬尾就占有一席之位，後來更有淡水八景之名。二戰後初學漢文，先生所教淡水八景至今記憶猶新的有：觀音吐霧、大屯積雪、炮台夕陽、江頭分潮……。

1983年應台灣省教育廳撰寫的拙書《淡水是風景的故鄉》，特別標定出淡水的風景優美本質，此書也因此獲得全台灣國小教師票選為學生優良課外讀物。

淡水風景之美，固不只自然山水秀麗，人文多元樣貌更是獨特，這也是淡水文化基金會推動申請世界文化城鎮的著眼點和根據。

國際間多年來盛行舉辦國際詩歌節，凡各國首都和文化特殊市鎮，莫不紛紛舉辦國際詩歌節，一則彰顯其文化特質分享國際，二則經由國際交流促進文化提升和更新，相輔相成。例如尼加拉瓜自2005年舉辦格瑞納達國際詩歌（El Festival Internacional de Poesía de Granada），年年連續大規模舉辦，終於在2016年由世界詩人支持連署下，正式向聯合國教科文組織（UNESCO）提出世界文化遺產城市的申請。

（中略）

俄羅斯農民詩人葉賽寧說：「去找故鄉吧，找到故鄉，就可以找到詩人。」淡水成為詩的故鄉，也就是詩人的故鄉。希望不論是淡水居民或是遊客，不只能夠享受美食、欣賞美景，更能感動美詩，進而都能把自己的純真性情，執筆成詩，與大家共享。期待淡水更能從詩的故鄉，成為人人有詩情、處處有詩意的詩美區域，讓大家來誠心建造詩文化的鄉鎮，推動世界文化城市的進程，早晚能夠實質完成。

深深期待著：淡水作為風景的故鄉，也必將是詩的故鄉，這樣的夢境，也是可實現的願景。

在策劃大會詩選集《詩情海陸》時，除詩作一律雙語，以方便詩歌節期間雙語朗誦，容使國內外詩人彼此分享，也可讓國內讀者參與共賞外，我決定採用有關淡水的詩歌作為代序，也是以雙語呈現，在歷時性上有承先啟

後的意味，把台灣詩故鄉縱深加長。因此，我選擇馬偕（Rev. George Leslie Mackay, 1844-1901）的〈最後的住家〉：

> 我衷心所愛的台灣啊！
> 我把有生之年全獻給妳。
> 我的生趣在此；
> 我衷心難分難捨的台灣啊！
> 我把有生之年全獻給妳。
> 我望穿雲霧、看見群山，
> 我從雲中的隙口俯視大地。
> 遠眺波濤大海、遠眺彼方，
> ──我好喜歡在此遠眺，
> 誠願在我奉獻生涯終了時，
> 在大浪拍岸的聲響中，
> 在那竹林搖曳的陰影下，
> 找到我的歸宿⋯⋯

馬偕博士是加拿大人，1872年到淡水傳教，1878年娶五股坑張聰明為妻，1882年建立滬尾偕醫館，即馬偕醫院前身。1882年創設北台灣第一所西式學校牛津學堂，對台灣現代文化的啟蒙，早於日本殖民統治。1901年6月2日病逝淡水，埋骨於淡水，成為永遠的淡水人。我從小在淡水常聽父老，提到馬偕如何如何，已經耳熟能詳。如今他的雕像矗立在老街小三角公園，以及當初他到達淡水上陸的河岸地方，讓淡水人永存懷念。

大會詩選集《詩情海陸》編好後，分別在淡水文化基金會設置的「2016淡水福爾摩莎國際詩歌節詩」，以及我個人的「Kuei-shien Lee」和「名流書房──詩人李魁賢作品集」三個臉書網頁，自4月25日起，同時以「2016淡水福爾摩莎國際詩歌節詩人介紹」系列貼出，獲得很大的宣傳效果。得此經驗，後來每年照做，連大會後的《福爾摩莎詩選》也貼上網，引起許多國際詩人紛紛自動要求參加淡水福爾摩莎國際詩歌節，於是門戶逐漸打開，沒

有像這第一年困難了。

　　為使詩歌節進行順暢，翻譯是一個關鍵，國際場合常以英語為共通語言，但自從到拉丁美洲出席詩歌節後，發現西語系國家不太習慣使用英語，因為事實上全世界以西班牙語為官方語言，有20幾個獨立國家和地區，比英語國家多，特別是在拉美舉辦國際活動，根本沒有翻譯需要，而西語人口與英語人口也不相上下。為尊重西語國家，外譯以英語和西語並重為宜，這樣一來每個活動場合就變成三語式，勢必耗費許多時間在翻譯上。因此決定採取為外國詩人準備隨身口譯人員，讓他們無語言障礙的麻煩，幸賴淡江大學翻譯團隊的人力資源協助支援得以順利進行。

　　9月1日報到，下午先是市區巡禮，淡水文化基金會舉辦城市街車多年，每週末有免費專車，又有隨車導覽，一小時車程遍歷淡水五虎岡景觀，可以綜覽淡水地理，旁及歷史，對淡水人文獲得初步瞭解。所以，早已駕輕就熟，只是要增加外語導覽，沒想到志工的導覽一上路，外語就嚇嚇叫，確實嚇人，令人體會到基金會，規模雖小，人才濟濟。淡水巡禮後，全車送到殼牌倉庫，揭開詩書展。

　　詩書展的策劃，是作為福爾摩莎國際詩歌節的暖身操，因為各國詩人班機抵台時間前後不一，讓早到的詩人提前「進入情況」，除了市區遊覽，就是詩書展覽。此次詩書展覽有勞秀威資訊科技公司主導，因為自從2010年承蒙秀威不棄，為我專設【名流詩叢】已出版22種，我另為秀威策劃【含笑詩叢】，正好在詩歌節開幕前一次出版8冊，都趁此機會安排新書發表，與大家見面。發表詩書以出席福爾摩莎國際詩歌節的國內外詩人為限，計有：

【名流詩叢】
　　21. 日本森井香衣《66詩集——大地震·海嘯和福島》
　　22. 孟加拉阿米紐·拉赫曼（Aminur Rahman）《永久酪農場》
【含笑詩叢】
　　1. 陳秀珍《面具》
　　2. 楊淇竹《生命佇留的，城與城》
　　3. 林鷺《遺忘》

4. 利玉芳《燈籠花》

5. 謝碧修《生活中的火金星》

7. 凃妙沂《心閮》

　　由於【含笑詩叢】是一套前所未見的台灣女詩人叢書，新書發表會上一字排開的作者都是女詩人，讓出席的薩爾瓦多詩人歐斯卡好生羨慕說，他沒想到台灣詩壇是女詩人獨霸的天下，真是「美麗的誤會」。策劃【含笑詩叢】的初衷和目的，我在總序〈含笑涵義〉裡有所闡釋：

　　　　含笑最美，起自內心的喜悅，形之於外，具有動人的感染力。蒙娜麗莎之美、之吸引人，在於含笑默默，蘊藉深情。

　　　　含笑最容易聯想到含笑花，幼時常住淡水鄉下，庭院有一欉含笑花，每天清晨花開，藏在葉間，不顯露，徐風吹來，幽香四播。祖母在打掃庭院時，會摘一兩朵，插在髮髻，整日香伴。

　　　　及長，偶讀禪宗著名公案，迦葉尊者拈花含笑，隱示彼此間心領神會，思意相通，啟人深思體會，何須言詮。

　　　　詩，不外如此這般！詩之美，在於矜持、含蓄，而不喜形於色。歡喜藏在內心，以靈氣散發，輻射透入讀者心裡，達成感性傳遞。

　　　　詩，也像含笑花，常隱藏在葉下，清晨播送香氣，引人探尋，芬芳何處。然而花含笑自在，不在乎誰在探尋，目的何在，真心假意，各隨自然，自適自如，無故意，無顧忌。

　　　　詩，亦深含禪意，端在頓悟，不須說三道四，言在意中，意在象中，象在若隱若現的含笑之中。

　　　　含笑詩叢為台灣女詩人作品集匯，各具特色，而共通點在於其人其詩，含笑不喧，深情有意，款款動人。

　　　　【含笑詩叢】策劃與命名的涵義區區在此，初輯能獲十位詩人呼應，特此含笑致意、致謝！同時感謝秀威識貨相挺，讓含笑花詩香四溢！

開幕典禮希望能夠在淡水區域內的大學舉行，把進入校園與中小學合作的位階，再往上拉到大學，能夠有大學生參與，而且預想到每年輪流到不同的大學舉辦，擴大交流層面。第一年鎖定淡江大學，因為是淡水歷史最悠久、規模最大的大學，又因詩人林盛彬擔任淡江大學西語系主任，聯繫上增加許多便利。由於淡江大學前身淡江英語專科學校創立於1950年，到2016年剛好創校66年，校長張家宜有意大肆慶祝此特殊數字的年度，特別歡迎國內外詩人前來共襄盛舉。

　　9月2日上午開幕後的特別講座，請到行政院文化獎新得主李乾朗專題演講〈淡水的歷史與藝文〉，準備非常充分，用許多難得一見的歷史圖片說明，不但有憑有據，還讓聽者有回到往日現場的親臨感。乾朗和我同樣是淡水忠寮李家後裔，李家遠祖在清朝乾隆21年，即西元1756年來台，第三代傳四兄弟，二房祖長生公，是乾朗天祖，四房祖山石公是我天祖，所以乾朗是我族弟。我們兩人前後獲得行政院文化獎，在淡水傳為佳話。

　　下午在淡江大學舉辦國際詩歌論壇，由淡大中文系楊宗翰策劃，以「淡江66，詩意99」為名，很有創意，分英語組和西語組，在兩個教室分別由薩爾瓦多歐斯卡和厄瓜多安德列斯演講，並與學校師生及國內詩人座談、念詩交流。國內詩人有陳義芝、陳育虹、趙衛民、楊宗翰等出席參加，都集中在英語組，由我主持，演講人歐斯卡個性溫和、理性，語調平順，讀者發問反應也不挑激。西語組由林盛彬主持，後來，聽說西語組的演講人安德列斯感性比較強烈，加上張德本也是性情中人，講話直來直往，有精彩的對話，高潮迭起，以歌唱跳舞收尾。本來論壇後，要讓詩人在淡江校園散步，領略著名的宮燈大道，俯瞰淡水河，遙望觀音山神似面貌，觀賞河口夕陽無限好的黃昏景象，結果因雨紛紛，未能如意，有點遺憾。

　　翌日晨起，依然細雨濛濛，從福格大飯店窗口望出去，前方有造型特殊的淡水捷運車站，左側林立大樓色彩雜駁，右側早期公寓統一格式，各有千秋，俯瞰黝黑柏油路面，積水處處，黃色計程車一大早已在街道穿梭，淡水展現淡淡水氣的本質特色，〈淡水雨濕濕〉詩意自然湧現：

觀音山雨霧霧
天頂濕濕
詩一瞬一瞬落落來

由高高看捷運站
茨頂親像金色雞卵糕
是日頭落海的詩

平家樓仔茨尖茨頂
親像一堆一堆柑子色粟堆
是透早日出的詩

新砌的大樓
親像雜花五色的連續壁
是花糊糊的詩

打馬膠路
被車輾（kauh）過的傷痕
是烏面的詩

舉雨傘的手濕濕矣
佮心臟共款紅霓（ge）紅霓
是紅心的詩

上濕的是淡水河
淡水濕
予淡水變成詩的故鄉

第二天文化之旅，先參觀多田榮吉故居，整修後才剛剛在7月18日對外開放。多田榮吉是日治時期第4任淡水街長（今區長），此私宅建於1937年，正好是我出生那一年，據說是全台灣第一所接自來水管的住家。台灣在戰後，原先普遍的日式住宅已經被拆除將盡，多田榮吉故居能夠整修保存，並且被指定為古蹟，是淡水民間文史工作人員努力的成果，實屬不易。這座典型的日式建築，由紅檜木建造，所以能持久無損，前院寬暢，進門就感到舒適安靜。建築地點絕佳，遙望觀音山，俯臨淡水河。詩人進屋後，詩人森井香衣示範日本傳統居家待客禮節，進退有據，顯示優雅的文化水平。

　　接著遊賞淡水文史古蹟，牛津學堂、淡江中學、真理大學校區、馬偕紀念館，在教士會館接受真理大學自助餐招待後，又在音樂廳欣賞管風琴演奏，詩人在此吟詩共享。原先期待有學生交流機會，因大學開學較晚，尚在夏眠中。倒是真理街山坡的鳳凰木，不理會夏季已近尾聲，雨季又是悄悄來到，還以全副熱請表現在詩人面前，從遠遠看過去，勝過去年台南颱風過後的「無苒無厲」。有詩〈淡水鳳凰樹〉為證：

　　　淡水鳳凰樹
　　　並南部復較豔

　　　國際詩歌節帶來
　　　詩美的享受

　　　鳳凰再生
　　　火燒並熱情復較熱

　　　詩人是人間鳳凰
　　　永遠留在淡水風華記持

淡水也會永遠留在
詩人熱情的心內底
在熱情的詩內底

　　晚餐在紅樓餐廳，同樣是絕佳景點，雖然位在山坡，出入稍有不便，詩人到達時正好一樓室外庭院有婚宴，分享到喜氣，又恰好夕陽西沉，紅霞滿天，雲霞瞬時萬變，漁舟點點，正要出海作業，詩人們都搶到美景，一一收入鏡頭。餐畢，喜宴早已結束，詩人移師到一樓庭院，在戶外燈光朦朧氛圍下，別有一番情趣。杜守正老師帶兩位小朋友唱歌，替我們暖場，詩歌節有詩有歌，名副其實。我的記憶也永存在〈淡水夕陽〉裡：

承受眾詩人欣賞眼光
不知要投射到
何一位特定的心靈
面遂紅
未記得該照顧
淺眠的觀音山
倒岸正岸
腳動手動心動的遊客
匿到雲幕後壁
忍未住不時探頭偷看
陸陸續續溫柔輕聲
寄託河面駛過的船傳達
啊　淡水夕陽
原來是一位多情女詩人
念詩安慰
匿在暗中的人聽

9月4日藝術之旅，造訪雲門劇場藝術園區。雲門排練場本來在淡水對岸的八里烏山頭，2008年失火，付之一炬，由政府撥出中央廣播電台舊址，在砲台埔後面，淡水高爾夫球場西側，讓雲門募款興建而成。雲門志工引導詩人參觀歷史鏡頭圖片、內部設施等，詩人隨後移步到戶外草地前方獨立的大樹書屋，沿梯登上屋頂，在一大片枝枒嵯峨、延伸廣邈無限、虬結綿密蔽日的老榕樹下念詩，感受到與自然相融的和諧氣氛。念詩會由我主持，哥倫比亞詩人馬里歐第一位要念詩時，我搶先自動為他念拙漢譯本，以補昨日在真理大學音樂廳婉拒為他念另外譯本之過，因為他那本漢譯詩集，令人不敢領教。念完，馬里歐贈送我一件哥倫比亞原住民套頭披肩，為我披在身上，那是手工織品，套頭穿上身，只有胸前和背後兩片，側面透空。我忘情為馬里歐歡呼「¡Viva Colombia!」（哥倫比亞萬歲！）

　　以此為例，接著每位外國詩人念詩，我都為其國家喊一聲「萬歲」，使現場熱烈起來。最精彩的是張德本念詩時，手腳並用，頓足前進後退，像幼稚園生遊藝節目玩火車行進的舞蹈，生動活潑。每次聆賞張德本念詩，他豐富的肢體語言總是隨詩的情節自然發展，非常奔放，能帶動現場情緒高漲，不像我呆呆板板，也不會像某些人演詩時的造作彆扭。在念詩過程中，沒想到在此世外桃源似的偏僻書屋頂上，三不五時有遊客登頂旁聽，共享消魂的一刻。

　　在高爾夫球場餐廳午餐後，再到球埔南側山坡下，參觀和平公園。這裡原地是1884年清法戰爭古戰場，清國對外戰爭，只有在淡水打敗過法國，戰死的法國士兵埋骨之地，就在淡江中學校園內。和平公園內有一尊掛念珠禮佛狀的合掌雕塑，周圍花草茂盛，林蔭處處，一派祥和清靜景象。最有意義的是園內一滴水紀念館，原本是日本小說家水上勉（1919-2004）尊翁1915年在日本福井縣所建木屋，梁柱銜接都用木榫，不用鐵釘，極為堅固，歷經1995年阪神大地震，絲毫無損，後因都市重建拆除，當地居民感念台灣人民對阪神大地震賑災捐助的熱情，贈送給台灣，最後落籍到淡水。巫宗仁區長對我說，要在附近規劃淡水文學公園，繼陳澄波美術公園之後，提升淡水文藝建設和氛圍，我非常樂觀其成，而且亟盼早日實現。

　　今天安排詩人黃昏搭遊艇，遊賞淡水河，從河上回望淡水風景，相當有

南歐風味。遊艇溯河而行，過關渡橋，到圓山再回頭。在艇上念詩、唱歌、便餐，孟加拉阿米紐搶到頭香，發表他以情詩書寫的〈淡水河呀！我的情人！〉充分表達他的浪漫情懷：

十二年前我在高雄
愛河邊念情詩
十二年後
我跨過愛之橋
在淡水河上念情詩。

淡水河呀！妳是我的情人！
我帶著愛從亞穆納河*來
請接納我！接納我的愛！
我沒有任何資產
也沒有任何綾羅綢緞給妳
但我有愛情的純心
包含許多悲傷和淚水
只能與妳共享！

淡水河呀！我的情人！
費十二年才到妳跟前！
請接納我！接納我的愛！

在黃昏安靜時刻……
群鳥回巢
魚迴游
太陽即將西沉。

淡水河呀！我的情人！

我獨坐等候妳的愛

請接納我！接納我的愛！

妳聽不到我的情詩嗎？

那是通過空中傳達

無法打動妳的心嗎？

我沒有什麼可給

只有隨身的悲傷和淚水！

費十二年才到妳身旁！

淡水河呀！我的情人！

　　詩中提到12年前在高雄，即指我邀請他參加2005年高雄世界詩歌節事（見上述第5章），而亞穆納河（Yamuna）是恆河支流，再分流注入孟加拉灣，其中一條主要支流是帕德瑪河（Padmo），進入孟加拉後，下游賈木納河（Jamuna）注入孟加拉灣，入海河段稱為梅格納河（Meghna）。

　　9月5日北海岸一日遊，參訪北台灣勝景，先到三芝參訪二號倉庫，有許多藝術家的文創產品，等於小型藝術產品展，鄉鎮的藝術生產能量令人刮目相看。轉到附近媽祖廟福成宮，意外的是，信仰天主教的拉美國家詩人，居然對佛教的燒香禮拜，和香爐、平安符都感到興趣，或許是出於好奇的新鮮感吧。再到三芝遊客中心參觀其中名人文物館，館內主要布置杜聰明、江文也、李登輝、盧修一的肖像，以及文物資料。我一直以政府規劃時，未能將遊客中心後面的李登輝故宅源興居納入為憾，有一次巧遇李登輝的一位堂弟，才知因文化園區規劃會影響家族產權，所以未能成功。日本森井香衣很好奇要去參觀，因時間不夠，我只能帶她到遊客中心後門，讓她遙望源興居三合院樣貌，表達敬仰。

　　午餐在一家鄉間木屐寮農莊，架高的二樓建築，四周無隔的開放空間，

像在山間野餐一般，吃當地自種自養自己料理的有機餐，感到風味特佳，彷彿時間退回到2014年的古巴。後來，突尼西亞赫迪雅回應說，這是讓她印象最深刻的一餐，念念不忘。其實若深入淡水鄉間旅行，就可發現各社區自助能力很強，許多地方都是民間聯合互助在經營，與早期純粹農耕時代的生活形態，已完全兩樣。

回程經石門附近的「子隆山房鎌倉塾」，參觀石雕藝術家張子隆創作工坊，隱在林間，旁有溪流潺潺。張子隆留學日本多摩藝術大學，專攻雕塑，淡水文化基金會1995年創立時擔任首屆董事長，在淡水街上老家已有工作室，從北藝大退休，更在此設大規模藝術創作空間，專心雕塑。張子隆的大理石雕塑作品，渾圓壯碩的大地之母構型，比英國雕塑家亨利·摩爾（Henry Spencer Moore，1898-1986）的作品，更不露形相，更令人感動，台北228紀念館前、淡水圖書館外的作品都是，馬偕街與三民街口三角公園的鬍鬚馬偕大雕像，則更引人注目。

沿路再到三芝淺水灣，平坦的白沙灘、彎曲的海岸線很有魅力，朝海左方，有一條防波堤往海上伸出，是用消波塊砌造，雖然要走過去，得學習小朋友跳房子的方式，但有幾位詩人義無反顧往前奔，到最遠末端，站在那裡念詩給海聽。有幾位留在堤岸邊沙灘，在此迎風念詩。我被森井香衣點名，念大會詩選《詩情海陸》上的〈聽海〉，原本是在三芝海邊所寫，正合時地：

我常常喜歡聽海說話
走遍了世界各地海岸　江河　湖泊

我最喜歡的還是淡水海邊
這裡有千萬株相思樹共同呼吸

無論是日出迷離　月下朦朧
雨中隱隱約約　或是陽光下藍深情怯

只為了聽海唱歌　看相思樹
模擬海　千萬株手拉手跳土風舞

激越時高亢　溫柔時呢喃
海容納消化不同的心情和脈動

每當我在淡水海邊沉默以對
辨識海的聲音有幾分絕情的意味

　　9月6日詩歌節最後一天，是學校參訪活動，原則上安排一位外國詩人搭配兩位台灣詩人的小組，分別到籌備時熱心參與的8所中小學校去交流。莊金國與我陪突尼西亞赫迪雅，前往我的母校水源國小，杜守正老師當時就是水源國小的教務主任，今已考取校長資格，暫調新北市教育局歷練，等待派任校長。杜老師能歌能詩，從家鄉台南到水源教書，愛上水源，在我的家鄉忠寮里一住就已經20幾年，他鄉久住成故鄉，比我自己住得更久，早已與里民融成一體。林振勝校長也是教育專家，看他對待每位學生都像自己兒女一樣，充滿愛心。

　　與同學聊天，我一介白頭老翁提起往年學校舊事，那些小朋友的史前史，好像興趣缺缺。後來，同學對遠從非洲而來，因緣來到淡水僻鄉國小，念詩分享的赫迪雅產生興趣，紛紛發問，非常活潑。從水源國小順路帶赫迪雅去石牆子內，這是我家高祖山石公在1871年所興建，是忠寮（原名中田寮）李家九間大瓦厝之一，我雖在此長大，但1960年退伍後到台北工作，已聚少離多，如今由我堂弟國雄管理，在大廳邊間放置一些我的照片和書籍，赫迪雅一一檢視、拍攝，興會淋漓。我禁不住寫詩〈淡水舊茨〉記其事：

行過偌濟海岸　江湖
聽過海無數的吩咐
我轉來淡水故鄉　聽山　看山

在大屯山跤的舊茨石牆仔內
接受勇壯有力頭的溫暖相攬

我接待突尼西亞美女詩人赫迪雅
由非洲遠途過海洋來看我出生地
伊親切斟酌看我家族舊相片
一個一個問何一位是阿公、父母
兄弟姐妹，我得過俗未得過獎的資料
重翕轉去存檔案，親像家己人一款

人類起源在非洲
彼是人類共同的古早故鄉
我的祖先來到淡水
埋在大屯山跤，我在此出世
將來也是我最後安息的所在

赫迪雅欣羨我舊茨
在綠色環境享受超越俗氣的安靜
詩有未得可測量的連結魅力
台灣詩人朋友猶不知我的祕密基地
非洲美女詩人卻先一步來探看
我最後的企家已經留在伊的記持

　　出乎意外的是，赫迪雅在詩歌節後，寫〈淡水詩篇〉組詩5首，其中第5
首〈詩呈李魁賢〉與我相呼應。詩中提到白茉莉花，我在2018年經赫迪雅推
薦，與林鷺、陳秀珍，連袂出席第5屆西迪·布塞國際詩歌節（International
Poetry Festival of Sidi Bou Saïd Tunisia），才更體會其深意，那首詩〈突尼
西亞，我的茉莉花呀〉已在潛意識裡萌發（見後述第21章）。赫迪雅〈詩呈
李魁賢〉寫著：

壯麗雄偉的房屋敞開
古色古香的早晨給短暫時間
依然在千年天空下煮咖啡。

每一片牆都超越家族大樹
未曾耗盡季節和譜系
每一片牆都累計男人遺留榮耀
無數的眼鏡已損（壞）
於追求智慧和學術。

我在每一彩繪支系追循你的詩
我觀察到每一支系展開你自己新貌
藍色詩篇和粉紅荷花匯合一遍。

你的詩像堅固的巢築在每一朵
白茉莉花上，如此親近亦步亦趨
如此強烈生動，我不得不沉默以對。

詩人過去攀登的整片高峰，
是榮耀與凱旋的現在式和未來式
直到最後終將成為

自由台灣的壯麗聲音和詩篇。
為其珍寶。而非負擔。

　　晚上在藝術工坊舉辦閉幕式，藝術工坊也布置詩展，沿樓梯張貼為詩人
設計的海報，可惜在閉幕後，有些台灣詩人就迫不及待把海報撕下，要帶回
家收藏，而不顧詩展為期還有一個禮拜。詩人到場時，先在藝術工坊臨街的
大片落地門窗上寫詩，是另一項現場的手跡詩展，給淡水區民帶來生活上詩

的美感。閉幕式由文化部丁曉菁政務次長頒發出席證書給每位出席詩人，然後詩人之間有歌有舞，餘興節目隨興演出，其樂融融。

9月7日詩人賦歸，我特別為日本森井香衣反核《66詩集——大地震‧海嘯和福島》，聯絡台灣環保反核團體座談，念詩分享，結果臨時都說有事，淡水文化基金會改為安排在殼牌倉庫，幸而有薩爾瓦多詩人歐斯卡和夫人，以及伊拉克雅遜參加，還有台灣詩人全體留步捧場，才不致漏氣。

多年未在淡水駐留一星期之久，得此機會到處參訪，回味家鄉溫情，想起少小離家老大回，一甲子之間，人事鄉里面目全非，思前思後，恍兮惚兮，宛若兩個不同世界，變化之大，簡直似天翻地覆，又如黃粱一夢，且以詩〈淡水新景〉觀前顧後，姑且詠歎一番：

> 吃水燒火炭的鐵路火車
> 變成窗子椅子清氣的觀光捷運
> 推風淋雨的三輪車
> 變成安穩的社區巴士
> 清閒自在的老街
> 變成鬧熱滾滾的市區
> 粗布衫褲的鎮民
> 變成穿紮漂魄的遊客
> 匿入去傳說中的馬偕
> 變成企到街頭的守護神
> 發到真莓的山林
> 變成學生追求夢的學堂
> 亂撢的糞掃堆
> 變成抵天的大樓鐵金剛
> 本地鄉土的味來香
> 變成皆條街相接的咖啡店
> 像盲腸的河邊
> 變成遊賞散步的愛情三線路

過河的撐渡船
變成彈琴唱歌的遊輪
拋荒野外的山坡地
變成氣氛爽快的藝文園區
每工共款該下班的日頭
變成人人相爭翕相的對象
一甲子進前離開家鄉的少年家
變成找不到時間轉接點的老人

2016年淡水福爾摩莎國際詩歌節結束後，我依照預定計劃，編譯《福爾摩莎詩選・2016淡水》，承蒙國內外詩人踴躍賜稿，得詩106首之多，實質產量尚不止於此。我在〈編後記〉裡做一總結：

　　編完《福爾摩莎詩選・2016淡水》，滿心喜悅！2016淡水福爾摩莎國際詩歌節開幕時，期待「淡水作為風景的故鄉，也必將是詩的故鄉」，這樣的夢境和願景，真的實現了。詩人對淡水的熱情，或者說淡水引發詩人的熱情，在此充分表現出來。

　　淡水風景之美，名不虛傳，淡水獨特文化生態之多元且豐富，卻常被忽略，為期一星期的詩歌節，國內外詩人相處，共享淡水顯性與潛性的詩美饗宴，感受特多，賦之以詩，更顯多彩多姿！而詩歌節給淡水帶來詩文氣氛，除了觀光景點給予遊客視覺感官之娛的物質層面以外，更彰顯詩所表達精神文明所需深層體驗的滿足。

　　當然，詩給予人心的浸潤，經久才能慢慢深透入骨，詩在心靈上的感受、交融，成為涵養，就如滴水穿石的功夫，久而成效彌足珍貴。國內外詩人熱心進入淡水大中小學交流活動，引起初步正面回應，校方也都熱烈歡迎詩人進校，提供學生對詩創作嚮往的觸媒效應。詩，或許不是強求教育可為功，但啟發動機的成效絕不可否認。

　　淡水第一次國際詩歌節的歷練，從籌備開始，即受到淡水文化基金會執行熱誠感動的社會、教育、企業、政府、大眾呼應，舉辦過程

受到合作、協辦、參訪單位的熱情接待，得以順利圓滿結束。詩人們
受到溫馨感召，詩心大開，於是佳作泉湧，美不勝收，會後陸續收到
的新作，突顯淡水成為詩的故鄉，實非夢想或徒託空言，確確實實有
詩為證。

其實收穫的詩作，不止於此，由於篇幅所限，不得不忍痛請求多產詩
人，把提供的詩精選，以不超過十首為原則，所以例如莫渝、陳明克、陳秀
珍、楊淇竹等，還留下不少珍藏，陳秀珍甚至寫了57首詩，收入詩集《淡水
詩情》，還有楊淇竹的漢英西三語詩集《淡水》，得詩30首，蒙秀威資訊科
技公司接受出版，可謂大豐收。

會後決定繼續舉辦2017淡水福爾摩莎國際詩歌節，願能持續成為傳統，
淡水之成為詩的故鄉，才能實實在在確立。正如淡水已成為畫家捕捉視覺美
不能錯過的風景故鄉，相信淡水勢必也會成為詩人浸潤心靈意象美的詩故
鄉，這是希望淡水福爾摩莎國際詩歌節能夠形成傳統的意義和成果。

2018年12月15日

第 18 章

Poetry Festival "Ditët e Naimit" in Macedonia

馬其頓奈姆日

第20屆馬其頓奈姆日國際詩歌節
時間：2016年10月20日至10月24日
地點：馬其頓

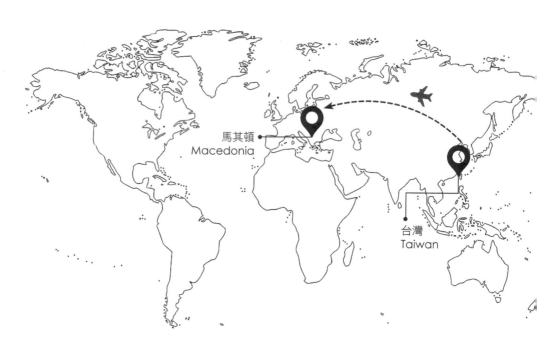

馬其頓
Macedonia

台灣
Taiwan

自從積極參加國際詩歌節後，邀請函總是突如其來。2016年才從尼加拉瓜回來，寫完報告，正在忙於為淡水文化基金會策劃「2016淡水福爾摩莎國際詩歌節」事情，5月19日接到馬其頓共和國「奈姆日」國際詩歌節主席塞普・艾默拉甫（Shaip Emërllahu）邀請函。記得2002年5月巴爾幹半島旅遊時，去過馬其頓，印象不錯，一直有重訪的念頭。

塞普函中說明為紀念阿爾巴尼亞偉大詩人奈姆・弗拉謝里（Naim Frashëri, 1846-1900）誕生150週年，於1996年開始舉辦以「奈姆日」為名之國際詩歌節（International Poetry Festival "Ditët e Naimit"），其後年年舉行。今年適逢第20屆，同時為紀念奈姆・弗拉謝里誕生170週年，特別擴大舉行，首度邀請台灣詩人出席詩歌節，地點在泰托沃（Tetova），時間是2016年10月20日（奈姆・弗拉謝里忌日）至10月24日。

原先科索沃詩人法雷丁・謝甫（Fahredin Shehu）已邀請本人，出席2016年9月2-4日在科索沃共和國奧拉霍瓦茨（Orahovec）舉辦的第2屆「詩與紅酒」國際詩歌節，有30國詩人與會，唯正好與淡水福爾摩莎國際詩歌節預定在9月1至7日舉行撞期，無法成行。適詩人法雷丁・謝甫正以阿爾巴尼亞文翻譯拙詩集《黃昏時刻》，本人又與他談妥另編一冊《台灣六家詩選》，擬在出書時特邀台灣詩人，出席在科索沃的新書發表會，同時參加第3屆「詩與紅酒」國際詩歌節。可惜後來他因事遷延，都沒有實現，我漢譯《法雷丁・謝甫詩選》則於7月完成交稿。

所以，我視參加馬其頓奈姆日國際詩歌節，為台灣詩人進軍阿爾巴尼亞語文世界的先聲，顯然是難得機會，豈可輕易放棄？於是，決定擺脫一切事務，前往參加，為台灣詩的國際交流活動另創一條大道。

另外，2009年本人編印英文版《台灣心聲——台灣現代詩選》（*Voices From Taiwan——An Anthology of Taiwan Modern Poetry*）在蒙古由Munkhiin Useg 集團公司出版，接著翌年與土耳其詩人妥占・阿爾坎（Tozan Alkan）合作編譯成同名的土耳其文版《*Tayvan'dan Sesler: Modern Tauvan Şiiri Antologjisi*》，由Basim Yayin Tic. San.公司出版，準備就在伊斯坦堡舉辦台土詩歌節，惜因經費無著，半途而廢（參見第9章），擬趁此機會經伊斯坦堡轉機之便，再與土耳其多方接洽，以求加強台土國際間詩交流成果。

出發前，先行聯絡幾路人馬，到伊斯坦堡後即密集分別約談。第一組是詩人梅廷・成吉思（Metin Cengiz），他自稱是蒙古人後裔，所以姓成吉思。活躍於國際詩壇的土耳其女詩人穆塞雅・葉妮愛（Müesser Yeniay），原本想和梅廷應我邀請連袂來台參加2016年淡水國際詩歌節，但她臨時被德國柏林請去接受電台訪問念詩，因撞期未能前來，耿耿於懷，希望和台灣詩人有互訪機會。她住在安卡拉，路途遙遠，委託住在伊斯坦堡的梅廷接待。

梅廷在10月15日晚夥同另一位詩人雅悟茲・歐茲登（Yavuz Özdem）來訪，並帶來土耳其《詩刊》（Şiirden）雙月刊第37期，2016年9、10月號，首頁刊載拙詩〈雪落大草原〉，是穆塞雅所譯，她說喜歡這首描寫蒙古祖先游牧生活的詩。梅廷充分表達與台灣互訪互譯詩作的誠意和願望，至少明年能夠出席福爾摩莎國際詩歌節，與台灣詩壇密切交往。

第二組是妥占・阿爾坎，10月18晚攜眷歐茲吉・成吉思（Özge Gengiz，又是一位成吉思）來訪。妥占在2010年與我合編土耳其文版《台灣心聲》後，曾於是年10月應邀出席台灣師範大學舉辦的第6屆母語國際研討會，已是舊識，他補送給我從出版社找來的兩本庫存《台灣心聲》，謂已無存書，所以希望再有新的合作方案，唯尚無具體構想。詩人妥占是文學教授，夫人歐茲吉是語言學教授，都在伊斯坦堡大學任教，所學互補，相得益彰，鶼鰈情深，不亞仙眷。

第三組是梅舒・暹諾（Mesut Senol），10月19日晚來洽，當年編土耳其文版《台灣心聲》時，他擔任妥占的助理，與我密切聯繫，出書後又擬定詳細台土詩週計劃書，講求工作效率的務實態度給我印象深刻。如今他是藝書坊集團（Artshop）所出版《世界文學》叢書主編，攜贈甚具規模的世界文學系列叢書，積極爭取合作編譯出版台灣詩選。藝書坊集團老闆費達特・阿克達瑪（Vedat Akdamar）親自陪同前來，有加以背書的強烈宣示意思，並強調該集團在藝文方面經營之深廣，除出版外，擴及藝術品、影片等範疇，目前在土耳其每年舉辦三場國際詩歌節，6月不分世代性別、9月專為女性詩人、11月特別限定40歲以下之青年詩人。

梅舒給我四張名片，除上述藝書坊集團《世界文學》主編外，又是官商協會總會副董事長、作家翻譯家委員會理事（負責國際計劃）和各種藝術影

片加強實業化基金會協調顧問，以此證明他在相關職場上的表現、能耐和地位，目的無非增加我對他的信賴感，也顯示他與台灣攜手合作的強烈期待和積極態度。討論結果，他們希望把台灣文學系列，包括小說、散文等，在國際市場推出，因計劃龐大，超出我個人能力範圍，所以初步以台土詩互譯為基礎，立刻進入討論具體實施方案。原則上，編印一本漢英土三語《台灣新聲》，選10位詩人，每人詩約100行，占三頁，以三語計，每人15頁，全書150頁左右，預計明年出版後，即邀請全體10位詩人到伊斯坦堡舉辦台土詩歌節，完成2011年未遂的願望。我請梅舒把商談結果以書面紀錄確認，在其離去後一小時即收到整理後的計劃。

台灣各界與巴爾幹半島國家來往較疏，對該地區政經、文化的複雜性認識和瞭解不多，對當地文學更是陌生，遑論有彼此交流機會，甚至奈姆・弗拉謝里究竟何許人也，所知不多。經查奈姆於1846年5月26日出生，1900年10月20日過世，享年54歲，為著名阿爾巴尼亞詩人和作家，是19世紀阿爾巴尼亞國家覺醒的最重要人物之一，被稱為阿爾巴尼亞民族詩人。其長兄阿卜杜・弗拉謝里（Abdyl Frashëri）則為領導阿爾巴尼亞人反抗奧圖曼土耳其的阿爾巴尼亞獨立建國英雄。

奈姆生長在奧圖曼帝國的德爾維納（Delvina）行政區（在今阿爾巴尼亞南方），1882年前往伊斯坦堡，就職於奧圖曼帝國文化部。奈姆參與阿爾巴尼亞國家復興運動，此時期寫作都以姓名首字署名，以免危及公務員職位，著作都以走私方式送入阿爾巴尼亞國內發表、傳布。

奈姆寫作生涯以波斯文寫詩始，一生出版過22部重要作品：計土耳其文4、波斯文1、希臘文2、阿爾巴尼亞文15。早期愛國詩篇和著名抒情詩大受波斯文學影響，後來則有法蘭西詩的浸染痕跡。他也翻譯拉芳登寓言、荷馬史詩《伊利亞德》等。奈姆詩集《畜牧與農耕》（*Bagëti e Bujqësi*, 1886年）描寫牧民與農夫的生活起居，反映阿爾巴尼亞風光之美，表達對故鄉的思念。史詩《斯坎德培史記》（*Histori e Skënderbeut*）以虛擬情節，重塑阿爾巴尼亞民族英雄斯坎德培（George Kastrioti Skanderbeg）一生行誼。奈姆逝於伊斯坦堡卡德柯伊市（Kadıköy）的Kızıltoprak，目前屬於土耳其領土。奈姆著作表列如下：

1. *Kavâid-i farisiyye dar Tarz-i Nevîn*（波斯語新文法），1871

2. *Ihtiraat ve Kessfiyyat*（發明與發現），1881

3. *Fusuli Erbea*（四季），1884

4. *Tahayyülat*（夢），1884

5. *Bagëti e Bujqësi*（牧人與收穫），1886

6. *E Këndimit Çunavet*（兒童讀本），1886

7. *Istori e Përgjithshme Për Mësonjëtoret të Para*（通史初階），1886

8. *Jersha për Mësonjëtoret të Para*（詩初階），1886

9. *Dituritë për Mësonjëtoret të Para*（常識初階），1886

10. *O Alithis Pothos ton Skypetaron*（阿爾巴尼亞人的真實願望），1886

11. *Luletë e Verësë*（夏日之花），1890

12. *Mësime*（功課），1894

13. *Parajsa dhe Fjala Fluturake*（極樂園與飛翔字），1894

14. *Gjithësia*（包羅萬象），1895

15. *Fletore e Bektashinjët*（比克塔西筆記），1895

16. *Eros*（愛情），1895

17. *Iiadh' e Omirit*（荷馬史詩伊利亞德），1896.

18. *Histori e Skënderbeut*（斯坎德培史記），1898

19. *Qerbelaja*（卡爾巴拉），1898.

20. *Istori e Shqipërisë*（阿爾巴尼亞史），1899

21. *Shqipëria*（阿爾巴尼亞），1902

　　馬其頓奈姆日國際詩歌節邀請詩人以一國一位為原則，經本人爭取後，大會主席塞普・艾默拉甫為體諒本人年登80，特別增加邀請另一位台灣詩人同行，便中照顧。經推薦傑出女詩人陳秀珍，獲大會接受。本人並草擬〈奈姆日國際詩歌節與台灣詩交流〉為題發表論文，鋪陳台灣詩與巴爾幹半島國家交流之願景。大會亦索詩以阿爾巴尼亞文翻譯編入大會詩選，在會上朗讀，以進行實質國際詩交流，這是台灣詩作有史以來進入阿爾巴尼亞世界的頭一遭。

阿爾巴尼亞人自1443年起，長期受到奧圖曼帝國統治，被嚴重剝削，使阿爾巴尼亞人淪為貧弱民族，散居各地以求維生，缺乏民族凝結條件。迨1878年阿爾巴尼亞普里茲倫聯盟成立，向奧圖曼帝國要求文化和語言自主權，以及政治上自治未果，轉而推展獨立運動，終於在1912年11月28日宣告脫離奧圖曼帝國，獨立成功。第二次世界大戰中被義大利占領，併入南斯拉夫，戰後成為蘇聯附庸國，1989年東歐國家民主解放運動，連巴爾幹半島諸國也順利走向獨立自主，唯有科索沃受到塞爾維亞人壓制，造成1999年內戰，多達50萬阿爾巴尼亞難民湧入馬其頓的泰托沃市，造成兩國間衝突。到2008年2月17日科索沃通過獨立宣言，脫離塞爾維亞，得償獨立宿願，也與馬其頓和平共存。目前阿爾巴尼亞人口在巴爾幹半島約有7百萬人，大部分住在阿爾巴尼亞共和國、科索沃和馬其頓，少數住在蒙特內格羅、希臘和塞爾維亞。

　　9月10日意外接到大會主席塞普正式通知，經衣梅爾・齊拉庫教授（Ymer Ciraku，阿爾巴尼亞國籍，兼評審會主席）、恩都耶・巫卡吉（Ndue Ukaj，科索沃國籍）和舍拉爾・柴內理（Xhelal Zeineli，馬其頓國籍），評審結果，決定本年度奈姆・弗拉謝里文學獎，以「高度美學和藝術價值」為由頒給我一人，大會董事會也以「文學成就」理由頒給我榮譽委員狀，有資格提名文學獎候選人。

　　近幾年的奈姆・弗拉謝里文學獎得主計有：

2008年	薩爾瓦多	Manlio Agueta
2009年	摩洛哥	Abdellatif Laabi
	法國	Lionel Ray
2012年	芬蘭	Tua Forsström
	美國	Craig Czury
	波蘭	Ewa Lipska
2013年	法國	Athanase Vantchev 世界詩人運動組織會長
2014年	義大利	Sebastiano Grasso
2015年	科索沃	Basri Çapriqi

大會並通知即將在馬其頓召開國際記者會，公開宣布得獎人，要我擬一份受獎聲明，在記者會上發表，代表親自受訪談話，我即早擬漢英雙語聲明書如下：

　　　身為台灣國民，接受來自遠方馬其頓2016年奈姆日國際詩歌節（International Poetry Festival "Ditët e Naimit" 2016）主席塞普・艾默拉甫（Shaip Emërllahu）通知授予奈姆・弗拉謝里文學獎桂冠詩人，非常意外，感動莫名。奈姆・弗拉謝里（Naim Frashëri）是阿爾巴尼亞的偉大詩人，復興阿爾巴尼亞語文，衛護阿爾巴尼亞民族自尊，進而倡導建立阿爾巴尼亞人民在國際上獨立自主人格，貢獻甚大。讀奈姆・弗拉謝里的詩，都會深受詩中堅忍意志、洋溢熱情所鼓舞，我譯過他的代表詩作〈蠟燭的話〉，其中像：

　　　　我心靈中有愛
　　　　因此為人性燃燒
　　　　容許我被炙烤
　　　　我不願冷卻下來

　　　這樣的詩句，充分顯示懷抱這世界的偉大情操，我也從他詩裡感受到阿爾巴尼亞人的精神。阿爾巴尼亞人奮鬥過程很多值得台灣人學習，可惜長久以來，歷史地理的隔閡，台灣人對阿爾巴尼亞人，以及馬其頓、阿爾巴尼亞和科索沃國情，瞭解粗淺，我決心在詩的交流盡一些心力、經由詩促進人民間的相互理解和友愛。

　　9月21日記者招待會上，由評審委員恩都耶・巫卡吉代表宣讀評審決定書，介紹我的文學經歷和成績，也宣讀我的聲明，把過程紀錄公開貼到臉書等媒體，以昭公信。大會又通知，詩歌節選集依規定出席詩人每人選詩三首，譯成阿爾巴尼亞文，對得獎人特別寬厚，增加到15首之多。於是，我把拙詩集《黃昏時刻》英文本傳去，由其任選譯15首，無形中成為此書繼漢

文、英文、蒙古文、俄羅斯文、羅馬尼亞文、西班牙文、法文、孟加拉文後，第九種語文的縮小本。後來經Silke Liria Blumbach全譯，再加去馬其頓所寫5首詩，印成《秋霧》（*Mjegull Vjeshte,* 2018年），泰托沃 Ars Poetica 出版，反而成為擴大本。

10月20日晨，由伊斯坦堡飛馬其頓首都斯科普里（Skopje），適巧與同樣要出席詩歌節的以色列女詩人加布里耶拉・伊莉莎（Gabriella Elisha）同機，雖然尚未謀面，但似有靈犀相通，候機時一照面，竟然就打招呼，互問之下，果然同行。大會派車接機，就直駛60公里外的泰托沃（Tetova）。

來自世界各國的詩人和阿爾巴尼亞詩人，在此共聚一堂，參加第20屆奈姆日國際詩歌節，為期五天，從2016年10月20日，詩人奈姆・弗拉謝里忌日，活動至24日，已成為一項慶典，一項重大的文化事件。此項涵蓋文學、藝術、文化活動，具有國際性格的密集行程，在阿爾巴尼亞人的主要中心：泰托沃、普里什蒂納（Prishtina）和普里茲倫（Prizren）三地舉行，舉辦奈姆・弗拉謝里文學獎贈獎典禮、念詩、學術討論會、活動照片展覽，並參訪三地文化和宗教史蹟。

開幕場所在泰托沃市文化中心，在詩人投宿旅館正對面，入口廣場正面橫掛第20屆奈姆日（Ditët e Naimit）國際詩歌節大布條。參加詩歌節詩人有台灣李魁賢和陳秀珍、法國Nicole Barrière和Laure Cambau、保加利亞Anton Baev、德國Silke Liria Blumbach、美國Carla Cristopher、摩洛哥Dalila Hiaoui、以色列Gabriella Elisha、哈薩克／挪威Kamran Mir Hazar、義大利Giuseppe Napolitano、丹麥Laus Strandby Nielsen、阿根廷Ricardo Rubio、阿爾巴尼亞Sadik Bejko、Odise Kote、Ilir Levonja和Riza Braholli、科索沃Ragip Sylaj和Ndue Ukaj、馬其頓Shaip Emërllahu、Olivera Docevska、Dragana Evtimova、Ekrem Ajruli、Puntorie Muça Ziba和Remzi Salihu，另有西班牙Manuel Forcano、挪威Camilla Groth、土耳其Sema Güler、希臘Dinos Kubatis、立陶宛／波蘭Romuald Mieczkowski、俄羅斯Alla Polosina、墨西哥Alicia Minjarez等缺席。

大會詩選集印製精美，應邀詩人原則上每人選詩三首，我因得獎人特別獲選15首之多，全部譯成阿爾巴尼亞文，連同陳秀珍〈燭與影〉三首，應是台灣詩進入阿爾巴尼亞世界的先聲。大會議程摺頁，面頁是以奈姆・弗拉謝

里銅像照片為中心的奈姆日標誌設計，底頁是我的照片和詩〈島嶼台灣〉譯本，而且大會詩選集書名《你以海島呈現》（Ti Shfaqesh Si Ishull）採用拙詩〈島嶼台灣〉首段詩句，讓我感受到備受禮遇的榮耀。

開幕式在燈光照耀下的文化中心前廣場，於奈姆‧弗拉謝里銅像前草地上揭開，先是放蜂炮，五彩繽紛的煙火，使天空爆發絢麗燦爛。此時各國應邀詩人和馬其頓本國詩人都在場躬逢其盛，大眾媒體採訪車和燈光更增加現場熱鬧，吸引許多泰托沃市民和行人圍觀。由於事前的報導，和市長出席，許多公私部門當然也都會來捧場。

十幾位少男少女穿著阿爾巴尼亞傳統服裝，少男紅白兩色，少女紅白黑三色，特別鮮明，手持火炬，在銅像前兩側站立。大會主席塞普‧艾默拉甫引導泰托沃市長竇塔‧雅莉菲（Teuta Arifi）女士和我，站到銅像前，由市長、我和主席，依序向阿爾巴尼亞民族詩人奈姆‧弗拉謝里銅像獻花致敬。此銅像是在2000年詩人逝世百年紀念日，由詩歌節大會鑄造豎立。我也以詩〈獻予奈姆‧弗拉謝里〉致敬：

> 由太平洋台灣島嶼遠途
> 來到巴爾幹半島古國馬其頓
> 我分享你的榮耀
> 在你銅像前獻花致敬
> 瞻仰你詩人的文雅姿勢
> 你單獨反抗過一個帝國
> 你親手創建一個文明
> 你雙腳行出一條詩路
> 在秋天舒爽的泰托沃
> 我幾若遍來到你身軀邊
> 享受你不朽之身
> 反射一絲也溫暖日頭光
> 你目珠看遠遠
> 無計較腳底土跤大小

底座親像一座文學高山
你企在山嶺頂

　　獻花後，主席引導市長和全體詩人進入文化中心大廳，參觀影像詩書展，陳列往年詩歌節活動的照片、出版品、行程表、邀請書，以及阿爾巴尼亞文和其他文字的報章雜誌報導文章，還有奈姆·弗拉謝里家譜系統圖表和家族照片。在此大廳展場，提供第20屆詩歌節行程表和大會詩選集，免費贈送給參觀者，因為通過此展場進入會議廳，就要開始主場的念詩和贈獎典禮。

　　第20屆奈姆日國際詩歌節由大會主席詩人塞普·艾默拉甫致開幕詞，申論國際詩交流的意義：

　　　　多年來，眾所周知，文學已有不同模式和形式的交流。延續下來，各種各樣對話形態，一直在負擔文學發展和肯定的重責大任。其中之一便是詩歌節模式，在文學界相當普遍。全世界舉辦的國際文學和文化慶典，提供特殊交流形態，已經且將繼續成為在文學和文化主題、文學生產、語言學和族群層面周邊發生對話。

　　　　文明和人性的品質，視對談累積的效益而定，這是烏克蘭詩人艾倫·博斯凱（Alain Bosquet）在〈論精神對話〉裡的話。人類精神在詩裡所映現，勝於任何其他藝術形式。因此，世人透過此等文學聚會的文學經歷對話，表示相對應的阻礙和前進。

　　　　在泰托沃舉辦的歷屆奈姆日國際詩歌節開幕詞中，我們持續在孤立和肯定當代文學和文化交流的價值，反映出19年來這項文化方式展出，是令人驚奇地從地緣文化邊緣發言。這或許也是發生多樣性相衝的徵象，此種形式有益於與「鄉土性與文化孤立的惡性循環」有所分別。補償數十年的方向流動，提供我們全球主義者交流意識的形式，堅持和肯定文化和社會認同。

　　　　除透過文學朗讀和討論，奈姆日國際詩歌節也透過把外國文學譯成阿爾巴尼亞文，或反向翻譯，進行交流。這些翻譯作品經特殊出版品和參加詩歌節詩人的大會選集，提供閱讀。電子出版物是詩人作品

交流的另一途徑，詩歌節不同出版品的呈現也算是。

有鑑於此等交流模式全球形成的新局，檢討時候已到，亦即符碼回應此統合世紀陳述的需求。

基於什麼意識、我們如何進行接受修飾此等交流模式的需要，準備好了嗎？透過此等文學節也一再顯示出「詩是跨文化的交流媒介」，在現代條件下也可以理性務實開拓……

致詞畢，藝術家哲桂爾・梅美悌（Zeqir Mehmeti）向主席塞普・艾默拉甫致贈大會標誌和民族詩人奈姆・弗拉謝里簽名式的雕塑藝術品，以表揚詩歌節持續舉辦20年的貢獻。

接著，泰托沃市長宛塔・雅莉菲致歡迎詞，她強調奈姆日國際詩歌節舉辦20年來，扮演的重大角色是肯定阿爾巴尼亞文化和文學，並且肯定了泰托沃市的地位，她要求各機關單位應更加重視此詩歌節的重要意義。市長接續以阿爾巴尼亞語、和流利優雅的英語與法語，重複她的談話，不須借助翻譯，展現她的語言才華。

開幕前，場外放蜂炮時，塞普先把我介紹給市長，她除向我祝賀外，親切表達歡迎我從台灣來，在短暫交談中，表現她誠懇隨和的性格。向奈姆・弗拉謝里銅像獻花後，走進文化中心時，她還回頭向走在她後面的陳秀珍，含笑說歡迎從台灣來，顯示她對來自台灣的客人真誠相待。

官方儀式後，首先由馬其頓著名演員阿信姆・卡列其（Arsim Kaleci）朗誦奈姆・弗拉謝里的代表詩作〈蠟燭的話〉。本來有意安排我念漢語譯詩，表現國際交流的體現，因節目進行時間緊湊而作罷。阿信姆・卡列其不愧為訓練有素的演員，溫文儒雅的聲調，充足抒情味。此後詩歌節期間，所有外國詩人在念完原作後，都由他獨自擔綱朗讀阿爾巴尼亞譯本。

接著是【詩地球】（Poetic Globe）節目開場，在幾位外國詩人念詩後，評審委員衣梅爾・齊拉庫教授報告奈姆・弗拉謝里文學獎設獎緣由，和評審結果，把證書頒給我。共有兩張證書，其一是以拙詩具有「高度藝術價值」頒贈的文學獎證書，另一是以本人對文學的特殊貢獻授與「榮譽委員」（Anëtar Nderi）證書，賦予我有文學獎提名人資格。

由穿著阿爾巴尼亞傳統服裝的男女青年獻花，主席再遞給我一尊奈姆‧弗拉謝里銅像造型的紀念獎座。我隨即發表得獎感言：

> 非常榮幸獲得奈姆‧弗拉謝里文學獎，這是我最大的驚喜。我雖然得過許多文學獎項，但這是第一次獲得歐洲的肯定，尤其是來自馬其頓高度文明國家，特別是為紀念偉大的阿爾巴尼亞詩人奈姆‧弗拉謝里所設，以他為名的文學獎。我願與我的台灣國家人民分享阿爾巴尼亞人給予我的榮耀。馬其頓與台灣雖然距離遙遠，但詩把我們人民之間的心拉近。願與阿爾巴尼亞詩人們共同努力，以詩促進世界和平、友誼和愛！

我很技巧地把馬其頓國家和阿爾巴尼亞民族，交相輪替運用，以免引起任何一方的誤解。國際間，民族與國家間常有難解的糾葛，歷史因素連時間都無能化解，何況以科索沃戰爭為中心的阿爾巴尼亞人與塞爾維亞人爭端，連帶引起與馬其頓邊境難民處理上的對抗，正是世紀轉接點的國際重大紛爭議題，科索沃因戰爭喪身百萬人口，婦女受辱十餘萬人，也不過才十幾年前的事，大家記憶猶新。雖然理性的知識分子說，人民之間沒有怨恨，那是政權的錯，於人民何有哉？十餘年來，鄰國間透過對話解決，已是平安無事，但社會無意識潛層，斷然是平靜無波嗎？

奈姆日國際詩歌節授予「榮譽委員」的都是國際著名作家和知識分子，目前共有阿爾巴尼亞共和國Ismail Kadare、愛爾蘭Desmond Egan、瑞典Thomas Tidholm、薩爾瓦多Manlio Argueta、摩洛哥Abdellatif Laabi、丹麥Peter Poulse、法國Lionel Ray、波蘭Eva Lipska、美國Craig Czury、芬蘭Tua Forsström、法國Athanase Vantchev de Thracy、義大利Sebastiano Grasso等人。

然後，【詩地球】節目繼續進行，到全體國內外特邀詩人都念詩完畢，已晚上10點，才到餐廳用餐。市長從頭聽到尾都沒有離席，不像國內政治人物，講完話就走人，沒有文化素養。台灣陳秀珍表現傑出，獲得普遍讚譽，詩歌節四天行程中，女詩人都找她親切談話，有如多年老友，法國詩人妮可‧巴莉葉（Nicole Barrière）特別稱讚她念詩時，很有舞蹈韻律感。

晚餐以我為主賓，坐在長桌的主席塞普正對面，如此近距離，好整以暇，我立即抓住機會與他談具體合作計劃，我初步提出編譯一本《阿爾巴尼亞詩選》，選阿爾巴尼亞傑出詩人10至15位，每位選詩3至5首，總計50至70首，由他主選提供英譯本，我負責漢譯，在台北出版，我原來已譯完他的詩集《人生襤褸》也請他簽授權書，將交給秀威出版。由於計劃具體，簡單明瞭，很快就達成協議，塞普答應一個月內，可以把選妥的阿爾巴尼亞代表詩作傳給我。由於雙方做事都很乾脆俐落，預計將來進一步交流的空間很開闊樂觀。

　　不料，詩歌節後，非阿爾巴尼亞裔的馬其頓女詩人奧莉薇拉‧杜切芙絲卡（Olivra Docevska），就積極與我談台灣與馬其頓詩的對譯計劃，以馬其頓國籍為準，包容不同語系的詩人，並且除《台灣詩選》之外，也要把拙詩集《黃昏時刻》譯成馬其頓文，在斯科普里出版，這樣拙著就有第十種語文版的機會，真是意外收穫。可惜奧莉薇拉譯完後，申請馬其頓文化部補助出版費用，未獲通過，暫時延宕。而我漢譯她所編《遠至西方——馬其頓當代詩選》（*Far Away to the West, Anthology of Contemporary Macedonian Poetry,* 2017），後來竟比漢譯塞普所編《阿爾巴尼亞詩選》（*Anthology of Albanian Poetry*, 2018）早一年出版。

　　詩歌節第二天10月21日行程，參訪阿拉巴逊‧巴巴修道院（Arabati Baba Tekke），這是土耳其伊斯蘭教蘇菲派兄弟會組織拜克塔什教團，在歐洲僅存最精美的一處奧圖曼時代伊斯蘭教修道院，傳說阿里巴巴（Ali Baba）是蘇萊曼大帝愛妃的兄弟，在愛妃失寵時，阿里巴巴就被放逐到奧圖曼帝國邊疆的泰托沃。另一說法是，阿里巴巴自願放棄高官厚祿，實施拜克塔什教團的苦修僧般簡樸修道生活。無論如何，阿里巴巴走遍廣袤的土耳其帝國，來到泰托沃寧靜山脈裡的佩納河（Pena）邊，定居下來，平靜落實苦修生活，直到1538年過世，其唯一徒弟阿拉巴逊‧巴巴建此修道院，繼承遺緒。此修道院建於阿里巴巴墓地周圍，腹地甚廣，有蒔花草坪、祈禱室、集體餐廳、宿舍、木亭內的大理石泉口古蹟等。

　　修道院會客室內，教長座位壁上掛有阿里巴巴綴錦畫像，旁邊一張照片是伊斯蘭教、天主教、基督教、東正教領袖合照的照片，教長津津有味談起萬教合一的理念。教長會多種語言，法語很道地，唯英語不太靈光，他不但

殷勤要服務人員一下子奉茶奉咖啡，一下子勸吃零食，誠懇待客，一直稱我教授，等到呼叫端出各種酒時，詩人們都不禁絕倒。於是有人起頭念詩，教長仔細聆聽，還能即席加幾句評語。以色列女詩人加布里耶拉・伊莉莎主動念起所喜歡的陳秀珍詩〈島與海〉英譯本，說明是我所譯，於是我順勢念拙詩〈鸚鵡〉，其他詩人又接棒，盡歡而散。

下午轉往薩爾山區（Sharr）陽光山岡（Kodra e Diellit）旅遊中心景點史卡度斯（Scardus）旅館會議室，舉行學術討論會。此地離泰托沃才18公里，海拔1780公尺，為冬季滑雪勝地。此時已深秋，蜿蜒山路濕霧迷濛，入夜已接近零度，相當寒冷。拙詩〈秋霧〉寫此場景：

> 由馬其頓往科索沃
>
> 彎彎曲曲的薩爾山路
>
> 濛霧逮車行
>
> 親像阿爾巴尼亞人奮鬥史
>
> 彎彎斡斡前進
>
> 我迭迭拭車窗
>
> 想欲看清楚霧中的真實
>
> 快速閃過的秋天楓樹
>
> 染成血跡的歷史拼圖
>
> 一徂（choa）日頭光射入
>
> 顯示藏在深林中的金黃
>
> 我感受到輝煌的詩
>
> 向我一直揌（iat）手
>
> 溜入去阿爾巴尼亞的心靈

今年學術討論會主題是【文化交流──奈姆日與民族詩人奈姆・弗拉謝里】，由衣梅爾・齊拉庫教授主持，約有20篇論文宣讀，除本人外，發表論文詩人尚有法國Nicole Barrière和Laure Cambau、義大利Giuseppe Napolitano、哈薩克Kamran Mir Hazar、保加利亞Anton Baev，以及馬其

頓Olivera Docevska、Dragana Evtimova、Dinos Kubatis、Niels Hav、Ymer Çiraku、Ilir Levonja、Remzi Salihu、Xhelal Zejneli、Riza Braholli和Shaip Emërllahu等。

我提出短論〈奈姆・弗拉謝里與台灣詩〉，就我自己和同樣出席會議的陳秀珍作品，與奈姆・弗拉謝里詩連結，此短文如下：

坦白說，由於歷史地理的隔閡，我對阿爾巴尼亞文學，尤其是阿爾巴尼亞詩，所知膚淺，到接受邀請參加第20屆奈姆日國際詩歌節，才開始在網路上搜尋奈姆・弗拉謝里詩作英譯本閱讀，立即受到他的代表作〈蠟燭的話〉（Words of the Candle）所感動，並譯成漢語，在我所屬的《笠》詩刊【國際詩頻道】專欄發表，與台灣的詩讀者分享。

奈姆・弗拉謝里在此詩開頭就寫：

立在你們當中
我正受炙烤
發出一點點光
把夜變成白晝

充分表現出在困苦的環境裡，貢獻自己微小的能量，有利於社會大眾的願望和決心。這是弱小心靈，面臨強權的堅持和志氣。我在〈螢的心聲〉裡有類似的期許，雖然我寫的是螢火蟲：

在世界黑暗的時候
我微弱的光
引起大家注意
．．．．．．．．．．．
給幽暗點綴一點生氣
耗盡短暫的生命
給人留一點回憶

台灣女詩人陳秀珍在〈燭1〉同樣以蠟燭為物象，有更接近的描述和表現：

面對宇宙的黑暗
　　孤獨地點燃

崇尚光明的心
拚命
把夜燒盡
……

然而，〈蠟燭的話〉在接下去的詩行中，更表達犧牲自己，以求取大眾光明的意圖：

我會消耗枯竭
燃燒、熬燙
以啟明你們視域
彼此認識清楚

身為阿爾巴尼亞的偉大詩人，以復興阿爾巴尼亞語文為己任，衛護阿爾巴尼亞民族自尊，進而倡導建立阿爾巴尼亞人民在國際上獨立自主人格，雖歷經艱難而不已，在他詩裡表現的堅忍意志，鼓舞人民無上的勇氣：

我心靈中有愛
因此為人性燃燒
容許我被炙烤
我不願冷卻下來

這樣的詩句，充分顯示懷抱這世界的偉大情操，我也從他詩裡感受到阿爾巴尼亞人的精神。阿爾巴尼亞人奮鬥過程很多值得台灣人學習，而台灣詩人也正在努力重振自己的語言，面臨建構自己文學心靈的艱困階段，像陳秀珍在〈燭與影1〉中也有如此獻身的期許：

幽暗中
你尋求我
以肉身為祭壇
燃燒成為一隻火鳳凰

阿爾巴尼亞人民的奮鬥過程，尤其是奈姆・弗拉謝里詩的勇氣和感染力量，更是值得台灣人和台灣詩人學習的對象，而奈姆・弗拉謝里在史詩宏偉的鉅作中：記載和表彰阿爾巴尼亞人民偉大民族精神的成就，目前還是台灣詩人所望塵莫及，應該更加努力以赴。

　　第三天10月22日，越境前往科索沃國首都普里什蒂納（Pristina），參觀歷史文化勝蹟。科索沃戰爭可說是20世紀全球矚目的最後一場戰亂。1989年蘇聯解體，東歐共產集團走向民主自由化大道，影響所及，捷克斯洛伐克在劇作家詩人瓦茨拉夫・哈維爾（Václav Havel, 1936-2011）主導下，和平分離為捷克和斯洛伐克兩個獨立國家，而南斯拉夫卻在獨夫斯洛波丹・米洛塞維奇（Slobodan Milošević, 1941-2006）宣示大塞爾維亞主義教條下，壓制六個加盟共和國不准分離，並將阿爾巴尼亞人占絕大多數的科索沃自治省的自治權取消，引起科索沃人民忍無可忍，宣布獨立，從此引發加盟國在一連串獨立戰爭中，逐一成功脫離南斯拉夫。科索沃衝突擴大，導致北大西洋公約國和美國介入，1999年爆發史稱「科索沃戰爭」，使科索沃人民死傷慘重，到2008年2月7日終於經由議會通過獨立宣言，正式獨立。
　　引導科索沃走向獨立的關鍵人物是出任第1屆總統的伊布拉欣・盧國華（Ibrahim Rugova, 1944-2006），他在科索沃戰爭中，善於折衝，節制人民的暴力鬥爭，倡導和平對抗南斯拉夫統治，說服歐美支持，減少硬碰硬的損

害。獨立後被尊為「國父」和「巴爾幹半島的甘地」，身後成為科索沃英雄，4.2公尺高的銅像矗立在當年幾十萬國內外阿爾巴尼亞人集會抗議的廣場街頭，科索沃國會前方。此廣場如今成為人行步道，普里什蒂納市民徜徉流連的街道，和觀光客徘徊的大街。

晚間在普里什蒂納大學圖書館，舉行詩歌節閉幕式，這是大會主席塞普的母校，會場布置成圓形，四個對稱弧面，詩人集中在正面，其餘三面為聽眾席。由主席講幾句感謝詩人踴躍參加的話，然後每位詩人輪流念詩與聽眾分享。我念舊作〈費城獨立鐘〉，由此再引發出新作〈獨立鐘聲〉的詩意：

三十年前在美國費城
看到劈裂的銅鐘
期待會當復再聽到
響亮的自由鐘聲
傳遍地球任何角頭
三十年後在科索沃
普里什蒂納大學
在獨立思想殿堂的圖書館
面對國際上已經具備
獨立人格的科索沃聽眾
看到苦難深刻的
面相皺紋皮質內含
獨立生活的自由自得自滿
我朗讀舊作〈費城獨立鐘〉
一面且（na）想
你的獨立到當時
才會在太平洋島上出現

最後頒贈幾個獎項，採取奧斯卡頒獎方式，不事先公布，當場點名呼叫，使得獎者驚喜。首先由大會主席塞普頒特殊詩歌Menada獎給法國女詩

人Nicole Barrière，和最佳組詩Oeneum獎給保加利亞詩人Anton Baev。文學志業奈姆日Ditët e Naimit獎由我頒給馬其頓女詩人Puntorie Ziba，最佳詩的奈姆蠟燭Naim's Candle獎由義大利詩人Giuseppe Napolitano頒給阿根廷詩人Ricardo Rubio，最後一項是德國女詩人Silke Liria Blumbach所提供詩藝表現的Silke Liria獎，由她頒給馬其頓女詩人Dragana Evtimova。至此，詩歌節活動宣告完滿結束。

第四天10月23日是會後參訪，由普里什蒂納前往普里茲倫（Prizren），科索沃文化歷史古城，主要參觀近代史上著名的阿爾巴尼亞普里茲倫聯盟所在地。19世紀時，普里茲倫已是阿爾巴尼亞政治、文化、地理中心，成為阿爾巴尼亞民族主義發祥地，1878年在此成立普里茲倫聯盟，正式展開脫離奧圖曼帝國的阿爾巴尼亞獨立運動。

詩人們參觀聯盟總部，陳列當年阿爾巴尼亞人居住分布圖、歷史文獻、反抗軍使用的原始長槍和短槍等武器。主要領導人阿卜杜‧弗拉謝里（Abdyl Frashëri, 1839-1892，也就是詩人奈姆的長兄）成立普里茲倫聯盟，向奧圖曼帝國要求自治，並主張武裝阿爾巴尼亞人，結果受到鎮壓，多次戰敗後，被逮捕判處死刑，後改無期徒刑，在對面山頂上古堡內囚禁三年，最後因健康日衰，以不准從事任何政治活動為條件釋放，但到死為止，始終未放棄獨立建國理念。聯盟後面建有文物藝術館，陳列阿爾巴尼亞民族傳統服飾，生產工具等，收藏許多有關阿卜杜‧弗拉謝里的雕塑、油畫等藝術作品，描繪他領導起義，以及被銬囚禁的種種景況。

全體詩人在聯盟和文物藝術館間的廣場拍照留念，作為結束。然後，安步當車，沿聯盟外道路，古堡峭壁下的潺潺小溪旁，緩緩走向市區中心，路邊小販大都在賣烘栗子，和泰托沃、普里什蒂納一樣，而土耳其伊斯坦堡則都在賣玉米，各異其趣。普里茲倫也有觀光馬車，幾乎是歐洲許多小型城市的古典市區觀光絕招之一。

遇到街頭三人組樂團，主席塞普一時興起當街跳起土風舞，義大利詩人Giuseppe Napolitano應和，接著馬其頓Olivera Docevska、德國Silke Liria Blumbach、美國Carla Cristopher、法國Laure Cambau和哈薩克Kamran Mir Hazar，一一下場助興，引起路人圍觀，也有小女孩下場湊熱鬧，算是馬其

頓奈姆日國際詩歌節的戶外餘興節目外一章。

　　最後午宴，在山坡沿梯度建成的櫛比鱗次一家餐廳宴別，當地一位歷史教授是塞普的朋友，介紹普里茲倫，提到德蕾莎修女（Mater Teresia, 1910-1997）雖然在馬其頓的斯科普里誕生，其實父親是普里茲倫人，一位富商，反抗土耳其而追求阿爾巴尼亞獨立的積極分子，在德蕾莎8歲時即已過世。這位教授說，在奧圖曼帝國時期，幾十萬阿爾巴尼亞人自動流亡到義大利南方群居，保留阿爾巴尼亞語言、文化、生活習慣，歷經數代，到科索沃真正獨立了，才回來度阿爾巴尼亞人自尊的獨立生活，他本人便是其中之一。

　　餐後，遊覽車趕回泰托沃，過境檢查護照時，馬其頓關員問：「你們明明是台灣護照，為什麼上面要印中國字樣呢？」兼任詩歌節翻譯志工的德國女詩人Silke Liria Blumbach代答：「台灣目前稱做中華民國。」

　　馬其頓奈姆日國際詩歌節已辦20屆，駕輕就熟，而能夠長期持續不斷舉辦，除主辦單位為提升阿爾巴尼亞民族文化和文學在國際上地位，堅持不懈的毅力外，也端賴有識的官方支持，除泰托沃市長親自出席開幕，馬其頓文化部、科索沃文化青年運動部、泰托沃市、澤里納市（Zhelina），還有幾家企業，包括旅館、旅行社、油公司等，都提供實質支援。

　　參加馬其頓奈姆日國際詩歌節，除了台灣詩人首度進入阿爾巴尼亞詩壇，意外獲得奈姆·弗拉謝里文學獎肯定，也趁便瞭解一些巴爾幹半島的政經、社會、文學生態。此國際詩交流的後續成效是，拙譯塞普·艾默拉甫詩集《人生襤褸》（2017年），分別與奧莉薇拉·杜切芙絲卡和塞普·艾默拉甫合作的《遠至西方──馬其頓當代詩選》（2017年）和《阿爾巴尼亞詩選》（2018年），均蒙秀威支持，在短時間內出版，使台灣在馬其頓和阿爾巴尼亞詩壇獲得很高聲譽。拙詩集《秋霧》阿爾巴尼亞文本（《黃昏時刻》擴大版），經塞普策劃與Silke Liria Blumbach翻譯，也已在2018年由泰托沃市Ars Poetica出版。可惜的是拙詩集《黃昏時刻》和陳秀珍詩集《保證》，由奧莉薇拉譯成馬其頓文，卻因出版經費無著落，暫時束之高閣。無論如何，馬其頓之行，在台灣詩的國際交流成果，令人感到欣慰。

2018年12月16日

Capulí Vallejo y su tierra in Peru

祕魯柳葉黑野櫻、巴列霍及其土地

2017年第18屆【柳葉黑野櫻、巴列霍及其土地】國際詩歌節

時間：2017年5月22日至5月28日

地點：祕魯

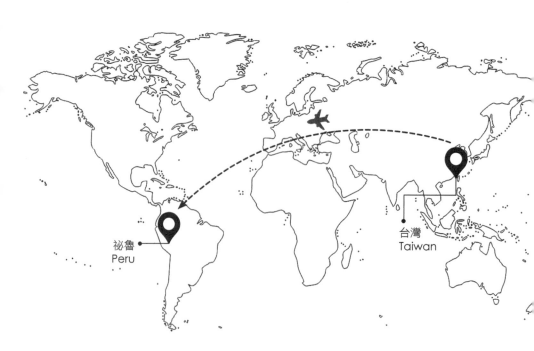

在策劃2016年淡水福爾摩莎國際詩歌節時，接到世界詩人運動組織創辦人兼祕書長路易‧阿里亞斯‧曼佐（Luis Arias Manzo）通知，準備在祕魯首度舉辦【2016考古詩會‧懷舊之情】（Arqueopoesía 2016 – El Sentir del Pasado）詩歌節活動，希望能邀請台灣詩人共襄盛舉。我發現日期在9月底，正好在淡水福爾摩莎國際詩歌節結束後不久，為顧及雜事有待收尾，只好放棄。

事有湊巧，2016年淡水福爾摩莎國際詩歌節結束後一星期，接到祕魯2017年第18屆【柳葉黑野櫻、巴列霍及其土地】（Capulí, Valljo y su Tierra）國際詩歌節通知，經特別評審委員會一致通過頒給我「特里爾塞金獎」（Trilce de Oro），並謂此獎是頒給「傑出的文化工作者，其創作連綿不斷，獲得尊崇，對提升安地斯世界價值著有貢獻，且素行潔淨無瑕，詩人生活和作品與巴列霍理念一致」（Otorgado a sobresalientes trabajadores de la cultura cuya obra sea continua, digna y dedicada a resaltar los valores del mundo andino, quien además presente una conducta límpida e intachable, y sea consecuente con la valorización de la vida y obra del poeta y el ideario vallejiano）。

大會行程從祕魯首都利馬（Lima）開始，5月22日開幕，當日搭夜車到第二大城特魯希略（Trujillo），24日晨往北到瓜達盧佩市（Guadalupe），下午往切彭（Chepén），25日到奧圖斯科（Otuzco）和瓦馬丘科（Huamachuco），26日到達聖地亞哥德丘科（Santiago de Chuco），巴列霍故鄉，27日在此閉幕，28日前往卡奇卡丹區（Cachicadan）和安卡斯馬區（Angasmarca）山地旅遊。

初看此行程，實在不敢領教，來回兩、三千公里路程，每天活動從清早6點半（因為都要趕路）到晚上10點半後（活動項目滿檔），又要長途奔波，根據這幾年參與拉美詩人交流經驗，他們習性是愈晚精神愈飽滿，很難準時結束，而且大會聲明一切食宿交通自理，但可以協助安排，外國詩人對當地不熟，很難斷定如何處理才好，因此遲遲不敢接受邀請。

轉念一想，拉美很多國家邀請參加該國主辦的詩歌節，或因時間不巧，或因一年當中場次過多，無法一一應付，或適因該國政治社會動蕩，像哥倫比亞、委內瑞拉、阿根廷、波多黎各等，都不克前往打交道，祕魯【柳葉黑野櫻、巴列霍及其土地】詩歌節安排在5月下旬舉行，正好比較空閒，該國

社會情況近年相當穩定，祕魯國家詩人巴列霍又是我心儀的拉美詩人之一，行程重點的安地斯山區風光和民情，夙著盛譽，種種因素對我產生難以抗拒的吸引力。

我按照往例，向大會要求讓台灣詩人可以結伴出席，大會先是同意我另邀請一位，再三協商後，同意最多四位，我強調台灣詩人對祕魯情有獨鍾，結果被我說服，開放人數讓我全權決定。經邀請利玉芳、林鷺、陳秀珍、簡瑞玲、楊淇竹參加，一行六位組團出席，獲大會同意，發出正式邀請書，並為簡瑞玲爭取到在著名的特魯希略大學發表論文，在學界確實是難得機會，特魯希略大學裡設有巴列霍研究中心，不是輕易可在太歲頭上動土。

塞薩爾‧巴列霍（Cesar Vallejo, 1892-1938，另譯巴耶霍）誕生於安地斯山區的聖地亞哥德丘科市，祖母是奇穆族（Chimu）印第安人，兩位祖父正巧都是西班牙天主教神職人員。他是老么，上有十位兄姊，在瓦馬丘科中學畢業後，1910年進入特魯希略大學哲學文學系，因繳不出學費而輟學，去擔任家教，也在蔗田大農場做會計，目睹成千上萬工人從清晨做工到夜晚，一天只賺幾分錢和一把米，啟發他後來為窮人寫詩和政治立場。其後數度入學、休學，1913年復學特魯希略大學，改念文學和法律，1915年獲西班牙文學碩士，繼續攻讀法律，1917年因失戀，黯然前往利馬，在聖馬爾科斯大學短期進修藥學。該校成立於1551年5月12日，是美洲最古老大學，也算是世界上最古老大學之一。

1920年聖地亞哥德丘科因族群爭執，以致副行政首長的助理被槍擊，巴列霍就法律觀點著文評論此事，遂被冠上「知識煽動」罪名，入獄105天。1923年離國前往巴黎，從此未再回到故國。在巴黎窮困潦倒，結識畫家畢卡索、詩人考克多（Jean Cocteau, 1889-1963）、戲劇理論家亞陶（Antonin Artaud, 1896-1948）等，開始傾心馬克思主義，公開加入西班牙共產黨。西班牙內戰時，參加保皇黨，反法西斯，建構「大眾詩」。1938年因身心俱疲，加上對西班牙灰心，病逝，埋在巴黎南郊蒙特魯日（Montrouge，意謂「紅山」），1960年代移葬蒙巴拿斯（Montparnasse）公墓。

巴列霍生前雖只出版三部詩集：《黑使者》（*Los Heraldos Negros*, 1918）、《特里爾塞》（*Trilce*, 1922）、《骨頭名冊》（*Nómina de Huesos,* 1936），

現已被公認為20世紀最偉大詩人之一，成為祕魯國家詩人和文學象徵。

我們飛行將近30個小時，21日清晨到達利馬，有勞世界作家藝術家協會（Asociación de Escritores y Artistas del Orbe, AEADO）會長薩繆爾・卡維洛（Samuel Cavero）派車親自接機，此後大會期間，處處承他多所關照，方便不少。進住旅館，即驅車趕往參觀祕魯總統府，這是特別為早一天到達利馬的詩人所安排參訪活動。

祕魯總統府是在西班牙統治時期，由總督弗朗西斯科・皮薩羅（Francisco Pizarro）於1535年，在原本印加墓地上興建的官方宮殿式建築，迄今保有宮殿（Palacio de Gobierno）名稱。 此宮殿相當豪華，雖然規模與當時母國西班牙或其他歐洲皇宮不能並比，但格局相仿，說得上雕梁畫棟、金碧輝煌，繪畫、瓷器、銀器餐具等收藏，無愧宮廷級，還收藏有豪華總督馬車，顯示殖民時代的總督形同海外諸侯。午時一到，總統府前進行衛兵定時交接，其實毋寧說是閱兵操練表演，兩隊交叉行軍、變化隊形、擲槍特技，以娛圍觀群眾，詩人們正好在府內二樓正面最佳據點位置俯瞰，等於陪閱官。出總統府，加入民俗表演隊伍行列，遊街到廣場，在此熱舞，許多拉美詩人被邀或自動下場同樂一番。

午餐在附近一家中餐廳吃西餐，大會因聲明在先，食宿交通自理，所以餐後各自付帳時，雖然薩繆爾要請台灣詩人，但我堅持入境隨俗，所以請他帶我去換祕魯索爾，竟大開眼界。換錢不去銀行或換匯店，而是在大街十字路口，帶證照的交易員，揹著一大堆現鈔，拿著手機計算器，按當天匯率計算，一手交美元，一手交索爾，街上行人來來往往，既無人圍觀，也無人投以一瞥，就像一般小販賣東西一樣，似已習以為常。我一直納悶，祕魯朋友經常提醒，在利馬小心被偷被搶，但是如此在街上大把換錢，無所顧忌，社會應安全無虞才是。

應邀參加第18屆【柳葉黑野櫻、巴列霍及其土地】的國家有安道爾、阿根廷、巴西、智利、哥倫比亞、厄瓜多、美國、西班牙、墨西哥、瑞典、台灣，加上祕魯本國，共計12國詩人約50位，就個人歷年參加國際詩歌節活動，除尼加拉瓜格瑞納達國際詩歌節外，就屬此次規模較大，而尼加拉瓜是在格瑞納達定點舉行，祕魯卻是一路往北拉車，參訪將近十個城市。

22日早上在國立聖馬爾科斯大學文化中心舉行開幕，先由大會主席達尼洛‧桑切斯‧李洪（Danilo Sánchez Lihón）和合辦單位美國猶他州巴列霍研究中心主任瑪拉‧加希雅博士（Dr. Mara L. Garcia）致開幕詞，再由各國代表致詞，分別是安道爾Maura Sánchez、阿根廷Edgardo Palacios、巴西Deth Haak、智利Alfred Asís、哥倫比亞Héctor Hernán Hurtado Botero、厄瓜多Juan Carlos Miranda Ponce、旅美阿根廷Luis Alberto Ambroggio、西班牙Soledad Benages、墨西哥Freddy Secundino Sánchez、瑞典Galvarino Orellana、台灣李魁賢。題目規定〈我黏上巴列霍〉，談個人對巴列霍的認識，字數限500字。我排在最後，事先約定我用漢英雙語講，請簡瑞玲宣讀西譯本。

大概50年前，我開始閱讀譯成漢語的拉丁美洲文學，尤其是詩，其中包括尼加拉瓜達里奧、祕魯巴列霍、阿根廷波赫斯、智利聶魯達、墨西哥帕斯等詩人作品。一般而言，拉美詩人讓我心儀的是，在追求文學現代性的努力當中，仍然關心本土民族感情、關懷弱勢民眾和社會發展，以及對強權的抵抗精神。

後來，在2003年有機會編輯一套叢書25冊介紹50位代表性世界詩人時，我由羅伯‧布萊英譯本的巴列霍詩集，轉譯28首詩為漢語，列入第13冊，包括〈黑使者〉、〈蜘蛛〉、〈朝聖〉、〈神聖的落葉〉、〈黑杯〉，以及《特里爾塞》詩集第3、15、45和77首等代表作。

這次有幸參加第18屆「柳葉黑野櫻、巴列霍及其土地」，得以親眼目睹巴列霍的國土、他成長的故鄉、他讀書過的環境、與他共同呼吸過的柳葉黑野櫻，真是難得的機會，一生永難忘懷。

簡瑞玲讀完西譯本，開幕式結束，我們下台時，舊雨新知一下子包圍過來，爭相握手問候、拍照，竟擠不出路回到座位，頓時感到受寵若驚。

午餐在聖馬爾科斯大學校內餐廳，似乎未應付過上百位客人的大場面，服務人員顯得手忙腳亂，一些慢進餐廳的詩人座位前，還沒擺餐具，後來聽說餐廳的餐具不夠，那時已近下午2點，有些詩人離席去找其他餐廳，台灣詩人本想也轉進他處，大會駐利馬執行人利迪雅（Lidia Vázquez Ruiz）見

狀，趕過來請我們留下，親自進廚房幫我們準備餐具，吩咐服務人員優先給我們上菜。

午餐後，在校園轉一轉，看到巴列霍側影雕塑掛在迴廊牆壁上，尚有一尊2010年諾貝爾文學獎得主祕魯小說家馬里奧‧巴爾加斯‧尤薩（Mario Vargas Llosa）的頭像雕塑，矗立在另一牆腳，不禁有感，後來成詩一首〈聖馬爾科斯大學〉：

幽幽校園迴廊
巴列霍的側臉雕塑
在牆壁上對著我
閃亮微光
百年前因失戀失意
黯然離別而去的傷心地
正繼續發出電磁激光
祕魯誕生
一位窮苦的巴列霍
硬骨的詩人
卻創造一個國家的輝煌
在台灣學府校園
看不到迴廊上
有台灣詩人的雕塑
在閃亮微光

下午有三場研討會，祕魯【柳葉黑野櫻、巴列霍及其土地】國際詩歌節兼顧學術性和運動性，所以每天安排有討論會，發表許多關於巴列霍詩的論文，也有詩人就創作經驗提出見解，到各城市活動時，除遊街走入群眾，進學校與學生交流、安排歌舞欣賞、晚上放天燈，也辦詩人新書發表會，念詩分享，此後行程都如此交相配合互動。

大會主席達尼洛是詩歌節靈魂人物，雖然已70歲，不但主要議程都親

自主持，大熱天穿西裝，又披圍巾，在遠程車上沿途親自導覽，站在司機後面位置，一路說不停，也不必坐下休息，11位兄弟姊妹散居世界各地，每年定期回祕魯家聚會，他排行第二，為辦詩歌節，老大、老三、老四都熱心投入，老大胡文諾（Juvenal）是醫師，協助主持研討會，老三大姊頭羅莎（Rosa）看頭看尾，老四海梅（Jaime）機械工程師退休，擔任大會執行長，喜愛攝影，負責拍攝詩歌節活動紀錄影像。據海梅說他們祖父來自中國，名李洪（按：筆者音譯，因他們都不會漢字）。拉美人會把父母系名字都留給後代為姓，就像詩歌節最後一站的巴列霍故鄉地名聖地亞哥德丘科一樣，Santiago是西班牙殖民官所命名，原住民地名是Chuco，二者就混血組合成一體。

搭夜車向北方安地斯山區挺進，10小時的行程，一方面婉惜無緣觀賞沿路風光，另方面擔心漫漫長夜如何消磨，不料長途公車座位舒適，可躺著睡，一覺醒來已到特魯希略。

特魯希略（Trujillo）是祕魯僅次於首都利馬的第二大城，也是自由區（La Libertad Region）首府，在祕魯西北方，靠近太平洋，位於莫切河畔。巴列霍於瓦馬丘科（Huamachuco）中學生時代已萌發詩創作志趣，到1910年進入國立特魯希略大學念哲學和文學，更打好堅定意志的基礎，所以特魯希略是巴列霍成長為詩人的關鍵場域。我們23日早晨到達特魯希略，進住殖民地旅館（Hotel Colonial），一如拉美建築格局，門面很小，但縱深可觀，內院層層疊疊，台灣詩人配住到三層樓上加蓋部分，屋頂形成加蓋部分的屋外大客廳，感覺空間大又舒適。匆匆早餐畢，趕往特魯希略大學，原來就在同一條街上，走路幾分鐘就到，大學位在公園旁，建築外牆漆鵝黃色，拉美傳統殖民時代的鮮明色彩。

特魯希略大學的研討會非常豐富，除詩歌節主辦單位外，協辦單位還有祕魯國立特魯希略大學巴列霍研究會、美國猶大州楊百翰大學（Brigham Young University）巴列霍研究中心、聖璜國立歷史學院等，從早上8點30分至晚上10點30分整天分12個節目進行，包括開幕典禮、音樂演奏、影像展覽、出席詩人書展、表揚百歲老詩人、《黑使者》100週年紀念、介紹巴列霍在特魯希略的行跡、新書發表、詩朗誦等，主題演講有例如美籍阿根廷

詩人學者路易‧阿爾貝托‧安博洛吉奧（Luis Alberto Ambroggio）談〈惠特曼與巴列霍詩的自律、政治情懷和循環〉、阿根廷女詩人戴安娜‧伊蓮訥‧布琅歌（Diana Irene Blanco）談〈巴列霍空白詩學〉、美國猶大州楊百翰大學巴列霍研究中心主任瑪拉‧加西亞（Mara L. Garcia）談〈火的詩人巴列霍〉。還有多篇論文發表，會場呈「U」字形，主席團坐在台上，兩側是階梯式座位，論文發表者講台在右側。台灣靜宜大學簡瑞玲講師以流利西班牙語發表論文〈熱愛土地與承諾社會的詩人：巴耶霍與李魁賢〉時，態度從容，語言清晰，面露笑容，手勢自然有力，宛如在發表競選演說，引得主席團，包括一直正襟危坐在台上的主席達尼洛，紛紛移步到台下，坐到左側座位，面向簡瑞玲，注意傾聽，還不時點頭表示讚賞。

　　5月24日清晨6點半趕往130公里外的瓜達盧佩（Quadalupe），位在赫克特佩克（Jequetepeque）河谷，屬農業地區。到達瓜達盧佩時，由大會主席達尼洛領頭，詩人們大張旗幟遊街到市政廳，這種進場方式幾乎成為此後到各地參訪時的標準作業，顯示祕魯詩歌節成為社會運動的動能。由於巴列霍在瓜達盧佩教過書，安排參訪瓜達盧佩旨在連結巴列霍生命和作品與教育的關聯。活動場所就在市政廳內，先由維克多‧安德烈‧卡斯塔內達‧巴拉列佐（Víctor Andrés Castañeda Balarezo）教授演講〈瓜達盧佩及其文化、歷史和傳統〉，介紹瓜達盧佩，再由教師詩人卡洛斯‧埃吉斯托‧安帝諾里‧雅士柯義（Carlos Egisto Antinori Ascoy）演講〈巴列霍教授〉。隨後，市長本雅明‧旺達‧馬臘‧柯斯蒂拉（Benjamin Wander Mara Costilla）頒贈給我一份市政府決議文：「第1條以瓜達盧佩市政府機關名義，對台灣國家文化藝術基金會前董事長李魁賢於出席2017年第18屆【柳葉黑野櫻、巴列霍及其土地】時，前來瓜達盧佩市參訪表達敬意；第2條通告各有關教育、文化和體育單位周知。」這項決議文證書賦予我極大榮耀。

　　接著由私立聖依納爵‧羅耀拉（San Ignacio de Loyola）教育機構的一對男女學生跳水手舞（馬里涅拉la marinera），舞步有些類似智利奎卡舞（cueca），也彷彿有西班牙鬥牛士舞的韻律感，輕快活潑，男女對舞洋溢浪漫青春氣息。中午導覽參觀一所天主教堂，內部裝潢，尤其是祭壇，算得上金碧輝煌，可見和其他拉美國家一樣，西方宗教信仰已根深柢固，處處透

示西班牙文化影響。下午回到市政廳，與學生交流，由詩人們談創作經驗，智利詩人阿爾弗雷‧亞西斯（Alfred Asís）談他編《千詩獻給巴列霍》（*Mil Poemas a César Vallejo*）的準備和進度，世界作家藝術家協會薩穆爾‧卡維洛（Samuel Cavero）談〈黑使者出書百年〉，因為巴列霍的第一本詩集《黑使者》出版於1918年，正好百年。學生都很認真聽講，勤做筆記。

司儀請簡瑞玲上台介紹台灣詩人參加【柳葉黑野櫻、巴耶霍及其土地】國際詩歌節的情形，她說：「我們從遙遠的東亞來到祕魯，飛行近24小時，若包括轉機花了約兩天，才從台灣抵達利馬。雖然地理距離遙遠，但在此瓜達盧佩，特別感謝詩的機緣、感謝巴列霍，連結了兩國、連結亞洲與拉丁美洲東西方的人民友誼，讓我們得以如此靠近，也由於詩，我們今天才得以聚在這裡像兄弟般沒有距離，謝謝大家，繼續吧，讓我們繼續歡享這個詩歌節！」進行令人動容的文學外交，我見機請瑞玲安排台灣詩人上前朗讀詩作，給學生留下更實質的詩體會。

本來行程是在下午3點結束後，前往切彭（Chepén）參訪一處修道院，體驗巴列霍生命和作品與宗教信仰的連結，夜宿修道院，不巧因該地天狗熱正夯，為求健康安全，取消行程，晚上回到特魯希略過夜。

5月25日又是清晨6點半出發。車程約4小時，到達奧圖斯科（Otuzco），已是10點多。這裡是山區台地的鄉鎮，鄉民生活樸實，老婦人大都穿著傳統安地斯原住民服裝，寬大罩頭披肩式外套，戴著高帽，揹著彩色包袱巾，踽踽而行。我們車子停在體育館旁邊停車場，體育館正在舉行比賽，相當熱鬧。主席達尼洛照樣領頭展開布旗，沿街遊行到教堂前小廣場，團體照相後帶去吃早餐。台灣詩人或忙著搶拍街景，或去小店買飲料，或趁空檔去洗手，以致全部被放鴿子，找不到在何處早餐，只好在停車處癡癡等。巴列霍小時候在奧圖斯科住過，安排到此一遊是要體驗巴列霍生命和作品與童年的關聯，所以短暫停留後，又趕車2.5小時前往瓦馬丘科（Huamachuco），與久等的中學學生進行交流。

巴列霍在瓦馬丘科的聖尼科拉（San Nicolás）中學念過書，成為人格發展過程中的重要驛站。瓦馬丘科已是安地斯山脈的邊境，進入2500公尺以上的高原地區，非常荒漠，樹木稀疏。途中雖然購買古柯茶葉，據說常嚼或泡開水

喝，可防高山症。我到達下車時，腳著地那一剎那，差點嘔吐，驚嚇一場。

由於路途遠，山路又崎嶇，趕到聖尼科拉中學已是下午2時，熱情的全校師生依然士氣高昂，整軍待發，詩人們被匆匆迎到看台上，觀賞學生表演耕作、狩獵等各種民俗團體舞蹈，也有濃妝女生上台表演熱情拉丁歌舞，甚至拉著校長共舞，校長隨和相應，拉美男女詩人見狀更是紛紛助興，一時間異常熱鬧，賓主皆歡。節目完畢後，詩人被引導參觀學生有如辦嘉年華的攤位，台灣詩人受到許多好奇女生包圍，詢問台灣情況，要求簽名，非常活潑。是晚在當地過夜。

5月26日照樣清晨6點半出發，趕往巴列霍故鄉聖地亞哥德丘科（Santiago de Chuco），又是3小時半的車程，途中經過出產銀、銅、鉛、鋅的基魯維爾卡（Quiruvilca）礦區，在路上俯瞰區內密密麻麻的住宅，似應付礦工臨時棲身，缺乏規劃。進入市內，在簡陋市府前，有礦工電鑽挖地的銅像處休憩片刻，趕往目的地，全程已經跑一千多公里路了。

聖地亞哥德丘科市位於海拔3200公尺的安地斯山區，建設在山坡地，典型山城。由於是巴列霍誕生地，成為【柳葉黑野櫻、巴列霍及其土地】國際詩歌節朝聖終點站，在聯外道路口的牌樓前，市民聚集大陣仗迎接，穿著鮮豔色彩制服的各級學校樂隊，看到詩人陸續下車，鼓樂齊響，聯絡人員忙著招呼學生把各國名牌取出，站到該國詩人前面引導，市民與學生陪詩人展開大遊行，邊走邊跳舞，堂堂進入聖地亞哥德丘科市內，漪歟盛哉！遊行到巴列霍紀念館前，街上有學生在此跳舞迎接，有一位中年人穿插學生群中演詩助興，那過度誇張的大動作有點表演過度，像街頭藝人。中午在市府接受歡迎午餐招待，佐以美酒，盛意十足。

聖地亞哥德丘科市因屬山城，資源較缺，街道窄小，旅社簡陋，市面冷清，商店、餐廳不在門面，都在內院，聯外交通倒是意外方便，我們投宿旅館同一街上就有不止十家交通公司，當然規模很小，一天都只有幾班車次在跑，但各家時間錯開，彼此互補，形同聯營。由於旅館規模小，詩人分開住，我們進旅館後，乏人聯繫，頓然像斷線風箏，出了旅館碰到其他詩人，才知大會執行長海梅在家招待當地特餐。原來李洪家就在巴列霍紀念館同一街上，相距不過百公尺。所謂特餐據說是當地有名的天竺鼠餐，並非醫學實

驗用的那種小型天竺鼠，而是大型類似兔子，炸過初看像是雞腿飯，但肉質太鬆，我只嚐一口就放棄。

　　接著移師到巴列霍紀念館，進入館內即可看到約十面看板，按照紀年臚列巴列霍大事年表，配重要照片、書影，可一目瞭然其生平事蹟，再進入中庭，亭亭玉立的那棵象徵性黑野櫻，陪伴過巴列霍童年成長。實際上，進去一段距離，另外還有一棵，這種黑野櫻也是安地斯山區的原生種，山區裡遍地可見。大會已經布置好，讓詩人圍坐在黑野櫻旁念詩，先分別由小學生、中學生到大學生程度的幾位年輕朋友表演，奇怪的是祕魯竟然也時興這種類似台灣演詩的行動，我在各國行走中從未見過，接著由詩人朗讀時，就沒有類似的不自然動作。大會主席達尼洛這時出怪招，逐一點唱出席詩人的國名，由該國詩人出場在黑野櫻旁大喊一聲招呼。台灣詩人私下套好，出場排成一列，用台語振臂同聲高呼：「台灣！福爾摩莎！」占到人多氣盛之利，留下詩〈柳葉黑野櫻〉紀錄：

　　　孤單的柳葉黑野櫻

　　　獨立站在庭院裡

　　　柳葉的形象

　　　黑野櫻的品質

　　　等待共同呼吸過

　　　安地斯山自然空氣的巴列霍

　　　一去歐羅巴不再回的巴列霍

　　　留在文學史中的巴列霍

　　　台灣詩人在柳葉蔭下

　　　旁偎挺拔黑野櫻

　　　呼喊：台灣福爾摩莎！

　　　孤單的柳葉黑野櫻

　　　遍布安地斯山

　　　Capulí, Capulí, Capulí……

　　　巴列霍、巴列霍、巴列霍……

傍晚轉移陣地到市政府，由市長帕希翁・貝尼特斯（Pasión Benites）致歡迎詞，一切行禮如儀，許多人上台講話，反正話多就顯得話不重要。晚7點由祕魯語言學會前會長，也是聖馬爾科斯大學藝術學院院長馬可・馬托斯・卡列拉（Marco Martos Carrera）演講。拉美舉辦國際會議都說西班牙語，而巴西雖使用葡萄牙語，大致可通，所以習慣上不須準備通譯，對台灣詩人造成很大不便，我們只能盡量捧場，表示禮貌。但實在太累，就先回旅社休息，錯過夜間在市府旁阿馬斯廣場（Plaza de Armas）的放天燈活動，聽說後來又有歌唱會和放煙火，在寧靜的安地斯山區，可以想見已極盡聲色之娛了。

夜宿便利旅館，設備簡陋、燈暗，幸虧還有熱水洗澡，供水也穩定，可是無暖氣或火爐，又因高山氣候不適應，睡不安穩，以詩〈安地斯山區〉記事，聊做實錄：

在安地斯山區
我看到童年原鄉
遍地牧草與野花
泥漿攪拌草枝
砌造房子牆壁
塗上牛屎巴
或者再外塗石灰
加蓋茅草屋頂
就此安身立命
夜裡山區氣溫冰冷
入睡時穿兩雙襪子
蓋三條毛毯
心依然暖和
不須添加火爐
巴列霍就是我的火爐

翌晨6時許，台灣詩人相約散步瀏覽街景，走到靠山坡的開闊地觀賞日出之美。安地斯山脈逶迤東方，連綿不絕到天邊，劃成一條界限，形同自然屏障，與東方隔絕。少頃，東方開始出現金光，沿著波動起伏的稜線，赫然像是一條金色大蟒蛇在蠕動。金蛇隱喻直覺和智慧，象徵地靈人傑，應驗在誕生巴列霍這位不世出的文學巨匠。不旋踵，蟒蛇金身像熔爐火焰向天頂徐徐浸染，這時公雞晨啼特別清脆，築路工人也開始出動，山城逐漸醒來，我的詩興也胎動了，自然完成〈安地斯山日出〉：

　　一條金色蟒蛇

　　沿安地斯山脈稜線

　　蜿蜒匍匐吐信

　　山區靜到連雞鳴

　　都像鐘聲

　　通報金童巴列霍誕生

　　135年前無人預知盛事

　　如今吸引眾國詩人

　　前來朝拜聖地

　　寒夜霜冷時間很長

　　人生苦短

　　文學光芒則每天

　　從安地斯山發射訊息

　　不管有人接收

　　或是無人領略

等到日出，陽光燦爛四射，無法睜眼逼視，大家另走他路回市區，偶然經過巴列霍中學校，是巴列霍的小學母校Centro Viejo，為紀念他，於1955年改以他為名，校外街道安全島上整排龍舌蘭，中間還樹立一尊巴列霍頭像。回程巧遇李洪一家人要去望彌撒，我們隨著去參觀聖母教堂，據說是李洪家捐建和支助，等同家族教堂。其他詩人則分頭到巴列霍學校，念詩給學

生聽，進行交流活動。

　　台灣詩人隨後應海梅邀約在家早餐，喝古柯茶、配三姊羅莎烘製麵包，算是對台灣詩人特別禮遇，閒聊得很投緣，親切如多年好友，還帶我們參觀在內院增建中的樓房，爬到未完成的樓頂，俯瞰市區。

　　上午繼續有討論會，由相當活躍的智利詩人阿爾弗雷‧亞西斯談〈遇到巴列霍〉、李洪家老大胡文諾醫師談〈巴列霍的病、死與神〉、墨西哥詩人伊立德‧拉斐爾‧布林地斯（Elid Rafael Brindis）談〈巴列霍，一個阿茲特克文明觀點〉、祕魯詩人利迪雅‧瓦茲桂姿‧陸慰慈談〈人權與巴列霍〉、美籍阿根廷詩人學者路易‧阿爾貝托‧安博洛吉奧談〈巴列霍詩創作生涯40年〉（按：這個題目有點怪，怎麼算也沒有40年）等。

　　午後詩人隨意前往郊外的巴列霍紀念墓園憑弔，因為巴列霍於1938年在巴黎逝世時，先是埋在紅山公墓，到1970年由遺孀改葬在名人匯聚的蒙帕納斯公墓，巴列霍遺體並未回到故土，所以在聖地亞哥德丘科故鄉的巴列霍墓地只是紀念性質。我在巴列霍墓地朗讀拙譯〈黑使者〉：

　　生命中的爆破太強烈了——我無法回應！
　　爆破彷彿來自上帝的憎恨；彷彿之前，
　　萬物可以苟存渡過的深水卻被
　　攔在心靈裡……我無法回應！

　　不多；但確實存在……他們開啟黑暗峽谷
　　以最兇暴的臉，以最像公牛的背。
　　或許他們是異教徒阿提拉的馬匹
　　或是由死神送來給我們的黑使者。

　　他們是心靈的基督所為向後滑動
　　脫離被事件所嘲弄的某些神聖忠誠。
　　這些血腥的爆破霹靂拍拉響。
　　由烤箱門口燃燒的一些麵包。

而人……窮人！……窮人！他閉上眼睛
好像在我們後面的人拍手招呼我們；
閉上他狂熱的眼睛，而活生生的萬物
受到支援。就像罪惡的淵藪，在一瞥之間。

生命中的爆破太強烈了……我無法回應！

　　俄頃，各國詩人紛紛來到，晚到的祕魯電台記者要求我再念詩讓他們拍
照，我再念巴列霍〈蜘蛛〉。一位祕魯詩人即席發言謂，台灣詩人遠道來念
詩憑弔巴列霍，讓他感動，語帶哽咽。我把自己的心情化入新作〈招喚黑使
者〉裡：

巴列霍呀，巴列霍！
我在聖地亞哥德丘科
你故鄉的象徵墓地
周圍各色花卉人種
迎風無言見證下
朗讀你的詩〈黑使者〉
感動你為窮人招喚黑使者
有祕魯詩人為此哽咽
巴列霍呀，巴列霍！
我在為我的祖國台灣
招喚破空而至的黑使者
能夠破除困境迷障
在國際間以自己名目
立天地之間而無憾
巴列霍呀，巴列霍！

晚上閉幕典禮，在聖地亞哥德丘科市政府內舉行，頒發參加證書和各獎項，我領到「特里爾塞金獎」證書，第18屆【柳葉黑野櫻、巴列霍及其土地】詩歌節到此劃下完美句點。可是詩人熱情不減，不在乎夜已深，冷風颼颼，開始上街遊行，大會主席達尼洛仍然扛著大會旗幟，領先邊走邊喊邊唱，有人隨身攜帶酒，分享同好，藉酒暖身兼裝狂。有酒助興，拉美乩童式的舞步自然就熱烈響應，在寧靜的山城裡，昏暗的街燈下，像是一群在歡迎春天蒞臨的山羊，不，或許是安地斯山的羊駝。

28日還有一天的會後旅遊活動，前往卡奇卡丹區（Cachicadán）和安卡斯馬區（Angasmarca），都在聖地亞哥德丘科省內，可是還要攀山越嶺，一重又一重，當夜回到特魯希略過夜，29日才能趕回利馬，因為時間太過緊湊，我怕中間萬一有耽誤，趕不上30日早上飛機，茲事體大。本來安排的行程是到聖地亞哥德丘科市結束，在當地解散，大會解釋說因各區都期待詩人前往活動，盛情難卻，但我們機票已定，只好卻之不恭了。大會企圖說服我們，說不妨29日回特魯希略時不過夜，立即搭夜車回利馬，可趕上飛機，我還是怕中間任一環節有些出入，就無法按照神機廟算，所以寧願早一點回利馬，以策安全。祕魯女詩人娜拉・阿爾雅貢（Nora Alarcon）熱心陪我們，一路從聖地亞哥德丘科市到利馬，幫我們買車票、訂旅館，省卻我們自己摸索。

回到利馬，好整以暇去逛商業區濱海「賞花城」（Miraflores），整個商場建在臨崖邊緣，視野遼闊，沿木棧步道，遊目騁懷，藍海白雲，隨意遐思，商場內精品店、咖啡館、餐廳櫛比鱗次，隨意消費，所以遊客可縱目觀海，亦可縱情購物，的確是觀光好地方。半日悠閒觀賞到利馬繁華都市生活的另一面，與安地斯山區簡樸的社會生活形態，天差地別。

翌日赴機場時，有意外溫馨的遭遇。話說，上了計程車，司機看到東方人面孔，以為我是日本人，開始說日語，我見招接招，聽他說在日本工作五年，回來後很想念日本，彼此聊得很愉快。到機場時，按錶是七索爾，我給十元鈔，他不收，說很高興遇到說日語的機會，我塞給他，不等找錢，趕快下車，感謝他的心意，臨別留下祕魯人情溫馨的回憶。

2018年12月16日

Poetry Festival with Songs at Tamsui

淡水有詩有歌

2017淡水福爾摩莎國際詩歌節
時間：2017年9月21日至9月27日
地點：台灣淡水

淡水
Tamsui

2016年淡水福爾摩莎國際詩歌節9月7日結束後，獲得淡水文化基金會許慧明董事長要繼續舉辦的承諾，令人振奮，充分顯示財力拮据的民間社團，對台灣文化獻身的努力和能量，竟超過預算豐沛的直轄市文化局。9日我向國內外出席過的詩人發出問卷調查，徵求改善意見，24日基金會舉行檢討會。對2017年淡水福爾摩莎國際詩歌節有基本定案，為配合學校交流，時間上稍微挪後，改在9月21至27日；開幕式場地輪到真理大學；邀請參加的國外詩人，以尚未出席過的為對象，特殊情況者例外，而國內詩人基本團隊成員，是以陪客身分，不變；設法增加歌的節目安排，因為杜守正老師一針見血說，名義上是詩歌節，但似有詩無歌。原則和方向確定後，我開始聯繫工作。嗣10月從馬其頓出席奈姆日詩歌節回來後，淡水文化基金會在11月26日召集預備會議，12月31日舉行首次籌備會議，正式展開策劃進度。

我先把《福爾摩莎詩選・2016淡水》編譯完成，算是年度總結，在新年度1月20日出版，書前以代序方式刊出淡水文化基金會許慧明董事長的專文〈詩歌節仍在淡水城市餘韻繚繞——2016淡水福爾摩莎國際詩歌節的迴響與期許〉，有回顧，也有對繼續舉辦的期待：

　　　2016淡水福爾摩莎國際詩歌節的國際詩文交流活動，已在9月7日告一段落，參加詩歌節的各國詩人朋友亦已分別歸國，不過，詩歌節的詩書特展和城市詩展，仍持續展出到9月底。9月25日淡水文化基金會邀請世界詩人運動組織副會長李魁賢及淡江大學、真理大學、淡水社大代表，與參與詩歌節國際詩文交流的淡水區鄧公國小、新興國小、水源國小進行研討座談，大家對基金會舉辦2016淡水福爾摩莎國際詩歌節，多予肯定，也對未來繼續舉辦淡水福爾摩莎國際詩歌節提出期許與建言，讓我們感覺詩歌節仍在淡水城市餘韻繚繞！

　　　2016淡水福爾摩莎國際詩歌節，是2015台南福爾摩莎國際詩歌節的接續，我們不妨將2016淡水福爾摩莎國際詩歌節，當作是第2屆的福爾摩莎國際詩歌節。在2016淡水福爾摩莎國際詩歌節主要交流活動已告一段落的今天，我們可以光榮地說，我們勇敢接續完成了第2屆福爾摩莎國際詩歌節。感謝世界詩人運動組織李魁賢所搭建的這座國

際交流平台，藉著福爾摩莎國際詩歌節的接續舉辦，我們讓淡水和台灣，與世界接軌，也讓世界看見淡水，看見台灣。我們發現，原來我們就是屬於地球村的共同成員，在相互交流過程中，更能深刻體會世界和平的美好境界。

這一次淡水福爾摩莎國際詩歌節，我們嘗試將國際詩文交流場域，安排在淡水五虎岡歷史古城區，讓國內外詩人朋友親自走過鼻仔頭的殼牌倉庫、英專頂的淡江大學、砲台埔頂的紅毛城及馬偕文化園區、崎仔頂的紅樓淡水老街、烏鷂埔的滬尾砲台、雲門劇場和台灣高爾夫俱樂部；我們也安排國內外詩人朋友到淡水區高、中、小學與師生交流，在淡水漁人碼頭乘船，航行淡水河，欣賞淡水山水城市，讓詩人們身歷其境在淡水夕照前朗讀詩作。國內外詩人在淡水山城水岸的身影，結合他們朗讀詩作的各個場景，透過Facebook和YouTube做了全紀錄影音傳播，同步連結到全世界。這裡面，每一個接觸交流，每一個鏡頭影像或音聲，都是一個個孕育詩文與前瞻未來的種子，令人充滿期待和嚮往！

淡水文化基金會之所以在今年勇敢舉辦2016淡水福爾摩莎國際詩歌節，其實還有一個在地文化意義，就是要向鄉土詩人李魁賢致敬！出身淡水忠寮李家，從水源國小、淡水初中畢業後，17歲起開始發表詩作，自此持續寫詩63年，迄今不輟的李魁賢，他的詩作總是牽繫著福爾摩莎，我們的美麗島，他的詩情自然超越國界，打動了全世界。我們瞭解李魁賢策辦福爾摩莎國際詩歌節的深意，因此，義無反顧地接辦2016淡水福爾摩莎國際詩歌節，不只2016淡水福爾摩莎國際詩歌節，我們還期盼2017淡水福爾摩莎國際詩歌節的到來！

按照進度，4月1日發函邀請詩人參加2017年淡水福爾摩莎國際詩歌節，台灣詩人有利玉芳、李魁賢、李昌憲、林武憲、林盛彬、林鷺、張月環、張德本、陳秀枝、陳秀珍、陳明克、楊淇竹、蔡榮勇、謝碧修、簡瑞玲、顏雪花，共16位。外國詩人報名有11國14位，計：

阿根廷：里卡多‧盧比奧 Ricardo Rubio

英國：阿格涅‧梅都思 Agnes Meadows

印度：畢娜‧薩卡‧艾莉雅思 Bina Sarkar Ellias

印度：蘇基特‧庫瑪‧慕赫吉 Sujit Kumar Mukherjee

伊拉克／美國：雅遜‧阿爾巴卡 Ati Albarkat

以色列：加布里埃拉‧伊麗莎 Gabriella Elisha

義大利：安傑洛‧托吉亞 Angelo Torchia

馬其頓：奧莉薇雅‧杜切芙絲卡 Olivera Docevska

馬其頓：德拉佳娜‧艾維蒂摩娃 Dragana Evtimova

墨西哥：馬格麗塔‧加西亞‧曾天諾 Margarita Garcia Zenteno

摩洛哥：達麗拉‧希奧薇 Dalila Hiaoui

西班牙：卡洛斯‧奧古斯特‧卡薩斯 Carlos Augusto Casas

西班牙：亞莉希雅‧阿燁媞 Alicia Arés

突尼西亞／美國：赫迪雅‧嘉德霍姆 Khédija Gadhoum

　　不料，後來以色列的加布里埃拉因開刀治療，兩位馬其頓女詩人因申請本國文化部補助機票未果，伊拉克的雅遜9月中因身體不適，故有四位缺席。結果，實際出席是8國10位詩人，與上一年相垺。

　　6月上旬，夥同陳秀珍應邀前往馬德里，與從美國飛往的突尼西亞女詩人赫迪雅會合，為《台灣心聲》（*Voces desde Taiwán / Voices From Taiwan*）西漢英三語詩選出版，舉行發表會，回來後，立刻全心投入大會詩集《詩情海陸》第2集編輯。這一集我選用淡水文學前輩王昶雄的詩，經呂泉生譜曲而膾炙人口的〈阮若打開心內的門窗〉，商請淡江大學羅得彰英譯，以雙語刊出，作為代序：

阮若打開心內的門，

就會看見五彩的春光，

雖然春天無久長，

總會暫時消阮滿腹心酸。

春光春光今何在，
望你永遠在阮心內。
阮若打開心內的門，
就會看見五彩的春光。

阮若打開心內的窗，
就會看見心愛彼的人，
雖然人去樓也空，
總會暫時給阮心頭輕鬆。
所愛的人今何在，
望你永遠在阮心內，
阮若打開心內的窗，
就會看見心愛彼的人。

阮若打開心內的門，
就會看見故鄉的田園，
雖然路途千里遠，
總會暫時給阮思念想要返，
故鄉故鄉今何在，
望你永遠在阮心內。
阮若打開心內的門，
就會看見故鄉的田園。

阮若打開心內的窗，
就會看見青春的美夢。
雖然前途無希望，
總會暫時消阮滿腹怨嘆，
青春美夢今何在，
望你永遠在阮心內。

阮若打開心內的窗，
就會看見青春的美夢。

　　除了將出席2017淡水福爾摩莎國際詩歌節的國內外詩人作品，印成《詩情海陸》第2集外，主辦單位淡水文化基金會特別布置淡水捷運站前廣場和詩人住宿亞太飯店詩展。原先擔心淡水捷運站公共空間，可能無法爭取到參與首創的文化活動，不料捷運公司對這種提升企業形象的公益活動，欣然接受，令人感動。淡水捷運站牆上除貼有詩歌節主視覺外，還有淡水福爾摩莎國際詩歌節介紹，部分詩人看板和立牌，上面有詩人照片和詩。另在牆面凹處，貼詩的截句，讓每天進出淡水捷運站的乘客，享受讀詩之樂，或感染詩歌節的氣氛。我禁不住為〈淡水捷運〉寫歌，期待有人譜曲：

　　進出淡水捷運站的旅客
　　是什麼樣的人呀
　　昨日淡水飲食之美
　　留下一天的味覺餘韻

　　進出淡水捷運站的旅客
　　是什麼樣的人呀
　　今日淡水風景之美
　　存續一年的視覺映像

　　進出淡水捷運站的旅客
　　是什麼樣的人呀
　　明日淡水詩文之美
　　寶藏永生的心靈縈懷

　　由於顧及在地性，希望詩句以淡水地誌詩為宜，使一般出入乘客或前來淡水的遊客容易貼近，所以淡水捷運站廣場詩展，大都是國內詩人或去年來

過淡水的外國詩人作品。另將2017年出席詩歌節的外國詩人照片和詩作，展示在亞太飯店中庭牆上，讓進住的外國詩人驚豔。其實，2016年也策劃過室外詩展，安排在淡水河岸，但被無關的詩社強行侵入，詩歌節的策劃只好撤退，形成鵲巢鳩占的現象。

2017淡水福爾摩莎國際詩歌節第一天9月21日的暖身活動，同樣除了文化街車的市區巡禮外，就是詩書發表會，這一年增加新書很多，國內外都有，共計10位詩人12本詩書發表，承蒙秀威繼續強力支持：

國內秀威出版社出版：

1.《為何旅行》，林鷺詩集

2.《忘秋》（*Forgetting Autumn*），林鷺英漢雙語詩集

3.《不確定的風景》，陳秀珍詩集

4.《保證》（*Promise*），陳秀珍漢英西三語詩集

5.《夏荷時節》，楊淇竹詩集

6.《存在或不存在》（*Existence or Non-existence*），李魁賢漢英雙語詩集

7.《遠至西方——馬其頓當代詩選》（*Far Away to the West*）、Olivera Docevska編，李魁賢漢譯

8.《伊拉克現代詩一百首》（*100 Iraqi Modern Poems*）、Ati Abarkat編，李魁賢漢譯

印度出版：

1.《融合》（*Fuse*），畢娜Bina Sarkar Ellias英漢雙語詩集，李魁賢譯

2.《露珠集》（*Dewdrops*），慕赫吉Sujit Mukherjee英漢雙語詩集，李魁賢譯

西班牙出版：

1.《台灣心聲》（*Voices From Taiwan*）西漢英三語詩選，出版者Alicia Arés，李魁賢編，Khedija Gadhoum西譯

英國出版：

1.《牆上的光》（*The Light on the Wall*），阿格涅‧梅都思（*Agnes Meadows*）英漢雙語詩集，李魁賢譯

　　2017年開幕式，淡水文化基金會選擇與真理大學共同主辦，真理大學台灣文學系蔡造珉主任，在策劃開幕式方面，極為用心，除行禮如儀外，特別安排給義大利詩人安傑洛‧托吉亞獨唱節目。安傑洛出生於義大利西南部雷吉奧‧卡拉布里亞的阿瑪達（Amato），詩人兼歌唱家，從小學習音樂，在歌唱生涯中，參加過義大利、聖雷莫、美國拉斯維加斯、俄羅斯、加拿大、摩洛哥等地許多音樂節。他在開幕式獨唱的兩曲是他最喜愛，常在巡迴演唱中的曲目〈永遠〉和〈我是妳沉默的一部分〉：

永遠

請離開我，把知覺留給我夢裡
妳知道，我發現一生的動機
我依然有些想念妳，那是最後機會。
如果我就停在這裡不進一步傷害自己
我不想讓這成為習常謊言
但是我想讓妳知道我內心空虛
難解我們之間的命運，只有一個願望
吞噬我的想法，妳對我細語喚醒我的夢
輕鬆飛翔，不放棄我和妳在一起
不要丟掉，愛情留在我心裡
一如我所願，妳在我一生反映一個願望
勝過我的想法，妳對我細語喚醒我的夢
輕鬆飛翔，不絕念我和妳在一起
妳造成我心靈慌亂，我正在探尋的不是妳

現在我已經明白，妳跟她不會有另一段故事
輕鬆飛翔，沒有細語，依然永遠是我和妳。

我是妳沉默的一部分

我們有夢想誕生，就必須令其成長
妳的疑惑實現，集合幾個限制
守在心中，如今妳在此，高貴情操
我們正處於消逝的陰影中
我正尋找妳，而妳知道夜晚遠離沉默。
如果妳抱緊我，妳可克服障礙，不會失敗
我們更加感激，妳想要道路順暢
我會到達妳尋求的巔峰，我會保留
活在我們心中，即使遺忘，妳的思想和心智清醒
我的心智自由，妳的形象，妳清晰的臉
我是自由藝術，愛撫在妳的臉頰振盪微笑
我會克服障礙，不會失敗，就是我們
妳的神祕留在我心，妳的祕密微妙，帽子帶我遠離妳
如今妳在這裡，我們現在就是在一起

　　開幕式另安排真理大學蔡維民副校長專題演講，導覽參觀校園、牛津
堂、馬偕紀念館，更用心策劃的是，找到真理大學音樂應用學系教授群的作
曲家、演奏家、聲樂家，通力合作，選用《福爾摩莎詩選‧2016淡水》上的
台灣詩人作品譜曲演出，不但是詩歌節獨特亮麗悅耳的節目，更是台灣詩與
音樂跨藝術的一次精彩合作成果。原先怕有詩無歌，如今在開幕式裡有歌卻
不可無詩，蒙蔡造珉安排陳秀珍與我，代表詩人朗誦自作，陳秀珍朗讀〈九
月淡水〉，請湯鼎美老師念英譯本，我選讀拙作〈我的台灣　我的希望〉，
與國內外詩人分享：

從早晨的鳥鳴聽到你的聲音
從中午的陽光感到你的熱情
從黃昏的彩霞看到你的丰采
台灣　我的家鄉　我的愛

海岸有你的曲折
波浪有你的澎湃
雲朵有你的飄逸
花卉有你的姿影
樹葉有你的常青
林木有你的魁梧
根基有你的磬固
山脈有你的聳立
溪流有你的蜿蜒
岩石有你的磊落
道路有你的崎嶇
台灣　我的土地　我的夢

你的心肺有我的呼吸
你的歷史有我的生命
你的存在有我的意識
台灣　我的國家　我的希望

　　蔡造珉主任策劃時，在預算拮据情況下，盡其所能，發揮到最大效果，從他所撰〈全球化下的淡水──國際詩歌節在淡水的緣起與展望〉一文，最後一節「真理大學台文系於國際詩歌節中的角色扮演」所述，顯示蔡主任用心與理念，對淡水在地文化發展寄望之殷：

真理大學就位在這人文薈萃與歷史政權更替變革的淡水小鎮上，左右緊鄰著歷盡風華的紅毛城、小白宮、八角樓等，而本身又有全台第一所西洋學校—牛津學堂，此外還有牧師樓、姑娘樓、馬偕故居與教士會館等古蹟群，放眼望去，全台又有幾所學校能有這般得天獨厚的地理位置，因此台文系便有這義務推廣並扮演其中幾個重要角色，如：

1. 於「福爾摩莎國際詩歌節」中扮演一重要角色（如開、閉幕式），讓全台灣注意到真理大學（尤其注視到台灣文學系），並藉此傳播真理大學的國際知名度（若每年與會詩人來自10個國家，5年後便有50個國家的重要詩人會有相關真理大學的詩作）。

2. 作為全台第一所設立台灣文學系的真理大學，除本校自創系開始已連續舉辦20屆的「台灣文學家牛津獎」學術研討會外，必須把握住所有與台灣文學相關活動的結合（尤其在淡水地區），因為個人相信，唯有保持不斷的文學活動力，才能有機會學習進步，也才能不被少子化或其他因素所淘汰。

3. 藉國際詩歌節的舉辦，讓學生在參與活動過程中，理解文學的美感與時空的無可限制性。因為各國首屈一指的詩人文豪必然有其或狂熱，或溫婉，或豪放，或細膩的獨特丰采，而學生在透過近距離接觸後，必能感染、進而仿效其文學氣質，甚至最後愛上寫作、戮力寫作，為此目標，我真理台文系能置身於國際詩歌節之外？

在2016年9月的第2屆國際詩歌節，台文系只是承辦其中第三天（9月3日）的活動；而在2017年的9月，台文系則將承擔開幕式的重責大任；那麼在2018甚至2019、2020年後的國際詩歌節呢？我希望學生的作品能參與其中，最後刊登在之後的《福爾摩莎詩選》裡，因為這代表著，我們真的為台灣這塊土地盡了我們一己之力了。

全球化下的淡水，激烈競爭下的地球村，我們絕不能再無積極作為了！

音樂會安排在下午，於真理大學大禮拜堂舉行，真理大學音樂應用學系教授群數月來的辛苦作曲和演練，成果輝煌，當日演出曲目依序如下：

1. 〈淡水故居〉

　　詩／李魁賢；曲／陳茂萱；女高音／林欣欣；鋼琴／夏善慧

2. 〈山的眼睛〉

　　詩／蔡榮勇；曲／蕭慶瑜；女高音／林欣欣；鋼琴／夏善慧

3. 〈夢境猶新〉

　　詩／利玉芳；曲／嚴琲玟；女高音／周美智；鋼琴／李偵慈

4. 〈小船〉

　　詩／陳明克；曲／莊效文；女高音／周美智；鋼琴／李偵慈

5. 〈吹散的詩〉

　　詩／陳明克；曲／黎國鋒；女高音／林欣欣；鋼琴／夏善慧

6. 〈渡船〉

　　詩／楊淇竹；曲／潘家琳；女高音／陳心瑩；鋼琴／李偵慈

7. 〈金色水岸〉

　　詩／陳秀珍；曲／嚴琲玟；女高音／周美智；鋼琴／李偵慈

8. 〈殼牌故事館〉

　　詩／利玉芳；曲／楊聰賢；女高音／陳心瑩；鋼琴／李偵慈

　　這樣一次盛會，不但使淡水從日治時期早已成為繪畫彩色的園地，朝向福爾摩莎國際詩歌節企圖經營詩的故鄉邁進，更加洋溢出音樂的旋律美，特別感謝音樂家的加持，應該值得更加繼續創作豐富的淡水樂曲。這一年出席的義大利詩人安傑洛，會後創作〈淡水幻想曲〉（Fantasie in Tamsui），到世界各地演唱，2018年又來參加淡水福爾摩莎國際詩歌節，讓我們大飽耳福，更是預料不到的大收穫（見第22章）。

　　自從策劃福爾摩莎國際詩歌節，由於台南市政府文化局「從一而終」，淡水文化基金會義無反顧接辦，我多少有些「三心兩意」，因為如果堅持年年不斷繼續舉辦，怕給基金會太大經濟負擔壓力，所以我也思考過在台灣各

地巡迴舉辦的可行性。不過淡水在歷史、地理、文化、教育、觀光資源等等條件下，確實是國際詩交流活動的最佳市鎮之一，因而另有想法是，由淡水往周邊比鄰區域延伸，把範圍逐漸擴大到整個新北市，或跨界到北台灣地區。其實，2016年已有規劃與基隆市文化局合作，到基隆進行一日詩活動，可惜功敗垂成。2017年又興起與北投文化基金會合作，到北投參訪的計劃。承北投選區的吳思瑤立委力薦，淡水文化基金會與北投文化基金會雙方同意，由北投文化基金會安排在北投的一日行程。

實際上，北投文化基金會創辦人兼董事長洪德仁與我是老朋友，2001年成立的台灣北社，是前衛出版社林文欽社長，開車載我到台北榮民總醫院，拜訪張學逸醫師，張醫師再約榮總連江豐醫師、洪德仁醫師餐敘，大家意見相投，要成立北社，適王美琇打來電話給林社長，她請縷負責籌劃，如此推動成立。但是，或許囿於預算，洪董不敢答應與淡水合辦，或是來年可能攜手合作的計劃，但答應今年歡迎詩人到訪。

所以，9月23日活動特別安排讓詩人搭淡水捷運車，到北投，體驗捷運交通運輸實況，沿線觀賞淡水河、觀音山、關渡大橋、紅樹林生態保護園地。到北投分成兩組，分別由英語和華語導覽領導，參觀北投火車站，原始建於1916年，採用當時台灣最受寵的檜木材料，其特殊造型為屋頂三孔老虎窗，1937年增建為四孔，1988年因興建捷運線，台鐵遭拆除，車站被賣給彰化民俗村，2017年4月1日遷回北投，重建於七星公園，才五個多月，除建築物外，歷史古蹟的說明還嫌不足。戰後台灣政府對古蹟保存不用心，幾乎拆除殆盡，淡水捷運站興建時，我撰文希望保留台鐵時代舊車站，不然也可以移到後面空地闢建台鐵博物館，沒受到重視。

從北投火車站古蹟，散步越過街路，就到北投公園，這是從青少年時代就常來的地方，歷經時代改變，如今有舉世聞名的綠建築圖書館座落於此，也就是台北市立圖書館北投分館，張清華建築師的設計傑作，讓現代建築融入大自然綠意盎然的森林裡，室內大量採用自然光。我以前來過幾次，在此閱覽圖書，民視2015年飛閱文學地景拍攝拙詩〈墾丁熱帶公園〉，就在此北投圖書館的外廊錄音錄影。從北投公園跨過光明路，攀上山坡，爬上新民國中教室二樓，接受北投文化基金會董事長洪德仁和淡水社區大學校長潘篷彬

聯合招待午餐。

　　餐後走到中山路口，參觀凱達格蘭文化館。顧名思義，此館主要在保存與介紹凱達格蘭族的歷史、文物、起居、使用器物等，因為北台灣盆地，從淡水到北投一帶，早期是凱達格蘭族的生存地區。建築物於2002年11月開館，地上10層、地下2層，同時擴大陳列台灣平埔族和其他原住民族的生態介紹。詩人們在三樓聽導覽人員解說，有電影可看，很好的體制是，這些導覽人員本身就是原住民，所以解說時有生活上的實感，而不是憑書本或資料得來的知識。

　　下午到台北藝術大學，先參觀關渡美術館，由陳愷璜校長接待導覽參觀，是時有李明學「好多事量販」個展，立即引起突尼西亞詩人赫迪雅・嘉德霍姆回應，完成詩〈「好多事量販」〉，副題「觀北藝大關渡美術館展覽」，這種跨藝類對話雖然罕見，就在靈思相通的神妙一剎那，常有無法預料的收穫。針對現代主義風格的藝術創作，同樣以現代創作觀點的文學手段冷靜描述，真是相得益彰的對應：

　　　　藝術來自變化尺寸和不協調期望。藉日常商品

　　　　和方便設計賦予藝術造型，震撼我們

　　　　內心深處。消費。消費。消費。

　　　　大型超市不斷掏空我們淺口袋

　　　　又奴役我們上癮的心靈成為無用廢物。

　　　　我們出現。我們感受到殘破自我。我們一再剝奪真實自我。

　　　　我們把「硬幣」堆高、無限讚美我們的力量和貪婪，

　　　　而我們的「多重身分」刷下藍色、黑色

　　　　以包容和容忍為榮的色彩。

　　　　在巨型「M&M」展品前，我感到如此無足輕重

　　　　我不得不以黏在我粉紅和黃色健忘症的「N次貼」提醒自己。

　　　　是澈底殺菌進行重大清腸的時候到啦

　　　　我覺得「清潔用品」無法破譯。我不知所措。

　　　　和疲憊。我停止「需索」。我剛剛拒絕

既不「欲求」，也不夢想這種令人

討厭的自私又冷酷的遊戲。

（順便一提，博物館門票也是那種「好多事量販」之一。）

　　接下來在教室內，由林瓊華教授主持與學生交流的座談會，學生有備而來，踴躍提出許多創作理念，和寫作技術問題，詩人非常熱烈回應，以致欲罷不能。轉往人文廣場，在暮色朦朧中開啟吟詩唱歌的時段，台灣詩人張德本和義大利詩人安傑洛‧托吉亞的演出，令人陶醉，依然欲罷不能。

　　24日遠離市街，走向大自然，早上先到我鄉村老家忠寮里，參加忠寮社區發展協會的活動盛事：種植桂花樹。忠寮李家自1751年由福建同安移民來台，努力墾殖山田，到第三代四兄弟努力耕作，蔚然有成。自1859年至1893年，各房在忠寮陸續興建著名的「九間大瓦厝」，其中三房在桂花樹蓋三間，我家四房在大埤頭蓋石牆子內，另大房和二房蓋在大竹圍、扮戲埔腳、竹圍子、水尾子、旗杆厝等。桂花樹地名因該地種植桂花樹而得名，多年百年老樹遭雷擊，忠寮社區發展協會理事長李鎮榮是三房後裔，為恢復名副其實的景觀，乃有種植桂花樹的社區活動，而與淡水福爾摩莎國際詩歌節連結，把鄉村社區活動提升到國際性的高度。

　　這項別開生面的詩意活動，《中時電子報》在9月18日已獲知消息，搶先報導：

　　　　新北市忠寮社區位居淡水大屯山腳下，公司田溪的主要支流兩側，有山有水，更有豐富的自然生態及人文風情，為新北市政府所輔導的農村再生社區。

　　　　忠寮社區發展協會預定於9月24日辦理重現桂花樹老地名活動，在原桂花樹聚落重新種植一棵樹齡近百年的桂花樹，由當地耆老帶著孫子們，並邀請國際詩人協會副會長李魁賢先生率領國內外詩人20幾人參與植樹活動，一起重現桂花樹老地名的故事。

　　　　除此之外，也在鄰近魚菜共生教育園區附近，延伸到桂花樹聚落共同種植一條桂花樹步道，形成一條有故事的老地名步道，歡迎有興

趣的民眾一起共襄盛舉。

忠寮社區有水尾仔、口湖仔、泉州厝、大竹圍、大溪橋、演戲埔腳、大竹圍、破瓦厝仔、桂花樹、大埤頭及後寮等11個聚落。幾年前於有機生活小學堂社區導覽課程中，從耆老口中得知，各鄰聚落地名都有其緣由，尤其是桂花樹這個地方，原本有一棵大大的桂花樹，但遭雷擊而死亡原址早已不見，希望能藉由這次的植樹活動與社區居民一起重現桂花樹老地名的故事。

國際詩人到達時，忠寮社區發展協會已經一切準備就緒，在搭遮陽棚的場地，簡單歡迎儀式後，由協會理事長李鎮榮和族長父老，以及我和最資深的墨西哥女詩人馬格麗塔・加西亞・曾天諾代表，在社區路口種植一棵最高桂花樹。然後由詩人從遮陽棚背景布幕上，取下各自名牌，到社區道路旁每人種一棵，掛上簽字後的名牌，當作詩人的領養樹識別證，再在使用的鏟子背面簽名，留在社區活動中心做紀念，顯示協會設計活動的用心，以及保存文物的高度文化意識。社區還準備樹苗給詩人，連阿根廷詩人里卡多・盧比奧都要了，我不知道能不能用飛機載回去？

植樹後，進入社區活動中心，里民準備好紅龜粿、湯圓待客，也示範製作方式，很多詩人吃到甜頭，包括摩洛哥女詩人達麗拉・希奧薇，還打包回旅館去，要再回味一番。義大利詩人安傑洛・托吉亞興致一來，開始引亢高歌，場面立刻顯得熱絡，印度詩人蘇基特・庫瑪・慕赫吉的夫人，和墨西哥女詩人馬格麗塔的女兒，率先跳起舞來，里民感受到詩人的融洽，更為歡心，真是一場貼心的國際民間交流，我留詩〈淡水桂花樹〉紀錄：

國際詩人結伴蒞臨

亞洲詩人溫文

非洲詩人熱烈

美洲詩人沉著

歐洲詩人從容

在淡水忠寮鄉間道路

共同種植桂花樹

賦予四洲四季體質

夙著文風的忠寮桂花樹古宅

復育成國際詩人桂花鄉

以天為父地為母

桂因詩而貴氣

桂香留在鄉里芬芳

詩因桂而思念

詩韻流傳在詩人心中

播放到世界各處

　　中午在石牆子內午餐。石牆子內是我天祖山石公在1871年興建，傳統的台灣三合院古宅，一般正身（正廳）是三間式，石牆子內是五間式，而且在正門內部，有穿堂連結各房，這是比較少見。正身兩側護龍則三間式，護龍兩落，中間有院，設樓門直接通屋外。祖父居東側護龍，我在幼稚園時，常常輟學回鄉下與祖父母住在這裡，二戰空襲期間，全家疏開回石牆子內，我父母兄弟住前落，叔父母和堂弟們住後落，迨父母1971年遷居台北與我們共住後，由叔父守護家門，目前則由三堂弟國雄經營餐廳，另由姪女聿盈設咖啡室，都遠近聞名。

　　2016年淡水福爾摩莎國際詩歌節時，因我陪突尼西亞女詩人赫迪雅、台灣詩人莊金國，分配到水源國小訪問時，順路來瀏覽一下，今年卻全體詩人齊到。飯後在大庭龍眼樹下念詩，自是別有一番風味，我當赫迪雅面，念去年為迎接她而寫的〈淡水舊茨〉（見第17章），與大家分享，讓赫迪雅非常窩心。然後，再轉移到三芝，本來安排要走三生步道，與大自然共呼吸，因顧慮有人行動不便，改往石門老梅綠石槽，散步走過宛如廢鄉的老梅街道，在一家臨綠石槽景點的咖啡室前庭念詩。此時，才夏末秋初，石槽有些灰白，未到綠意盎然季節，倒是海風溫柔拂面，加上詩的敦厚，使大家心曠神怡。

　　25日前往雲門劇場，這次不像去年到大樹書房屋頂念詩，只在劇場外空

地，這裡有許多朱銘的白色系列雕塑，受到詩人垂青，紛紛以有限生命的人體，倚靠無窮生命的藝術拍照，寄望天人合一的融洽？午餐同樣在隔鄰淡水高爾夫球場的老淡水餐廳，我想起8月31日應永樂扶輪社演講時，社長林果兒囑為2018年老淡水高爾夫球場成立一百週年寫詩，心血來潮，完成〈淡水球埔〉短詩：

比鳥飛得更遠的是
沒有翅膀的圓形白球

比眼淚更令人憐惜的是
清晨無人看顧的露珠

比新娘心情更不安的是
等待誰會來肆意踩踏的草埔

比時間更輝煌紀錄的是
百年不間斷的人情

下午前往八里參觀十三行博物館，此地是500至1800年前十三行人生活場域，可能是凱達格蘭族的祖先，已經進入農耕時代，以稻米為主食，也會上山打獵、下海採貝，還會紡紗織布。所以自古以來八里比對岸淡水開發得早，因清朝嘉慶元年（1796年）八里大水災，居民才往淡水遷移，乾坤置換。從博物館進口的唯一人面陶罐鎮館之寶，可見十三行人的技藝非凡。我以前參觀過十三行博物館兩次，算已經比較熟悉。承館方贈送鑰匙圈給每位詩人，可隨身攜帶紀念。

最後一天9月26日，參訪竹圍工作室，與駐室藝術家交流，或許事前溝通準備不夠，感覺沒有達成充分而深刻的討論，缺乏彼此衝擊的動力。倒是工作室收藏的許多樂器為怕淹水，掛遍牆壁，琳瑯滿目，形同裝置藝術，惹得安傑洛蠢蠢欲動，想拿一把樂器彈奏一番。

下午讓詩人們遊淡水老街，一方面看看庶民生活的形態，另方面讓詩人買些等路禮物回國。傍晚時，集合到淡水河岸榕堤，坐在堤岸上榕樹垂鬚間，於時時變幻莫測的夕照下念詩，興趣盎然，有些路人或遊客會停下腳步，聆聽片刻，再施施然而去。面向海口時，透過榕鬚，感受到時間被夕暉往下壓沉到海平面，消失無蹤，換來詩〈淡水榕堤夕照〉的誕生：

　　　榕樹鬚根
　　　密集排列簾幕
　　　夕陽隱退幕後
　　　以熱血壯士姿勢
　　　獻出全副能量
　　　給台灣國度生命力
　　　激情照耀半邊天
　　　演出濺血自溺謝幕
　　　壯士畢竟是鳳凰不死鳥
　　　化身大鵬遠飛
　　　仍會按照計劃時程
　　　以獨立形象
　　　再度輝煌台灣大地

突然來一位帥哥，問我是辦什麼活動，然後自己報上名號，說是外交部亞東太平洋司陳孝晟，稱讚此項活動很有意義，我們就邊走邊談，走到閉幕場地藝術工坊，參觀詩人們在臨街落地玻璃窗上寫詩。我介紹他給淡水文化基金會許慧明董事長，請他出席閉幕典禮，自然成為詩人出席證書頒授人之一。閉幕式有詩，台灣詩人張德本和義大利安傑洛在場，當然有歌有舞，劃下完美活動句點。

想到歌，我再試寫短詩〈淡水詩故鄉〉，或許可當作歌詞用，與文前的歌詞前後呼應：

我離開淡水時
詩寫淡水
心思留在出生的故鄉

我離開台灣時
詩念淡水
無法斷絕世居的故鄉

我離開世界時
詩留淡水
願終究成為詩的故鄉

2019年1月2日

第
2 1
章

Sidi Bou Saïd, Turnisia

突尼西亞西迪布塞

突尼西亞第5屆西迪布塞國際詩歌節

時間：2018年6月22日至6月24日

地點：突尼西亞

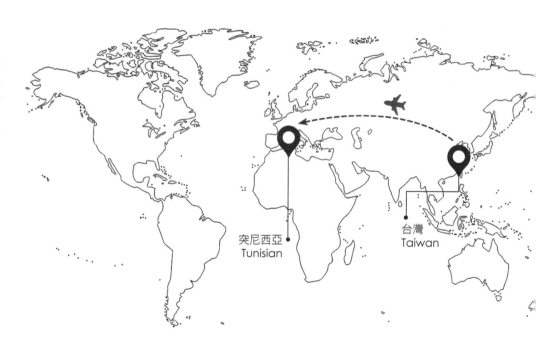

突尼西亞
Tunisian

台灣
Taiwan

2018年1月16日接到突尼西亞第5屆西迪布塞（Sidi Bou Saïd）國際詩歌節主席莫耶茲·馬傑德（Moëz Majed）邀請參加，時間是6月22至24日，遠程去參加三天，機票成本太高，正遲疑不決，碰巧2月27日又接到突尼西亞國際詩藝術節（International Festival of Poetry and Arts in Tunisia）主席法特瑪·梅琦妮女士（Fatma Mekni）來函邀請，時間是6月27至30日，兩個會時間上正好可以串連起來，所以決定首闖非洲詩壇。

我按照原則，要求二者都給我至少再加兩個名額，可帶領年輕詩人一同去建立交情，莫耶茲很爽快就答應，我邀請林鷺和陳秀珍同行，報給莫耶茲，他也立刻接受。另外，法特瑪卻推三阻四，說是預算不足，我回應說另兩位可自費，不增加其支出，她說不願有差別待遇，又說要我先報名、寄照片和詩，呈報文化部決定，最後答覆是，未獲追加預算，所以妥協說，待明年提早爭取預算再議。

為釜底抽薪，我反過來請西迪布塞國際詩歌節大會，幫我們安排會後五天的參訪活動，以便多瞭解突尼西亞，不但獲得後援會會長勞福·達赫勞儀（Raouf Dakhlaoui）積極安排行程，還答應親自陪同導覽。我去過南非和埃及，對突尼西亞還是很陌生，出發前，先做一些功課，對突尼西亞歷史文化背景，進行基本預習。

突尼西亞在北非，濱臨地中海。原住民是柏柏人（Berbers），西元前8世紀腓尼基人（Phoenicians）在此建立迦太基城，屬於腓尼基城邦泰爾（Tyer）的海外殖民地。西元前650年，迦太基獨立建國後，曾與古希臘爭奪地中海霸權，後又與古羅馬對抗，發生三次布匿戰爭（Punic War）（羅馬人稱迦太基為布匿）。第一次布匿戰爭（264-241 B.C.），主要在地中海爭戰，羅馬軍隊從西西里島進攻迦太基，迦太基敗。第二次布匿戰爭（218-201 B.C.），出現歷史上赫赫有名的漢尼拔將軍（247-183 B.C.），率領6萬大軍穿過阿爾卑斯山，入侵羅馬，羅馬轉攻迦太基本土，漢尼拔回軍馳援不及，迦太基敗，喪失全部海外領地。第三次布匿戰爭（149-146 B.C.），羅馬發動攻擊，長期圍困迦太基城，最後迦太基慘遭屠城，淪為羅馬的阿非利加行省。

此後，突尼西亞歷經汪達爾王國（439-533）、拜占庭帝國（534-

698）、阿拉伯帝國哈夫斯王朝（1229-1574）統治。1574年鄂圖曼帝國占領突尼西亞，設自治省，1705年，突尼西亞總督哈桑・本・阿里（Al-Husayn I ibn Ali）推翻鄂圖曼帝國派駐突尼西亞最高官員，建立哈桑王朝，後世稱為「突尼西亞總督國」，名義上仍然向鄂圖曼帝國蘇丹稱臣。19世紀殖民主義風行，法國於1881年占領阿爾及利亞後，入侵突尼西亞總督國，突尼西亞淪為法國保護地。

第二次世界大戰中，法國被納粹德國占領，突尼西亞成為非洲重要戰場。1943年盟軍發動火炬行動登陸北非，將納粹德國和義大利軍隊逐出突尼西亞。二戰結束後，殖民地紛紛解放，突尼西亞也在1956年3月20日獨立，成為突尼西亞王國。不旋踵，國王拉敏・貝伊（Lamine Bey）被推翻，1957年7月25日，共和國成立，民族主義領袖哈比卜・布爾吉巴（Habib Bourguiba, 1903-2000）就任首屆總統，成為突尼西亞共和國開國國父，戮力建設突尼西亞為現代化國家，經濟發展成就被譽為「突尼西亞奇蹟」。

2010年由於女性官員執法失當，掌摑一名男性小販，小販受辱後在政府大樓前自焚，爆發人民大規模遊行示威，外稱「茉莉花革命」（當地不用此名稱），導致總統班・阿里（Zine El Abidine Ben Ali）下台，革命浪潮在一個月內席捲整個北非與中東地區的阿拉伯國家，波及埃及、利比亞、葉門、敘利亞、巴林、阿爾及利亞、約旦、沙烏地阿拉伯、伊拉克、茅利塔尼亞、阿曼、摩洛哥、科威特、黎巴嫩、蘇丹等國，世稱「阿拉伯之春」。

突尼西亞國土面積163,610平方公里，約台灣的4.5倍，人口一千萬出頭，不及台灣一半。國土40%為撒哈拉沙漠，餘60%是肥沃土地，大部分是平原和台地，橄欖園占最大面積。官方語言是阿拉伯語，據說有六種方言，故反而繼續通用法語。突尼西亞人民98%信奉伊斯蘭教，但穿著、行事大都西化，與法國近似。

西迪布塞（Sidi Bou Saïd）是突尼西亞濱臨地中海市鎮，離首都突尼斯才20公里，風景優美，富伊斯蘭教文化傳統和安達魯西亞藝術氣氛，著名瑞士畫家保羅・克利（Paul Klee）、奧古斯特・麥克（August Macke）和路易斯・莫里耶特（Louis Moilliet），以及法國哲學家傅柯、法國小說家紀德，都在此住過。當地為進一步提升文學交流，於2013年舉辦西迪布塞國際詩歌

節，2018年已進入第5屆，邀請15國共27位詩人參加，名單如下：

沙烏地阿拉伯：Ghassen Al Khounaizi

西班牙：Laura Casielles

　　　　Eduardo Moga

法國：Yvon Le Men

義大利：Davide Rondoni

伊拉克：Salah Faik

黎巴嫩：Violette Abou Jalad

馬爾他：Elizabeth Grech

摩洛哥：Mohammed Bentalha

巴勒斯坦：Ali Al Ameri

波蘭：Hatif Janabi

葡萄牙：Jose Paulo Santos

塞爾維亞：Dragan Jovanovic Danilov

土耳其：Efe Duyan

台灣：李魁賢

　　　林鷺

　　　陳秀珍

突尼西亞：Fadhila Chebbi

　　　　　Khedija Gadhoum

　　　　　Asma Ghiloufi

　　　　　Abedelaziz Kacem

　　　　　Amal Khelif

　　　　　Samir Marzouki

　　　　　Igor Sid

　　　　　Naceur Mouelhi

　　　　　Jlidi Laaouini

　　　　　Sabri Rahmouni

端詳此名單，除突尼西亞赫迪雅‧嘉德霍姆（Khédija Gadhoum）外，都是新知，而代表的國家也是迄今與台灣較少來往，正好可開拓台灣在國際詩交流的新空間，另意外發現伊拉克詩人薩拉赫‧法伊克（Salah Faik）的詩作，竟然已收在拙譯《伊拉克現代詩100首》（秀威，2017年）內，雖然尚未謀面，也算有緣。

　　6月20日飛往突尼斯，翌日凌晨抵達，詩歌節大會主席莫耶茲親自接機，開車送達西迪布塞旅館，位在山岡上，視域絕佳，可俯瞰西迪布塞和迦太基市，大會會長勞福隨後趕到旅館接待，並簡報特為台灣詩人安排的會後參訪活動城市、行程、特色，相當用心周到。安頓住房後，讓我們休息，交代大會期間用餐由大會支付，但飲料自費，這是歐美慣例。

　　稍事休息後，出外散步，熟悉周圍環境，發現旅館所在地類似陽明山，是豪宅別墅區，前總統住所就在附近，部分道路受到管制，車輛不能隨意進入，有趣的是旁邊就是一大片公墓，生死兩極，相安無事。旅館前道路一邊通往西迪布塞市區，一邊朝瑪莎市（La Marsa），此地有輕軌火車連接首都突尼斯，約略等於淡水與台北之間。旅館周遭與後來在突尼西亞各地所見一樣，滿布桉樹，俗稱尤加利，地面則處處可見大型扁平仙人掌，甚至可作為道路和田地分界綠籬。當地許多花木在台灣也常見，像相思樹、棕櫚、九重葛、扶桑花、馬櫻丹、夾竹桃、紫藤、茉莉花等，滿眼都是，而且不惜出牆。

　　茉莉花更是突尼西亞人的最愛，幾十朵綑成一束叫做machmoum，連男人都愛夾在耳朵上，朋友買來互贈，表達友好。街上常見賣machmoum的攤位或小販，突尼西亞人喜歡茉莉花。就像台灣人喜歡玉蘭花，茉莉花也自然成為突尼西亞國花。

　　旅館前道路旁，已近地中海，往路旁桉林走不到幾十公尺，即可臨崖俯瞰海景，蔚藍透澈，宛如一匹新染陰單士林布，細緻縐紋輕輕晃動，礁石周圍稍有睡眠不足的嬌慵水花，偶而有小船駛過，或水鳥飛過。山間道路寬暢，坡度平緩，兩旁人行道路面整齊，沒有坎坷、不長雜草，與城市裡沒有分別。由於突尼西亞地中海型氣候是夏乾冬濕，6月正是最佳旅遊季節，雖然突尼西亞太陽愛我，沒幾天就把我皮膚曬成棕紅，但日照並不焦熱，因隨時有微風吹送，早晚還有點涼意。夏季正值水果盛產，西瓜、水蜜桃、蟠

桃、蘋果、李子、杏子滿街，橄欖更是特產，是外銷大宗。

　　會長勞福依約在下午6時來飯店接往出席歡迎晚宴，在舊城區一家畫廊兼小酒館，是一位畫家所經營，牆壁上掛滿他的畫作，把類似保羅・克利現代主義風格的畫，當作壁布貼在牆上，當作桌布鋪在餐桌上。出席詩歌節的各國詩人陸續到場，看似非正式場合，各自選擇坐在沿牆長桌，主人也沒逐一介紹詩人認識，只是穿梭各桌間倒酒，任由同桌彼此閒聊，然後宣布到吧檯取用自助餐，由服務人員代為夾菜，除了小龍蝦只限給一尾外，其餘不節制，飲料無限供應，與通常飲料自費不同，算是熱誠招待。突尼西亞不愧是地中海國家，海產豐富，魚類眾多，肉質鮮嫩，我們在大會和會後旅遊中，幾乎餐餐飽食海鮮。

　　2018年第5屆西迪布塞國際詩歌節預定6月22日晚上6點開幕，所以白天大家可以輕鬆適應環境，由台灣之友突尼西亞女詩人赫迪雅帶隊，連同巴勒斯坦詩人阿里・阿爾・雅美禮（Ali Al Ameri）和土耳其詩人艾飛・杜揚（Efe Duyan）夫婦，安步當車，穿越山路，走到新市區，遊賞藍白相襯的著名地中海特色建築風格，和藝術鐵門鐵窗。然後，循廢棄古道，摸索下坡到港口，在海邊公園連綿成華蓋的大榕樹下休息聊天片刻，搭計程車回旅館。

　　開幕式在舊城的查勞克（Dar Zarrouk）餐廳舉行。舊城位在臨地中海的山岡上，石路狹窄，又迂迴曲折，經常90度轉彎，看不到來車。錯車時，必須有一方退到較寬或轉角處才能相讓，所以都訓練成高超駕駛和倒車技術，但車輛無法進入商店街，因人潮多，攤位又外伸，行人已難，何況汽車？

　　查勞克餐廳大有來頭，這是建於17世紀的宮廷式建築，靠近忽拉沙匿德朝（Khurasanid dynasty）王子宮廷，屬於查勞克家族，其成員包括在哈穆達（Hammuda ibn Ali, 1759-1814，統治突尼西亞32年之久）政權下擔任部長的Abou Abdallah Mohamed Larbi Zarrouk。目前經營者是敘利亞商人，熱心支援文化活動。餐廳白牆藍門，俯瞰突尼斯灣，中庭正中央是一棵數百年的榕樹，沿牆攀爬茂盛九重葛，正是熱情高歌時節，周圍繁花競豔，氣氛熱烈溫馨。入門旁擺一小桌，鋪陳各式詩集展售，都是法文和阿拉伯文本。

　　西迪布塞國際詩歌節實際上是由西迪布塞突尼西亞馬洛夫暨傳統音樂協會（Association de Sidi Bou Said pour le Malouf et le Patrimoine Musical）主

辦，會長勞福其實就是協會會長，不寫詩，但曾經參加合唱團，會後載我們南遊時，常邊開車邊哼歌，70高齡的歌喉依然中氣十足。西迪布塞國際詩歌節真正符合詩歌一體的名目，每場朗誦會都有音樂家現場伴奏，或小提琴，或豎笛，或琵琶獨奏，樂音繚繞，增加抒情氛圍。在「詩與自然」討論會裡，甚至是三者合奏，陣容最大。

詩歌節開幕式就安排在戶外中庭的大榕樹下，除原來樹下周邊的桌椅外，另在空曠地排列活動椅子，坐滿詩人、貴賓、民眾、遊客等上百位。勞福主持開幕，禮貌上簡單招呼後，沒有請任何人上去廢話，就開始點名詩人上前念詩。按照節目表，台灣詩人時間集中在23日和24日兩天的中午時段，並沒有安排在開幕式上，所以我好整以暇欣賞別人念詩，沒想到忽然被點名，嚇了一跳，以為聽錯了。幸好我保持隨時備戰狀態，上去念〈我的台灣 我的希望〉，另請赫迪雅幫我念英文，一方面在國際上亮出台灣名號，另方面向他國詩人暗示台灣與突尼西亞詩人密切友誼，此後兩天感謝赫迪雅與我們亦步亦趨活動，幫助很多，不啻是台灣詩人團的一分子。

開幕式在詩韻盈耳中結束，移師到附近另一簡便餐廳，在屋頂上用餐，在星空下款敘，真是另有一番情境。習慣阿拉伯語、法語，和善用英語的詩人，自然找同道同桌同聊。晚上10點半有節目的詩人，先行離席，我們餐後也到愛之咖啡館（Café Amor）現場體驗一下。愛之咖啡館在商店街鬧區，搭棚到室外，座無虛席，街上遊人如織，古城如此熙熙攘攘，大致都是遊客吧！詩人念詩，音樂伴奏，給古城夜景增添浪漫氣息。

節目到半夜結束，再移到座墊咖啡館（Café des Nattes）繼續夜場念詩，至凌晨1點半。這樣的活動安排，完全是歐洲人習性，作息時間幾乎和西班牙人一模一樣，晚睡晚起晚用餐，我原本還以為只有西語系的拉美人受到感染而已，未料連非洲突尼西亞也這樣流行。

23日活動分五場，第一場11:00至13:00，第二場18:30至20:00，第三場20:30至22:00，第四場22:30至24:00，第五場24:00至01:30，每場都在二、三個場地分別活動，無形中把點擴散成面。24日只有前二場，晚上8點半就是閉幕式了。

或許大會顧及我們生活習慣，台灣詩人兩天念詩都排在第一場，晚上就

自由些，可以早歇息，不受拘束。台灣詩人事先各提供詩十首，23日在愛之咖啡館，24日在查勞克餐廳，各念詩五首。我第一場先上場因時間未估好，把十首詩念完，第二天就把新出版《雕塑詩集》拿出來獻寶。台灣詩人作品都準備英譯，刻意自念漢語，請赫迪雅念英譯本，充分表現合作無間。實際上，赫迪雅形同台灣詩人家族，與林鷺和陳秀珍有如姊妹，形影不離。她的兄長和兩位妹妹也來與我們會面，對台灣詩人特別親切。

大會唯一討論會題目是「詩與自然」，23日第三場在高級西迪謝班花園（Jardin Hauteurs Sidi Chebanne），安排三人發言，一位是突尼西亞年輕詩人薩米雅・馬洲基（Samir Marzouki），第二位是波蘭華沙大學東方研究學院哈悌甫・賈納畢（Hatif Janabi）博士，風度翩翩，很有涵養的紳士，我問他的東方研究領域有沒有涉及到台灣、日本、韓國等，他說沒有，重點在阿拉伯語世界，後來才知道原來他出生於伊拉克，1976年到波蘭華沙大學留學，獲波蘭語言和文學碩士和戲劇博士學位，然後就留在原校任教職。他說想把拙詩集《存在或不存在》選譯為阿拉伯文。

我是第三位，在出國前接到節目單，才知有此項安排，匆匆草擬漢英講稿，寄給大會希望譯成法文，大會卻來不及處理。我讀英文講稿時，赫迪雅用法語翻譯，我發現這樣臨場對譯太辛苦，改為引詩用漢語，請她念英語，表現同場互動的心意。我的〈詩與自然〉講稿如下：

上星期接到2018年第5屆西迪布塞國際詩歌節（International Poetry Festival of Sidi Bou Saïd Tunisia）大會議程，才發現除安排台灣詩人有兩場念詩與大家分享外，我又另被指派參加6月23日晚上8點的「詩與自然」（Poésie et Nature）討論會。所以急就章提出發言重點，並從交給大會譯成法文的十首詩裡，選取三首為例說明。

詩，一般定義為意象語言，與敘述文和評論文有別，其實詩往往隱藏敘述和評論的意義在內。「詩」發生於人存在環境世界的內心思惟。「自然」是指人所存在的環境，相對於世界而言，指動物、植物和風景等現象。自然另一涵義是本性，不經過物化改造過的本質，所謂「自然率真」。

詩人透過觀察世界萬物，由自然現象引喻人的存在狀態，產生連結，創造種種意象。因此，意象實際上是由自然現象，透過詩人的思惟經營，隱喻人生的實存本性。由隱喻產生象徵意味，使表面上不相關聯的事物，實質上卻發生密切連結的效用。

　　以詩〈鸚鵡〉為例：

　　　「主人對我好！」
　　　主人只教我這一句話

　　　「主人對我好！」
　　　我從早到晚學會了這一句話

　　　遇到客人來的時候
　　　我就大聲說：
　　　「主人對我好！」

　　　主人高興了
　　　給我好吃好喝
　　　客人也很高興
　　　稱讚我乖巧

　　　主人有時也會
　　　得意地對我說：
　　　「有什麼話你儘管說。」

　　　我還是重複著：
　　　「主人對我好！」

鸚鵡善學人語的本質，其實是被人馴養或是環境限定條件下的結果，人可以設計鸚鵡學習特定語言，創造出虛假的存在狀況。例如在獨裁專制的世界裡，塑造暴君受到萬民擁戴的假象。所以，像「主人對我好！」不是鸚鵡本意，而是被操縱者設計的結果。

　　以另一首詩〈輸血〉為例：

　　　　鮮血從我體內抽出
　　　　輸入別人的血管裡
　　　　成為融洽的血液

　　　　我的血開始在別人身上流動
　　　　在不知名的別人身上
　　　　在不知名的地方

　　　　和鮮花一樣
　　　　開在隱祕的山坡上
　　　　在我心中綻放不可言喻的美

　　　　在不知名的地方
　　　　也有大規模的輸血
　　　　從集體傷亡者的身上

　　　　輸血給沒有生機的土地
　　　　沒有太陽照耀的地方
　　　　徒然染紅了殘缺的地圖

　　　　從亞洲　中東　非洲到中南美
　　　　一滴迸濺的血跡
　　　　就是一頁隨風飄零的花瓣

花開花落是自然現象，反射於人的感受是發揚與衰亡的對比。捐血與輸血是社會上施與受的關聯，純粹是愛心的表露，把自己多餘的血捐出，提供給急需輸血救助的患者，就如花開，發揚人性之美。

　　可是，世界上常常發生違反人性的事端，最嚴重的就是戰爭，甚至是擁有軍事武力的一方，屠殺弱勢者或手無寸鐵的人民，就像盛開的花朵，被無端摧殘，以致花瓣逐一隨風飄零。

　　又以詩〈我的台灣　我的希望〉為例：

從早晨的鳥鳴聽到你的聲音
從中午的陽光感到你的熱情
從黃昏的彩霞看到你的丰采
台灣　我的家鄉　我的愛

海岸有你的曲折
波浪有你的澎湃
雲朵有你的飄逸
花卉有你的姿影
樹葉有你的常青
林木有你的魁梧
根基有你的磐固
山脈有你的聳立
溪流有你的蜿蜓
岩石有你的磊落
道路有你的崎嶇
台灣　我的土地　我的夢

你的心肺有我的呼吸
你的歷史有我的生命

你的存在有我的意識

台灣　我的國家　我的希望

　　從自然現象，諸如早晨鳥鳴的悅耳聲音、中午陽光的溫暖熱情、黃昏彩霞的壯麗丰采，描述對台灣家鄉的愛。接著，進入台灣地形地貌的細心觀察，產生的自然意象，其實都是基於對台灣的愛，轉型成擬人化的構圖，顯示出台灣歷史進程與建立良好形象的期待，成為對台灣國土的夢，也是投射於台灣人性格養成的期望。

　　最後，自然形成人民與國家融合一體的象徵意義，有一致的呼吸、生命、意識，也是詩所表現出對台灣國家的希望。詩與自然的聯繫，也是與土地和人民的結合，才能達成共同呼吸、共有生命、共具意識的目的性，這是詩存在的深層意義。

　　詩人可以就自然觀察，呼應社會現象，以世界與自然界不相屬的生態，經由意象語言表達，發生實質關聯，不具有敘述文和評論文的形式，其實充分表現敘述和評論的力量。

　　所以，詩與自然息息相關，觀察自然是詩人的課題，而詩的效用，其實也發揮了敘述和評論的效用，從自然現象探求人的本性或世界的本性。

　　會後五天的突尼西亞歷史文化遺址參訪活動，是大會應我要求特別安排，我想首度遠途前進茉莉花國度突尼西亞，不能不對突尼西亞進一步瞭解，若在西迪布塞定點活動後就回國，實在太可惜！五天的參訪重點在當年地中海爭霸戰的歷史遺址，由會長勞福親自開車兼導遊。

　　第一天，6月25日，早上從西迪布塞出發，沿東北角的卡本半島，繞過突尼斯灣，來到古萊比耶（Kélibia），目前約五萬人口的漁港。中午在港口午餐時，抬頭就可看到150公尺高圓丘頂上的古堡，那就是古萊比耶城堡，已成為本地的地標。古萊比耶是突尼西亞在地中海的前哨，古萊比耶堡的興亡史，等同突尼西亞的發展史。

　　在斷代史上可列出大事為：

迦太基時代（西元前5世紀-146 B.C.）：

西元前5世紀，由迦太基人興建。

西元前310年，被希臘僭主阿加托克利斯（Agathocles of Syracuse, 317-289 B.C.）占領，加強防禦，對抗迦太基和希臘。

西元前256年，被第一次布匿戰爭時期的統帥馬爾庫斯·阿蒂利烏斯·雷古魯斯（Marcus Atilius Regulus, ? - 248 B.C.）攻占。

西元前146年，迦太基在第三次布匿戰爭敗亡後，城被毀。

羅馬時代（146 B.C.- 439 A.D.）：

西元前46-27年呈羅馬殖民統治狀態。

汪達爾王朝時代（439-533）：

棄用狀態。

拜占庭帝國時代（6世紀）：

580年，拜占庭興建小城堡，遺蹟可辨，例如羅馬柱是圓形，拜占庭柱是方形。外牆角隅用拆自迦太基舊牆的石塊，砌造方形塔樓，迄今保存。

阿格拉比德時代（9世紀）：

698年，敗戰的拜占庭軍隊以此為庇護處。

齊里時代（974-1160）：

成為遠征義大利南方的海軍基地，被法蒂瑪王朝（Fatimid, 909-1171）棄置後，受到定居在西西里島的諾曼人覬覦，占領四年（1108-1112），經鏖戰後，被齊里軍隊收復。

哈夫斯王朝時代（13-16世紀）：

成為伊斯蘭教團密契主義蘇非派的聚居地。

鄂圖曼土耳其時代（16-19世紀）：

突尼斯統治者歐斯塔·莫拉德（Osta Mourad）加強城堡防禦，引起法國軍隊不滿，在1669和1671年兩度砲轟，從此棄置。到1881年，於保護國政權下，增建燈塔，成為海運中心，二次世界大戰時，被德義軸心國占領。

我們進入城堡內，循階梯上牆頂，繞場一周，俯瞰牆外海景，一覽無遺。堡內呈荒廢破落景象，但規模之大，結構之堅固，令我讚歎不已，只是

不知為何寸草不生的地方，卻在牆頭或轉角處，有零星棕櫚樹長得很旺盛，好像衛兵站崗。

晚上進住哈馬梅特（Hammamet）臨海的總裁俱樂部飯店，旅客多，餐廳採開放式，住房時即結上手環辨識，不用人員管制。此後旅程以此為中心，朝出晚歸，省得每天訂房退房、搬運行李之煩，但每天跑二、三百公里，會長開車大為辛苦。哈馬梅特是觀光和療養勝地，臨地中海哈馬梅特灣，風景優美，早晚氣候涼爽。此地在1世紀就有柏柏人拓殖，2世紀成為羅馬人殖民區，13世紀起開始發達，前後受到西班牙和義大利統治，二次世界大戰時，納粹沙漠之狐隆美爾元帥總部即設在此地。街上處處可見茉莉花製作的紀念品，所以此地正式命名為哈馬梅特茉莉花城（Yasmine Hammamet），名實相副。

26日前往札格萬（Zaghouan），參觀水神廟，於城南山間出泉處，羅馬人在台地興建神壇，巨石砌造的弦月形迴廊、廣場、階梯，雖殘猶在。地下泉口有五處，集水到底盤，在此澄清，再經水道管路輸送到迦太基城。水道寬90公分、高130公分，加蓋，用羅馬水泥砌成，塗以火山灰混伴碎石製成的黏結劑防水，每天輸水量可達3萬噸。由札格萬到迦太基90公里長水道，落差才264公尺，平均下傾0.3％，可見施工精密程度。水道有時地面、有時地下、有時高架，古代羅馬人建設真是偉大。

由札格萬轉往羅馬遺址Thuburbo Majus，與其他地方遺址不同的是，沒有直街，據推測羅馬人在西元前27年建殖民區時，早已有迦太基城鎮存在，所以有所遷就。這個考古園區中心和矚目建築，當推神殿和論壇，建於西元168年，連在一起，神殿是奉祀天神朱庇特、天后朱諾和智慧女神米納瓦三位一體，8.5公尺高的大理石巨柱巍然聳立。區內有許多神殿，奉祀農神、醫神、和平之神等，還遺留有迦太基時代遺物，像塔尼特（Tanit）女神、巴拉特（Baalat）女神殿等。我登上巴拉特女神台階上拍照時，會長勞福在地面大喊，要我即席寫詩，還開始數秒，於是我即時振臂高呼：「同胞們，我全心奉獻給突尼西亞！」（Countrymen! My heart is totally dedicated to Tunisia!）連園區導覽員都為我鼓掌。其實「突尼西亞」譯成台語，成為「獨立是呀！」所以我的演講詞全文一句，就是：「同胞們，我全心奉獻給

獨立，是呀！」

　　區內還有體育鬥力場，更有趣的是浴室竟分成夏浴室和冬浴室，冬浴室當然是有熱水供應，可見當時羅馬人的健身之道。浴室和其他地面、牆上，都是善用碎石馬賽克鋪飾，而巨石利用更是發揮到淋漓盡致。

　　27日前往凱魯萬（Kairouan），先去參觀理髮師（Sidi Sahbi）清真寺，建在先知穆罕默德的門徒巴拉威（Abou Zamaa al-Balaoui或Sidi Sahbi）陵墓上，巴拉威是在665年對抗拜占庭軍隊陣亡，因衣服上有先知頭髮，而得理髮師之名。此清真寺初建於13世紀，到17世紀中期擴建和重建，設有學校。外觀雄偉，拜樓是西班牙式摩爾風格，特別精彩的是內部採用圖案設計優美的瓷磚做壁飾，全面迴廊或室內壁上，琳瑯滿目、色彩奪豔的瓷磚，精雕木門更是絕倫。巴拉威被尊為巴拉威市守護神，陵墓還保護在清真寺地下。從建築結構看來，分別有土耳其、安達魯西亞和義大利風格，透示長期修建跡象，有趣的是除拱柱設計花樣不同外，拱柱或有柱基或無柱基，柱基或高或低，非常不一致，顯然增建或修建時，利用別處取來現成材料的便宜措施。

　　凱魯萬是突尼西亞著名古都，曾經是阿格拉布（Aghlabid）王朝和法蒂瑪王朝的首都。來此瞻仰凱魯萬大清真寺，亦稱「烏格巴清真寺」，是阿拉伯將領烏格巴（Uqba ibn Nafi）於670年建造，規模僅次於麥加、麥迪那和耶路撒冷。建成後不久被柏柏人所毀，703年重建，逐漸擴大，終成今日宏觀。內庭很大，四周迴廊，雙排拱門，支柱由各種大理石、花崗石或斑岩鑿成，是羅馬時代、前期基督教和拜占庭紀念柱的再挪用。拜樓建於836年，四方形建築，外面與牆壁齊，無門可由外入，上方分三層漸縮，造型特殊，是穆斯林尚存最古老拜樓，成為北非和安達魯西亞各地範式。大禮拜堂大門木雕非常精緻美妙，堂內琉璃燈由無數小玻璃燈組成，至為耀眼燦爛，地毯很華麗，跪拜似可更加舒適。

　　到艾爾傑姆（El Jem）參觀古羅馬圓形劇場廢墟，這是戈爾提狄安一世（Gordian I, 157-238）在擔任蒂斯德魯斯（Thysdrus，即現艾爾傑姆）地方總督時所建，238年在此宣告篡位登基羅馬皇帝，於接到兒子戈爾提狄安二世陣亡噩耗時，即自戕，在位僅21天，蒂斯德魯斯被效忠於羅馬皇帝馬克西米努斯（Maximinus）的軍隊毀滅。此劇場可容納觀眾35,000人，稍遜於容

量五萬人的著名義大利羅馬圓形劇場，我1997年進去參觀過，視覺上沒有很大差別，但傾圮狀況類似，橢圓造型、階梯、座位、地下動物出入閘門等等均相彷彿。17世紀後，劇場石材等移做其他建築用途，日益損壞。目前還常發揮古蹟廢墟剩餘價值，我們參觀時正好有表演團體，在劇場內搭建表演舞台。

艾爾傑姆算是此行最南端，28日前往地中海哈馬梅特灣的蘇塞，參觀蘇塞考古博物館（Sousse Archaeology Museum）。蘇塞在布匿戰爭中，傾向羅馬，所以戰後沒受到懲罰性清算，得以安定700年，到7世紀被阿拉伯征服，12世紀短暫被諾曼人占領過，然後完全歸屬西班牙，18世紀成為威尼斯和法國攻擊目標，如今是阿拉伯風格的要塞地，經濟主要依賴運輸設備、加工食品、橄欖油、紡織業和觀光，沿路所見依然是一望無際的橄欖園。

蘇塞考古博物館珍藏馬賽克、雕塑、寶石、陶瓦等墓葬品，從撒哈拉沙漠古代薩赫爾（Sahel）區出土的文物。源自羅馬時代的馬賽克鋪地，利用多彩原石碎片拼貼成栩栩如生的巨幅寫實畫面，其藝術技能令人驚歎。馬賽克展覽分成三室，分別展示布匿、羅馬和基督教不同時代殯葬。其中最著名的有美杜莎馬賽克，神話中的美杜莎（Medusa）是女妖，毒蛇為髮，長得醜，基於報復，把見過她的人都變成石頭。為配合傳說，在大廳鋪地的馬賽克上方掛鏡子，參觀者可以看鏡面反射，避免直接面對美杜莎。但我直視美杜莎很久，也沒變成石頭。

館內馬賽克都是整片地面或整面牆的大製作，非常精彩，例如羅馬海神尼普頓，相當於希臘神話中的波塞頓，在羅馬神話裡兼馬神，所以在馬賽克畫面上，駕御並轡海馬，踏海浪奔馳，神勇至極。這些馬賽克珍藏令人歎為觀止，規模之大是我多年參觀歐洲博物館所僅見，展室空間、採光、動線等等設計與管理，都數得上一流水準。

下午到莫納斯提爾（Monastir），蘇塞再往南20公里，還是在地中海濱，原本是漁港，如今已是觀光度假勝地。會長勞福趁便探訪當地扶輪社第9010區總監的老友納紹爾（Med. Naceur Abbes），會長多日開車帶我們長途奔波，顯然累了，在納紹爾家休息，請納紹爾擔任我們嚮導，帶我們去參觀此地保存良好的要塞古蹟。此要塞當年用以監視敵船，防禦拜占庭艦隊的攻

擊，實際上此要塞形同城堡，形勢雄偉，高塔上矗立國旗，是當地最明顯的地標。內部結構堅固，難怪保存完整無損。我們上堡頂巡視港口，一覽無遺，視域廣闊，果然是最佳監視制高點。

納紹爾順路帶我們進市場參觀，很像台灣傳統市場，奇特的是，納紹爾走路施施然，一派紳士樣，但沿路與行人、販夫走卒、肉攤老闆、水果攤商，都打招呼、攀幾句，似乎到處都是朋友，不分貴賤。

莫納斯提爾是突尼西亞共和國國父哈比卜·布爾吉巴故鄉和永息之地，此地國際機場即以他為名。布爾吉巴於1920年代從巴黎大學畢業，回到突尼西亞，執業律師，從青年時代即表現反對法國保護地的定位，1934年共組新憲政自由黨（New Destour），開始投入突尼西亞獨立運動，被逮捕流放多次。突尼西亞1956年獨立後，出任總理，1957年改制共和。當選第一任總統，1959年公布新憲法，在位30年之久。布爾吉巴陵寢是阿拉伯伊斯蘭建築風格，在市中心，為家族墓，我們走到這裡時，瞻仰時間已過，只能在街道對面小公園路旁的布爾吉巴胸像雕塑前，肅立行90度鞠躬，表示對他奮力領導突尼西亞脫離法國殖民統治，走向獨立的崇敬。

29日啟程回首都突尼斯，參觀巴度國家博物館（Bardo National Museum），這是地中海區域最重要的博物館之一，收藏豐富，在非洲僅次於開羅的埃及博物館。原址是15世紀的哈夫西德（Hafsid）宮，在突尼斯近郊巴度，保存原有宮廷內院周壁瓷磚，富麗堂皇。原名阿勞威（Alaoui）博物館，是當時朝代名稱，獨立後以地名命名，巴度源自西班牙語Prado，花園的意思，國家博物館於1882年開放，把迦太基等各地考古出土的文物集合一爐。所珍藏馬賽克充分表現羅馬非洲時代的人民日常生活，農耕、畜牧、打漁等，圖面上無論動植物、魚貝、水果、器物，或人民生活作息、行船、喝酒等，自然生動。石雕一律把羅馬皇帝神格化，其中一尊阿波羅的美少年造型，似有天下無雙的氣概。

至此，突尼西亞詩歌節會後旅遊，劃下愉快句點。最後一晚，會長勞福安排我們住在迦太基市其表妹家，由表姪女經營民宿，樓下有三房、客廳、餐廳、廚房，後院有游泳池，樓上有五房和起居室，陽台小花園，抬眼就是滿湖盈水。室內裝潢不亞於微型博物館，圓柱、石雕、壁畫、造型特殊的桌

椅、起居室內書桌、書架、介紹突尼西亞的圖書和畫冊，書香氣息濃烈。下午進住，稍微休息，會長接待到他家，在街道兩側各有一屋，室內寬暢，壁上掛滿現代畫、書架上人文歷史書透示主人的讀書素養。主人以茴香酒待客，不久，詩歌節主席莫耶茲到達，從開幕到閉幕不見人影的莫耶茲，因開幕前夕突然緊急住院，才剛出院。

莫耶茲特別趕來報告好消息，記者在媒體上熱烈報導說，在突尼西亞，甚至阿拉伯語世界，首度看到台灣詩人，對雙方詩交流提供良好契機，對未來充滿期待。我開始與莫耶茲當面討論早先信中提案的漢譯《突尼西亞詩選》計畫，並說這也將是在台灣首度出現的突尼西亞，甚至阿拉伯語世界的詩選，兩人拊掌大笑。

在突尼西亞最後的晚餐，由會長勞福和主席莫耶茲，聯袂在港口餐廳街招待突尼西亞海鮮餐，連日飽食地中海海鮮美食的胃裡，塞滿突尼西亞特餐的美味，此時恍然體會為何他們都會大大超越標準體重。莫耶茲按照突尼西亞習俗，像勞福多次所為，向小販買茉莉花束，讓賓主都插在耳朵上。

翌日上午，勞福帶我們認識突尼斯，參觀大市集，彷彿伊斯坦堡大市場，櫛比鱗次的百貨街商店，從金飾到雜貨，應有盡有，勞福還帶我試穿阿拉伯長袍。中午招待我們在古代驛站改建的飯店用餐，本來二樓是住房，內院四周迴廊可以俯瞰卸貨休息的駱駝，一樓餐廳就是駱駝休息處。店家把誇張至極的大菜單，搬到桌旁來，會長勞福推薦我們嘗試一道庫斯庫斯（Les couscous），是柏柏人傳統主食，是麥粉小球粒，形似黃色小米，蒸熟後澆上多種肉菜海鮮醬料，再配魚湯，真是臨別難忘的珍味！然後，勞福送我們到機場，一路護送到土航櫃台為止，把我們視同國賓，盡到主人最大的熱情接待。10天相處，感覺勞福除了視我們詩人身分以禮相待外，不把我們當作客人，而是道道地地的朋友！

唯一不解的是，莫耶茲一再提到突尼西亞的人很窮很窮，但到處所見人民穿著清新，待人處世彬彬有禮、親切和藹，路上沒有人乞討或衣衫襤褸之輩，也未見邋遢小孩，而且食物豐富，水果攤到處可見，街道清潔（只有郊外公路兩旁很多塑膠袋被草枝糾纏，隨風招搖），三兩步就有銀行、學校，少見腳踏車和機車，大都轎車代步，公車新穎，沿路無論大城小鎮，新房如

春筍，造型獨特，都像豪宅，這豈是窮國現象？回來經查資料，證實國民所得不高，但怎麼是這樣自足、安定的社會呢？

以目前台灣在國際政治困境下，反而突顯台灣文學在國際活動的最佳時機，具有絕大的運作空間，連遠在天邊的非洲突尼西亞文化古國，都如此看重台灣詩人，詩歌節大會會長和主席盡心盡力接待我們，給予禮遇，超越同樣應邀出席詩歌節大會的其他各國詩人，我除了以編譯《突尼西亞詩選》作為回報，並進一步推動台突詩交流活動，以求未來更大成果外，正與赫迪雅合作，將《雪的聲音——台灣美麗島詩集》譯成法文出版，作為雙向交流發展。

回國沒幾天，透過同樣出席突尼西亞西迪布塞詩歌節的外國詩人介紹，已有摩洛哥薩菲市（Safi）詩歌節和希臘哈爾基斯市（Chalcis，另名Chalkida）詩歌節前來邀請2019年出席，個人已列入優先考量，因為前者為阿卡力瑪文化藝術基金會（Akalima Foundation）主辦，在3月底，前此已邀請過兩年，尚未成行，如今正想進一步擴大北非的交流版圖；後者在4月中旬，則是台灣詩國際交流中尚待開拓的缺口，可藉此讓台灣詩進入又一文明古國的希臘語系，確是絕佳機會。

台灣詩的國際交流機會一直在增進中，值得文化部列入政策性大力推動的項目，不出幾年，就可呈現明顯成果，為求台灣文學在國際間有更大接受程度，願盡此生最後剩餘精力，略盡棉薄。

出席突尼西亞西迪布塞詩歌節，獲益良多，把全副精神經營一首長詩〈突尼西亞，我的茉莉花呀〉，已經多年沒有此雄心：

> 茉莉花束夾在我耳上，以清香
> 向我耳語突尼西亞，柏柏人熱情的原鄉
> 我無緣親見原始簡樸的岩洞穴居
> 沿地中海邊綠洲帶，熱夏的涼爽風聲
> 聲聲迴響腓尼基人建立迦太基的熱情
> 城堡抵禦不住羅馬人雄壯跨海而來的英武
> 即使漢尼拔名將最終只有在流亡中歎息

兩軍彼此以砲火對話，以旗幟招搖
以鮮血互相塗染成顏色一致的屍體
迦太基留下馬賽克永恆的拼貼藝術
羅馬帝國遺址是斷柱殘壁廢墟

茉莉花束夾在我耳邊唏噓
千年歷史種族糾葛萬語也難盡吧
阿拉伯人接踵渡海帶來可蘭經
以深透內心的信仰滋潤沙漠的荒蕪
歷代王朝恩怨起伏有時是宮廷血腥劇
帝國嬗遞更是翻天覆地洗牌
綿延漫長中有淘汰的苦難、有創造的喜悅
人民有時流離失所，有時大量移入定住
動亂成為民族攪拌器，混合出共同的基因
近代引來法蘭西伸手插花又接枝
沙漠之狐也強行侵入捲起滿天沙塵暴
就這樣引導突尼西亞進入20世紀

突尼西亞，我的茉莉花呀
正當台灣陷在白色恐怖歷史羅網中
擺脫殖民地的呼聲發自突尼西亞人民內心
國土台地陣容整齊浩大的橄欖樹以翠綠武裝
捍衛現代突尼西亞天空的獨立與自由
忠貞於季節的鸛鳥沿高速公路
獨立在高壓輸電線高桿頂築巢放哨
獨立，啊！美麗的詞彙喚醒自主的欲求
如今藍白二色建築風景呈現生活的獨立色彩
與地中海輝煌藍天白雲的自由意志相映

茉莉花以玉蘭花的清香吸引我

不辭千里萬里來探訪人類非洲故里

跋涉地理回溯歷史變動風潮

在迦太基故址重建的羅馬古城廢墟

登上巴拉特女神殿振臂高呼

「同胞們，我全心奉獻給突尼西亞！」

地中海沉默給自己聽，蔚藍給自己看

不管海上波浪洶湧或在安靜睡眠

茉莉花束夾在我耳上，受地中海微風撫慰

在我耳邊迴響：啊！突尼西亞

是呀！獨立，是呀！獨立，是呀！

以清香留住永恆美麗的記憶

遠隔重洋傳播回到我的台灣祖國

2019年1月9日

第 22 章

Tamsui, the Hometown of Poetry

淡水詩故鄉

2018淡水福爾摩莎國際詩歌節

時間：2018年9月21日至9月27日

地點：台灣淡水

淡水 ·
Tamsui

淡水福爾摩莎國際詩歌節辦過兩年後，國內外知名度打開，自動要求參加的外國詩人漸多，淡水文化基金會主辦工作團隊迅速累積經驗，連結合作夥伴單位逐漸成形，事務推展日益駕輕就熟，大家對詩歌節繼續辦下去的熱心和信心日益堅定和高昂。

基於「建立淡水成為詩的故鄉」這樣一個大目標的理念，我在2017年9月一次工作會報上，向淡水區公所巫宗仁區長提出〈淡水詩運構想〉的草案：

1. **名稱**：【淡水詩運動會】或【淡水詩大運】（「淡水詩大眾參與運動」的簡稱，也隱喻「淡水詩大有運氣」）。

2. **旨趣**：觸動淡水區居民和遊客寫詩吟詠淡水，透過詩思，更加深入體會淡水人文、風景之美，共創【淡水詩故鄉】的概念和願景，作為申請淡水成為世界文化遺產城市的前瞻運動。

3. **合作單位**：
   主辦單位：新北市淡水區公所
   執行單位：淡水文化基金會
   協辦單位：（略）
   贊助單位：（略）

4. **運動方式**：徵詩，以淡水地誌的漢字詩作，題材、行數、投稿人身分不拘（應邀參加淡水福爾摩莎國際詩歌節國內外詩人除外）。入選佳作暫以10首為原則，不分名次、不發獎金，請淡水區公所勸募贈送淡水商家禮券、餐廳餐券，以10家為目標，入選佳作連同《福爾摩莎詩選・2017淡水》內所選詩作，提供給捐贈的商家或餐廳選擇，印製於包裝或餐桌紙等用途。（下略）

5. **執行期間**：
   2018年3月1日至4月30日接受大眾投稿，評選後，入選作者可應邀出席2018年淡水福爾摩莎國際詩歌節開幕晚宴、領贈券獎品，作品參加【2018秋季淡水捷運詩展】（2018年9月1日至10月31日），（中略）並擇優選刊於《福爾摩莎詩選・2018淡水》。

6.配合活動：

同一期間2018年3月1日至4月30日舉辦【2018春季淡水捷運詩展】，採用今年出席淡水福爾摩莎國際詩歌節國內外詩人有關淡水新作，作為觀摩，兼用以激勵投稿。

7.初步預算：

（略）

我的構想是，淡水要形成詩的故鄉，不僅僅以舉辦淡水福爾摩莎國際詩歌節為足，因為時間只有一星期，後來雖然把淡水捷運站廣場、殼牌倉庫、亞太飯店，三處詩展場所，展期拉長到最多兩個月，依然缺少常年活動。我的理想狀況是，不但處處有詩，還要時時有詩、家家有詩、人人有詩。所以【淡水詩大運】是要造成淡水全區皆詩、全民皆詩的運動，可惜因為淡水區公所本身沒有財政權，有賴上級單位核可和預算支援，終於未能實現。

要繼續舉辦淡水福爾摩莎國際詩歌節，有淡水文化基金會的支持，和許慧明董事長願意舉辦100年的承諾，我更要全力以赴。利用出席座談、演講、受訪等種種機會，盡量介紹淡水福爾摩莎國際詩歌節，以便引起注意、關心和支持。國立台灣文學館在台北管轄的齊東詩舍內，牆上台灣文學大事誌看板，把淡水福爾摩莎國際詩歌節標誌在最後一項，成為壓軸紀錄。我對詩友說，這項紀錄對淡水福爾摩莎國際詩歌節而言，算是起步，而非完成。

2018年第3屆淡水福爾摩莎國際詩歌節，接到爆量報名的鼓勵和壓力，如果不擴大規模舉辦，恐怕機會稍縱即逝，而經費方面，亟待政府和企業伸出大力援手。我趁新年假期，特別為此撰寫〈21世紀國際詩壇給台灣機會〉一文，提出呼籲，首刊於國立台灣文學館的《台文館通訊》第58期（2018年3月），轉載於淡水文化基金會的《文化淡水》第217期（2018年6月），收入大會詩選《詩情海陸》第3集（2018年9月21日），全文如下：

在21世紀初，因文建會陳郁秀主委和吳密察副主委的推動、督促和支援，我開始有組台灣詩人團出訪，或是個人應邀，進行國際詩交流活動的機會。後來繼續獲得文化部加持，迄今到過印度（三次）、

蒙古（三次）、薩爾瓦多、尼加拉瓜（二次），以及古巴、智利、緬甸、孟加拉、馬其頓、祕魯等國。由於與國際詩人交往頻繁，得以分別為高雄、台南、淡水，策劃國際詩歌節，前後邀請來自孟加拉、印度、愛爾蘭、日本、韓國、荷蘭、塞爾維亞、聖露西亞、泰國、美國、蒙古、阿根廷、智利、哥倫比亞、薩爾瓦多、牙買加、墨西哥、厄瓜多、伊拉克、突尼西亞、英國、義大利、摩洛哥、西班牙等20餘國50餘位詩人，前來台灣參加詩活動，領略台灣之美和台灣人的熱情。2018年淡水福爾摩莎國際詩歌節更有21國30位外國詩人前來相挺，盛況可期！

從事國際詩交流活動中，深切體驗到詩壇是很公平的社會，詩人之間的聚會和交往，不會在乎國家政治立場和傾向，所關心和矚目的是，詩人本身的文化素養和人道立場，國力和土地大小、人口多寡，都不會左右衡量詩人的地位，而是詩作展現對世界事務關懷、弱勢大眾同情、受欺壓民族救援呼聲、環保和民生議題執言關切等等的高度和深刻，才成為受詩人同儕敬重的要素。所以詩和詩人的地位，是以詩作的內在要件在評比，而與政治等外在狀況無甚相關性，也因此21世紀裡，我得以積極使用台灣名義參與國際詩交流活動，無往不利，從未受到任何干擾，如願以「台灣意象・文學先行」的初衷，創造廣大的活動空間，甚至歷年分別在印度、蒙古、孟加拉、馬其頓、祕魯等國，榮獲頒贈文學獎的肯定。這應該不只是給我個人的榮耀，而是對台灣文學表現的重視。

由於多年來台灣詩人組團參加國際詩活動的積極、熱烈和表現，各國邀請不斷，在2017年底前已陸續接到2018年國際詩歌節活動的邀請，計有2月古巴哈瓦那書展詩歌節，3月墨西哥第8屆國際詩和藝術節、摩洛哥Alkalima基金會薩菲（Safi）詩歌節、玻利維亞科恰班巴（Cochabamba）詩歌節、土耳其詩歌節，4月墨西哥自治大學詩會、委內瑞拉詩歌節，5月古巴【島嶼詩篇】詩歌節、科索沃佩奇和吉亞科瓦（Peja & Gjakova）兩市詩歌節、祕魯第2屆拉美文學季、祕魯【柳葉黑野櫻、巴列霍及其土地】國際詩歌節，6月突尼西亞西

迪布塞（Sidi Bou Saïd）詩歌節，9月阿根廷詩歌節、羅馬尼亞Mihai Eminescu世界詩歌節、祕魯The Sound of the Past詩歌節，10月智利詩歌節等。

　　詩是文學的精華，文學是文化具體實踐的良好表現方式，拉丁美洲各國自19世紀以來，陸續脫離西班牙、葡萄牙、英國、美國等殖民統治和經濟宰制，能以獨立國家身分和條件，於國際間屹立不搖，端賴拉美文學創造出輝煌成績。日本和德國在第二次世界大戰敗戰後，快速復興，成為國際舉足輕重的力量，也得力於文學表現亮麗。又如戰後新興獨立國家中，在亞洲像印度、孟加拉、韓國等文學，在國際逐漸建立地位，在歐洲像東歐、北歐、巴爾幹半島諸國，甚至在非洲像塞內加爾、奈及利亞、南非等國，都在文學上有優異表現，受到國際另眼看待。

　　「透過詩，增進國際間理解、友誼、愛與和平」（For the Promotion of International Understanding, Brotherhood, Love and Peace Through Poetry）類似的語句，常會在國際詩活動中出現或引用，這是真正從內心發出創作慾望的詩人基本意識所在和立場，也成為普世精神態度，不須透過翻譯的共同心理語言。詩人明心見性為本然，加上創作素養的修持，養成基本的信念是，不分性別、年齡、種族、膚色、國籍、政治、宗教、語言等等外在因素，一律平等。所以，在國際詩交流場合，不同來源的詩人一見如故，見後友情永續，進一步互譯詩作出版，或尋機編入詩選，廣為流傳。

　　至少目前，詩是可讓台灣在國際間創造文明意象的最好通路之一，可以讓台灣在國際能見度大為提高，不會無端受到政治橫行干擾。實際上，國際詩歌節的舉辦，日見獲得世界上具備特殊文化資源的城市青睞和重視，對內可引發市民重新體認自身文化特質，深化對本地認同和愛，對外邀請外國或外地詩人前來領略當地獨特人文和地景風光，透過感受書寫詩文，廣為傳布。例如尼加拉瓜舉辦的格瑞納達國際詩歌節，自2005年開辦，因獲得基金會全力支援，加上來自總統層級的加持，每年邀請幾十國上百位詩人與會，十餘年間已累計百

餘國約1,200位詩人共襄盛舉,據我所知,是目前規模最大的國際詩歌節,格瑞納達也據以向聯合國教科文組織(UNESCO)提出申請為世界文化資產城市。

　　近年來根據個人參與國內外舉辦的國際詩歌節經驗、觀察和思考,才下定決心選定在台灣歷史、文化、教育、風景、民俗等多方面擁有獨特樣貌的淡水,作為代表性國際詩歌節優越條件的首選城鎮,開始布局策劃淡水福爾摩莎國際詩歌節,幸獲淡水文化基金會的肯定、認同,並全力負起執行任務。我著重在人本與文本雙重交流的意義和成效,事前編印《詩情海陸》(*Poetry Feeling in Sea and Land*)選用出席詩人詩作,以原文與漢譯或外譯雙語印製,方便詩歌節期間活動交流用途,會後編印《福爾摩莎詩選》(*Anthology of Formosa Poetry*)收集參與詩人書寫淡水詩篇,以保存馥郁詩韻,並可供在國際間流傳。兩冊詩選集的作品也選在最適時段,於臉書專頁上系統性貼出共享。

　　短短兩年間,已建立淡水福爾摩莎國際詩歌節口碑,自動希望參加的詩人日益增多。當然,以地方性的淡水文化基金會要長期執行福爾摩莎國際詩歌節,在人力和財力上都有賴外界支援,而我個人為求每年有新國家的新詩人朋友前來淡水交流,也非應邀前往外國參加活動結交新朋友不可,亟需外援和詩人朋友結伴同行,合力創造台灣意象,寖久更能見其功。這類文化出擊行動方案,除政府有識單位能主動以預算挹注,加以倡導外,深盼具備文化意識的企業和基金會,本於外國同儕的榜樣和風範,大力資助台灣文化在國際水平的長遠目標奮鬥,提升台灣意象的燦爛前景。

　　我在文前使用:「如果人民沒機會讀詩,我們把詩送到人民面前,為了把淡水建立成詩的故鄉!」作為序語(Prologue),表達舉辦淡水福爾摩莎國際詩歌節的基本構想和立場。「把淡水建立成詩的故鄉」,是長期目標、最終願景,「如果人民沒機會讀詩,我們把詩送到人民面前」,是短期經略、目前手段。所以,我編譯完成《福爾摩莎詩選‧2017淡水》,2018年

2月2日開始在臉書以「2017淡水福爾摩莎國際詩歌節交響系列」貼出分享時，把「如果人民沒機會讀詩，我們把詩送到人民面前」，放在每位詩人名字前面，當作標語（Catch phrase）使用，獲得不少國內外詩人熱烈回應。

2018年第3屆淡水福爾摩莎國際詩歌節，到1月31日報名截止日，台灣詩人報名有方耀乾、江寶釵、利玉芳、李昌憲、李魁賢、林虹瑛、林盛彬、林鷺、陳秀珍、陳明克、曾美滿、楊淇竹、蔡榮勇、戴錦綢、謝碧修、簡瑞玲，共16位，後來江寶釵教授因出國而缺席。外國詩人報名人數則爆增三倍，共有21國30位之多，名單如下：

阿根廷：畢特麗茲・瓦萊里奧 Beatriz Valerio

阿魯巴：羅莎貝樂・艾蕾絲 Rosabelle Illes

澳大利亞：嘎桑・阿拉梅丁 Ghassan Alameddine

玻利維亞：皮拉爾・佩德拉札 Pilar Pedraza

加拿大：娜拉・雅妲臘 Nora Atalla

哥倫比亞：溫斯敦・莫拉雷斯・查華洛 Winston Morales Chavarro

塞浦路斯：安德勞拉・薩蒂 Androulla Shati

厄瓜多：馬麗亞・費南妲・波特思 Maria Fernanda Portes Valenzcia

埃及：莫思塔法・阿拉丁・穆罕默德・阿里Mostafa Alaaeldin Mohamed Ali

薩爾瓦多／美國：歐斯卡・貝尼帖茲 Oscar Benítez

德國／塞爾維亞：艾薇拉・辜柔維琪 Elvira Kujovic

以色列：吉莉・海莫維琪 Gili Haimovich

義大利：安傑洛・托吉亞 Angelo Torchia

義大利：福拉蜜尼雅・庫魯希亞妮 Flaminia Cruciani

義大利：羅蓓塔・迪・勞拉 Roberta Di Laura

庫德斯坦：那琳・游克樂 Narin Yükler

馬其頓：米特科・果戈夫 Mitko Gogol

墨西哥：奧拉西奧・薩維德拉Horacio Saavedra

摩洛哥：貝耐薩・博馬拉 Benaissa Bouhmala

摩洛哥：查卡理亞・博馬拉 Zakariae Bouhmala

摩洛哥：達麗拉・希奧薇 Dalila Hiaoui

祕魯：達尼洛・桑切斯 Danilo Sánchez Lihón

祕魯：胡韋納爾・桑切斯 Juvenal Sánchez Lihón

祕魯／美國：瑪拉・加希雅 Mara L. Garcia

祕魯：李卡鐸・考德隆・桂帖雷茲 Ricardo Calderón Gutierrez

祕魯：薩穆爾・卡維洛 Samuel Cavero

祕魯：丹尼爾・古巴斯・羅美洛 Daniel Cubas Romero

波多黎各：盧慈・瑪麗雅・羅培姿 Luz María López

西班牙：索萊達・貝納格斯 Soledad Benages

敘利亞：馬哈茂德・札耶德 Mahmoud Al-Zayed

　　其中義大利羅蓓塔不是詩人，而是聯合國教科文組織高級舞蹈家，在歐洲各國到處表演，自願來淡水共襄盛舉，但我能力有限，無法給予財力支援，結果是由她的朋友提供機票助其成行。今年參加詩人多，國家遍布更廣，有的班機安排比較難以適時到達，有些詩人提早到，也有些延遲回去，雖然增加安排複雜，但詩人願意多看看台灣，表示心中對台灣的熱愛。我寫〈淡水詩歌節〉表達欣喜歡迎：

國際詩人年年來到淡水
共享詩的心靈饗宴
詩人帶來對台灣衷心的愛
淡水以台灣人的熱情回應
大屯山以魁偉的體態
觀音山以溫婉的身姿
淡水河以潺潺呢喃
台灣海峽以洶洶呼嘯
鳳凰花以熱血奔放
大冠鷲以浪漫翔翔
馬櫻丹以雜色小旗
小麻雀以啁啾細語

共同歌詠淡水內在之美

讓詩的餘韻持續蕩漾

　　報名的國際詩人當中，阿根廷畢特麗茲因臨時另有文學聚會，無法分身；澳大利亞嘎桑原籍黎巴嫩的移民，也是寫詩、作詞和演唱多才，預期可與義大利安傑洛相互烘托熱烈氣氛，遇到親姊妹癌症過世，心情不佳，又要忙於準備10月兩場音樂演唱會；埃及莫思塔法和敘利亞馬哈茂德都是留學印度博士生，同樣由留學印度的好友摩洛哥查卡理亞介紹參加，同樣遭遇到向台灣駐印度代表處簽證困難；義大利福拉蜜尼雅因婆婆突然逝世，須照顧95歲高齡的公公，而母親健康也出問題，疲於奔命；庫德斯坦那琳因爭取庫德族人獨立，被土耳其政府吊銷護照，我自始同意她缺席參加；馬其頓米特科申請馬其頓文化部機票補助，沒有獲准；祕魯丹尼爾因94歲母親生病，身體狀況日蹙，不敢離開；波多黎各盧慈因受任出席哥倫比亞國際作家會議的波多黎各代表團團長，無法脫身；西班牙索萊達因女兒生產，必須照料等，種種不同原因缺席，實際出席的外國詩人為13國20位。

　　值得一提的是，阿魯巴羅莎貝樂和加拿大娜拉，以參加2018年淡水福爾摩莎國際詩歌節為理由，分別向阿魯巴宗主國荷蘭和加拿大文化部申請機票補助獲准，但也有馬其頓米特科和法國倪柯‧巴莉燁（Nicole Barrièr）分別向其本國文化部申請失敗，真是一樣事兩樣情。另外，以色列吉莉向駐台北以色列經濟文化辦事處申請補助，被打折扣，由我補足助她如願出席。又，摩洛哥達麗拉再度來淡水，此次有原籍巴勒斯坦旅居瑞典的夫婿瓦立德‧哈里斯（Wallid Al-Hallis）為伴，也是優秀的詩人和翻譯家，達麗拉事先都沒有透露消息。所以，嚴格講，今年出席淡水福爾摩莎國際詩歌節應有14國21位外國詩人。

　　還值得一提的是，摩洛哥查卡理亞在印度留學，2016年隨其父貝耐薩出席孟加拉卡塔克詩高峰會，此次仍要陪其雙親參加淡水詩歌節，而祕魯胡韋納爾也要與其弟達尼洛同行，我都給他們出題說，一定要交詩才准出席，結果兩人首次出招，詩作令人驚豔。

　　2018淡水福爾摩莎國際詩歌節詩展，依然分三個場地，即「遇見詩」，

在淡水捷運站廣場，自9月1日至10月31日；「閱讀詩」，在淡水文化園區殼牌倉庫藝文展演中心，自9月8日至30日；「詩的聚會所」，在詩人住宿亞太飯店，自9月15日至10月14日。今年由張淳善策劃，夥同李若玫設計和李庭儒執行，有出奇的表現。淡水捷運站廣場在乘客休息區，利用透明天窗，藉天然陽光把詩歌節標語，「如果人民沒機會讀詩，我們把詩送到人民面前」投射到地面，真正送到休息區的人民面前。去年在廣場的詩牌，改成詩截句，以白字橫貼在紅磚牆壁上，字小不顯，但紅白對比醒目，貼在不規則位置，令進出客人有不經意發現的驚奇感。又配合尋找詩句的活動，產生趣味性。我以詩〈淡水是我，我是詩〉誌之：

> 如果人民沒機會讀詩
> 我們把詩送到人民面前
> 如今你可以在進出淡水捷運站時
> 看到詩貼在牆上對你眨眼
> 如今你可以在倉庫改建的展覽場
> 看到詩在窗口反光在地上閃亮
> 如今你甚至從洗手間解放出來後
> 可以在詩的面前洗滌一下心靈
> 如今你可以在廢用的公共電話機旁
> 讀到詩以遙遠的聲音呼喚你
> 將來你可以在便利商店買飲料時
> 詩讓你在透心涼中感到暖和
> 將來你可以在餐廳點餐時
> 在餐桌墊紙上讀到難忘的開胃詩
> 將來你可以在鮮麗慶典式街旗
> 見識到詩迎風招展你的笑容
> 將來你可以在舊街購買美食後
> 把淡水美的詩帶回家咀嚼無窮餘味
> 我們把詩送到人民面前

人民隨時有機會讀詩

讓淡水真正成為詩的故鄉

因為淡水是我，我是詩

　　在殼牌倉庫藝文展演中心，詩貼在透光窗玻璃上，印在地面，製成書頁和長軸，可以俯閱或展讀。在亞太飯店詩聚會所，是把國內外詩人玉照，展示在中庭的整面隔牆上，讓詩人在此邂逅，詩歌節期間，在此形影湊陣，不即不離，塑造詩人一家的氛圍。

　　2018年因參加詩人倍增，在9月21日下午市區導覽後，在詩的聚會所舉辦的暖身新書發表會，出品的詩集也相對比例增加，不得不分兩輪進行，情況非常熱烈。國外詩人發表的新書計有：

阿魯巴：羅莎貝樂・艾蕾絲《標題》（*Title*）英語詩・短篇小說・散文合集

玻利維亞：皮拉爾・佩德拉札《懇請》（*Exhorto Suplicatorio*）西語詩集

塞浦路斯：安德勞拉・薩蒂《我等過你》（*I Waited For You*）希英土三詩集

厄瓜多：馬麗亞・費南妲・波特思《空中有性》（*En el aire hay sexo*）西語詩集

薩爾瓦多／美國：歐斯卡・貝尼帖茲《神仙》（*Inmortales*）西語小說

德國／塞爾維：艾薇拉・辜柔維琪《最後的咖啡》（*The Last Coffee*）漢英雙語詩集，李魁賢漢譯，秀威出版

以色列：吉莉・海莫維琪《側根》（*Sideways Roots*）英語詩集

墨西哥：奧拉西奧・薩維德拉《唐娜》（*Donna*）西語詩集

摩洛哥：達麗拉・希奧薇書名《南方》（*Southern Breeze*）漢義雙語詩集，李魁賢漢譯

祕魯／美國：瑪拉・加希雅《巴列霍：火爐詩人》（*César Vallejo: Poeta de Fogón*）西語評論集

祕魯：李卡鐸・考德隆・桂帖雷茲《占我心》（*Toma mi Corazón*）
西語詩集

國內詩人發表的新書都是秀威出版，秀威對新書發表會也協力最多，計有：

李魁賢：《感應》（名流詩叢27）台華英三語詩集
李魁賢：《加勒比海詩選》（名流詩叢28）
李魁賢：《最後的咖啡》（名流詩叢29）
李魁賢：《阿爾巴尼亞詩選》（名流詩叢30）
李昌憲：《愛河》（台灣詩叢05）漢英雙語詩集
蔡榮勇：《念念詩穎》（台灣詩叢06）漢英雙語詩集
楊淇竹：《淡水》（台灣詩叢07）漢英西三語詩集
利玉芳：《島嶼的航行》（台灣詩叢08）漢英西三語詩集
利玉芳：《放生》（釀出版・含笑詩叢07）華客雙語詩集
陳秀珍：《淡水詩情》（釀出版・讀詩人114）漢語詩集
陳秀珍：《骨折》（釀出版・讀詩人117）台華雙語詩集

基於詩與教育緊密交流的初衷，淡水福爾摩莎國際詩歌節開幕典禮選在大學舉辦，第1屆在淡江大學，第2屆在真理大學，2018年第3屆選在台北藝術大學，是因為有著名舞蹈家和國際歌唱家出席，正好可與教師學生有互相觀摩機會，豈料事與願違，原擬與淡水區以及周遭還有多所大學繼續輪流合作的方案，不得不進行修正。

9月22日開幕，大清早起來，散步到住宿的亞太飯店對面山丘上晨操，這裡原本是墓地，公墓遷移後，遺留的可能是私家墓地，樹木、花草修剪整齊，未見荒塚，在下方接近平地部分，還開闢網球場，一大早就有人在練球。在墓地旁做早操，竟然引起詩意，完成〈淡水晨景〉：

淡水山岡上運動公園
早起老人做甩手扭腰晨操

連微風都不敢驚動
同樣早起的鳥
被山腳下更早起的車聲壓制
連啁啾二字都說不出口
幾抹白雲劃過藍底的天空
像小孩感冒哈啾
不留心噴嚏流出的鼻水
濺到對面觀音頭上
太陽從大屯山脈小坪頂探頭出來
怒目而視像忍不住氣的金剛
即使有成排黑板樹肅立在側
即使有台灣欒樹配襯輝煌喜悅
即使有遛狗在草地尋尋覓覓
老人垂目不敢逼視金光
不敢繼續在荒廢公園徘徊

　　10點開幕式在台北藝術大學禮堂，除行禮如儀外，特別節目的義大利舞蹈家羅蓓塔芭蕾舞，令人感動，原先她只預備跳一支舞，約4分鐘，聯絡中我說給她安排10分鐘，結果她編三支舞，很有東方韻律感，配曲也富有東方抒情味，可見她為淡水詩歌節特別編舞的苦心。羅蓓塔換舞換裝中間，插入義大利詩人歌唱家安傑洛的節目，他為淡水精心作詞譜曲，已在國際間演唱過的〈淡水幻想曲〉上場了：

在等待中，我心存幻想
他們還在玩
這是我的地方
我短暫旅行
短暫停留，知道為什麼嗎
我是有道理的

他們感覺瘋狂有勁

在這黑暗而蒼白時刻

我稍有反動煩惱

當然有些事情會變

我們無權又無力

這是現實，我們重視的是

沒有認同感

我們永遠孤單

我說出如今腦裡

再度出現的幻想

你不四處看看

有這些音符，你更值得

夢想愈來愈接近你

我們無權又無力

這是現實，我們重視的是

沒有認同感

我們永遠孤單

我留在這裡

一無所有

然而我的人生

掌握在我手中

不會的

我們不會孤單

　　安傑洛在抒情歌詞和溫柔歌聲中，表達出台灣特殊處境的遭遇、無奈，又能自立自強的堅忍生命力量。歷年來許多國際詩人書寫關懷福爾摩莎的優美詩篇，都能體會到台灣歷史、政治、文化的特殊性，雖然只是短暫停留，詩人的敏銳感性充分表現無遺。

　　美國楊百翰大學巴列霍研究中心主任美籍祕魯詩人瑪拉・加希雅，藉開

幕會場頒給我榮譽獎牌，表彰「身為作家和評論家，在台灣傳布詩人巴列霍作品的傑出貢獻，及其在學識和文學成就」（por la gran labor que realiza como escritor y critico, difundiendo la obra del poeta Cesar Vallejo en Taiwan. Asimismo, por sus meritos intelectualwes y literarios），給我無上榮譽。

9月23日外出踏青活動，在忠寮社區發展協會熱心合作與策劃下，更為精彩，從機車隊在社區前迎接和引導下，詩人早已感受到熱烈氣氛。二度來訪的安傑洛和達麗拉，急急忙忙跑去關顧去年手植的桂花樹，與樹合照，好像見到老朋友，可惜非值花季，不能以桂花清香迎賓。忠寮社區活動中心不但安排撞麻糬、搓圓仔等民俗美食，還由村民演出「內山姑娘欲出嫁」的民俗喜劇，除敲鑼打鼓、挑喜餅嫁妝跳舞外，由一對夫婦對換反串角色，喜感十足，讓國外詩人大開眼界，國內詩人也大為喜樂，最後反串新娘的丈夫，竟投入薩爾瓦多詩人歐斯卡懷抱，引起大家驚叫。

轉往參觀琉傳天下藝術館，號稱觀光工廠，以設計、製造玻璃藝術工藝品為專業，參觀者也可動手親自體驗。我在台北工專讀書時曾參觀過新竹玻璃廠吹製電燈泡，中年時有機會出國，在義大利、捷克參觀過製作琉璃燈、鑲崁花瓶等玻璃藝術品，沒想到淡水鄉下竟然也成為玻璃藝術品生產據點。詩人就在這琉傳天下藝術館演講唸念詩，另有一番氣氛。玻利維亞皮拉爾‧佩德拉札，在此宣讀世界詩人運動組織創辦人兼祕書長路易‧阿里亞斯‧曼佐（Luis Arias Manzo）託她轉達的賀詞：

　　從智利向各位詩人朋友致意！

　　很高興世界詩人運動組織所播下的種子，如今已結成果實，而我們對世界的關懷也使我們彼此更加連結。從梅利皮亞（Melipilla）看到各位世界詩人聚在一起，充滿熱愛的照片。我看到各位詩人臉龐，都像花一樣，表現強烈的友情。

　　首先要恭喜亞洲區副會長李魁賢，讓世界各地詩人聚集在台灣，這是他努力的成果。第二是美洲區副會長歐斯卡，不遠千里三度造訪台灣。最後是玻利維亞分部祕書長皮拉爾‧佩德拉札，帶著我們組織的精神與夫婿參加此次活動。

祝福這三位及所有詩人，以文字力量讓失衡的世界得以平衡。

詩萬歲！全體詩人萬歲！

由此前往參觀忠寮著名古厝，也有新建生態園區，足見鄉親沒有墨守舊規，而在努力發展跟上新社會形態和進步思想。晚餐回到桂花樹社區活動中心享用傳統辦桌美味。助興節目安排族親李家三房著名民俗傳統技藝樂師李三有，表演北管，吹奏嗩吶、拉胡琴、假聲唱腔、扭腰走蓮花步，我以前只風聞，於今首度親眼目睹，證明名不虛傳。杜守正父子聯手彈唱，加上原住民歌手雙重唱，帶動熱烈氣氛。義大利安傑洛免不了「投李報桃」，他一高歌，厄瓜多馬麗亞和薩爾瓦多歐斯卡就率先熱舞起來，不料忠寮李家90歲老翁竟然也不甘落後，當場跳起現代舞，顯然我對故鄉生活形態疏離太遠了。

翌日是東北海岸線詩旅，先到石門區富貴角，詩人三三兩兩沿滿布風稜石的海岸，往凸出的岬角走，季風很強，蔚藍藍天，鷗鳥或像風箏，隨風飄舉，或像神風特攻隊，逆風突襲，愛好攝影的詩人掌握機會「逆來順受」，捕捉難得鏡頭。我發現一處默守岸邊的岩礁，竟似鬼斧神工，詩想發作，喜獲〈淡水岸礁〉一詩：

被風刀凌厲雕塑定型

在富貴角燈塔照耀不到的海岸

孤獨經過多少世紀了呀

天空來來往往的飛鳥

荒路上急急飛過的人影

如同空白的日子可數

沒人發現那塊海風催黑的岩礁

經不經心雕鑿成

不再修飾的最後遺作

竟是米開朗基羅聖殤庇祐祂

五百年前模仿的原型

庇祐祂（Pieta）是米開朗基羅著名雕塑《聖殤像》的音譯，又名《聖母慟子像》或《哀悼基督》，為梵蒂岡聖彼得大教堂典藏作品。在淡水東北角海岸線有此擬似景致，豈非天造地設？

繼續往海岬走，來到台灣最北端的富貴角燈塔，這是日本人在台灣建造的第一座燈塔，於1897年完工，外形呈黑白平行相間條紋的八角塔。適星期一不對外開放，詩人就在外面濱海廣闊空地念詩，享受大自然中的詩情畫意。和去年在老梅綠石槽一樣，摩洛哥達麗拉特別垂青，點名要我念〈燈塔自白〉，而且說其夫婿瓦立德要當場翻譯念阿拉伯譯本。在富貴角燈塔前念〈燈塔自白〉，正合地理，我欣然應命：

> 茫茫海上
> 我願給妳一點光
> 指點一個方向
> 或許妳從此遠遊四方
> 漸去漸遠
> 或許妳決心靠岸
> 廝守美麗的海島
> 偎倚曲折的海岸
> 白天單純是一個景點
> 夜裡絕對會放射光芒
> 照耀海岸歷史
> 直到天亮
> 妳留下　共存海角
> 妳離去　各自天涯

下午繼續往前推進到萬里區野柳，遊覽著名的地質公園。上世紀60年代，野柳女王頭岩石於世人面前公開亮相，造成轟動時來過，一晃就已過半世紀，那時周遭還是自然生態景觀，如今因遊客人潮，導致人工製作太過，例如鋪路石板，棧道、景觀台、排隊路繩等等，失去野趣，不過天然斧鑿的

礁岩，摻合人為想像塑造的擬態，還是頗為吸引人，從後來許多詩人描寫詩篇，可以印證無誤。詩人們在海蝕的特殊地質岩盤上，徘徊流連半晌，整隊回頭到棧道觀景休憩座椅處，坐下來開始念詩。出乎意外的是，首先歐斯卡才起頭，海面起一陣風，黑雲從外海奔來，疾如千里馬，未待歐斯卡念完，已霹靂交加，當頭雨淋洗身，大家只好往車站狂奔，瞬間又雨過天青，真正是造化弄人。

9月25日參觀總統府，由笑容可掬的陳建仁副總統接見，當天總統府發布新聞稿如下：

> 陳建仁副總統今（25）日上午接見「2018淡水福爾摩莎國際詩歌節參訪團」，肯定該活動在總策展人、詩人李魁賢先生努力下，已成為台灣文化最美好的傳遞平台，也期盼各國詩人訪台期間，能充分體會並認識台灣的人文風景之美。

> 副總統致詞時表示，很高興有許多國內外詩人齊聚總統府。「福爾摩莎國際詩歌節」第1屆在2015年於台南市舉行，隔年移師新北市淡水後，今（2018）年已經是第4屆，過去3年共有11國（魁賢按：實際上已有15國）33位詩人到訪台灣。今年在總策展人李魁賢先生長年累積的人脈及積極邀請下，到訪國際詩人人數更勝以往。

> 副總統指出，「淡水福爾摩莎國際詩歌節」的幕後功臣李魁賢先生，才剛獲得國家文藝獎的肯定，雖已高齡82歲，對文學推廣的熱情始終如一，每年出訪到非洲、拉丁美洲等地區，積極參與各國重要詩歌節。更重要的，他也提攜後進一同前往，致力於台灣文學的國際交流、推廣，為台灣文學發聲，是台灣具有本土性與世界觀的重要詩人作家。

> 副總統說，「淡水福爾摩莎國際詩歌節」在李魁賢先生努力下，逐漸累積國際知名度，成為淡水每年重要的文學聚會，透過詩人間的跨國交流互動，也成為台灣文化最美好的傳遞平台。

> 最後，副總統表示，詩是最精鍊的語言，也是最能展現心靈之美的文體，更是國家文化軟實力的展現。我國文化部2014年成立「齊東詩舍」，與詩有關的交流、推廣及育成，都在詩舍裡發生，希望讓詩

融入日常生活，使台灣成為培養詩人與傳唱詩歌的沃土，成為「詩的島嶼」。他期待各國詩人訪台期間，能充分體會並認識台灣的人文風景之美，以詩相親，詩就是我們共同的語言。

訪賓一行包括「2018淡水福爾摩莎國際詩歌節」總策展人、世界詩人運動組織詩人李魁賢先生，由文化部次長丁曉菁陪同，前來總統府拜會副總統。

我接著用台語致謝詞曰：

總部設在智利的世界詩人運動組織，會員已經將近9,500位，包括五大洲超過130個國家，真歡喜有淡水文化基金會的合作，舉辦淡水福爾摩莎國際詩歌節，到旦已經有三年。

三年來，邀請過五、六十位國際詩人參加，今年報名就有21國30位詩人。在咱台灣國家外交一工一工減少，咱在國際詩交流建立的私交卻一工一工增加，今年報名參加的詩人有21國，就比咱邦交國數量復較多。

淡水福爾摩莎國際詩歌節，每年印有大會詩選《詩情海陸》，選用參加詩人的詩，大家分享，予淡水成為國際文壇交流矚目的重點之一。會後編《福爾摩莎詩選》，將國內外詩人描寫淡水詩篇選輯，外國詩人用詩注台灣印象，傳播給伊等本國讀者朋友，予台灣在國際間受到注意。

感謝總統府安排，予出席淡水福爾摩莎國際詩歌節的國內外詩人，有機會參觀咱台灣元首辦公的所在，增加親切感，感謝陳副總統撥工佮大家見面。多謝！

行禮如儀後，我贈送新出版拙著《雕塑詩集》，由淡水文化基金會許慧明董事長的夫人陳淑麗贈送歷年淡水福爾摩莎國際詩歌節大會詩選《詩情海陸》第1至3集，以及《福爾摩莎詩選》2016年和2017年版，陳副總統回贈全體詩人各一組總統府外形圖像的瓷器燙金咖啡杯盤。我陪同陳副總統繞場逐

一向在座詩人打招呼，回到原位，輪到詩人逐一上前與陳副總統握手合照，我站在陳副總統右側，向陳副總統說：「我退下。」他說不用：「你站在這裡陪我。」我就逐一向陳副總統提示每位詩人國籍和姓名，結果我變成從頭到底的唯一陪襯，沾到大家的光。

接見結束，隨即導覽參觀一樓展覽室，有中華民國之璽、榮典之璽、勳章、歷任總統肖像和介紹、侍衛服飾、總統府建築介紹，還有收藏畫作，多幅陳澄波作品，受到矚目。巧遇小說家鄭清文千金鄭谷苑教授，原來她是總統府長期導覽義工，由她導覽詩人參觀，最為理想。在轉角處，有蔡英文總統人形牌，從室內探身出來招手，我靈機一動，站對面，伸手相觸，請朋友拍一張照片，題為「最初的探戈」，貼到臉書上，為詩人所稱羨。詩人們參觀畢，在總統府中庭合照紀念，後來詩人都把與陳副總統合照相片，視若瑰寶，貼到臉書上示眾。

26日是活動最後一天，安排學術之旅，早上到真理大學，台灣文學系蔡造珉出一奇招，接待詩人在馬偕紀念館外迴廊休息時，拿出紙筆，要詩人即興寫詩，貼在詩牆上，很有交流意義，又富挑戰性。結果，詩人都勇於接招，親筆手稿貼滿詩牆，意外獲得一筆得來不易的文學典藏資料。下午轉到淡江大學，由西班牙語文學系前系主任林盛彬安排論文發表會，原先顧慮口譯方便，分成西語組和英語組，發表論文的詩人有：

西語組：
　　玻利維亞的皮拉爾‧佩德拉札〈玻利維亞女作家及其環境〉
　　墨西哥的奧拉西奧‧薩維德拉〈長紙翅膀的女鐵人〉
　　祕魯的李卡鐸‧考德隆‧桂帖雷茲〈邁阿密的祕魯文化學院（ICP）作為促銷和身分實體〉

英語組：
　　加拿大的娜拉‧雅妲臘〈介紹魁北克詩〉
　　以色列的吉莉‧海莫維琪〈希伯來語和英語：兩種語言間的詩旅〉

摩洛哥的貝耐薩・博馬拉〈詩與人性：朝向詩的國際性〉

摩洛哥的達麗拉・希奧薇〈全世界第一所大學創辦人故事〉

　　本來西語組祕魯丹尼爾・古巴斯・羅美洛也有一篇〈創作性的特質〉，兩組正好各四篇，由於他臨時須照顧生病的高齡母親而缺席，以致稍微失衡。發表會教室配置臨時出狀況，不得不兩組合併舉行，以致時間不夠，僅供論文發表，而無足夠時間討論，但僅就發表內容，已夠精彩，充分達成國際詩交流之目的。

　　晚上閉幕典禮兼歡送晚宴，席設紅樓餐廳，三年來淡水福爾摩莎國際詩歌節受到餐廳洪老闆支持甚多。2018年閉幕典禮除照例贈送出席證書外，特別節目是祕魯詩人有備而來，原來由【柳葉黑野櫻、巴列霍及其土地國際詩歌節】主席達尼洛・桑切斯帶隊，出席淡水詩歌節另有任務，藉此頒給我金幟獎（Bandera Iluminada），表彰對於台灣和祕魯雙方文學交流所做的貢獻，同時頒發「晨星」獎給台灣詩人利玉芳、林鷺、陳秀珍、簡瑞玲、楊淇竹，充分表現對台灣詩人與祕魯詩壇交流的重視。

　　晚宴時，馬麗亞穿厄瓜多國旗裝舞衣，跳熱烈的厄瓜多民族舞，本來紅、藍、黃三色已夠鮮豔奪目，加上年輕有勁的舞步，使會場氣氛愈形高昂，不料她竟邀我下場「踏鹹菜」，在此正夯氛圍，我這旱鴨子只好下海，拚命游以自保，免得沉溺，朋友還真誤以為我有兩下呢。2018年淡水福爾摩莎國際詩歌節就在歡聲連連中落幕。

　　這一年更豐收的是，達尼洛在淡水就開始寫紀遊詩，非常深刻的觀察和感受，甚至有傾向史詩的想像，也有與人民親切的對話，回祕魯就整理出一本詩集，書名是《福爾摩莎黎明時》（*Formosa en el Alba*）。索序於我，深受感動之下，勉力趁機加以漢譯，至此對達尼洛天天發不停的詩、小說、散文的豐盛創作力，不得不折服。自從2017年參加【柳葉黑野櫻、巴列霍及其土地國際詩歌節】後，接到他源源不絕發來作品，原以為是舊作，至此體認到年已70歲的達尼洛，以他鄰居巴列霍為模範在挑戰自己，我依真誠感受為他寫序：

祕魯詩人達尼洛・桑切斯出席台灣2018年福爾摩莎國際詩歌節，完成一本詩集《福爾摩莎黎明時》，讓我十分佩服他創作旺盛、觀察入微、感性敏銳、想像豐富。

　　這本詩集《福爾摩莎黎明時》，從達尼洛搭飛幾抵達台灣那一刻寫起，前往淡水參加福爾摩莎國際詩歌節，一路有月亮相隨，抵達淡水，觀賞自然現象和美景，逛老街，看民俗活動。詩歌節期間，在燈塔前念詩、在真理大學現場寫詩，遊野柳國家公園，就奇岩地景，發揮宇宙誕生、神創造世界的深刻冥想和廣泛思考，也去參觀佛寺，觀察淡水女孩的清純和體態，會後在台北遊覽鬧街和101大樓。最後寫到離開台灣，回程經過中國上海的經驗。

　　《福爾摩莎黎明時》形同一本紀遊詩集，身為詩人，從大處著眼，小處著手，所以可從細微末節，表現特殊的民族文化特質，也顯示異國情調的新奇和趣味。對台灣人情景物，民眾待人處事，描寫得非常生動。甚至在回程過境上海，明顯感受到人在社會中的異化現象，與台灣社會的親切祥和，呈截然不同的對比。

　　達尼洛・桑切斯的詩藝，在此書中表現無遺。就形式言，規律性的長短句，視覺上已先入為主，產生曲折波動韻律感；吟誦聽覺上，音節短促，輕快活潑，生動有力，成為詩人的特殊風格；意象上，達尼洛・桑切斯善於從外在現象，敘述起興，轉折到內心感受，引起內在回應，由此進一步躍升到人生觀和世界觀的哲學思惟。

　　因此，在達尼洛・桑切斯的詩作當中，內心感性豐沛，面對外在現實，則理性充分。在感性和理性交互衝擊下，有時呈現虛虛實實的情境，甚至在目視具象的實景，可以設想到神話般的虛擬傳說。而他的聯想和想像，似有歷史實情的支持，並非全然虛無飄渺的幻想。

　　實際觀察，加上豐富想像力，是達尼洛・桑切斯詩的魅力所在。淡水有幸，在他的創作裡，成為詩的故鄉！

2019年1月20日

Absent from Poetry Festival in Hanoi

缺席越南河內國際詩歌節

第3屆越南河內國際詩歌節、第4屆越南文學推廣國際會議,以及第17屆
越南詩歌節
時間:2019年2月16日至20日
地點:越南

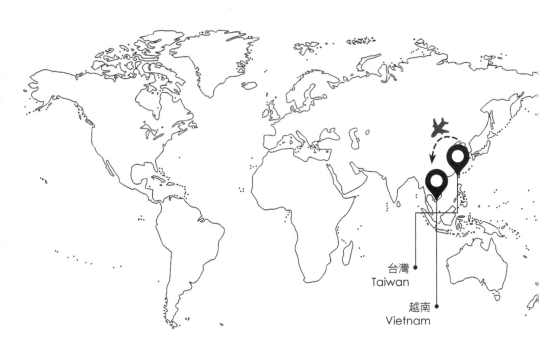

台灣
Taiwan

越南
Vietnam

2018年聖誕節因日本詩人森井香衣推薦，接到越南作家協會外務委員會常務理事陶金花（Dao Kim Hoa）邀請函，出席第3屆越南河內國際詩歌節、第4屆越南文學推廣國際會議，以及第17屆越南詩歌節，三合一的盛會，為期五天，從2019年2月16日至20日。我立即欣然接受，另爭取幾位名額，獲得同意，邀請到利玉芳、蔡榮勇、陳秀珍和簡瑞玲同行，也按照規定，每位提供詩五首，我個人還應邀提出一篇短文〈台灣與越南國際詩交流的可行性〉供討論之用。

　　意外的是，萬事齊備，準備過完春節假期，就要上路時，個人在2月7日農曆新春初三因身體不適，過二日住院檢查，到2月19日才出院，以致失去參加越南河內國際詩歌節的機會。後來從四位出席詩友得知，此次盛會邀請46國100多位詩人出席，包括台文筆會陳明仁、蔣為文、陳正雄等，還有孟加拉Aminur Rahman、蒙古Sandoo Hadaa、尼泊爾Tulasi Diwasa、瑞典Bengt Berg、突尼西亞Moëz Majed等老友，我竟失去在越南與他們把臂笑談的良機，引以為憾！

　　可惜的是，大會似準備不周，或許邀請出席詩人過多，不但詩人作品未能完整編印入大會資料，徵求的文章也未彙編，甚至連念詩和宣讀論文的安排都不夠周全。為呈現台灣詩人出席國際詩歌節一貫的用心，兼保存歷史紀錄，茲將我經手前進越南交流的台灣詩篇臚列如下：

利玉芳詩作

色彩的淡水倉庫

太陽花就是這個樣子

寧靜革命

雨的氣味

古蹟修護

蔡榮勇詩作

台灣不是名詞

春天的腳步

姿

坐下來，台灣醒了

高麗菜主義

陳秀珍詩作

保證

鳥有無限自由

銅像I, II.

淡水

島與海

簡瑞玲詩作

你的名字

五彩

總是有詩

戰事

越南印象

李魁賢詩作

島嶼台灣

我的台灣　我的希望

燈塔自白

輸血

越戰悲歌

　1. 峴港即景

　2. 婦女一

　3. 婦女二

　4. 叮嚀

由於個人未能出席，自無紀錄可交代，僅就代身出征的詩文留此存證，有待來日可能進一步完成未竟的願望：

島嶼台灣

你從白緞的波浪中
以海島呈現

黑髮的密林
飄盪著縈懷的思念
潔白細柔的沙灘
留有無數貝殼的吻

從空中鳥瞰
被你呈現肌理的美吸引
急切降落到你身上

你是太平洋上的
美人魚
我永恆故鄉的座標

我的台灣　我的希望

從早晨的鳥鳴聽到你的聲音
從中午的陽光感到你的熱情
從黃昏的彩霞看到你的丰采
台灣　我的家鄉　我的愛

海岸有你的曲折
波浪有你的澎湃

雲朵有你的飄逸
花卉有你的姿影
樹葉有你的常青
林木有你的魁梧
根基有你的磐固
山脈有你的聳立
溪流有你的蜿蜒
岩石有你的磊落
道路有你的崎嶇
台灣　我的土地　我的夢

你的心肺有我的呼吸
你的歷史有我的生命
你的存在有我的意識
台灣　我的國家　我的希望

燈塔自白

茫茫海上
我願給妳一點光
指點一個方向
或許妳從此遠遊四方
漸去漸遠
或許妳決心靠岸
廝守美麗的海島
偎倚曲折的海岸
白天單純是一個景點
夜裡絕對會放射光芒
照耀海岸歷史

直到天亮
妳留下　共存海角
妳離去　各自天涯

輸血

鮮血從我體內抽出
輸入別人的血管裡
成為融洽的血液

我的血開始在別人身上流動
在不知名的別人身上
在不知名的地方

和鮮花一樣
開在隱祕的山坡上
在我心中綻放不可言喻的美

在不知名的地方
也有大規模的輸血
從集體傷亡者的身上

輸血給沒有生機的土地
沒有太陽照耀的地方
徒然染紅了殘缺的地圖

從亞洲　中東　非洲到中南美
一滴迸濺的血跡
就是一頁隨風飄零的花瓣

越戰悲歌

1. 峴港即景

第一個落海
是被擠下的大孩子
母親還緊拉著
另外三個小的
悶在難民船甲板上的人叢裡

第二個落海
是被擲下的嬰孩
醫師宣告無藥可救後
隨著超載的行李一起祭海
哭昏的母親無人理睬

第三個落海
是失手墜下的小孩
被族人掙扎拉上船的母親
反身跳入絕望的海
一聲不響

紛紛落海的是
被趕到岸邊的兵士掃射
驚惶失措的壯丁

2. 婦女一

一手抱著嬰兒授乳
一手拉著盲目的丈夫
走向分不清東南西北的路途

一列車隊揚起的灰塵
一行噴射機劃過的捲雲
代替平時一股股的炊煙

一片乾癟的土地
猶捨不得盲目的天空
最最累贅的天空

3. 婦女二

倒下去的時候
身體彎曲成C形
苦心建造一個外子宮
懷裡猶緊抱著授乳的嬰兒
好讓他重享出生前的安寧

4. 叮嚀

我還要跟著軍隊走
還有需要我們保護的土地
我不能帶著你們
不是我狠心不管

讓我偶然發現你們兄弟四個
在逃難的路上
已是老天眷顧的安排
自從荷槍出門起
何嘗敢夢想再見

只是料不到這個情況
也沒想到母親會和你們走散
如今你們要緊緊拉在一起
不要再分離
老大　你已經十歲
就由你來當班長
好好帶著你的弟弟

我立刻要去追上部隊
不能詳細告訴你們怎麼走
反正你們也沒有鞋子
踏著土地最實在

還有　遇到有水的地方
先洗一把臉吧
眼淚不要再白流
留著回來灌溉田園噢

台灣與越南國際詩交流的可行性

在我青年時期，對二戰後一直在戰火下掙扎生活，不能和平建國的越南人民，備極關懷。我第一次到越南進行商務考察，是在1971年5月，從香港到西貢（現名胡志明市），然後再經曼谷、吉隆坡、新加坡。那時已是越戰末期，美軍支持的南越政權敗象已露，我看到的西貢，市面蕭條，旅館空房率很高，沒有什麼外國旅客，晚上幾乎只有小酒吧在營業，接待美國大兵，街上常見有大兵醉倒在路邊。我到邊和工業區參訪，砲火已經打到眼睛看得到的公路上。

1975年美軍終歸敗戰，撤離南越，頓時發生難民潮，難民無處逃，有些搶登軍艦，想跟隨美軍撤退到美國的難民，反而落海溺斃。拙詩〈越南悲

歌〉組詩四首就是在1975年4月4日所寫：

一手抱著嬰兒授乳
一手拉著盲目的丈夫
走向分不清東南西北的路途
（婦女一）

紛紛落海的是
被趕到岸邊的兵士掃射
驚惶失措的壯丁
（峴港即景）

翌年越南成立社會主義共和國，我一直關心越南戰後社會復員情形，人民流離失所後，家園和心靈重建。40年後，到2014年12月才有機會和家人，參加旅行團到下龍灣來度假，在我印象中，越南已建設成安詳樂利的社會，國家經濟正欣欣向榮。

多年來，越南勞工對台灣經濟發展和社會服務，提供很大的貢獻，按2018年11月統計，在台灣的越南勞工21萬餘人，到2018年4月底統計，嫁為台灣婦的越南配偶剛超過10萬人，所生下的台越混血兒人數已不少。

台灣與越南歷史上有過接近和隔離時段，但現在和未來，在血統、文化、社會、政經各方面，必定會有愈來愈密切關係，有必要讓台灣人民透過詩，深刻體會越南心靈關懷的事事物物，讓兩國民族間有更融洽的結合。

我近年陸續漢譯出版《孟加拉詩一百首》、《遠至西方——馬其頓當代詩選》、《伊拉克現代詩一百首》、《加勒比海詩選》、《阿爾巴尼亞詩選》、《阿根廷詩選》、《突尼西亞詩選》等書，趁此次參加第3屆河內下龍灣國際詩歌節，讓我產生漢譯《越南現代詩選》的念頭。可惜我不懂越南語文，指望能透過英文本轉譯，深盼有合作對象，好讓台灣讀者多多瞭解越南心靈之美！

2019年3月11日

第
2 4
章

Greek Exoticism

希臘艾維亞島風情

第2屆希臘哈爾基斯國際詩歌節

時間：2019年4月8日至12日

地點：希臘

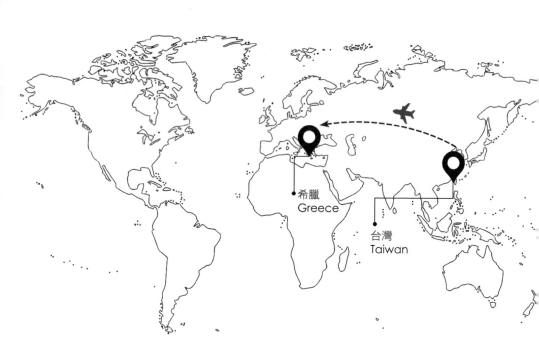

希臘
Greece

台灣
Taiwan

2018年7月1日剛從突尼西亞參加第5屆西迪布塞（Sidi Bou Saïd）國際詩歌節回到台灣，10日就接到馬麗雅・宓思特里奧悌（Maria Mistrioti）邀請出席2019年4月8日至12日的第2屆希臘哈爾基斯（Chalkida）國際詩歌節，地點在艾維亞島（Evia），是希臘第二大島，僅次於克里特島（Crete），隔尤里普斯海峽（Euripus），與希臘本土相望，有跨海大橋連接。我是由同樣出席突尼西亞西迪布塞國際詩歌節原籍伊拉克的波蘭詩人哈悌夫・賈納畢（Hatif Janabi）所推薦，據馬麗雅說，哈悌夫是她20年老友，她也多次出席波蘭中西部波茲南市（Poznan）詩會，哈悌夫特別要她務必邀請我。

平生去過希臘兩次，第一次是1979年擔任台灣省發明人協會常務理事，帶團參加紐倫堡國際發明展，當時台灣出國管制嚴格，一般人申請出國不易，所以趁便在11月4日展覽結束後，安排參展發明人旅遊，行程經維也納、薩爾茲堡、茵斯布魯克、瓦都茲、魯塞恩、日內瓦、巴黎、倫敦、雅典、新加坡等地。到雅典，上衛城，觀賞神殿廢墟，形同朝聖，是旅行社必要的安排。但我意外在街上目睹希臘人民抗議政府的行動，人數雖只有數十人，排隊在快車道旁行進，兩側有警察維護，規模不大，但沿路振臂呼喊口號的激情，相對於台灣40年前在獨裁封閉下死水一灘的社會，相當震撼。後來我用詩〈雅典之冬〉留做紀錄：

　　示威口號
　　是沒有答案的遊龍
　　黃昏的雅典
　　一點雨水的氣息也沒有

　　愛琴海的季節已過
　　只剩下雅典
　　曲曲折折的街道
　　流傳曲曲折折的思潮

右邊的隊伍喊著：

自由　民主！

左邊的行列呼應：

勞動　平等！

交會處的戰爭紀念館前

大理石雕像坐在草地上

白色晶瑩的肌膚

透顯絲絲碳化的脈管

萬神殿廢墟的風化石柱

禁不起咳嗽的示威

啊啊　逐漸包圍過來的

竟然東西客都有

　　再度前往希臘，是1996年6月參加土希旅行團，先是在土耳其參觀以弗所（Ephesus）希臘古城，從庫沙達西（Kusadasi）搭船進入希臘薩摩斯島，然後經邁西尼、納夫普利亞、埃皮達魯斯，到奧林匹亞，回到雅典，白天重訪衛城，夜裡在衛城旁岩石山坡上欣賞滿月，最後出愛琴海，遊歷埃伊納、波羅斯和伊茲拉三島。此行留下希臘給我印象深刻的詩篇，詳情紀錄在拙著《人生拼圖——李魁賢回憶錄》第72章〈希臘天空〉（新北市政府文化局，2013年11月）。

　　希臘印象不但一直留在我腦海裡，而且在我的新世紀詩路中，從亞洲、拉丁美洲、非洲進程，開始進入歐洲，希臘是重點之一，值得前往布局打基礎。於是我趁機多爭取幾個台灣詩人名額，馬麗雅很為難說，因她籌款不易，2002年第一次舉辦哈爾基斯國際詩歌節時，邀請到10國36位詩人與會，規模不小，但歷經16載，想再辦，才又爭取到艾維亞州政府答應支持，可是預算有限，只準備邀請5國10位左右詩人，如果順利，能夠接下去年年舉辦的話，她願列入計劃多邀請幾位台灣詩人，我只好準備單人赴會。

其實，多年來對希臘詩多少有些涉獵，先是為遠景出版事業公司策劃《諾貝爾文學獎全集》，翻譯1963年諾貝爾文學獎得主謝斐利士（Giorgos Seferis, 1900-1971）的詩29首（1981年），後來自己在策劃25冊套書《歐洲經典詩選》時，50位歐洲詩人當中列有三位希臘詩人，包括第3冊塞弗里斯（即謝斐利士改譯名）、第6冊黎佐斯（Yannis Ritsos, 1909-1990）詩39首，和第23冊卡瓦菲（Constantine Cavafy, 1863-1933）詩36首。這三位已經作古的希臘經典詩人，我無緣交陪，後來與擔任國際桂冠詩人聯合會榮譽副會長的柯連提亞諾斯（Denis Koulentianos）聯繫比較頻繁。柯氏在希臘接受教育範圍甚廣，涉及公關、心理學、哲學、聖經研究和神祕哲學等各個領域，獲英格蘭Brantridge Forest學校心理學博士學位，得過希臘、英格蘭、西班牙、法國、瑞士、比利時、墨西哥、葡萄牙、義大利、印度和美國等國文學／文化組織頒給獎項，出版詩集15種以上。

2010年秀威為我出版漢譯柯連提亞諾斯詩集《希臘笑容》（*Greek Smile*），譯序裡提到：

> 與鄧尼斯・柯連提亞諾斯（Denis Koulentianos, b.1935）結識，溯自1985至86年間，我們同在紐西蘭的詩刊《Rhythm and Rhyme》發表詩，他自動把我的詩譯成希臘文，在1987年兩次印成摺頁小書（Chapbook）發行，十年後他又陸續在希臘的文學雜誌《Kytherian Idea》等發表拙作的希臘文譯本。
>
> 基於國際詩交流應該雙向溝通的理念，我也把柯連提亞諾斯的詩譯了一輯，發表在《笠》詩刊195期（1996年10月15日）。到2009年他竟然在希臘出版了一冊《柯連提亞諾斯詩集1》，以我的16首漢譯，加上他的希臘文原作和英譯，又找到也是我的朋友俄羅斯詩人隋齊柯甫（Adolf P.Shvedchikov）譯成俄文，共有四種語文的詩集，非常特殊。
>
> 由於秀威資訊科技股份有限公司對國際詩交流的重視和熱心支持，我就把柯連提亞諾斯的詩以其詩集《希臘笑容》的英譯為本，再擴大翻譯成為漢譯的增訂版。由這些詩的選譯，充分顯示柯連提亞諾斯的創作，承繼希臘警句詩或哲理詩的傳統，表達作者的理念，文字

簡短精幹、要言不煩,當然對意象的經營,就非其著力的部分。

　　柯連提亞諾斯也頗喜短歌和俳句的寫作,大概是日本這種傳統詩的精簡,正符合他的風格,另一方面也顯示短歌和俳句的風潮,在世界各國仍有不少的愛好者。當國內有些詩人刻意在意象上,弄得過度繁複,以致渾沌不明,甚至因杜撰曖昧的詞句而得意忘形之際,閱讀思慮澄明的另類詩篇,自然另有一番滋味吧!

柯連提亞諾斯詩的特質以〈希臘神祇〉為例,可以管窺一斑:

神祇,古代希臘神祇
活在人間,但不在
神祕的幽暗神廟內。
祂們偏愛光
與春天手牽手
在鄉村散步。

祂們和人民談話
和現代人一樣。
古代希臘神祇正如
我們,同樣一切
幸運和錯誤。

但在這樣困苦的日子裡
祂們寧願默默活下去。

　　柯連提亞諾斯另外介紹一位希臘女詩人馬蓮納‧史考拉(Marlena Skoula-Periferaki, b. 1933)與我認識,後來我也譯過她10首詩,收入拙譯《世界女詩人選集》(秀威,2013年),其中有一首詩〈克里特島〉正是描寫希臘第一大島,可與哈爾基斯國際詩歌節舉辦地點的艾維亞島互相參照:

無論我走到哪裡，我的故鄉！
我總把你作為冠冕
用隨著你大地運轉的彩虹
以各種顏色彩繪你。
你的名字是我口碑的知交。
你的遠景帶給我鄉愁
回歸到你的聖地，
噴泉使記憶清新
愛沿著岩石散發香味。
你的七絃琴激起
心頭和嘴上的情意。
立有宙斯的祭壇
祂神聖的力量由此誕生。
克里特島呀，我最亮的星辰
你既是燈塔也是大屠殺
為了自由的緣故。
你的鬥爭映照到外太空
讓後代子孫仰望
看到理想、精神、古代傳統
你的滅亡，和永恆的遺蹟。
你知道如何開創未來
在普西羅萊替斯山野花上，
陶醉於友誼的甘露，
以鷹的翅翼飛翔
獲得愛情靈思。
你看見太陽無畏無懼
永遠擺蕩在
天地之間。

基於如此文學緣分，有機會應邀參與希臘舉辦的國際詩歌節，即使單人赴會，我也欣然接受。一週後馬麗雅發來正式邀請函，希臘文和英文各一份，由艾維亞州副州長范尼思‧史班諾斯（Fanis Spanos）簽署，馬麗雅以策劃人身分副署，可見做事很有效率。另函告選出拙詩〈塔〉、〈不會唱歌的鳥〉、〈回憶占據最營養的肝臟部位〉和〈我一定要告訴妳〉，要譯成希臘文，顯然是選自拙詩集《黃昏時刻》，這些正是該集最前面的幾首，都是1984年以前的舊作，但她主動選取，而非要求作者提供，表示主事者用心，試圖瞭解、體會應邀詩人作品。

　　到年底寄來活動行程表，我漢譯如下：

第2屆希臘哈爾基斯（Chalkida）詩歌節大會行程

　　時間：2019年4月9日至13日

　　地點：希臘中部地區艾維亞州

　　主席：艾維亞州副州長范尼思‧史班諾斯（Fanis Spanos）

　　策劃：馬麗雅‧宓思特里奧悌（Maria Mistrioti），及希臘文學學會全
　　　　　體會員

　　參加詩人：來自希臘、波蘭、捷克、烏克蘭、立陶宛、土耳其、比利
　　　　　　　時、西班牙、伊拉克、台灣、孟加拉、美國

　　主題：詩對民間手足之情的貢獻（Contribution of Poetry in the
　　　　　Brotherhood of People）

　　行程：

4月8日星期一

　　各國詩人陸續抵達哈爾基斯市

4月9日星期二

　　10:00詩人到達州政廳報到

　　　　由副州長范尼斯‧史班諾斯和馬麗雅‧宓思特里奧悌主持

　　　　大會詩選集新書發表，艾維亞州政府出版

　　　　由希臘女學院表演希臘舞蹈

　　　　國內外詩人發表大會主題演講

吟詩

由范尼斯‧史班諾思、馬麗雅‧宓思特里奧悌,和其他官員頒獎

14:00副州長午宴招待

19:00在哈爾基斯市政廳

由市長克里司托斯‧帕果尼斯(Christos Pagonis)接待詩人

演講、念詩、頒獎等節目

哈爾基斯市長晚宴招待

4月10日星期三

10:00艾維亞州文資局導覽城市歷史古蹟

12:30前往埃雷特里亞(Eretria),是西元前5、6六世紀重要希臘城邦

女市長安費特里悌‧阿琳帕特(Amfitriti Alimpate)接待

由埃雷特里亞市政府導覽、午宴,在市政廳舉辦活動

雷特里亞女市長安費特里悌‧阿琳帕特、議長和議員頒獎

返回哈爾基斯

20:00參觀吉爾吉斯‧宓思特里奧悌(Giorgis Mistriotis)畫廊

詩人馬麗雅‧宓思特里奧悌招待晚宴

4月11日星期四

09:00參訪哈爾基斯學校

11:00前往希臘古都德爾斐(Delphi)

由市長阿塔納希奧思‧帕納吉奧托頗洛斯(Athanasios Panagiotopoulos)

接待,導覽

德爾斐市政府午宴招待

返回哈爾基斯

晚宴

4月12日星期五

10:00前往雅典

遊雅典衛城,參觀雅典衛城博物館

在雅典當地小酒館午餐

參觀扎皮翁宮(Zappeion Megaron,位於雅典市中心的國家花園

內）、雅典大學

返回哈爾基斯

副州長范尼斯‧史班諾思歡送晚宴

希臘音樂

4月13日星期六

09:00在Panagia Laggadiotisa樹林植樹

簽署民間「和平‧正義‧自由‧友愛」（Peace, Justice, Freedom, Love）決議文

詩人賦別，希望哈爾基斯成為世界詩人每年四月的聚會場所。

　　2019年初準備出席2月15日至21日第3屆越南河內下龍灣國際詩歌節、第4屆越南文學推廣國際會議，和第17屆越南詩歌節的聯合會，2月7日凌晨突然身體出狀況，9日急診住院，以致越南不得不缺席，正擔心連希臘可能也無法成行，幸19日出院後，很快恢復正常狀態，4月7日得以按照議程進行。

　　希臘哈爾基斯國際詩歌節參加詩人於4月8日分別從各地飛抵雅典機場集合。我是從桃園飛到伊斯坦堡新機場轉機，此機場雖於2018年10月29日土耳其國慶日局部啟用，卻是剛好在前一日的4月6日完全取代原先的阿塔圖克機場。據稱伊斯坦堡成為歐、亞、非洲各地航線輻輳地點，航空網覆蓋121國300個目的地，每年旅客流量破1億人，阿塔圖克機場空間無法負荷，我近年在此進出多次，親身感受確實擁擠不堪。據新資料稱，伊斯坦堡新機場仍在繼續興建中，預計到2030年完成6條跑道，16條起降滑行道，500個停機坪，每日可處理3000航班起降，輸運旅客可達至多2億人，是全世界最大機場。

　　但如此大規模的硬體投資設備，軟體的飛行時間管控似不能相比。我從桃園飛到伊斯坦堡本來有125分鐘轉機時間，正想好整以暇，好好參觀號稱統一屋頂的大型機場建築，豈知飛行竟然遲到70分鐘，出機艙時已經是我下一站，要飛往雅典的登機時間，我拿登機卡問空中少爺說：「我來得及登機嗎？」那位少爺以怪腔怪調的華語回答我說：「放心，你有登機卡，他們會等你！」我出機艙快步走到遙遠的國際旅客過境轉機行李檢查站，六、七條通路都已排成長龍，我心裡一慌，向旁邊在照應旅客的關員說，登機時間早

已開始，我趕不及，快要落單了，他指指排隊行列說，你插進去吧。排隊的人自動讓位，我得以優先插隊，然後半走半跑，又趕到遙遠的登機門，離起飛時間剩10分鐘，機上旅客早已坐定。

　　約9點到達雅典機場，等到行李轉盤已空，才發現我雖然拚命趕上班機，行李卻沒能跟上。登記行李遺失，交涉後送事宜完畢，約11點打電話給馬麗雅，據告州政府會派車在下午1點後來接，這「1點後」的話很有玄機。在機場遇到陸續到達的各國詩人，在休息處集合，我趁機盤點參加哈爾基斯詩歌節的詩人有：

Amir Or以色列男教授；

Anna Keiko安娜惠子，本名王香蓮，中國女詩人、散文和劇作
　　家，惠風文藝社網站版主，來自上海；

Ares Chadzinikolau波蘭男詩人、作曲家、鋼琴家；

Danuta Bartosz波蘭女詩人、律師，擔任波蘭作家聯盟副會長10
　　年，紐約某律師事務所退休，回波蘭定居；

Dariusz Tomasz Lebioda波蘭男詩人，1958年生，文學教授、翻譯
　　和編輯、歷年應邀出席中國各地舉辦的詩歌節，備受禮遇；

Germain Droogenbroodt比利時男詩人，移住西班牙31年，翻譯和
　　出版工作，很早就來過台灣參加詩活動；

Giota Partheniou希臘女詩人，戲劇藝術教授

Hassanal Abdullah孟加拉男詩人，從小隨母移民美國，英語流暢，
　　從事翻譯和評論，經營孟加拉社區文化推展活動，編印英孟
　　雙語詩刊，發行300份；

Hatif Janabi原籍伊拉克的波蘭男教授、翻譯和編輯；

Jacek Wysocki波蘭男詩人，1983年生，從事平面設計和攝影；

John Zarogiannis希臘男詩人、語言學家；

Kazimierz Burnat波蘭男詩人，翻譯、出版和記者，不諳英語，喜
　　歡搞笑；

Kornelijus Platelis立陶宛男詩人，1951年生，曾任作家協會會長

和教育科學部長；

Lee Kuei-sihen台灣男詩人，即老朽；

Maria Mistrioti希臘女詩人、畫家，1956年生，即哈爾基斯詩歌節
　　策劃人；

Věra Kopecká捷克女詩人，1951年生，擔任教師，2000年起在捷
　　克主辦詩歌節。

　　以上共計9國16位，除以色列、中國、比利時、孟加拉、伊拉克、立陶
宛、台灣、捷克等國各1位外，波蘭5位，顯示策劃人的特殊關係，相對而
言，希臘本國才3位，還包括策劃人本身在內，確實嫌少。

　　國際詩人們在雅典機場等到下午3點，終於盼到有車來接，所謂「1點
後」玄機在此。由雅典機場到艾維亞島車程約兩小時，郊區田野放眼望去，
都是橄欖園，橄欖樹看來似乎都比以往在西班牙、土耳其、突尼西亞所見高
大，不加修剪，猛然一見，有幾分像台灣相思樹。過了兩天，天天早餐品味
醃漬橄欖後，希臘風情的第一首詩〈希臘橄欖樹〉，竟然起興於此：

　　希臘橄欖園

　　繁枝不用修剪

　　好像長滿相思樹

　　原來醃漬的橄欖

　　酸酸澀澀

　　類似愛情相思

　　對台灣相思

　　竟然同樣味道

　　酸酸澀澀

　　懷念台灣相思樹

　　經過一座跨海斜張橋，車進入艾維亞島。此島位於愛琴海中，形狀像海
馬，長約150公里，寬度由6公里至50公里不等，算是一個大島，但在外界不

太有名，有神祕島之稱，因當地人不願意被遊客騷擾，無意推展觀光事業，寧願保持希臘人自己生活方式和步調。跨海橋連接島的西部最大城市哈爾基斯，即是艾維亞州政廳所在地，人口五萬多。在車上瀏覽街屋，大都像台灣的港樓，無甚特色，但海灘很美，靠海的路邊餐廳大都用陽傘延伸到室外，讓客人享受自然風和風景親撫。岸邊時時出現裝置藝術空間造景雕塑，或古典女神具象，或現代抽象造型，在河流出海口橋端，有一尊巨大波塞頓（Poseidon）海神半身像，從河邊直達橋面，手持三叉戟，威風凜凜，每天進出，都會看到。

專車由海岸線轉入市街，一直盤繞，往山坡高地前進，雖然形同野外，但處處出現豪宅，庭院寬大，矗立石雕，講究造景，有些連外牆上都有雕塑。進入彎彎曲曲小路，終於到達接待詩人住宿的派拉戈斯（Pelagos，意即浮生物）旅館，看似在山凹裡，詳細觀察，前後院都布置雕像，後花園兩旁望過去，許多別墅，沿坡度往下望，已瀕臨伊沃克斯灣（Evoikos Kolpos），是愛琴海伸進來的手臂，介於艾維亞島和希臘本土之間，風景絕佳，大概是後山無車道，所以要繞遠路。

派拉戈斯旅館一樓大廳布置幾十套沙發，大大小小不等，從三、四人座到十餘人座不等，多年來在世界到處浪蕩，還沒遇過大廳布滿沙發，方便旅客會面聚談，甚至開會商談任便，真正有賓至如歸的感覺。大廳四周也是布置雕塑藝術品，還在通道間的旁側茶几上展示各種古董，例如使用熱木炭的熨斗、湯匙碗盤吊架餐具等。詩人一進旅館，大廳已擺好酒會迎賓，紅酒、果汁飲料、水、蛋糕、甜點、水果，一應俱全，下機後約十小時，未曾點滴充飢，正好稍加果腹。分房後宣布要在地下樓餐廳餐會，已經下午5點，以為是下午茶，結果是正餐，不料吃到一半，又宣布9點要歡迎晚宴，實在累到提不起精神，肚子也沒剩空間，我7點倒頭一睡，整整十小時才醒過來。

9日早上10點出發，按照原先議程應該到州政廳報到，舉行開幕式，但未經說明即更改為翌日行程的市內歷史古蹟導覽，先參訪東正教聖迪米特里奧斯教堂（Ekklisia Agios Dimitrios），特殊結構是石砌牆壁，木造屋頂，神龕和祭壇木雕非常精細。在教堂附近參觀一家古宅，經歷代改建翻修，留下歷史遺蹟，分別有1250至1405年拜占庭時期、1405至1833年

奧圖曼時期，和1833年迄今的不同風格變化。然後，轉往探察卡拉巴巴（Karababa）古堡，是奧圖曼帝國為抵禦威尼斯人侵略，於1684年興建，居高臨下，周圍是護牆箭垛，俯瞰港口全景，一覽無遺。古堡雖已成廢墟，19世紀初建設的新古典式建築主體作為考古博物館，展示西元前3世紀迄今各時代的建築細部，保存豐富的第3世紀舊石器時代的石雕，從艾維亞島各地收集得來，非常精美。

晚上7點在哈爾基斯市政廳舉行開幕儀式，由艾維亞州副州長范尼思致簡短歡迎詞，頒感謝狀給馬麗雅，市長克里司托斯・帕果尼斯（Christos Pagonis）講話，然後交由馬麗雅主持詩朗誦。馬麗雅事前一再向我抱怨說，州政府撥付舉辦詩歌節的經費，都被副州長人馬拿走了，以致大會詩選沒錢印製，但無論如何她會自費出版。在開幕式上，她臨時發給詩人的是，各人詩作的希臘文譯本影印資料，我發現譯者柯麗絲・特莉安塔費洛（Chris Triantafillou）很用心，她並沒有按照馬麗雅原先選擇的四首翻譯，而是另外選譯〈螭首〉、〈島嶼台灣〉、〈雅典的神殿〉、〈塔〉和〈雪天〉這五首。

我在開幕式上，簡單說明以往翻譯過希臘經典詩人卡瓦菲、塞弗里斯和黎佐斯，也出版過柯連提亞諾斯詩集《希臘笑容》，和包括馬蓮納・史考拉在內的《世界女詩人選集》，並把帶去的後兩本詩集呈現給大家看。然後說，我特別要朗讀〈島嶼台灣〉台英雙語，向同樣島嶼性格的艾維亞島致意，由馬麗雅讀希臘文譯本：

你由白色綢緞的波浪中
以海島出現

黑頭毛的樹林
予人不時思思念念
白晢晢幼秀的沙埔
留真濟螺子殼親過的跡

由空中看落來

被你現身出現的帥吸引

趕緊降落到你的地面

你是太平洋的

美人魚

我永遠故鄉的所在

　　第二天4月10日10點出發，先到哈爾基斯參觀一所高中座談，顯然又把明天行程臨時調到今天。這所高中因為採取希英雙語教育，學生英語流暢，勇於提出問題，都能一語中的，讓伊拉克出身才思敏捷的波蘭詩人哈悌夫·賈納畢（Hatif Janabi），答說：「我沒有意見！」（I have no idea！）也讓從美國紐約事務所退休的波蘭律師詩人達努塔·巴托滋（Danuta Bartosz）幽默說：「別碰我！」（Don't touch me）引起一陣輕鬆笑場。馬麗雅指定我說話時，我先打招呼說：「諸如此類有關詩創作的實質問題，很難簡單回應，尤其在不同語言之間，難以詳盡申論。」但我針對剛才一男一女同學提問的話，分別簡述我的經驗：「詩創作是作者把內心的感情，藉想像表達，透過外在現實世界意象，表達內心的意念，不是單純描述或形容，而是內外類比的隱喻和象徵。至於詩人一生創作不息的動力，在於詩人有一種使命感，要以詩見證生活過的外在世界和事務，用詩的形式紀錄。」

　　兩天來，一直陰霾，偶爾拋些雨毛，不禁對〈艾維亞島的天空〉有些感慨，隨身札記：

陰陰沉著臉

相思卻沉不住

氣雨下

不斷

愛該斷

不斷

又怨又恨
情不晴
就這樣相思連雨
希希拉拉
這真是
希臘

　　離開學校，前往島上的埃雷特里亞古城參觀，先拜會女市長安費特里
悌・阿琳帕特（Amfitriti Alimpate），馬麗雅逐一介紹詩人與市長招呼。埃
雷特里亞面向艾維亞海峽中的阿提卡（Attika）海灣，在西元前5、6世紀是
重要希臘城邦，到西元前490年落入波斯人手中，然後被羅馬人統治約700
年，於1890年代被發掘，並於1964年由希臘考古服務團及瑞士駐希臘考古
學院管理，是具有豐富19世紀遺蹟的現代城市。埃雷特里亞最早在荷馬史詩
《伊利亞特》中已有記載，由此地派船出發參與特洛伊戰爭。埃雷特里亞街
上整齊的柳樹，大都超過一人環抱，可見樹齡大致有數百年吧。在此先參觀
博物館，收藏從勒夫坎迪（Lefkandi）和雅瑪里索斯（Amarythos）附近出
土的重要古物，連金飾都已打造到很細薄，以後在希臘各地博物館所見莫不
如此，可見技術普遍很進步。
　　轉往旁邊的古代劇場，類似雅典戴奧尼索斯（Dionysos）劇場，呈半圓
形，十幾層，以巨石為座位，層層往上推，共有6,300個座位，雖然大都傾
圮，足見當年希臘文風之盛。奇特的是有地窖通道，從後台直通表演場地中
心，所以演員可以在現場從地下冒出來。試以詩〈希臘古劇場〉紀錄：

在埃雷特里亞
任憑雨愛下不下
任憑風愛吹不吹
任憑陽光愛照不照
6300個席位
滿座是雜草無聲

發不出激昂呼叫

只有場外遍地

紅黃紫白各色化身繁花

用燦爛呼應

古代繁華的激情

那是古代消失的語言

無人聽懂

　　過午已2點半，女市長親到餐廳宴請詩人，到5點結束。原以為過午已太遲，不很正常，以後卻甚至有拖到4、5點才開始午餐，希臘三餐竟然比拉美人還要晚。這一晚8點半才從旅館出發造訪吉爾吉斯‧宓思特里奧俤畫廊，原來就是策劃人馬麗雅的家，吉爾吉斯是她已故丈夫，為紀念他，把家以他的名字命名為畫廊，自己的畫作布滿四周，從進門玄關起，客廳、餐廳、書房、走道，甚至兩間臥室和廁所，牆壁都掛滿，她說大概有百幅，部分分別在她兒子和女兒家。這些畫作有不同風格，從模仿18至19世紀時期寫實派，到進入現代主義抽象派、表現派、印象派等，多種畫風嘗試，可謂琳瑯滿目。在馬麗雅家招待自助晚餐，聊到約11點半，才全體回到旅館。

　　4月11日10點40分出發，經過優美滑雪勝地山城阿拉霍瓦（Aráchova），這是精緻的小鎮，前往德爾斐（Delphi），到達時已正午1點鐘。來此參觀1903年建在深山裡的考古博物館，西元前4世紀所建著名阿波羅神廟遺址就在博物館附近，這是希臘神話中阿波羅出德爾斐神諭，借女巫口傳給眾生的聖地。博物館共分11個展覽室，館內可看到阿波羅神廟和背後圓形劇場復原模型圖，規模宏大，顯示古希臘盛世的榮景。蹲在神廟前方聳立12公尺高柱頂端的，就是守護神廟的人面獅身司芬克斯（Sphinx），如今就安放在博物館第5室內，可近身看到面露親切笑容，不像希臘神話中所述，出謎題給人猜，對猜不出者即撕食落腹的兇惡形象。館內精品豐富，其中號稱鎮館之寶的是第13室青銅雕塑《德爾斐戰車駕馭者》（The Charioteer），完成於西元前470年，迄今保存完整，面部表情專注又冷靜，長袍縐褶自然優美，感受到衣服貼身舒適柔和，手持韁索似乎和真的一樣，可以抖動繞曲自如。參

觀二小時，聽女導覽員面露司芬克斯笑容，侃侃而談藏品故事，感到還不過癮，可是許多詩人早已跑開去喝咖啡啦。

　　到博物館下方的市街午餐時近4點，餐畢已是5點多，在希臘作息時間漸漸要去適應。遠觀，整個德爾斐是廣布在山坡地，但進入市區卻與平地無異，街道平坦，兩旁商店是二層樓房，我刻意到下坡側的餐廳地下探望，地面下有三層作為住家，朝向山谷，景觀超美。回程時，車在半途暫停半小時，讓詩人往山坡下走訪殿前雅典娜神廟（Temple of Athena Pronaia）廢墟。約在西元前360年建在古代德爾斐遺址上，基礎以及前面的圓形噴水池還在，迴廊12根多利克式立柱，只剩三根，是在1930年代復建，許多壁飾現多保存在中午參觀過的德爾斐考古博物館。

　　回到哈爾基斯住宿的派拉戈斯旅館已是晚上8點半，約9點晚餐，我只好放棄，台語說「睏較有眠」啦。趁機把艾維亞島每天進進出出看到的晶瑩黃色亮點印象，連結成詩〈希臘檸檬黃〉，留下紀錄：

　　　在艾維亞島

　　　庭院屋角常見檸檬黃

　　　晶瑩獨霸一方

　　　到處沉默翠綠包圍下

　　　不服氣的野菊黃

　　　不時在呼應吶喊

　　　偶有罌粟紅搶眼

　　　插小花旗招搖

　　　黃就是黃

　　　不理會

　　　有時還裝蒜

　　　依然是黃

　　　保持亮麗的

　　　春景

4月12日哈爾基國際詩歌節最後一天行程，前往希臘首都雅典，主要參觀雅典衛城和衛城博物館，由於晚出門，車程耗去兩小時半，馬麗雅在車上說明只能擇一參觀，一方面時間不夠用，另方面艾維亞州政府沒列預算，雅典衛城門票25歐元，衛城博物館門票10歐元。何去何從，馬麗雅與州政府隨車導遊小姐爭論半天，隨後又和在市區上車的導覽女士僵持不下。後來由導覽提出方案，說明實際上持有歐洲旅遊卡者，可免門票參觀博物館，而要參觀衛城者，可自費前往，反正衛城博物館就在衛城山腳下，這樣簡單的辦法竟然有勞在大家面前爭到臉紅耳赤，讓詩人都感覺尷尬。

衛城我已參觀過兩次，記憶猶新，在拙著《人生拼圖——李魁賢回憶錄》第72章〈希臘天空〉末，有如下記載：

　　衛城，建在市郊山岡岩盤平台上的遺址，包括許多古蹟，最著名當推山門（Propylaea）和帕特農神殿（Parthenon）。衛城顧名思義，有居高臨下防衛城池的用意，而建造神殿更有崇奉神祇、仰之彌高、保衛社稷的精神建設效果。衛城圍牆有十公尺高，長760公尺，依地形自然輪廓砌造。山門六支多利克柱一列排開，當面聳立，形成五個門道，進山門的石階陡峭，空手而上，已甚費勁，足見易守難攻。遊客進山門，有被下馬威的感受，其實在右側有較緩的側面步道，我兩次參觀衛城，都是循此步道下山，步履輕鬆許多。

　　帕特農神殿建於西元前432年，供奉主神是雅典娜，典型的多利克柱式建築，非常雄偉，早期作為國庫，西元6世紀末成為基督教聖母馬利亞教堂，到15世紀奧斯曼帝國統治時期，變成伊斯蘭寺院，1687年寺內火藥庫被威尼斯人襲擊爆炸，神殿毀於一旦。柱頂壁面尚有部分雕刻保存，其餘崩落，有些被英法劫去，分別收藏在倫敦大英博物館和巴黎羅浮宮，我曾在兩館參觀過。1975年希臘政府開始整修，我1979年初次參觀時，周圍用繩索隔離，遊客不得太接近神殿建築，周圍都是碎裂石塊，大概還是三百年前炸毀的狀態，此次重來，周圍環境稍微整齊，沒有以前凌亂，但仍然礫石遍地，遊客可靠近到神殿基座拍照。過了20年，吊車還在現場，還是有零星工人在工作，

修復進度顯得非常緩慢。後來到21世紀,新建衛城博物館,收藏衛城所發現的所有古物,2009年開館供民眾參觀,已有四千多件藏品。

最後轉往衛城北側參觀厄瑞克忒翁神殿(Erechtheum),建於421至405 B.C.,祭祀希臘英雄厄里克托尼俄斯(Ericthonius),傳說是女神雅典娜撫養長大,另有一說是敬奉古代希臘國王厄里克透斯(Erictheus),雅典統治者,埋在附近,希臘書上此二人常被混淆。仰望古希臘建築中罕見的六尊女像柱廊,頭頂橫梁重負的女像,姿態依然優雅飄逸。此神殿與舊雅典娜神殿建在一起,舊雅典娜神殿據說是厄里克托尼俄斯在510至500 B.C.所建,於480 B.C.被波斯人所毀。這些神殿同樣在整建中,只能遠眺,因為還是一片廢墟。

最後,也只能以詩〈雅典的神殿〉結束希臘的行程,何時再來已屬未定之天意:

多利克巨柱支撐著
一片神話的天空
神話卻像浮雲一般飄逝
留下巨柱
支撐著歷史的廢墟

沒有趕上歷史的饗宴
現代遊客
紛紛擠進巨柱下的廢墟
把自己裝模作樣的姿勢
拍進歷史的鏡頭裡

每個人都用不同的角度
詮釋神殿的遺址
在唯一不變的世俗天空下

神早已失去了立身的場所
躲進歷史的角落

　　雖然垂垂老矣，能重履希臘，確實是天意也說不定，但兩度登上衛城，對2009年才開館的衛城博物館，尚無緣造訪，此行正好補足。在進入博物館時，覺得異樣的是參觀者可越過古蹟遺址上方進出，原來博物館是蓋在部分挖掘中的位置，從透空部位和透明步道可以俯瞰地下考古人員在作業。衛城有些雕像和古物，早就被掠奪到倫敦大英博物館和巴黎羅浮宮，所以有些殘缺，除歷史災變和氣候造成損壞外，還有近代強權的搶劫。後來逐漸修復，是以現代複製品去貼補，反而衛城博物館所收藏，是希臘人自己要保存的真品，在零落的擺設上，加以填補空缺，構成想像的完整性。希臘古代藝術的輝煌，在此只有「驚歎」二字。由衛城博物館眺望山岡上的衛城，彷彿二者融合成一體啦。此行同樣就以詩〈希臘衛城博物館〉結尾：

三十多年來
二度進入雅典衛城
轉進衛城博物館
衛城殘缺歷史影像
博物館重構虛擬全體
真實神殿巨柱
見證過輝煌原貌
繼續臨風臨雨
面臨遊客一再驚豔洗禮
殘缺遺存的零落實體
在空調投射光照耀下
靜靜呈現歷史顯赫
三十多年人間歲月
終究匆匆一瞥

2019年4月25日

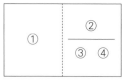

① 馬其頓奈姆日國際詩歌節大會詩選集《你以大海呈現》內文。

② 奈姆‧弗拉謝里文學獎證書和榮譽委員證書。

③ 馬其頓奈姆日國際詩歌節出席證書。

④ 孟加拉卡塔克文學高峰會詩選集。

羅馬尼亞第6屆雅西國際詩歌節
出席紀念牌。

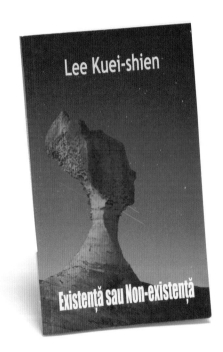

拙詩集《存在或不存在》
羅馬尼亞文本。

▌2018年祕魯頒贈特里爾塞金獎獎牌。

▌2018年祕魯頒贈金幟獎證書。

① 書房隨處可見「牛」形象的擺飾小物。
② 馬其頓奈姆日國際詩歌節大會詩選集封面。
③ 歷年淡水福爾摩莎國際詩歌節會前和會後詩選。

Poetry Symphony in Romania

羅馬尼亞詩交響

第6屆雅西國際詩歌節

時間：2019年5月12日至5月19日

地點：羅馬尼亞

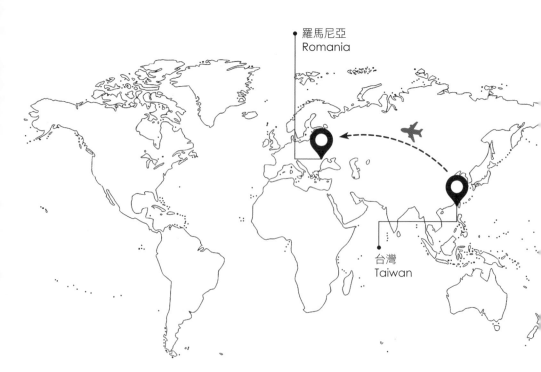

羅馬尼亞
Romania

台灣
Taiwan

近年，屢次接到羅馬尼亞相關詩歌節活動邀請，先是2017年1月在比斯特里察（Bistriţa）的詩歌節，由該市文化中心主任兼世界民俗聯盟會長都雷・柯斯馬（Dorel Cosma）教授主辦，包含詩、民俗、音樂、舞蹈項目，以紀念羅馬尼亞民族詩人米哈伊・埃米內斯庫（Mihai Eminescu, 1850-1889）。接著是2018年9月在克拉約瓦（Craiova）第6屆米哈伊・埃米內斯庫世界詩歌節，然後是2019年7月在阿爾杰什河畔庫爾泰亞（Curtea de Argeş）國際詩歌節。

2006年在尼加拉瓜結交的艾蓮娜・波佩斯古教授（Elena Popescu），多年來彼此相知相惜，互譯詩作出版。波佩斯古翻譯出版拙詩集《溫柔的美感》（*Frumuseţea Tandreţei*, 2006）和《黃昏時刻》（*Ora Amurgului*, 2012），另外《給智利的情詩20首》（2015年）華、台、英、西、俄、羅六語本中的羅馬尼亞文部分，也是她所譯。相對地，我漢譯過她的詩集《愛之頌》（2006年）和《生命的禮讚》（2011年），均由秀威出版。

波佩斯古推薦我參加第6屆米哈伊・埃米內斯庫世界詩歌節，但9月我自己正忙於第3屆淡水福爾摩莎國際詩歌節，時間上根本不可能分身。等到她發現阿爾杰什河畔庫爾泰亞國際詩歌節來邀我時，就另外推薦我參加聲譽較高、而且可以提供給我優惠招待的第6屆雅西（Iasi）國際詩歌節，其實第5屆時，大會已邀請過我。我請她交涉多給台灣幾個名額，獲得大會主席阿棣・克利斯惕（Adi Cristi）同意，於是我排開其他國家邀請，一心一意準備進軍羅馬尼亞。

我對羅馬尼亞詩的印象和粗淺理解，主要起源在保羅・策蘭（Paul Celan），這位目前在台灣受到青睞的羅馬尼亞傑出德語詩人，我在1970年介紹他時，尚活在人間，但在台灣無籍籍之名，可能在華語詩壇也不見經傳，我起初把他的名字譯成謝朗。當時我在《笠》、《創世紀》、《台灣文藝》、《星座》、《出版月刊》、《葡萄園》、《文藝周刊》、《南北笛》、《東方雜誌》、《青溪》、《風格》、《詩宗》、《現代文學》、《現代學苑》、《文壇》等許多刊物，努力大量譯介德國詩文學，陸續發表〈謝朗詩抄〉譯詩10首（《南風》第27期，1970年3月29日）、〈德國現代詩人——謝朗〉（《現代學苑》第74期，1970年5月10日）、〈五位德國現

代詩人〉（《文壇》第122期，1970年8月1日），不料他卻於當年4月底自溺於巴黎塞納河。我隨即撰寫〈遙祭〉悼念，分別刊於《笠》第40期（1970年12月15日）和《現代學苑》第84期（1971年3月10日），另譯〈謝朗其人其事〉刊於《現代學苑》第88期（1971年7月10日），後來分別收入《德國現代詩選》（1970年12月）和《德國文學散論》（1973年2月）。當時，我把他列在德國詩人系列，是因為他出生於捷諾維茲（Czernovitz），原屬奧匈帝國領土，帝國於1918年瓦解後，劃歸羅馬尼亞，而且保羅・策蘭用德語寫作，也被德國詩壇接受。嚴格講，應列為德語詩人較妥。

策蘭名詩當屬〈死之賦格〉，是現代技巧的至高成就，採用現代語彙的一首傑作，那時讓我大為傾倒，詩內容表現出社會壓力對藝術家生活的影響：

　　　　清晨的黑牛奶我們黃昏喝
　　　　我們中午和早上喝我們夜晚喝
　　　　我們喝了又喝
　　　　我們在空中掘一墓穴寬敞舒適
　　　　或人住在屋子裡他玩蛇他寫作
　　　　他寫作當黃昏時針對德國你的金髮瑪格麗喲
　　　　他寫下來且走出屋外而星辰閃爍他呼哨他的獵犬前來
　　　　他呼哨他的猶太向前來讓他們在大地掘一墓穴
　　　　他命令我們奏樂舞蹈

　　　　清晨的黑牛奶我們夜晚喝你
　　　　我們早上和中午喝你我們黃昏喝你
　　　　我們喝了又喝
　　　　或人住在屋子裡且玩蛇他寫作
　　　　他寫作當黃昏時針對德國你的金髮瑪格麗喲
　　　　你的灰髮蘇拉蜜喲我們在空中掘一墓穴寬敞舒適
　　　　他呼喊你們一位深鏟土壤另一位歌唱

他腰部繫著鐵器他搖晃他的眼睛蔚藍

你們一位深鏈圓鍬另一位繼續奏樂舞蹈

清晨的黑牛奶我們夜晚喝你

我們中午和早上喝你我們黃昏喝你

我們喝了又喝

或人住在屋子裡你的金髮瑪格麗喲

你的灰髮蘇拉蜜喲他玩蛇

他呼喊甜蜜蜜地玩弄死亡死亡是來自德國的大師哦

他呼喊陰沉沉地撥弄弦琴然後你們升入空中如煙

然後你們在雲層裡有一墓穴寬敞舒適

清晨的黑牛奶我們夜晚喝你

我們中午喝你死亡是來自德國的大師哦

我們黃昏和早上喝你我們喝了又喝

死亡是來自德國的大師哦他的眼睛蔚藍

他以鉛彈射擊你他射擊你很準

或人住在房子裡你的金髮瑪格麗喲

你唆使獵犬追逐我們他贈送我們以空中一墓穴

他玩蛇且夢想著死亡是來自德國的大師哦

你的金髮瑪格麗喲

你的灰髮蘇拉蜜喲

　　我對此詩有過簡單分析：「這首詩使當時一些企圖將現代詩自經驗中抽離，並拒絕承認個人性、社會性與政治性共溶的詩人們，啞口無言。這首詩的主題是，集中營裡囚犯的痛苦與死亡，這種遭遇在謝朗後期詩中，繼續以極為抽象的手法加以處理。在詩的構成上，恰當地運用音樂的隱喻，以一連串的意象（清晨的黑牛奶、玩蛇、灰髮、金髮，以及在演奏舞曲聲中掘墓）交織而成，並加以更新組合與變奏。死亡的舞蹈，這種傳統上的主題，經

過他現代化的處理，更強烈且令人難忘。詩行內不採用標點，更加強緊迫感。」

直到32年後，東歐共產集團隨蘇聯解體而走向民主化，我才有機會於2002年參加巴爾幹半島旅行團，旅行羅馬尼亞、保加利亞、馬其頓、斯洛維尼亞和克羅埃西亞時，親歷體會羅馬尼亞人民生活和文化。我在《Taiwan News》總合週刊第32至36期（2002年6月6日至7月4日）寫了五篇短文，包括介紹〈羅馬尼亞詩人布拉嘉〉和〈達達主義者查拉〉。世界二戰後，中國國民黨和羅馬尼亞共產黨在政治上，彼此極端敵對下，就詩文學立場而言，我卻有親羅馬尼亞傾向。

基於這樣的背景和機緣，2006年在尼加拉瓜遇到同時應邀參加第2屆格瑞納達國際詩歌節的艾蓮娜和尼古拉・波佩斯古伉儷，雖然相處時間不多，竟能一見如故，相知相惜，互譯詩作不少，默默為台羅詩交流，鋪好一條坦路。波佩斯古伉儷雙雙是傑出數學教授，尼古拉更是羅馬尼亞學術院院士，兼數學研究所教授，與我同齡，惜2010年往生，享年才72歲。他們的長公子也是數學出身，轉往經濟學發展，終於投入政治圈，現為國會議員。

波佩斯古推薦我參加5月12日至19日第6屆雅西國際詩歌節，不料中途發生變化，大會以今年參加國際詩人較多，預算臨時追加有困難，擬取消我要求的增加名額，波佩斯古轉而建議我出席5月14日至20日第9屆布加勒斯特國際詩歌節。最後，雅西國際詩歌節大會主席克利斯惕終於同意，另給台灣兩個名額，於是我請林鷺和陳秀珍與我結伴同行。為此雅西國際詩歌節，波佩斯古和我早就完成充分準備，她完成羅馬尼亞譯本《存在或不存在》（Existenţă sau Non-existenţă），我也漢譯其詩集《季節》（Seasons）交給秀威，二書安排在羅馬尼亞首都布加勒斯特舉辦新書發表會，這可能是台灣詩集在歐洲的創舉。

我們於5月11日飛往伊斯坦堡，轉往布加勒斯特，波佩斯古則從義大利都靈（Turin）參加書展提前一天趕回，在布加勒斯特機場會合，連袂飛往雅西。大會派人接機，帶我們進城到摩爾多瓦飯店報到，主席克利斯惕在場迎接，遞給我大會為我出版的新書羅馬尼亞文譯本《存在或不存在》，以野柳礁岩女王頭照片做封面，非常「聳動」，尤其是2018年淡水福爾摩莎國際

詩歌節才剛安排國際詩人去參見過野柳女王，足見克利斯惕親自設計封面頗費匠心。

　　報到資料袋內，除大會手冊外，附有特為每位詩人印製約50枚名片，上面有照片，以及開會期間每天午、晚餐的餐券，設想親切周到。

　　　資料明列大會合辦單位計有：
　　　羅馬尼亞作家聯盟　Uniunea Scriitorilor din România
　　　雅西市立博物館　Muzeul Municipal Iaşi
　　　雅西綜合國立摩爾多瓦博物館　Complexul Naţional Muzeul Moldova Iaşi
　　　科格爾尼恰努紀念博物館　Muzeul Memorial Mihai Kogâlniceanu
　　　庫庫特尼考古遺址博物館　Muzeul Sitului Arheologic Cucuteni
　　　Librex書展　Târgul de Carte Librex

　　　贊助單位有：
　　　雅西市議會　Consilului Local al Municipiului Iaşi
　　　雅西市政府　Primăriei Municipiului Iaşi
　　　羅馬尼亞文化協會　Instititlui Cultural Român
　　　雅西縣議會　Consilului Judeţean Iaşi

　　可見主要角色是羅馬尼亞作家聯盟，此聯盟前身為成立於1877年的羅馬尼亞文學協會，於1908年改名為羅馬尼亞作家協會，1949年再變更為現在體制。目前有12個分會，分布在全國各地，加上設在摩爾多瓦共和國首都的基希訥烏（Chişinău）分會，共有會員約2,500名，組織龐大。克利斯惕就是羅馬尼亞作家聯盟雅西分會理事，也是羅馬尼亞專業記者聯盟主席，2014年創辦雅西國際詩歌節迄今，每年舉行，沒有間斷。

　　翻閱大會手冊，得知本屆雅西國際詩歌節邀請出席有20國詩人33位，加上羅馬尼亞本國37位，合計70位，規模相當大，是我歷年參加過的國際詩歌節中，僅次於尼加拉瓜格瑞納達。今年出席詩人名單，我整理如下：

阿爾巴尼亞：Arian Leka

亞塞拜然：Salim Babullaoglu

比利時：Pierre-Yves Soucy

加拿大：Gaston Bellemare

中國：王家新

　　　黑丰

古巴：Maria Elena Blanco

丹麥：Niels Hav

法國：Florentin Palaghia

　　　Philippe Delaveau

德國：Cristian Schenk

希臘：Iossif Ventura

義大利：Andreea Tavernati

　　　　Dante Maffia

　　　　Claudio Pozzani

　　　　Laura Garavaglia

　　　　Marco Onofrio

墨西哥：Marco Antonio Campos

波蘭：Julius Bolek

摩爾多瓦：Dumitru Crudu

　　　　　Ion Hardâcă

　　　　　Nicolae Spataru

　　　　　Silvia Goteanschii

　　　　　Zina Bivol

羅馬尼亞：Andrei Novac

　　　　　Elena Liliana Popescu

　　　　　Gabriel Chifu

　　　　　Gheorghe Grigurcu

　　　　　Horia Gârbea

Ioana Diaconescu

Nicolae Prelipceanu

Varujan Vosganian 以上來自布加勒斯特Bucureşti

Gellu Dorian

Nina Viciriuc

Vlad Scutelinicu以上來自博托沙尼Botoşani

Adrian Popescu

Hanna Bota

Ioan Cristofor

Ion Mureşan 以上來自克盧日Cluj

Angela Baciu

Stere Bucovală 以上來自加拉茨Galaţi

Bogdan Alexandru Petcu 來自奧內什蒂 Onesti

Emil Nicolae

Nicolae Sava 以上來自皮亞特拉・尼亞姆茨Piatra Neamţ

George Vulturescu 來自薩圖馬雷Satu Mare

Vasile Muste 來自錫蓋特Sighet

Angela Furtuna 來自蘇恰瓦Suceava

Valentin Talpalaru 來自特爾古弗魯莫斯 Târgu Frumos

Daniel Corbu 來自特爾古・尼亞姆茨Târgu Neamţ

Adi Cristi

Cassian Maria Spiridon

Emilia Nedelcoff

Emilian Marcu

Gabriela Chiran

Horia Zilieru

Lucian Vasiliu

Marcel Miron

Nichita Danilov

Nicolae Panaite

Radu Andriescu

Valeriu Stancu 以上雅西Iaşi當地

俄羅斯：Evgheni Stephnov

西班牙：Jordi Virallonga Eguren

Juan Carlos Abril

台灣：李魁賢

林鷺

陳秀珍

土耳其：Metin Cengiz

突尼西亞：Hacen Avmen

烏克蘭：Ilie Zegrea

在手冊前言裡，大會主席克利斯惕對雅西國際詩歌節的主旨和意圖，有扼要的提示和介紹：

六年來，每到5月，詩促使雅西成為世界詩壇盛名的地方。我們把世界傑出詩帶到雅西來，從北美和加拿大，到中國和日本，從墨西哥到俄羅斯、巴西、古巴、丹麥、瑞典、挪威、愛沙尼亞、英國、法國、德國、比利時、盧森堡、奧地利、義大利、匈牙利、波蘭、捷克、烏克蘭、摩爾多瓦、保加利亞、土耳其、以色列、伊朗、敘利亞、突尼西亞、埃及、塞內加爾、葡萄牙、西班牙、印度、台灣、韃靼斯坦、亞塞拜然、塞爾維亞、斯洛維尼亞、斯洛伐克。前六屆雅西國際詩歌節出席詩人，總計有500多位重要名字，堂堂進入國家文化之都，打造成歐洲詩都。雅西國際詩歌節讓來自世界任何角落的詩，在此有賓至如歸的感受，與愛詩者以原創作所用語言，懷抱同樣情感。

透過最具代表性的人物，除世界傑出詩篇之外，加上羅馬尼亞語文的傑作，又透過詩人，如今確實可以誇口說，這些詩作可作為明日民族詩的保證。我們可以舉出下列名單：Ana Blandiana、Ileana

Mălnăcioiu、Mircea Dinescu、Dinu Flămând、Adrian Popescu、Emil Brumaru、Ion Mureşan、Gabriel Chifu、Nicolae Prelipceanu、Aurel Pantea、Paul Gorban、Andrei Novac、Cătâlin Mihai Stefan、Emilia Nedelcoff、Bogdan Alexandru Petcu。

　　至於前來雅西的傑出世界詩人，可列舉：Marco Lucchesi、Milan Richter、Manglesh Dabral、Carlos Ortega、Marco Antonio Campos、Evghenil Stephanov、Date Mafia、Marco Onofrio、李魁賢、Philippe Delaveau、Salim Babullaolu、Niels Hav、Maria Elena Blanco等。

　　事實證明，雅西市民是理想的詩消費者，特別是經由作者公開朗讀傳播。每屆超過30,000名觀眾參與，可證明雅西被稱為歐洲詩都的主要原因所在。

　　詩歌節還顯示一系列非傳統空間，詩可以自適自如，無論是在鄰居間，尤其是在布置台上相傳，或是在公園裡，還是在禮拜場所朗誦，都與在庫庫特尼考古遺址念詩，一樣自由自在，在此空間裡，於初始地方發現原始時代，人民已經由此學習到，陶罐除了用途外，還有美。

　　在雅西，詩是額外道理，可以證明我們居住在這土地上的生命，比作為國家的年齡，高出數千萬倍，甚至數億倍，就像詩給我們最安全的例子，把文字創作者的歌頌，統一「在一起」。

　　今天在世界文字地圖上可以找到雅西，這個引人敏感的字詞，令人感到不朽，即使只是在這個事關緊要的詩篇朗讀的幾秒鐘內。

　　由於參加詩人眾多，分成六組活動，每組國內外詩人約各半，台灣詩人陳秀珍第1組，林鷺第4組，我在第5組，分組等於把詩活動小型化，使組內詩人認識更密切，達成交流成效更著，不同組間則來往較疏，也可見詩會規模不宜過大。基於打造雅西成為歐洲詩都的理念和雄心，大會一方面努力在學校教育上打基礎，另方面在社會活動上擴大成效。所以，大會期間除16日全體參加Librex書展外，在13至17日四天當中，每天活動兩場，午場下午1點至3點分組前往不同學校念詩座談，晚場晚上6點至8點全體集中在市立美

術館，為市民公開念詩分享。12日下午4點開幕式和18日下午6點閉幕式，則在著名的柯博公園舉行。

分組活動的學校分配如下：

13日第1組　國立Octav Băncilă藝術學院
　　第2組　經濟管理學院
　　第3組　國立大學
　　第4組　國立Costache Negruzzi學院
　　第5組　國立Garabet Ibrăileanu高中
　　第6組　Gheorghe Asachi技術學院
14日第1組　國立Emil Racoviţă學院
　　第2組　國立Mihai Eminescu學院
　　第3組　Vasile Adamaci農業暨食品工業學院
　　第4組　雅西Vasile Lupu師範學校
　　第5組　Alexandru Ioan Cuza大學
　　第6組　Dimitrie Cantemir普通高中
15日第1組　Gheorghe Asachi技術學院
　　第2組　國立Garabet Ibrăileanu高中
　　第3組　國立Costache Negruzzi學院
　　第4組　國立大學
　　第5組　經濟管理學院
　　第6組　國立Octav Băncilă藝術學院
17日第1組　國立大學
　　第2組　雅西Vasile Lupu師範學校
　　第3組　Alexandru Ioan Cuza大學
　　第4組　國立Mihai Eminescu學院
　　第5組　國立Emil Racoviţă學院
　　第6組　Vasile Adamaci農業暨食品工業學院

總計有12所大學院校參加活動，由六組詩人輪流參訪，除國立大學三次最多外，大都分配到二次，只有亞歷山德魯‧約安‧庫札大學（Alexandru Ioan Cuza）安排一次。各校大致都有教職員參與，學生出席踴躍，每場都在百位上下，有些學生勇於發問，甚至也準備自己詩作朗讀分享。

　　我參加的第5組由羅馬尼亞詩人格魯‧多利安（Gellu Dorian）擔任組頭領隊，他是《海伯利安》（Hyperion）雜誌主編，羅馬尼亞作家聯盟會員，作品得獎無數，除了傑出詩人外，也是運動型人物，1991年創設米哈伊‧埃米內斯庫全國詩獎，迄2019年已辦到第19屆。我在四天參訪各級學校詩活動中，端賴他為我朗讀羅馬尼亞譯本。組員除我外，還包含3位外國詩人和8位羅馬尼亞詩人：

1. 法國詩人費禮沛‧德拉賦（Philippe Delaveau）

　　1950年生，在法國詩壇享有盛名，著10本詩集和5本詩選，都是巴黎著名的百年老店加利瑪出版社（Gallimard）所出版，得獎無數，包括阿波利奈爾獎、馬克斯‧雅各獎、法蘭西學院詩大獎、法國文學學會詩大獎、阿蘭‧博斯凱詩獎、奧瑪開儼獎、里爾克獎、科瓦斯基獎等。我對他說，有一年到巴黎，我特地去加利瑪出版社店面買書籍，他很高興，就題贈2010年獲法國文學學會詩大獎的詩集《戀愛中的韋里爾》（Le Veileur Amoureux, 1993）2009年版本給我。

2. 突尼西亞詩人艾門‧哈伸（Avmen Hacen）

　　1981年生，詩人、散文家、評論家、翻譯家和文學專欄作家，突尼西亞高等師範學校法語文明和文學教授，主張教學和政治立場與寫作密不可分，分組參訪時表現非常活躍，頻頻發言，向學生挑戰。用法文寫詩，已出版6本詩集，其中《與世界的凹面和其他極地的紀事聯合》（Tunisité Suivide Chronique du Sang Calcigé et Autres Polèmes, 2015年），獲得2017年科瓦斯基（Kowalski）獎，晚法國費禮沛‧德拉賦五年。他的詩已選入Khedija Gadhoum和我合作的《白茉莉日誌──突尼西亞當代詩選》。

3. 摩爾多瓦詩人永‧哈達恰（Ion Hardâcâ）

　　1949年生，也是政治家，於1990至1998年和2009至2014年兩度當選國會議員，現為自由改革黨黨魁。他在1965年開始寫詩，1979年就獲選入詩選、文選等，因表現傑出，得過許多獎項，包含1997年蘇恰瓦市（Suceava）頒贈米哈伊‧埃米內斯庫獎。他在大會期間經常西裝筆挺，風度翩翩，畢竟是政壇出眾人物，舉止不凡，行動甚具紳士風範。

4. 羅馬尼亞女詩人安潔拉‧富爾多娜（Angela Furtunâ）

　　1957年生，羅馬尼亞作家聯盟會員、羅馬尼亞筆會會員、文化推動者、文化計劃主持人，得過許多獎項，2014獲市政府頒贈「雅西詩人」雅號。她贈送我詩集《最後瞭望台》（le dernier mirador, 2018）精裝本，包含40首詩，只編號，都沒詩題。我視她為介入詩人，其詩政治批判性強烈，會後，6月1日羅馬尼亞大選中，她在臉書上對某些候選人和選舉現象大肆抨擊，可印證我的觀察。我在羅馬尼亞開筆寫〈詩與歷史〉，與她對話：

　　　　女詩人安潔拉讀〈奉獻〉
　　　　說她知道228屠殺事件
　　　　那些英靈在詩裡復活了
　　　　畢竟詩已勝過歷史
　　　　真情贏過虛偽
　　　　突顯掩埋過的真相
　　　　我倒是擔心
　　　　詩終究也會被虛假的歷史淹沒
　　　　她說不用怕
　　　　讀〈我的台灣　我的希望〉
　　　　你有希望
　　　　詩就有希望

5. 羅馬尼亞女詩人安潔拉・巴丘（Angela Baciu）

1970年生，從1997年到2017年的20年當中，竟然出版18本詩集，產量驚人，幾乎年年得獎，2015年詩人華西列・霍堀列斯古（Vasile Voiculescu）創作出版獎、2016年詩人布拉嘉（Lucian Blaga）國際文藝節大獎、羅馬尼亞／土耳其第10屆巴爾幹半島詩歌節羅馬尼亞詩獎、2017年以《聖凱瑟琳街34號夏莉》（*Charli. Rue Sainte-Catherine 34*）英羅雙語詩獲得翻譯家黎迪雅・魏亞女（Lidia Vianu）譯詩大賽首獎、2018年獲羅馬尼亞作家聯盟雅西分會頒「作家產量暨活動獎」、2019年加拉茨（Gălățene）文化晚會傑作獎。詩集《聖凱瑟琳街34號夏莉》40首詩，描寫比利時布魯塞爾最熱鬧的這一條麵包專賣街，下午2至6點鐘的街景，每首詩以幾點幾分為標題，非常特出。我每次在學校念詩，她坐在旁邊總是不時點頭，我也寫〈詩人不孤單〉與她對話：

　　另一位女詩人安潔拉

　　在雅西國際書展會場

　　聽我朗誦〈樹不會孤單〉

　　半夜打電話向她丈夫轉述

　　　天空知道

　　　孤獨的樹

　　　不孤單

　　詩人正如大大小小的樹木

　　用詩葉向天空亮票

　　綴連成一片心靈的翠綠

　　詩人的本質是孤獨

　　但存在於人間

　　顯然

　　不孤單

6. 羅馬尼亞詩人艾米・尼古拉（Emil Nicolae）

1947年生，詩人、散文作家、新聞記者，編過許多書，自1976年《耽於愛情的詩人》（*Poetul Adormit in Dragoste*）到2013年《維克多布勞納和他的同伴——進入前衛》（*Victor Braunner si Insotitorii. Incursiuni in Avangrdă*），共有20餘本。榮獲許多獎項，2000年羅馬尼亞作家聯盟雅西分會獎、2004年文化功績騎士勳章、2006年雅西書展沙龍獎、2012年法國文學學會雅西分會傑作獎。他贈送我詩集《心靈掠奪者》（*Suflet Prădător*, 2017）。

7. 羅馬尼亞詩人格奧格・葛里固爾庫（Gheorghe Grigurcu）

1936年生，詩人兼文學評論家，畢業於米哈伊・埃米內斯庫文藝學校、克盧日（Cluj）大學語言系，1975年獲布加勒斯特大學語言學博士。出版詩集10餘冊。

8. 羅馬尼亞詩人尼古拉・薩瓦（Nicolae Sava）

1950年生，1969年就開始寫詩，在國內許多文學期刊，與作詞家合作，出版許多選集。從1983年《幸福如新郎》（*Fericit Precum Mirele*）到2011年《燃燒器正在燃燒》（*Privighetoarea Arsa*），已出版7本詩集。

9. 羅馬尼亞詩人華西列・穆斯特（Vasile Muste）

1956年生，錫蓋圖・馬爾馬切伊（Sighetu Marmatiei）市文化中心主任，該市國際詩歌節主要策劃者。2003年代表羅馬尼亞參加捷克共和國奧洛穆茨（Olomouc）國際詩歌節。出版詩集13冊，從《安裝冷氣》（*Înstelarea Frigului*, 1997）到《我也不會死在死亡裡》（*Eu Nici in Moarte N-am sa Pot Muri*, 2018）。

10. 羅馬尼亞詩人杜米圖魯・克魯都（Dumitru Crudu）

1968年生，檢察官、劇作家和記者，近20年最具才華的羅馬尼亞作家之一。可惜只在15日看到他出席，所以印象不深。

11. 羅馬尼亞女詩人愛彌麗雅‧聶德珂芙（Emilia Nedelcoff）

　　1992年生，亞歷山德魯‧約安‧庫札大學文學系畢業，在同校進修文學詮釋學碩士學位。可能是大會最年輕的詩人，熱心詩活動，已參加過幾個詩歌節，在競賽中獲獎。她在最後三天才出現，常會主動提醒我集會時間、行走路途等，很親切。臉書上有一張照片在流傳，被薩爾瓦多詩人歐斯卡‧貝尼帖茲（Oscar Benítez）標稱，用仰慕的眼神望著我念詩的可愛少女，就是她！

　　話說5月12日下午4點在柯博（Copou）公園舉行第6屆雅西國際詩歌節開幕式，詩人專車沿摩爾多瓦飯店前的卡羅爾一世林蔭大道行駛，兩旁樹林綠地連綿不絕，我以為是公車開進公園內，不久即停在柯博公園大門前。此林蔭大道顯然是為紀念羅馬尼亞國王卡羅爾一世（Carlo I, 1839-1914），當然是雅西主要幹道，起點是詩人米哈伊‧埃米內斯庫的巨座立身雕像，矗立在大學圖書館門前。卡羅爾是霍亨索倫－西格馬林根親王卡爾‧安東的次子，在推翻羅馬尼亞大公亞歷山德魯‧約安‧庫查（Alexandru Ioan Cuza）後，1866年4月被推選為羅馬尼亞統治者，1881年成立羅馬尼亞王國，他成為第一任國王，在位長達48年。

　　柯博公園是當時擔任摩爾多瓦大公的米哈伊‧司徒察（Mihail Sturdza, 1795-1884），在1834年所開發，占地達10公頃，是羅馬尼亞第一座公園，如今成為雅西地標。司徒察重視高等教育，創辦米哈伊學院，成為雅西大學的濫觴。從柯博公園大門進去，花壇前方中央有一座獅子方尖塔，是羅馬尼亞立憲紀念碑，旁側有埃米內斯庫雕像，後方是菩提樹林，據稱雕像背後那棵巨大菩提樹已近五百年，埃米內斯庫常在那樹下寫詩。雕像座前地面大理石板雕鑿一首詩，是詩人代表作品，下方有他的簽名式。雕像四周是一區一區不同顏色的花卉，有多區是各色鬱金香。公園內設有埃米內斯庫博物館，可惜無暇參觀。

　　開幕式講台就搭在公園樹蔭下空地，正面對著埃米內斯庫胸像，等於拜請他坐鎮的態勢。空地布置大約二百張折疊椅，除前面坐滿出席詩人，後面陸續有來賓或遊園客人隨興就坐參與，當然也有站著圍觀的民眾，這種公開方式，套用流行用語，很接地氣。樹葉蔽空，甚為涼爽，葉隙間有光線透

入，彷彿有祕密的詩情在林間竄動。開幕式由主席克利斯惕主持，只簡單介紹一下雅西詩歌節，就由安排在台上的六位國內外詩人念詩，有音樂伴奏，讀詩會結束後，有音樂演奏，融合詩歌節的整體氛圍。拙詩〈柯博公園念詩〉於焉誕生：

柯博公園有詩的韻味
百多年前埃米內斯庫在
菩提樹下寫詩
國際詩人如今
聚在他面前
讀詩像樹枝交錯
參天的樹幹從來不因
政權變換而彎曲過
樹葉想遮天
從葉隙間
總有詩
把人間福音
隨光滴落下來

開幕式下午6點結束，優哉游哉，回到飯店，晚餐已是晚上8點。以後，大會期間的晚餐更晚，因為第二場活動都到晚上8點才結束。所以，午餐下午3點，晚餐晚上9點，變成常態，飯店早餐也提供到10點。這幾年，參加國際詩歌節活動，從拉美到非洲、美洲，作息時間似乎與我們習慣不同，都是如此延後，到底是地球轉動亂序了，還是詩人變成另類生物？

13日開始分組活動，雅西各院校分布市區內不遠，在30分鐘車程內，所以提前半小時在飯店一樓集合出發，時間充裕。我在第5組，第一天前往國立加拉貝・伊普萊列努高中，伊普萊列努（Garabet Ibrăileanu, 1871-1936）是羅馬尼亞文學評論家、歷史學家、散文作家、教育家、文學刊物編輯和小說家，又是雅西大學羅馬尼亞文學史教授，其博士論文名著《文學與社會》

（*Literatura şi societatea*）使他成為20世紀羅馬尼亞文學最具影響力的人物之一，此學校以他為名，作為紀念。

　　加拉貝‧伊普萊列努高中就在進柯博公園大門後旁側，光只這地理位置優勢就無可比擬。學校門口有活動大海報，以後發現各校和市立博物館都如此，可見大會辦事細心周到。詩人被引進到休息室喝咖啡，我正好坐在法國詩人德拉賦身邊，看他從隨身包拿出詩集《地球的發明》（*Invention de la Terre*, 2015），準備臨陣再磨槍一番，加利瑪出版社的詩集封面設計，一向純潔素淨，我不禁脫口說道：「像聖經一樣。」引得他大樂。

　　進入會場時，德拉賦禮讓我先行，進場後，依序從右方落座，念詩時，組頭多利安自右點起開始，無形中成為慣例，大會期間，我在第5組搶到不當風頭。安潔拉‧富爾多娜在每一場次中，會與校方「打合」、忙於拍照、協助翻譯，十足表現活動家的自然本色。參加學生都很專心聽詩，也有學生會自告奮勇，讀自己詩作分享。結束走出校門，就是柯博公園，我探問安潔拉‧富爾多娜，此公園名稱意思，她說不清楚，我戲擬更名安潔拉公園，如何？安潔拉‧巴丘在旁聽到，加進來「答嘴鼓」，我試寫戲擬詩〈詩公園〉，自然也把她拉進來，第一天我就與同組都混熟了：

　　　和二位安潔拉女詩人
　　　到柯博公園
　　　我探問名稱由來
　　　是地景或是紀念性質
　　　她們不知道
　　　我提議改名安潔拉公園
　　　她們想知道是哪位安潔拉
　　　我說那就叫雙安潔拉公園吧
　　　她們回答：不！
　　　應該稱為李安潔拉
　　　如今在雅西
　　　已經有一座李公園

第二天14日參訪亞歷山德魯・約安・庫札大學，離柯博公園不遠，卡羅爾一世林蔭大道周邊是文教區，許多中上學校和圖書館都在這一帶。校名是紀念摩爾多瓦親王和瓦拉幾亞親王亞歷山德魯・約安・庫札（Alexandru Ioan Cuza, 1820-1873），他在1862年成為統一羅馬尼亞的首位大公，推動全國鄉村改革和農民解放等新政，是羅馬尼亞社會現代化的推手。

第三天15日到經濟管理學院，書展後翌日17日到國立埃米爾・拉科爾策學院。校名是紀念埃米爾・拉科爾策（Emil Racoviţă, 1868-1947），羅馬尼亞生物學家、動物學家、洞穴學家、南極洲探險家，也是世界上第一位研究北極生物的生物學家，羅馬尼亞最著名的自然科學推動者之一。

由此可見羅馬尼亞的歷史文化體質，不但文化園區保存各式宗教教堂、博物館、紀念館、古蹟，公共空間到處可見名人雕像，詩人和音樂家特別多，許多學校命名，以紀念成就卓著的文人和學者。

另一個文化現象，表現在紙鈔上的人物，2002年我遊羅馬尼亞時，紀錄紙鈔上都是印製文化人，5,000列伊是詩人陸西安・布拉嘉（Lucian Blaga, 1895-1961），10,000列伊是史學家尼古拉・約爾加（Nicolae Iorga, 1871-1940），50,000列伊是作曲家喬治・艾內斯科（George Enesco, 1881-1955），100,000列伊是畫家尼古拉・吉爾果司斯庫（Nicolae Girgorescu, 1838-1907），見拙著《詩的幽境》（台北縣政府文化局，2004年）。2005年羅馬尼亞幣改革，票面減四個0，去掉「萬」，新幣5列伊和10列伊人像照舊不變。50列伊是工程師歐樂・福來庫（Aurel Vlaicu, 1882-1913），100列伊是詩人、小說家永・路加・卡拉迦列（Ion Luca Garagiale, 1852-1912），200列伊是詩人陸西安・布拉嘉升等，500列伊自非詩人米哈伊・埃米內斯庫莫屬。

每天晚場在市立美術館的節目，分兩部分，前部分念詩，安排三五位詩人，有音樂伴奏，後部分由音樂家擔綱，一般是獨奏或自奏自唱。13日第一晚在館外空地，會前，主席克利斯惕特別招呼我，並引導幾位詩人，參觀館內典藏展覽。館內空間有限，椅子排滿，所以兩間打通，可容納百多人。以

後每天第二場在市立美術館的公開詩朗誦會、以及16日書展中詩會，以迄閉幕式，一律有音樂配合，而且克利斯惕事事躬親的精神，值得敬佩。

整個大會期間，雖然名稱是國際詩歌節，但所有外國詩人作品和發言，都譯成羅馬尼亞語，反之，羅馬尼亞語並無外譯成國際通用英語，造成外國人不便。我發現大部分羅馬尼亞人通曉法語，故特別著重邀請法語系國家，例如比利時、加拿大、法國、突尼西亞的詩人。幸而分配在第1組的陳秀珍，組頭就是主席克利斯惕，有波佩斯古同組，特別照顧她，為她念親譯的羅馬尼亞文本，不作第二人想。至於分配到第4組的林鷺，遇到組頭是資深詩人華列魯‧史坦庫（Valeriu Stancu），也是波佩斯古好友，朗誦詩的抒情味十足，使二位都得到不少國際詩人友誼。

16日在Librex書展會場的讀詩會，是詩歌節期間比較特出的一場。Librex是在東歐共產集團解體後，出現私人出版社不久，於1993年創辦，出現「拉丁書沙龍」式的文化展式場域。起先是在柯博公園內的埃米內斯庫博物館舉行，而後曾轉移陣地到亞歷山德魯‧約安‧庫札大學一段時期，如今在雅西最大賣場帕拉斯（Palas）購物中心一樓西部和中央展覽區，人潮輻輳的中心地點。在書展會場所見，羅馬尼亞書籍印製都很講究，大都精裝，套書更是吸睛。

書展會場讀詩會是參加詩歌節詩人全員出動，從10點開始持續到下午3點，採取接力方式進行。書展中央布置幾十張坐椅，前面有一小舞台，每次上去兩三位，我在第三輪被點名，拙著《存在或不存在》羅馬尼亞譯本剛由大會出版，在各校念詩都取自此書，我照例選用其中的〈雪的聲音〉、〈比較狗學〉、〈孤寂〉、〈悲歌〉、〈我的台灣　我的希望〉、〈螢的心聲〉和〈樹不孤單〉七首，譯者波佩斯古親自讀羅馬尼亞譯本。主席克利斯惕主持，拿著十幾本《存在或不存在》上台，見機贈送，與我同台的安潔拉‧巴丘近水樓台，先拿到一本找我簽名。

現場播音兼錄音的金髮女郎，見我念完下台，立刻找我，用流利的英語說，我念詩像鐘聲一樣，讓她印象深刻，要求與我合照，我以詩〈鐘聲〉回應：

我在雅西國際書展
念完〈雪的聲音〉
錄音的金髮女郎
來找我合照
她說我的聲音像鐘聲
然而教堂鐘樓附近
鴿群起落如常
不受到鐘聲干擾
原來我的鐘聲是報時鐘
時時提醒自己
時間一點一滴流逝
不論寒暑晴雨
無關心情愉快或鬱悶
我的讀詩聲音只在空中傳播
引不起人間騷動

　　18日上午8點鐘全體詩人出發參觀庫庫泰尼（Cucuteni）考古遺址，車程將近3小時，位於雅西東北方偏僻的庫庫泰尼鄉村國桑（Gosan）石頭岡上，據載是1984年一位大學生所發現，屬於西元前4至前3世紀一家貴族墓地，包括8個墳墓群，可追溯到庫庫泰尼文化時期，現場加蓋鋼架結構保存現狀。遺址外保留二個早期先民居住的土埆厝，茅草屋頂，牆壁是泥土攪拌草梗塗砌，與台灣以前農村先砌成土埆磚，再堆疊成壁不同。周圍黃色草花遍地，唯獨路邊零落散布豔紅罌粟花，特別搶眼。在考古遺址內，讓詩人登上高處觀看台架上念詩，給無知無覺又聽不懂的兩千多年前先住民分享，設想的創意真是絕妙，但不知原意所在。回到雅西已下午3點。

　　18日下午5點念詩，6點閉幕式，由於天氣有些陰沉，就近移到加拉貝‧伊普萊列努高中的音樂廳，正好是我們第5組第一場參訪學校舊地重臨。和開幕式一樣，無任何官樣文章，念詩完，由克利斯惕逐一贈送出席證明書和紀念品，然後是臨別終場音樂演唱會。詩人歌唱家阿德里安‧貝茲納

（Adrian Bezna）持曼陀林，歌手克利斯惕‧拉札爾（Cristi Lazăr）持吉他，聯合演出，時而獨唱，時而合唱。半途，貝茲納忽然插話說，要為台灣詩人李魁賢獻唱一曲，高舉手，指我的座位方向。我悚然一驚，但不懂羅馬尼亞語，不敢確定，就回頭看是否在指別人，結果後面的人都說：「是你啦！」我趕緊向台上揮手致意，此時克利斯惕適時上台，把一本《存在或不存在》放到他的譜架前面。音樂會結束時，我上台向貝茲納致謝，給我最大榮耀，並簽名贈書給他，他也已準備好贈送我一本詩集《與狼同在》（cu Lupii Laolaltă）和一張CD，大部分以他的詩為歌詞。

整個第6屆雅西國際詩歌節，就在貝茲納抒情歌聲中結束，餘音持續繞耳不絕。

在詩歌節期間，因為活動都從中午1點開始，我們趁上午空檔，到處私訪文化古蹟，波佩斯古每天陪我們，當嚮導。以我們住宿的摩爾多瓦旅館為原點，旁邊的卡羅爾一世林蔭大道左方是文化區，包括文化宮、博物館、各式教堂，讓我們受領東正教神甫的賜福；右方是市政府，府前徒步大道，設置成攤販展售特區，以整齊成列的尖頂小木屋，作為儲藏間，不但不因擺攤雜亂，反而成為觀光景點。市政府周邊更是博物館、紀念館、教堂、古蹟的集中區。文化宮前面廣場搭帳篷，成為戲劇節的臨時小劇場，詩歌節結束當天，劇場帳篷拆除，換成民俗手工藝品市集，各攤位主人穿著傳統服裝，形成難得一見的民俗文化展。

文化宮前面靠近卡羅爾一世林蔭大道邊，矗立一尊匈牙利作曲家巴爾托克（Bela Bartok 1881-1945）的全身雕塑，因為他在1915年譜有《羅馬尼亞民俗舞曲》，由6首鋼琴小品構成的組曲。旁邊是一座大理石十字紀念碑，紀念1989年12月21日推翻共黨獨裁者西奧塞古的羅馬尼亞革命中，死難的幾十位雅西市民，名字都刻在碑上。詩歌節活動中，每天從旁經過，到結束當天，我特地到紀念碑前，肅立行禮致敬，以詩〈雅西紀念碑〉致悼：

　　肅立在1989年雅西革命紀念碑前
　　大理石巨大十字架上方
　　青空無限　白雲悠悠

車輛遠遠停止

禮讓行人輕鬆跨越街道

不必紅綠燈規範

旁邊林蔭下工人在植被草坪

我仰望十字架頂部

陽光閃耀晶瑩

彷彿在台北二二八公園內

蕭立在紀念碑前的心情

同樣流血流汗奉獻給

羅馬尼亞人民和土地的神魂

我滿懷敬仰靜立

白雲悠悠　青空無限

　　第6屆雅西國際詩歌節結束後，我還有一場節目，是拙詩集《存在或不存在》羅馬尼亞譯本和拙漢譯艾蓮娜・波佩斯古詩集《季節》的聯合新書發表會，波佩斯古一手策劃，在首都布加勒斯特舉行，由羅馬尼亞文化協會（羅馬尼亞文化部和羅馬尼亞作家聯盟以外的主要文化團體），和布加勒斯特大學聯合主辦，招待我們在布加勒斯特住兩晚。

　　本來波佩斯古安排好19日與我們同班機，從雅西飛布加勒斯特，但大會為她訂機位時出錯，要更改已來不及，羅馬尼亞航空在雅西與布加勒斯特間一天只有兩班，我們中午班機，她要慢6小時，晚上飛，只好託貝爾格勒大學語言系羅馬尼亞語言文學教師，也是拙著羅馬尼亞譯本校訂者的杜希恰・黎絲婷（Dușița Ristin）接機，送我們住進國際金鬱金香酒店集團布加勒斯特飯店。在此巧遇塞爾維亞著名詩人翻譯家亞當・普斯洛吉齊（Adam Puslojić），1943年生，羅馬尼亞學術院榮譽院士，黎絲婷為我們介紹時，他立即熱心要我把詩集的羅馬尼亞譯本寄給他，要請他女兒為我譯成塞爾維亞文。

　　黎絲婷然後帶我們去午餐，再為我們導覽羅馬尼亞雅典娜神殿（Ateneul Român），這是布加勒斯特市中心的著名音樂廳，正巧聆賞到喬治・艾內斯

科（George Enesco, 1881-1955）的歌劇彩排。在殿內與艾內斯科雕像合照，到了殿外廣場，又遇到埃米內斯庫立身雕像，在太陽下閃閃發光，令我感受到處處〈與埃米內斯庫同在〉詩作的實況：

　　　在雅西柯博公園裡
　　　我與你合照
　　　滿地是鬱金香
　　　一區一區不同顏色
　　　擎起詩的旗幟
　　　向天空吶喊
　　　背面有菩提樹屏障
　　　在羅馬尼亞雅典娜神殿
　　　前面廣場上
　　　我站在你身邊
　　　喬治歌劇的預演
　　　在空中飄揚
　　　我忽然間想起
　　　台灣。台灣呢？
　　　好像失落什麼？
　　　台灣詩人
　　　歷史上的身影
　　　在哪裡？

　　黎絲婷帶我們沿勝利大道（Calea Victoriei）步行觀光，經舊王宮，於1947年改為共和國宮，開闢羅馬尼亞國家藝術館，這時正在舉辦羅馬尼亞與法國文化交流特展，外面沿街每張名人介紹看板，揭示許多人是在巴黎告終，透示法國文化在羅馬尼亞文化建構上扮演重要角色。對面就是革命廣場，曾經是共產黨總部，1989年12月21日，共產黨總書記兼總統西奧塞古（Nicolae Ceaușescu）在此號稱10萬群眾大會上演講，後排有人放鞭炮，引

起維安警察過敏開槍，造成動亂。翌日西奧塞古從屋頂搭直升機逃亡，在羅馬尼亞南部一小村莊被逮捕，25日，被特別軍事法庭判西奧塞斯古屠殺罪，隨即在該地兵營廁所前空地上槍決，如今在廣場前方矗立有尖形1989年革命紀念碑。記得2002年遊羅馬尼亞時就住在此附近旅館，清晨散步到此憑弔一番。我在〈廣場鞭炮聲〉裡寫道：

> 1989年布加勒斯特
>
> 革命廣場鞭炮聲
>
> 引來辣辣槍聲
>
> 槍聲引來
>
> 人民忍耐不住的吼聲
>
> 吼聲引來
>
> 被壓制過久的歷史爆發聲
>
> 歷史爆發聲引來
>
> 期待民主時代的歡呼聲
>
> 歡呼聲引來
>
> 男女老幼清脆的笑聲
>
> 笑聲引來
>
> 國際詩人朗朗的讀詩聲
>
> 2019年處處可聞

我們邊走邊聊天，不覺走到一條巷口，拐進去就是羅馬尼亞國家文學館（Muzeul Naţional al Literaturii Române），創設於1957年，先是由羅馬尼亞作家聯盟主導，10年後成為獨立機構。二層新古典主義建築，分8個展覽室，共有30萬件典藏品，從手稿、絕版書、歷史性期刊、活動海報，到作家照片、素描畫像和生前使用文物等，非常豐富，布置井然有序，順序觀看，不啻在瀏覽羅馬尼亞國文學史，很快獲得簡略輪廓。黎絲婷告訴我們說，第9屆布加勒斯特國際詩歌節今晚閉幕式，就在文學館旁邊的庭院室外舉行，看我們要不要留下來參加。這詩歌節是波佩斯古原先安排邀請我們的替代方

案，但波佩斯古班機延誤，黎絲婷有事無法再陪我們，此外我們沒有熟人，而下午也走到夠累了，只好回旅館休息。不料就在路上遇到亞當‧普斯洛吉齊要去赴會，就熱烈與我們在街上拍照。

20日上午，波佩斯古來飯店帶我們去布加勒斯特公墓，憑弔其夫婿尼古拉。尼古拉雖不寫詩，常陪波佩斯古出席國際詩歌節，我也幫波佩斯古漢譯悼夫詩集《歐洲三首詩》的作品。這公墓是特別規劃，尼古拉的墓在學人區，全部是學術界名人往生社區。尼古拉墓石和墓碑都是純白大理石，墓碑金字塔型尖頂表現他的學術成就，墓石上已預刻艾蓮娜‧波佩斯古名字，準備往生後仍合在一起。我幫尼古拉擦拭墓石和墓碑，波佩斯古潑一杯水在墓石上，大概是祭祀的意思，她未來媳婦在墓前花瓶內，插上幾朵小花，我不自禁在墓碑前跪下，俯首祝尼古拉安息，而後成詩〈憑弔尼古拉〉：

　　遠從台灣

　　飛到羅馬尼亞

　　憑弔你墓地

　　仰望大理石碑

　　金字塔型尖頂

　　陽光閃耀

　　好像你在天國微笑

　　我也看到羅馬尼亞30年來

　　真正解放後

　　人民臉上陽光的笑容

　　台灣陰沉沉的天空

　　卻從我陰沉沉的心底

　　浮上來

波佩斯古隨後帶我們走到鄰區，都是藝文家安息之地，我在詩人埃米內斯庫墓前行禮致敬。他右側是詩人、小說家永‧路加‧卡拉迦列（Ion Luca Caragiale, 1852-1912），左側依次是小說家米哈伊‧薩多維努（Mihail

Sadoveanu, 1880-1961）和詩人、翻譯家喬治・柯史布克（George Coşbuc, 1866-1918），文學評論家、歷史學家、小說家喬治・卡林尼斯庫（George Călinescu, 1899-1965）。這公墓管理良善，區內林木森森，縱橫路標清晰，墓地花草整齊，顯然管理人員非常用心。

晚上6點在羅馬尼亞文化協會舉辦的新書發表會，對我而言是新鮮經驗，多虧波佩斯古密切規劃，在文化協會二樓會場外有大張海報，場內舞台上排列出我倆互譯的漢語和羅馬尼亞語的原作和譯本，包括《溫柔的美感》（*Frumuseţea Tandreţei*, 2006）、《黃昏時刻》（*Ora Amurgului*, 2012）、《存在或不存在》（*Existenţă sau Non-existenţă*, 2019）、《愛之頌》（*Song of Love*, 2006）、《生命的禮讚》（*Hymn to the Life*, 2011）、《季節》（*Seasons*, 2019）。

文化協會請到布加勒斯特大學詩人梅希亞・丹・都塔（Mircea Dan Duta）博士主持，他口齒清晰、能言善道、英語流利，雙語並用，不必假借翻譯。波佩斯古和我坐在台前，二位講評員是黎絲婷和羅馬尼亞文化協會專家安卡・愛琳納・約內斯庫（Anca Irina Ionescu），同時在我左右幫我口譯。波佩斯古在推介《存在或不存在》新書時，主要談話摘取她寫的譯序〈孤獨的樹不孤單〉，題目是引用拙詩〈樹不會孤單〉結尾二行。波佩斯古這篇譯序，就《存在或不存在》詩作簡明扼要加以分析歸納，可視為羅馬尼亞文學界對拙詩接受的意見，茲漢譯如下以供參考：

《存在或不存在》是李魁賢繼《溫柔的美感》（2006年）和《黃昏時刻》（2012年）後，在羅馬尼亞出版的第三本詩集，前二本都是由布加勒斯特的Pelerin出版社出版。

《存在或不存在》漢英雙語詩集包含詩49首，是1994年到2016年間所寫作品，2017年在台灣出版。本書便是這些詩篇依據作者英文的羅馬尼亞譯本。

詩人觀察外在世界和微妙內心的特殊知覺，會懷疑存在是什麼，「到底何者是我存在的本質／何者才是我的本質的存在」，見〈存在的變異〉；自由是什麼，用何方式獲得自由，「兩隻飛向同樹時／一

隻棲上枝一隻棲下枝／停在不同的高度／因為自由自在而顯得孤單呢／還是孤單才能自由自在」，見〈不同的自由〉。

詩人也想知道現實是什麼，以多種色調表達，尋求每天所面對事實的更深層答案和意義。

作者探究自然，事事皆發生興趣，就通常意義言，萬物習以為常，無論是植物、昆蟲、飛禽、動物、海洋、河流、湖泊等等，因為在他的詩「世界」裡，一切自成王國。對自然本身的思考，「我常常喜歡聽海說話／走遍了世界各地海岸　江河　湖泊／……／激越時高亢　溫柔時呢喃／海容納消化不同的心情和脈動」，見〈聽海〉，啟發並幫助他發現自我。另方面，詩人研究感情和思想的本質，我們所謂人生，創作「回憶燒不盡／愈燒愈長／而我的冬天卻愈來愈短」，見〈回憶燒不盡〉。

李魁賢研判所觀察不同物象間較不明顯的連結，從不同角度觀看，並反思可能的涵義，「妳留下　共存海角／妳離去　各自天涯」，見〈燈塔自白〉；「入冬起／禁不住思念／撕下身上的樹葉／給大地寫信／轉告遠行的春天／回來溫存」，見〈殘冬〉。

詩人關心的是，探索如何詮釋在實際眼前呈現的「繪畫」（真實的繪畫），「不知道飄過的是白雲／還是波浪的倒影／不知道揮手的是告別／還是迎接／不知道天涯連接的是昨天／還是明日」，見〈看海的心事〉；「聽到鳥叫聲／睜開眼睛／不知道／自己飛不上去還是剛掉下來」，見〈狗在假寐〉；或是藉想像力描繪的「圖片」，「可是雪思念的／只有寂靜無人的聲音」，見〈雪的聲音〉。

從不同的假設開始，對常見事實進行可能解釋，重點在探究確定，何者為真實，而何者不存在，「倦於流浪的狗／在沙漠的帝王谷找到實存的場所／成為存在的實相／／在台北的真實的狗／反而成了不存在的假象／在我旅遊回來之後」，見〈存在或不存在〉。

他詩中喜愛的主題，包含詩本身的重要性，詩人應該藉此體認社會，世界偉大詩人留下的痕跡等等，「窗內／詩人夜夜／給世界寫遺言／一首一首／變成天上的星星」，見〈詩人的遺言〉；「有時把詩

忘在外面／把記憶帶回來／有時把記憶留在外面／把詩帶回來」，見〈詩思〉；「在世界黑暗的時候／我微弱的光／引起大家注意／……／一生只願在靜靜的原生地／給幽暗點綴一點生氣／耗盡短暫生命／給人留一點回憶」，見〈螢的心聲〉；「教堂的廣場上／聚集人群比鴿子還多／詩句比雨絲濃些／……／人群和鴿子一樣／四散各自找尋／回家的夜色／或許帶回一句兩句／達里奧留下／顏色不太分明的天空／藏在夢裡」，見〈達里奧的天空〉。

關於時間流逝的後果，在與人生息息相關的萬事中，詩人以斷句冥想形式對我們陳述，或直言或暗示，「得意的人生在青春／……／更致命的是／歷史不能修補／唯有藝術存其真／美則美矣／善則善哉」，見〈致命的美〉；「一位凌晨在公園散步的老人／突然不再出現了／在熱烈的夏季／群蟬合唱著驪歌／哀樂還是安魂曲」，見〈蟬鳴〉；「紅磚房屋／是風濕症的老人／面色紅潤／走不動」，見〈故事館〉；「人老才能與花草相處／花草守著孤獨／把葉綠花美／呈獻給人人／只要求一點點土地／花草懂得／老人的心情／老人瞭解／花草的心意」，見〈老人孤獨〉。

詩人在詩生命裡，大自然之美佔有特殊位置，「隱藏在幽暗中的原森林／隱藏在原森林中的幽蘭／美中至美」，見〈隱藏的情意〉；「晚霞令人心驚／彷彿是戰爭燃燒的訊息／……／美景令人心酸／眼見就要淪入黑暗」，見〈晚霞〉；「大地需要豐沛的愛／供養萬物／讓栖栖皇皇／螢一般的孤獨人生／有一塊滋潤的綠地／提供不盡的創作源泉／歌頌人間的／至真至善至美」，見〈大地頌〉。

在他的抒情詩中，充分反映出孤獨，「卻發現這個世界／不是我的／我成為野地上／孤孤單單的一棵樹／立於天地間」，見〈存在〉；「東方只有一個太陽／初露晨曦／為了迎接唯一的太陽／世界寂靜無聲」，見〈孤寂〉；也伴隨著痛苦，「有一首歌／只在心中呻吟」，見〈悲歌〉；「土地爆開龜裂的傷口／天空很久沒有流淚」，見〈阿富汗的天空〉，二者都是在不斷轉型世界中所固有，也是希望，「天空知道／孤獨的樹／不孤單」，見〈樹不會孤單〉。

愛，以各種形式，特別是對國家的愛，從詩人的詩篇源源流露，「波浪有時急進／有時勇退／總是擁抱曲折的腰段／對沉默的陸地／唱著激動的情歌」，見〈海的情歌〉；「從早晨的鳥鳴聽到你的聲音／從中午的陽光感到你的熱情／從黃昏的彩霞看到你的風采／台灣　我的家鄉　我的愛／……／你的心肺有我的呼吸／你的歷史有我的生命／你的存在有我的意識／台灣　我的國家　我的希望」，見〈我的台灣　我的希望〉。

　　李魁賢慷慨分享他的感情，有時歡樂，有時悲傷或痛苦，看似簡單，卻是複雜的詩語，同時看似脆弱，卻強而有力。事實上，這些反映在他存在和不存在的創作過程中，我們每個人都從中吸取教養，達到我們存在的本質。

　　在她們評論介紹後，我和波佩斯古各念四首原作和彼此對譯的詩。我特別選讀波佩斯古詩集《季節》裡的詩是〈季節〉、〈請問，我是誰？〉、〈我就是〉和〈愛中之愛〉，說明是要呈現波佩斯古在詩中探尋「我是誰」的哲學思考。至於拙作，我選讀〈雪的聲音〉、〈我的台灣　我的希望〉、〈螢的心聲〉和〈樹不孤單〉四首，主要目的還是在對羅馬尼亞朋友宣示〈我的台灣　我的希望〉，這也是幾年來參加國際詩歌節的主打詩：

　　從早晨的鳥鳴聽到你的聲音
　　從中午的陽光感到你的熱情
　　從黃昏的彩霞看到你的丰采
　　台灣　我的家鄉　我的愛

　　海岸有你的曲折
　　波浪有你的澎湃
　　雲朵有你的飄逸
　　花卉有你的姿影
　　樹葉有你的常青

林木有你的魁梧

根基有你的磐固

山脈有你的聳立

溪流有你的蜿蜒

岩石有你的磊落

道路有你的崎嶇

台灣　我的土地　我的夢

你的心肺有我的呼吸

你的歷史有我的生命

你的存在有我的意識

台灣　我的國家　我的希望

　　由於波佩斯古人脈廣闊，現場出席約百人，有許多詩人和布加勒斯特教授，連羅馬尼亞國際廣播電台經理也到場，尤其是該電台中文節目編輯Nora Zainea，中文名蔡小玉，真是小家碧玉型，華語流暢，是上海輔仁大學留學生。

　　翌日，波佩斯古來帶我們到飯店對面的羅馬尼亞學術院拜會參觀，在院前花園觀賞一些奇花異卉，過街參觀數學研究所保留紀念的尼古拉・波佩斯古研究室，然後帶我們到電台錄音室，錄製我朗讀她寫給尼古拉的三首詩漢譯，以及一首詩的華語本〈如果〉和台語本〈若是〉，她在現場聽後感歎，台語與華語完全不同，而且聲音好聽多多。

　　至此完成參加2019年第6屆雅西國際詩歌節和拙詩集新書發表會，以及一切附帶活動，在台灣與羅馬尼亞國際間的文化交流，創下歷史性紀錄，晚10時許飛回美麗的祖國台灣！

2019年6月7日

附錄1
打開世界文學的門窗——李魁賢訪談錄
Opening the view of world literature

陳秀珍

訪談時間：2018年4月13日（五）14:00-15:30

紀錄補充：2018年11月13日

訪談地點：國家書店（台北市松江路209號1樓）

主辦單位：秀威資訊科技股份有限公司

陳秀珍：首先恭喜老師榮獲國家文藝獎！您是台灣的國寶，在國際上擁有極高聲望，也是台灣唯一被印度詩壇三次提名諾貝爾文學獎的詩人；更重要的，您是打開世界文學門窗的有力推手。您獲獎無數，請親自介紹得過哪些重要的國內外獎項！

李魁賢：多年來，不小心受到謬賞，我深以為榮的是，以台灣前輩為名的獎項，都給我鼓勵，1975年第3屆吳濁流新詩獎、1986年第7屆巫永福文學評論獎、1997年第6屆榮後台灣詩人獎、2001年第10屆賴和文學獎、2004年第27屆吳三連獎新詩獎；另外有1967年詩人節新詩獎、1978年第1屆中興文藝獎章、1984年第3屆笠評論獎、1994年第5屆笠詩創作獎、2002年行政院文化獎、2002年第21屆台灣新文學貢獻獎、2011年真理大學第15屆台灣文學家牛津獎、2018年第20屆台灣國家文藝獎。至於國外，曾獲1993年韓國亞洲詩人貢獻獎、2000年印度國際詩人學會千禧年詩人獎、2002年印度麥克爾・默圖蘇丹學會（Michael Madhusudan Academy）最佳詩人獎、2003年印度詩人

國際月刊亞洲之星獎、2005年蒙古文化基金會文化名人獎牌和詩人獎章、2006年蒙古建國800週年成吉思汗金牌、成吉思汗大學金質獎章、蒙古作家聯盟推廣蒙古文學貢獻獎、2010年國際作家暨藝術家協會年度詩獎、2013年韓國高麗文學獎、2016年孟加拉卡塔克文學獎、2016年馬其頓奈姆‧弗拉謝里文學獎、2017年祕魯特里爾塞金獎、2018年美國猶大州楊百翰大學巴列霍研究中心榮譽獎牌、2018年祕魯金幟獎、2019年印度普立哲書商（Pulitzer Books）頒贈首席傑出詩獎（Prime Poetry Award for Excellence）等。

陳秀珍：不論老師的資歷與得獎紀錄多麼輝煌，對我來說都不及您是我的老師來得重要，以一個學生的心得，我真心認為您最最適合的工作是在學校教現代詩。

李魁賢：其實我是學化學工程出身的，從事文學創作，純屬興趣，有點不務正業吧！不料1998年被國立台灣師範大學通識教育中心主任莊萬壽教授安排到該中心開設「現代詩創作與欣賞」課程，那是我第一次在大學開課，妳是我的第一批學生，後來才有2006年國立中正大學台灣文學研究所所長江寶釵教授聘我兼任教授，在該所開同名課程。妳可能不知道，在台師大學期結束時，我遞交出去的學生成績表，給妳打110分，滿分是100分，因為妳一個學期就完成創作一本詩集，就是後來秀威給妳出版的《林中弦音》（2010年）。只有我這種不合常規的人，才會有這種不合常規的評鑑方式吧！所以，我若在學校教現代詩，也可能是我最最不適合的工作。

陳秀珍：現代詩講究創新，不合常規不就是一種創新嗎？就老師在現代詩的理論與實踐的實績，若能走入校園「傳教」，想必能為台灣現代詩壇開創新局！

以下想請老師分享的內容，分兩大重點：一、與詩書有關的活動；二、與打開世界文學門窗有關的活動。先就一、與詩書有關的活動分三點：（1）詩的創作、（2）翻譯、（3）叢書的策劃。

（1）詩的創作：老師從16歲開始發表第一首詩，經歷數十年仍然寫詩

不輟，至今已寫出一千多首，寫詩的能量、寫詩的熱情、寫詩的成果相當驚人。有些詩人的創作生命很短促，好像曇花一現或像煙火只短暫燦爛。老師能這樣一直處在創作高峰，是有甚麼祕訣嗎？

李魁賢：第二次世界大戰結束時，我是小學二年級，日式教育結束，開始接受漢文教育。過渡時期是學台語漢文，由漢學先生從「人有兩手，一手五指，兩手十指」教起，到「霜降後，葉漸黃，西風吹來，落葉滿階」，然後才正式進入中文體制，從注音符號學起。本地老師根本不懂中文，所以學校只好借重外省人，只要會說國語，都可以到學校教書，當時說是北京話，其實南腔北調，有把「國家」說成「鬼家」的，甚至「日本」有說成「一本」、「二本」甚至「四本」。由於戰後師資缺乏，水源國校每年只有一班，每班還分配不到專任班導師，所以常常改成自習或勞動課，自習有時打躲避球，勞動課就在學校後面空地種菜，教育幾乎不上軌道。

我上淡水初中（現淡水國中）時，老師因各省方言腔調很重，我差不多整整一學期聽不懂外省籍老師的話。尤其作文課，簡直不知如何下筆。為了補救，在級任導師黃錦鋐老師鼓勵下，我開始接觸課外讀物，但是學校圖書只有一個書櫃，主要是《開明少年》。因為當時許多出版社老闆都留在中國，出版的書就成為禁書，唯開明書店等少數遷到台灣，所以就獨霸教科書市場。我從《開明少年》開始認識到「新詩」這種文學形式，發現有青年習作欄。另外偶然發現在淡水街上一家文昌號文具店，代售《野風》綜合文藝雜誌，碰巧也設有「青青的田園」學生習作發表園地。讀了這些雜誌，作文逐漸通順，受到老師稱讚，興起這樣的詩我也能寫的念頭，甚至投稿給《野風》，不小心就被採用了，當時我連稿紙都還不會用。

首次發表作品是在1953年，我初三，那一年不小心考取台北工專化工科，被每星期48小時的課程壓得喘不過氣，仍未忘情於寫作，一直到現在已經有66年，大致寫了1,300首詩。我發現愛詩有點像抽鴉片，成癮後很難戒掉，我之所以能這樣持續不斷創作，除了愛詩成癮，還靠兩個理念支撐：一個是剛剛所說，我也有能力的信心；另一個是要一生全力以赴的鞭策。我有一位朋友喜歡收藏台灣畫家的作品，我問他選擇畫家的標準，他說很簡單，

對於不畫會死的畫家，才會有興趣。所以，我也常對年輕朋友說，如果想成為詩人，要抱著不寫會死的決心才行。我自己也以此自勉，並力行實踐。

而要維持創作高峰，除靠勤於觀察、勤於思考，還要勤於變化題材和風格，畢竟創作也隱含創新的意義，一旦疏於創新，惰性成習，創作力就會衰竭。

陳秀珍：詩人要建立風格並不困難，但要變化題材和風格並不容易。建立個人風格是一件弔詭的事，像是建立一種品牌的識別度，但也意謂一種局限，不是嗎？

李魁賢：詩人建立自己的風格，表示無論在意識、題材、語言、結構等各方面，擁有了獨創性，這是每位詩人都在追求的方向和目標。但是風格一確立，就怕定型化，有違創作所標舉的創新精神，這大概就是妳所說「弔詭的事」。我自己的經驗是，風格建立在意識精神層面，在題材、語言、結構等各方面，則力求階段性變化，意思是我會在一段時間內，集中精神關心某一件事，採取適配的題材、語言、結構等，來處理詩素，然後適可而止，再求轉換，以防思考鈍化、語言遲滯，失去動感和變化。這樣可同時訓練自己多方面的關懷，而在風格上也會有不同時期的轉折變化，可以長期維持新鮮的創作源泉和活力。

陳秀珍：閱讀老師的詩，印象最深的是老師以情詩進行政治批判，這種寫法相當獨特，是我前所未見！請問老師是如何「發明」這種詩？

李魁賢：純政治性強烈的詩，容易流於口號或情緒宣洩，詩畢竟是抒情文類，以情動人，深心體認，才能達成扣人心弦的效用。情詩抒情，有抒小我之情，也有抒大我之情。小我之情可能以男女愛情為主，但也擴及親情和友情；大我之情更涉及萬物、鄉土、國家、世界、人類。用情詩進行政治批判可以呈現關懷，而不是對嗆！

陳秀珍：（2）詩的翻譯：您至今已有5,500首翻譯作品，成果相當驚人。其中最有名應該是早期翻譯里爾克的詩，您因為翻譯里爾克而成為里爾克迷、里爾克專家，聽說您直接譯自德文的里爾克作品影響很多台灣人，不只詩人閱讀，很多醫師也愛讀里爾克詩作。

其次是葛拉軾小說的翻譯。葛拉軾是德國鬼才作家，寫作全方位，包括詩、小說、劇本，還有繪畫。在台灣還沒有人注意到他的時候，老師就非常看好他，後來他也果然得到諾貝爾文學獎。由此可見您的文學品味和文學眼光也是世界級的。葛拉軾的小說曾被拍成電影。

第三個很有名的是老師翻譯過策蘭的詩。策蘭是猶太裔德語詩人，也是在台灣還沒人談他的時候，老師就翻譯他的詩了。

很巧，這三位文豪都是德語詩人，也許跟老師會德語有關？

現在就請老師分享翻譯的經驗！

李魁賢：除了詩，我也翻譯小說，當初以閱讀小說訓練自己的英文，在1963年27歲時翻譯了美籍華裔作家黎錦揚小說*Lover's Point*（譯名《天涯淪落人》），在《自立晚報》副刊連載三個月，1968年由台北台灣商務印書館出版。這是第一本翻譯的文學作品。在《笠》創刊後，我注意到當時很多詩人熱衷談國外名詩人如里爾克、艾略特等的詩，但能讀到的中譯本不多，所以大都摸不到重點。《笠》同仁有意大量譯介國際經典的詩，我因為想留學德國而學德語，所以由我負責德語詩翻譯，包括【德國詩選】與【里爾克詩選】兩個系列，我首先針對里爾克三本詩集選譯四十首詩。里爾克有一本《給青年詩人的信》，展現他身為詩人的素養與對詩的觀點，雖然只有十封信，在文學界卻相當有名，甚至成為教材。日本有一位建築師，把該書列入影響他一生的十本書之一。我翻譯此書，在《葡萄園》發表，與在《笠》詩刊的里爾克詩選，合成《里爾克詩與書簡》，由台北台灣商務印書館出版（1967年）。

後來，感覺選譯方式難免以偏概全，最好能全譯，就進一步翻譯《杜英諾悲歌》和《給奧菲斯的十四行詩》，當時趙天儀教授正好要創立田園出版社，就交給他出版。之後因為忙於工作，斷斷續續翻譯《新詩集》、《新詩

集別卷》與《形象之書》，大部分在《笠》詩刊發表，多年後陸續給桂冠出版社出版三本《里爾克詩集》（Ⅰ）（Ⅱ）（Ⅲ），其實這三本書包含五本德文原作全譯。後來我編譯《歐洲經典詩選》，其中包括里爾克，我譯了半本《時間之書》，此後對里爾克作品沒有再進一步盡力。我曾利用初次出國到瑞士工作機會，跑到南部里爾克墓園憑弔一番，也去探訪他晚年居住的穆座古堡，可見當時對里爾克非常傾心！

　　我翻譯的德語文學作品，還有卡夫卡。當時存在主義在台灣方興未艾，很多人談論卡夫卡。但他三本長篇小說，在台灣沒有一本中譯，只有一些短篇，我記得志文出版社出版過卡夫卡的《變形記》（秀珍按：德語*Die Verwandlung*，台灣志文出版社譯名《蛻變》）。我一開始是翻譯他的《審判》，由大業出版社出版（1969年），後來繼續翻譯《城堡》，大約翻譯到三分之一時，發現已有熊仁譯本出版，我立即停止該書的翻譯。結果，卡夫卡的第三本長篇《亞美利加》到現在仍然沒人翻譯，所以我對卡夫卡的翻譯算是半途而廢。1993年去捷克布拉格旅遊時，我特地到他居所黃金巷參觀，那裡已成為觀光景點。

　　另一個我比較用心的德國作家是葛拉軾，先是譯他的詩，收入三民書局《德國現代詩選》（1970年），後來德國學者馬漢茂來台大留學時，曾經徵求李敖的禁書（一套十本，被禁七本）。當時我因預購而擁有整套書，我就整套給馬漢茂（此前我並不認識馬漢茂），兩人相談甚歡，他說：「你既然對德語作家有興趣，我向你推薦葛拉軾。」他還特別強調此人將來勢必以他的小說奪得諾貝爾文學獎。葛拉軾獲得諾貝爾文學獎是在1999年，馬漢茂卻早在三十年前就已預料到，因為葛拉軾初試啼聲的小說《鐵皮鼓》（*Die Blechtrommel*，另譯《錫鼓》，後來拍成電影《拒絕成長的小子》），在德國一炮而紅，從此幾乎年年被提名諾貝爾文學獎，這麼大牌的文學家要得諾貝爾文學獎都這麼困難！

　　我開始翻譯葛拉軾小說，選擇中篇《貓與老鼠》（*Katz und Maus*）。但澤（Danzig）是葛拉軾的故鄉，原本屬於波蘭，二戰時被德國占領，德國戰敗後變成自由市。葛拉軾小說《但澤三部曲》，第一部是1959年的長篇《鐵皮鼓》，第二部是1961年的中篇《貓與老鼠》，第三部是1963年的長

篇《非常歲月》（*Hundejahre*，亦譯《狗年月》），故事背景都在其故鄉但澤。葛拉軾作品源源不絕，且愈寫愈好，得諾貝爾文學獎後又出版《我的20世紀》，將20世紀每年發生的重大事件做中心，編寫百篇故事，創作才華過人。葛拉軾不只有小說創作，詩更具有獨特怪誕性。後來我多少受到里爾克和葛拉軾的影響：里爾克強調視覺意象，從小處觀察生命的強度，有新即物主義傾向；葛拉軾同樣從微小的東西，探求生命的本質，產生諷刺性。1948年起，葛拉軾入杜塞道夫藝術學院受專業薰陶，無論水彩、雕塑與版畫，都有豐富作品。台北市美術館於2007年11月28日起展出葛拉軾80歲時手繪的110餘件水彩作品，我去參觀過。這些作品印成水彩詩集《給不讀詩的人：我的非小說：詩與畫》。他為每幅畫寫一首詩，類似中國水墨畫把字寫在空白處，更特別的是，甚至把詩句寫在水彩上，等於文字也成為畫面的一部分，因此他的詩都極短，常常只有數行。如此獨特，難怪被譽為鬼才！

策蘭近年來在台灣變得很熱門，其實我早在四、五十年前，也就是在翻譯《德國現代詩選》時，就已譯過他的作品。他不是德國人，而是羅馬尼亞人。羅馬尼亞被奧匈帝國統治過，所以也習慣用德語。策蘭用德語寫作，在文學史上被歸為德語作家。他因猶太人身分被納粹關入集中營，二戰後大部分時間在巴黎，最終因精神病症跳塞納河自盡。策蘭的詩非常現代主義，非一般抒情性，具有強烈諷刺性。運用跳躍的語言、簡潔的文字批判社會，是他特殊的表現方式。但他的詩相當晦澀，十年前有一位台灣詩人跟我說，他讀策蘭的詩很驚豔。我說40年前（即距今約50年前）我就翻譯過他的詩，坦白說他的詩很難讀。再次相遇時，他說策蘭的詩真的很難讀。所以我相信他之前也沒讀懂。

我對德語文學用心多年，應是由於留學德國夢無法實現而產生的一種心理補償作用。當初我讀教育部歐洲語文中心時，考取奧地利政府獎學金，也申請到奧地利維也納大學化學系入學許可證，但因一位奧地利學者在台灣開補習班，他聽聞奧地利政府有此獎學金的消息，就回國為其學生爭取機會，教育部因其學生未經留學考試不核准出國，那人竟檢舉說教育部選派我們四位入選者，是從歐洲語文中心挑選，並非對外公開招考，結果弄得兩敗俱傷。我自認沒有出國進修緣分，只好留在台灣安身立命。

梁景峰到德國哥德學院讀書時，想將台灣詩人作品譯介到德國，他首選白萩，因此和我聯絡，要我提供資料，之後他寄贈德文詩集《黑族奧菲斯》（*Schwarze Orpheus*）給我，內含非洲和美洲兩大洲代表性黑人詩作，我讀後深為感動，那種強烈的現實主義表達方式與當時在台灣亂寫、不知所云的現代主義完全不同。明顯政治意識、追求獨立、反抗白種人壓制的精神，剛好呼應我當時對權威壓制的反抗心理，我開始翻譯黑人的詩，在《笠》詩刊及其他報章雜誌發表，光啟社為我出版《黑人詩選》（1974年）。當時並未全譯，後來我在自己的名流出版社又補充了一些，變成譯詩集《鼓聲》（1987年）。

　　21世紀我勤做國際詩歌交流，或者出國參加詩歌節，或者邀請外國詩人來台灣參加福爾摩莎國際詩歌節，與詩人有直接來往，所以翻譯的對象大都是認識的朋友，或是朋友介紹的朋友。所譯對象具有國家代表性，或有特殊意義；當然也難免有因人情而翻譯，本身不見得很滿意的作品。因互譯作品而建立的關係，使我這一、二十年來從事國際詩交流更加順手，到各國都深受歡迎。有時先翻譯作品，隨後認識人；有時是建立友誼後，再翻譯作品。

　　這幾年我設法把台灣詩推出去，所以出國交流，都會替台灣力爭受邀名額，希望以台灣整體意象呈現。2017年台灣文學館為我辦捐贈展（展期自2017年9月至2018年4月），就以「台灣意象・文學先行」為題，非常合我心意！我出國時，都以台灣為訴求，讓外國詩人知道台灣有非常優秀的文學作品，有非常高水準的詩。我比較不喜歡突顯個人，個人雖然也代表台灣，但給人的印象與感動，不及群體深刻。在目前國際政治環境下，台灣名目不但受到壓制，連自己的政府也不敢用；但出國進行文學交流，台灣兩個字通行無阻、無往不利。所以我說「文學先行」的意思是，政治上台灣走不出去，文學上我用台灣走出去，希望提高台灣在國際上能見度。近年來，我在很多國家編印的詩選喜歡用《台灣心聲》及類似書名，希望外國詩人或讀者看到台灣詩人為台灣發言、對台灣的感情以及筆下的台灣是甚麼樣的一個國家。今後國際交流，我會朝此方向繼續努力！

陳秀珍：（3）叢書策劃：2018年4月3日在國家文藝獎頒獎典禮上，老師幾乎用盡所有致詞的時間來感謝秀威為老師出書。老師在秀威策劃的書共有三套，包括【名流詩叢】、【含笑詩叢】、【台灣詩叢】。

首先請老師分享【名流詩叢】策劃緣起、內容、成果，以及未來展望！

李魁賢：2010年秀威編輯黃姣潔聯絡我，希望能出席秀威出版的一本詩集發表會，我因時間上不方便，未能參加，但姣潔很客氣說若我有作品，可以在秀威出版。當時正好累積許多詩，我就整理出10本寄給姣潔，結果秀威全部接受，而且要為我成立一個叢書系列集中出版。我就將叢書命名為【名流詩叢】，一方面由於我經營30餘年的名流公司已結束營業，另方面因為我的名流公司也成立過名流出版社，就把「名流」名稱延續到這套叢書上。第一次一口氣出版10本，而後凡是新的詩作和譯詩都陸續收入【名流詩叢】，迄今已出滿30本，目前秀威給我一年四本的配額，我會繼續奮鬥。所以，我很感謝秀威能接受我的著譯，因為詩集不好銷，我給他們加重很大負擔。秀威是由幾位科技界五年級生出力，對台灣文化做出貢獻，很令人感佩，除了詩集，秀威也出版冷門的學術著作。

陳秀珍：請老師分享【含笑詩叢】策劃緣起、內容、成果，以及未來展望！

李魁賢：我在從事國際詩歌交流活動時，發現不論日本或其他各國女詩人，都相當活躍，台灣女詩人相對比較缺少機會。我思考原因，可能因詩集出版管道不暢，以致對詩的活動較不熱絡，因此我特別為台灣女詩人策劃【含笑詩叢】。含笑即是含笑花的意思，取其清晨開花的清香、清純的象徵意義。目前已經出版13本，由於秀威希望此系列的作者不要重複，可惜很難再找出其他新的女詩人接力，我一直希望能寬鬆限制，意思是只要是女詩人作品，不妨重複列在此系列出書，這樣就可以持續不斷編下去。

陳秀珍：徐志摩說數大，便是美！【含笑詩叢】是台灣女詩人集體演出，比起個人詩集，叢書能見度較高、較易被看見，這是叢書的特點，也是優點。我記得在2016年淡水福爾摩莎國際詩歌節新書發表會上，薩爾瓦多詩人Oscar Benítez很驚訝地說：「台灣詩壇是女詩人的天下嗎？為什麼台上清一色女詩人？」

　　接著，請老師分享【台灣詩叢】策劃緣起、內容、成果，以及未來展望！

　　李魁賢：自從21世紀數度組團出席印度和蒙古舉辦的國際詩歌節，有鑑於台灣詩人作品外譯很少，與外國詩人交流不太方便，所以養成編印團員選集帶出去分享的慣例，藉此可收人與作品雙重交流的效果。2014年5月到古巴、10月到智利，我依慣例分別編印《台灣島國詩篇》漢英雙語和《詩人軌跡・台灣詩篇》漢西雙語詩選，很受歡迎。但是合集詩選，每人只能選三、五首，總覺得無法讓人深刻理解詩作特質，因此策劃【台灣詩叢】。【台灣詩叢】當然是呼應「台灣意象・文學先行」的心思，用台灣這個名義，特別突顯台灣意象。【台灣詩叢】以漢英雙語為主，當然也有漢英西三語，甚至若有其他外語也可納入此系列，旨在方便與外國詩人交流。

　　回想2007年我到印度出席世界詩人大會，那年剛好70歲，自選70首詩，英譯印成《黃昏時刻》。其中有些詩已經朋友翻譯過，但我認為作者自譯較能貼近本意，故重譯。此書意外博得眾多國際詩人的好感，至今已有約20種語言的翻譯本。因此，我認為台灣詩人不妨各有一冊代表性外譯作品，不但有利於對外交流，甚至有機會獲得外國詩人青睞，再輾轉譯成其他語文，不失為把台灣詩推廣到國際的良好管道。2009年，我三度到蒙古交流時，在蒙古出版英譯《台灣心聲》，選26位台灣詩人，以此為基礎，2011年又在土耳其出版土耳其文本《台灣心聲》，選27位台灣詩人，其中人選稍有變化，2017年在西班牙馬德里也出版西漢英三語《台灣心聲》，包含19位台灣詩人作品，2018年4月我又出版一本漢英土三語《台灣新聲》，應出版社要求，規模縮至十位，人選有更大變化。

　　叢書的好處是較集中，尋找相關資料較方便。我的策劃都具有目的性，每一詩叢有特色，有欲達到目的性或方向，所以在秀威有【名流詩叢】、

【含笑詩叢】、【台灣詩叢】三個系列。【台灣詩叢】至今已有8本，2019年還會陸續推出新書，希望能持續進行。

陳秀珍：二、打開世界文學門窗，推動國際詩歌交流：

老師是打開世界文學門窗的重要推手，從一開始代表台灣帶團出國參加國際詩歌節，到後來2015年開始年年策劃在台灣舉辦福爾摩莎國際詩歌節，邀請國際詩人來台參加。打開世界文學門窗，一方面是要讓台灣文學走出去，帶領台灣詩人和詩作登上國際舞台；另一方面是要迎進國際詩人與詩作。歷次國際詩歌節交流，可能泛起漣漪，可能掀起浪濤……。請老師跟我們分享將台灣詩人推向國際的理想與願景！

李魁賢：上世紀80年代，台灣詩人陳千武、白萩，聯合日本秋谷豐、高橋喜久晴，和韓國具常、金光林，創刊《亞洲現代詩集》時，舉辦過台日韓三國詩會，再發展成亞洲詩人會議，輪流在日本、韓國和台灣舉行，1988年在台中舉辦亞洲詩人會議，我開始協助邀請東南亞詩人參加，並漢譯其詩作。1995年我擔任台灣筆會會長，在日月潭舉辦亞洲詩人會議時，推陳千武當會長，我任祕書長，我特地邀請印度、印尼等東南亞國家詩人與會，此後我開始與國際詩人有更多接觸。籌辦1995亞洲詩人會議日月潭大會時，我邀請印度詩人普拉薩德（Skanda Prasad），他不克出席，卻趁機向我邀稿，我寄〈留鳥〉給他，不料在他主編的《Samvedana》第25期刊出後，還推薦給設在印度西部班加羅爾（Bangalore）的《詩人國際》（*Poets International*）月刊主編穆罕默德・法魯定（Mohammed Fakhruddin），編入《西元二千年的詩》（*Poetry 2000 A.D.*）選集，就此打開印度通路，也導致我的詩在印度被選入多種詩選，甚至多次受獎，終於獲得被印度詩壇三度提名諾貝爾文學獎的殊榮。

進入21世紀後，由於與印度詩人接觸，得以在印度大量發表詩，所以當他們舉辦全印詩歌節時，希望我組團前往參加。時值文建會陳郁秀主委、吳密察副主委，有把台灣文學推上國際的政策，主動鼓吹詩人組團前進國外，所以我2002年帶10位台灣詩人到印度參加，2003年又帶10位詩人前去一次，

連續兩年共帶20位詩人共襄盛舉。當時我告訴較年輕的詩人朋友說：「我熟悉的印度路線都帶你們走過了，希望讓你們繼續耕耘，我去開拓新的路線。」我原本想從東南亞孟加拉開始，因為聯絡路線建立不起來，導致我轉向蒙古去。時值我熟識的日本詩人有馬敲接司馬遼太郎的棒，擔任日蒙關係協會理事長，幫我介紹蒙古詩人哈達。我和哈達聯絡後，得知他原來出身內蒙古，中文不錯，這樣交流就更方便。於是我開始布局蒙古，2005年我自掏腰包請哈達在蒙古舉辦第1屆台蒙詩歌節，2007年為了邀請蒙古詩人來高雄出席文學台灣基金會主辦的第2屆台蒙詩歌節，我特地在2006年專程前往蒙古與哈達當面洽談細節，順便出席第26屆世界詩人會議，後來2009年又在蒙古舉行第3屆台蒙詩歌節。之前，我也替文學台灣基金會為高雄市政府文化局策劃2005年高雄世界詩人會議，可惜一次就成絕響。

當時我認為台灣詩人在國際上應該可以更活潑更有活力，活動範圍不應局限於日本與韓國。陳千武那一代日語流利，與日韓詩人能直接日語溝通；新的一代則以英語見長，我因此想轉往其他路線。在與印度、蒙古交流時，提供大量台灣詩作於印度詩刊發表，在蒙古編印《台灣心聲》英文本，以世界舞台為通路。2012年為了籌辦台土詩歌節，把《台灣心聲》譯成土耳其文，在土耳其出版。那時正值2011年中華民國政府大肆慶祝他們建國100週年，外交系統花大錢做外交關係，因此土耳其翻譯單位向中華民國駐土耳其大使館申請補助台土詩歌節經費，預備邀請《台灣心聲》全體入選的27位詩人前往參加。結果，大使館答覆根據政府規定補助一半，補助額十萬美金。土耳其因為自籌十萬美金有困難，而放棄舉辦詩歌節。我曾告訴對方，台灣詩人可以分攤自籌費用，包括機票可以自費等等；但土耳其方面無法接受原定計劃有所更動，所以最終是書出版，但詩會沒舉辦。

受此挫折，我不再運作國際詩交流活動，直到2013年世界詩人運動組織創辦人暨祕書長路易·阿里亞斯·曼佐（Luis Arias Manzo）邀請我參加該組織。我藉此把國際詩歌交流活動目標轉向拉丁美洲，2014年前往古巴。古巴對台灣而言，是資訊少、陌生的國度，但也因此引發我高度興趣，我很好奇在自由體制下的美國小說家海明威，晚年為什麼都在獨裁封閉的古巴度過。當時對古巴的刻板印象是，蘇聯共產主義死忠的國家，行前不免稍有膽

怵，等我去過之後，完全顛覆我對古巴的刻板印象。2014年去智利，2015年去緬甸，2016年去孟加拉、尼加拉瓜、馬其頓，2017年去祕魯，2018年轉進非洲突尼西亞，又再度踏上智利。

國際詩交流，不在乎詩人所屬國家土地大小、人口多寡、經濟所得高低；重點在詩表現的水準。台灣雖然人口僅2300萬，但自從與印度詩歌交流後，我確信台灣詩在國際詩壇毫不遜色，且備受各國詩人肯定。可惜台灣詩外譯偏少，所以我利用每次國際詩歌節的機會，編輯選集以利交流，也引起外國詩人共鳴。我認為國際詩交流，是順勢把台灣詩推廣出去的絕佳管道，因為人先有交往，對詩作會有進一步理解的興趣；對詩有所理解之後，又會更期待與詩人進一步交往，這是一種相輔相成的做法。單向的活動並不周全，如果政府對台灣文學國際交流有興趣，應該不止於在國內把台灣文學委託外國翻譯或出版，還應該要出去參加活動，而且作品並不光是出版成書，最好還要能夠在外國文學雜誌或詩刊發表，化靜態為動態，能量會更強。原本文學不用倚靠政治，但政府的政治力量，包括經費的支援，會使詩人在推動交流時更加得心應手，效果會更具有相乘作用。

2018年一年當中，我陸續接到大約21個國家的詩會邀請，以個人的經費與時間，當然會感到心有餘力不足，所以只能選擇一、兩個參加，如果政府能在經費上挹注，每一處都派出具代表性的詩人出去，多面性的活動，交流成效必然更迅速！

陳秀珍：老師出席國際詩歌節，並非純粹參加活動，而是負有把外國詩人帶進台灣交流的使命。幾次跟老師出國參加國際詩歌交流活動，對於老師為提高台灣能見度的努力非常佩服與感動，我要獻給老師一首〈台灣意象〉，是我在參加祕魯國際詩歌節之後所寫——

台灣意象[1]—台灣詩人李魁賢

挺直八十歲脊柱
帶領詩隊伍

昂然航向海外
營造台灣意象

他最先
被國際的眼睛看見
他不想單獨被看見
他要島嶼台灣
浮出海面

他的聲音
最先被國際的耳朵聽見
他不想一人被聽見
他想要福爾摩莎的聲音
被千千萬萬雙耳朵
掛念

他到馬其頓
被發現
他有奈姆[2]蠟燭燃燒的精神
他到祕魯
祕魯人說
原來台灣也有巴列霍[3]

他用台灣的舌頭
發出台灣心聲
他把台灣新聲
變成各種語言
在世界各地
傳頌

1 台灣詩人李魁賢，在國際詩壇頻頻獲獎，藉領獎機會，為台灣詩人爭取國際詩歌節出席名額，以團隊營造台灣意象；也努力與國際詩人互譯詩集，讓台灣詩被世界閱讀。
2 奈姆・弗拉謝里（Naim Frashëri），阿爾巴尼亞偉大詩人，代表作〈蠟燭的話〉（Words of Candle）。
3 巴列霍，祕魯最具代表性的偉大詩人，深具人道主義精神。我們參加的第18屆【柳葉黑野櫻、巴列霍及其土地】（Capulí Vallejo y su Tierra）國際會議暨詩歌節，就是以他為名。

陳秀珍：對於國際詩歌交流成效，我從三方面去看：詩創作、詩互譯、建立友誼。跟老師出國參加國際詩歌節，包括2016年孟加拉卡塔克（Kathak）詩高峰會、第20屆馬其頓奈姆日（Ditët e Naimit）國際詩歌節、2017年祕魯第18屆柳葉黑野櫻・巴列霍及其土地（Capulí Vallejo y su Tierra）國際會議暨詩歌節、2018年突尼西亞西迪布塞（Sidi Bou Saïd）國際詩歌節、2018年第14屆智利【詩人軌跡】（Tras las Huellas del Poeta）國際詩歌節，我發現台灣的福爾摩莎國際詩歌節最重視詩創作、詩互譯，而且成果豐碩。請老師談一談國際詩歌交流的成效！

李魁賢：很顯然，國際詩歌交流的成效，是讓台灣文學在國際曝光。國際文學活動，台灣似乎長期處於缺席中，尤其就世界行情而言，台灣屬小國，政治上飽受中國打壓；但十幾年來我打著台灣名號做國際交流，備受各國歡迎，並無阻礙；國家的存在並非單繫於經濟、武力，文化也是很重要因素，文學是文化最具體的表現，我們閱讀外國文學作品，也是想透過文學瞭解其人民的思考、社會狀態等等，所以文學是最好的認識媒介，因為比較軟性，無任何強制性，外國讀者能自動自發接受台灣文學，透過文學使外國人知道台灣的存在價值，我想這是交流最大的意義。

交流成果很顯著，譬如我編過很多詩選在國內外出版：2009年《台灣心聲》在蒙古、2011年《台灣心聲》在土耳其、2018年出版《台灣新聲》（因為已有《台灣心聲》在前）漢英土三語詩選集。我還與世界詩人運動組織創辦人暨祕書長合編兩集漢英西三語《兩半球詩路》，在智利出版，每集選用20位台灣詩人和20位外國詩人的詩，以台灣詩人占詩集一半的比重，來突顯台灣文學的分量與重要性，外國讀者無形中就會接受這樣的訊息，並感受到台灣文學的重量，這是只能做不能說的祕密。這兩集總共推出40位台灣詩人，在智利出

版後，於西班牙語國家的拉丁美洲和西班牙本國受到注目。2017年與迷宮出版社（Cuadernos del Laberinto）合作，在西班牙馬德里出版西英漢三語《台灣心聲》，選用19位台灣詩人作品，祕魯【柳葉黑野櫻、巴列霍及其土地】國際詩歌節創辦人兼會長達尼洛・桑切斯（Danilo Sánchez Lihón）發表長篇書評，加以推崇，並於2018年9月在祕魯出版《台灣・生命・詩和友情》（*Taiwan, Vida, Poesia y Amistad*），對台灣詩大為推崇和鼓吹！

還有一些正在進行中的翻譯，譬如阿爾巴尼亞語的台灣六位詩人選集，已譯完，但譯者申請其本國科索沃文化部補助經費未果；反過來尋求台灣方面支援，但因金額不小，我不好意思要求入選的台灣詩人共同分攤經費，所以暫未出版。也和奈及利亞談一個合作計劃，用《台灣美麗島詩集》之名，我選出數十首題目或內容明顯涉及台灣或福爾摩莎意象和生活經驗的詩。對方預定先在奈及利亞學界以此為題發表論文，再找出版社合作出版這本詩選集。詩選集我已編好交給對方，也正試圖分別在英國出版英漢雙語本，和在突尼西亞或法國出版法漢雙語本，很期待此書能夠順利出版。（按：已以《雪的聲音——台灣美麗島詩集》書名，於2019年分別由美商EHGBooks微出版公司和印度Cyberwit.net出版。）

另一方面，我也在國際交流中反向翻譯出版他國的詩選集，譬如孟加拉詩選、伊拉克詩選、馬其頓詩選、加勒比海詩選、阿爾巴尼亞詩選，進行中的阿根廷詩選、突尼西亞詩選等，都承蒙秀威支持。這樣做的好處是，先把他們的詩介紹進來台灣，增加他們把台灣詩介紹過去的興趣，達成雙向交流的更佳成效。

國際詩交流創造的機會逐漸顯現，譬如義大利詩人Giuseppe Napolitano、阿根廷詩人Ricardo Rubio，他們在編選世界詩選集時會選進台灣詩人，包括我與陳秀珍，我又推薦幾位也被接受了。2017年參加完祕魯詩歌節回來後，智利詩人Alfred Asís非常認真，編選很多國際詩選集，除了選入我翻譯的聶魯達（Pablo Neruda, 1904-1973）、米斯特拉爾（Gabriela Mistral, 1889-1957）等等的詩，也將參加祕魯詩歌節的台灣詩人作品選入，譬如林鷺、陳秀珍、簡瑞玲、楊淇竹等。另外任教於美國楊百翰大學的祕魯學者Mara Lucy Garcia，在楊百翰大學的巴列霍研究雜誌也發表我、利玉芳

和陳秀珍的詩，以及簡瑞玲的論文。只要出去交流，把台灣詩人作品引介出去的機會就會愈來愈多。世界文學門窗與通路已經打開，全力以赴，路就會愈走愈寬。

另外，俄羅斯詩人Victor Pogadaev將我的生平、得獎紀錄、代表性作品一一寫入俄羅斯文的維基百科，可見只要台灣的曝光率愈來愈高，國際詩壇自動介紹台灣的機會也會隨著增加，這比我們拚命尋求外國翻譯、出版，要省力得多。我的《黃昏時刻》，2016年有孟加拉文本出版，2018年有土耳其文本出版，另有德文、阿爾巴尼亞文、阿拉伯文、印地文譯本，都是譯者自動翻譯，迄今已達20種語文版本，其中十多種已經面世，這是在交流前無法預期的。由此可證台灣文學作品在國際間並不遜色，我們應該抱持這樣的信心，才能做得更好！

我特別感謝突尼西亞女詩人Khédija Gadhoum，她來參加淡水福爾摩莎國際詩歌節後，盡心幫助我完成19位台灣詩人西漢英三語詩選集《台灣心聲》，西班牙語的部分全部由她一手翻譯，並介紹西班牙馬德里迷宮出版社出版。她也熱情介紹詩人來台灣參加淡水福爾摩莎國際詩歌節，譬如2017年來的英國女詩人Agnes Meadows，後者參加後又介紹美國詩人跟我聯繫，這並非個案，我只是舉例。詩歌節若辦得成功，國際詩人獲得詩交流的愉悅，就自然會想讓朋友分享，因而廣為推介，建立口碑。我與摩洛哥女詩人Dalila Hiaoui也在詩歌節中建立深厚友誼，我幫她翻譯詩集，她不但一再介紹詩人來台，也熱情邀請台灣詩人前去摩洛哥交流。摩洛哥已連續兩年邀請我，我一方面因摩洛哥與台灣無邦交，簽證麻煩，另方面因為一年無法跑太多地方而作罷，或許明後年會去。Dalila的丈夫Wallid Al-Hallis在2018年也隨她來淡水，愛上我的詩，回去瑞典旅居地就把我的詩譯成阿拉伯文，要在摩洛哥出版。摩洛哥還有一位相當優異的資深詩人Benaissa Bouhmala，和我同獲2016年孟加拉卡塔克獎，我們在達卡（妳也在）相處愉快，那一年他的小兒子Zakariae Bouhmala陪他同往。這位紳士詩人帶妻與子前來參加2017淡水詩歌節，Zakariae正在印度尼赫魯大學攻讀博士學位，在我鼓勵下也開始寫詩了。阿根廷詩人Ricardo Rubio透過交流後，把台灣詩作編譯進世界詩選集，我也與他合作正在編譯阿根廷詩選。有些陌生詩人經輾轉介紹要我幫忙

翻譯，在時間容許的情況下，我盡力而為，誰敢說其中不會有將來熱心為台灣國際交流提供助力者？交流成效是點點滴滴累積，但我在2014年重新打造國際交流活動以來的這三、四年間，所獲成效比之前那幾年更好，因為我漸漸摸到一些要領，展望未來更加樂觀！

陳秀珍：我很贊同老師說的台灣詩比起國際詩毫不遜色。推動國際詩歌交流是一件費心費力也亟需資源的活動，即便老師像超人，一人做好幾個人的事情，想必也難免會遇到困境吧！請老師談談推動國際詩歌節所遇到的困難！

李魁賢：國際詩歌交流最大的困境是語言上的障礙。英語被普遍當成國際交流的主流語言，但不見得每位詩人都懂英語，最理想的是詩人擁有多語能力，譬如除了英語，還會西班牙語，因為西班牙語是二十多個國家的官方語言，若能同時擁有英西雙語能力，進行國際交流會變得容易與輕鬆。此外，交流還涉及意願與經費的問題。很多詩人有意願卻無經費，這方面有賴政府單位挹注；語言的困境，端賴個人努力。詩人團體出國交流若語言能力不足，我希望能有這方面的專家陪同出去共同努力，這幾年的確有得到一些朋友的幫助。有些國家可能連英西雙語都不見得能通行，這就要靠當地安排英譯人士幫忙。其實，語言障礙是能夠克服的；心的連通才是關鍵，彼此有意願才能交流，意願比文本還重要，文本總是有些現成資料可以運用。經費則是有待解決的終極問題，詩人一年可能勉強參加一兩次出國交流，若機會無數卻經費短絀，終究只能捨棄那些大好機會！政府若有心要替台灣文學打天下，當然要有充分的經費支援，有充分的詩人擁有充分的語言能力出去做交流，是最理想的。還有一個重要的問題是關於文本的翻譯，多次交流的經驗，使我深感一本合集裡每位詩人只有兩三首詩是不足的，這也是我在秀威推動【台灣詩叢】的原因。每位詩人若能至少有一本翻譯的詩集可與國際詩人交流，國際詩人的接受度會較高，且會對詩人的創作與詩的內涵有更充分的理解，例如德國的Elvira Kujovic在2018年來淡水後，承諾要將【台灣詩叢】的8本書譯成德文，就是一例。因此，我特別感謝秀威無私的支持！

詩人是天生的在野代言人

李魁賢

（摘自《李魁賢文集》第拾冊，《詩的反抗》行政院文化建設委員會，2002年）

對詩好像是一見鍾情，翻開報紙或報紙副刊，首先就是找詩，到了幾乎飢不擇食的程度，甚至連唐詩宋詞都背誦得不亦樂乎，還依樣畫葫蘆，作詩填詞，與同學互相唱和，後來發現那種無病呻吟的方式，毫無意義，才自動停止。

有一次作文課，我竟然寫了一首詩交卷，國文老師不但不以為忤，還批示要多讀多研究，我就開始認真讀詩，追究詩中的意義、形式和技巧。初中三年級寫成一首〈櫻花〉，第一次投稿《野風》，就被採用刊出，從此「讀寫相長」，從練習寫詩中，更能深入讀詩的要領，也漸漸分辨出當時霸占副刊的「豆腐干體」詩的偽裝，那種僵化的形式主義，和舊詩沒有兩樣。

後來，經過現代主義的流行，我又漸漸看出不具形式的一種現代形式主義的流弊，即失去意義性思考，徒顯技巧的「作」詩比賽。我從外文的訓練，讀外國詩，和翻譯詩的磨練，更重視詩人在詩中表現的觀點和形象思惟所展現的實質意義。

於是，我讀詩愈來愈挑剔，開始是「飢不擇食」，後來是「錙銖必較」。現在，我採用掃描方式，讀「起」首幾行，如不吸引人，跳到最後，如顯示不出「合」意，就不管中間如何「承、轉」了。

寫詩是從1953年發表第一首詩後就持續不斷，只有1962年整年沒有作品，可見那一段時間，我也對詩迷茫過。

實際上，我也寫過小說，1954年曾以〈被摧殘的花朵〉（光看題目就相當浪漫和寫實），寫童養媳的故事，獲得《新新文藝》小說徵文佳作獎，首獎從

缺，第二獎發表後，雜誌停刊，我的「佳作」就此石沉大海。1987年我在《文學界》發表〈瑪茲是誰〉，嘗試以現代寓言方式，精簡斷裂的手法來寫，反冗長而不著邊際故事和描寫，被李喬說「太浪漫啦！」我就不敢再寫，但我後來翻譯過荷蘭作家伊達‧霍絲的《捉迷藏》，也是類似精短綴連方式，鄭清文卻認為相當可取。不過，我自己還是認為比較適合寫詩，因為可以分配應用的寫作時間有限，而醞釀思考的時間可以斷斷續續累積，常常累積到飽和時，像爆發一樣，詩自己會來臨，所謂水到渠成。像〈孟加拉悲歌〉醞釀三年，在三天內寫成一百行的詩，〈釣魚台詩輯〉則長考七年，在一天之內寫成十首，又例如在七天內寫成以〈海灣戰事〉為總題的十三首詩。

寫詩好像很消耗能量，一鼓作氣之後，又要開始醞釀和等待，我現在並不急於寫詩，而是更加勤於觀察、思考，時機成熟，詩自然來臨。所以，對我來說，寫詩是很愉快的經驗，既不須抽菸、喝酒，也不必苦思，或扯斷鬍子那樣懲罰自己。

至於論詩，我是從讀詩、寫詩經驗中，鍛鍊出「追根究柢」的精神，盡量排開主觀偏見，去瞭解作者想要表達的意義和表達的方式，如果是我不喜歡的詩，就避開不談，真正喜歡的詩，就要談出一個道理，不敢像一些人花拳繡腿，亂打高空，吹噓好詩，卻要求讀者自己去感覺，這是不負責任的說法。

其實，論詩對自己是一項很大的考驗，如果談得不夠深入，表示自己能力有限，但論點要中肯，不能天馬行空，語言模糊曖昧。這是我對自己起碼的要求。

詩觀：我對詩創作的基本理念，是「抒情」和「意象」的組合。詩，尤其是抒情詩，旨在表現作者對人、對萬物、對事物的情感。無論是寫實派、浪漫派、意象派、象徵派、超現實派，儘管表達技巧方式各有不同主張，如不是由「情」出發，就不能建立詩的本質，而由於技巧手段各異，表現的外相儘管不同，但與讀者交通的線索是「情」。當然，「抒情」包含了詩人對世界事物的觀察，以他的心靈投入物象中做出的詮釋。

因此，詩是藉用詩人感情去揭發事物的真相，往往以「形象思惟」或意象去完成任務。詩不是以直接刺激去引發讀者反應，而是以意象去傳達和擴延讀者經驗，產生交感。

我個人初期創作比較止於個人性抒情，中期走向追究世界事物本質，後來則加強批判性。譬如，我去中國旅遊三次（按：在20世紀90年代），印象最深刻的是人民的無奈，我用旅遊詩的方式描寫對社會現象、政治體制等的批判觀點，以「中國觀察」總題，總共已寫了十七首詩，試圖在詩中表現的是，基於抒情而不止於抒情，基於意象而不止於意象，我要努力從世界事物觀察中，以抒情為基礎，以意象為思考手段，把觀察所得再投射於世界事物上，透示批判的觀點和立場。

我常自許詩人是天生的在野代言人，立足在人民的立場來觀察事物。但基本上，「以詩批判」畢竟與「政論文章」表達和訴求方式不同。所謂「不平則鳴」，我情不自禁時，也會執筆評論時事，即使最敏感的政治問題，有時也不避諱，最近集成《浮名與務實》，希望不久能出版（按：已於1992年由稻鄉出版社出版）。但我真正興趣的是，在詩的意象上發現既能表達我的感情，又能顯示我批判立場的作業。這是我常常以情詩的方式寫政治和社會事象的緣故。

例如我寫過一首〈愛情政治學〉，題目很鮮，便是企求從愛情和政治的類似性或相背性中，去尋求二者統一性。例如愛情本身是感性的體驗，卻往往涵攝利害關係，而政治本身講究利害關係，當然應該以理性對待，然而卻往往以感性態度在處理，這種矛盾情況，也就產生愛情政治學這種諷刺性。

詩人個體在社會群體中生活，就不能與社會太過脫離，但個體也不能忽略個體成熟發展過程中的軌跡。因此，在空間上，詩人應該與社會有同步性的發展；在時間上，詩人也應該隨著思想的進步而有同質性觀察。因此，我還是會兼顧現實性和創作性的要求建築我的詩業。

我曾經把詩歸納為「純粹經驗論的藝術功用導向」、「現實經驗論的社會功用導向」、「現實經驗論的藝術功用導向」三種類型，其中以「現實經驗論的藝術功用導向」在詩型光譜的譜系上居於中間地帶，兼顧現實性的衝擊，但也不忽視創作技巧上，或是詩性審美上的追求藝術性努力。

在詩史的發展過程上，現實主義著重社會現實的描述，而現代主義以反傳統的現實主義出發，強調個性的發揮，表現新的風格，正是「現實經驗論的社會功用導向」和「純粹經驗論的藝術功用導向」的分歧。可是，如果我

們承認「一切真正的藝術品都表現人在世界上存在的一種形式」，詩人便不能自外於存在場所的現實經驗。然而我們也不能漠視社會進化的必然現象和現實，因此，詩人也不能忽視創新的藝術技巧和審美的要求。

對於「現代詩」的看法：在西方，現代主義的出現，除了反傳統的現實主義外，也逐漸反詩型的形式主義。在中國，新文學運動乍起，胡適的「八不主義」第五項「不重對偶——文須廢駢，詩須廢律」，也是反形式主義的。因為舊文學裡的律詩絕句，講究形式最為嚴格，不但詩型，而且韻律、平仄、對仗，限制嚴密，過於僵化。中國的新詩運動初期，就是形式的解放運動。經過幾年的嘗試，聞一多、朱湘、徐志摩等又引進西方的格律詩，包括商籟體（十四行詩），進入另一種形式的實驗。後來的發展雖然是以自由詩型為主體，但種種嚴格的或自由彈性的形式，層出不窮。

至於台灣的新文學運動，自發展以後，即未落入形式主義的陷阱，雖然也有例如每節三行或四行這樣比較規則性的詩型，可是詩人也並未堅持各自獨特的風格，所以，並未發生詩型的形式化問題。

然而，所謂的「現代詩」卻陷入了另一種非形式（詩型）的形式主義，可稱為技巧的形式主義或意象的形式主義。本來打破形式束縛的詩，形式成為內容的附屬品，只留下外貌的形相。因此，解放後的形式應該具有很大的可塑性。簡單明瞭地說，形式隨內容而定，只要不以型害意，或不因形式限制實質內容流動，不形成僵化，並不為病。

目前，現代詩的偏重形式有幾個現象，其一是不必要的視覺化企圖，想用形式上的造型產生獨特的視覺感受。由於形式是附屬於內容，如果是好詩，再加上新穎的形式排列，或許有錦上添花的效果，像詹冰〈水牛圖〉。如果內容貧乏，企圖以形式取勝，則不啻佛頭著糞或畫蛇添足。

其次，類似於視覺化企圖的是，詩行隨意高低配置。如果因為詩的內容律動上有其必要，例如空白的停頓效果，或要控制音節的進度，或要造成語意上的特殊變化，還可以說是有創造性的思考參與在內，但我們所看到多的是無意義的隨機安排，造成零碎的割裂印象。

另一種情形是，不必要意象的羅列，把相關或不相關的意象，不是順序排列就是強加連接，由於不是意義上的需要，徒具形式上的偽裝，有時看似

有嚇阻的效果，仔細分析，卻是空洞無物。

還有一種形式化，是聯想的無規律跳躍，看似超現實技巧的應用，實際上只是無關物象的綴連，或許有些驚奇效果，可是不能產生任何經驗的傳達。

現代詩這種非形式的形式主義，如果不具有現實經驗的內涵，沒有詩的意義性，那麼，這種形式本身也是沒有意義，徒然浪費和曲解創作意圖和傳達效用。

關於詩的語言：這是千頭萬緒的問題。詩的語言不是固定的，而是隨形象思惟產生的，因此，詩的語言實際上是一種意象語言。

某種語言專屬於詩的語言，這種浪漫主義的感傷式認識論，畢竟已經過時。意象引導詩的語言，意象產生，詩的語言自然形成。

然而，意象語言所應用的文字，簡潔、清晰，是基本要求。詩句儘管有多義性的本質，然而不同於模糊、曖昧、晦澀。主張現代主義的人，大言炎炎什麼詩的反邏輯性，令人不解。

詩用語言在思考的時候，本質上具有必然的邏輯關聯，不然那種思考就是凌亂的，不知其所以然。誠然，詩可以不是邏輯，但意義性的表現有其內在的邏輯性，故絕對不是反邏輯。

由於詩語言的機能性被人所忽略，連許多詩論家也會斤斤計較或探究什麼語言的鍛鍊。他們心目中的「詩的語言」的美，不過是一些奇言玄句，而忽略語言的意義是否適切或精確表現必要的意象。

所以，詩的語言還是以意義的機能為主軸。當然，語言斷連上的恰到好處，是詩的簡潔性的要素。由於意象的表現，和一般文體的敘述性不同，過度的敘述性對意象的跳躍會造成沉重的負擔，可是如果把「敘述」等同於「意義」，為了擺脫敘述性而拋棄意義，那對詩是一種嚴重的傷害。

備忘語錄

1. 如果想成為詩人，要抱著不寫會死的決心。

2. 能持續不斷創作，除了愛詩成癮，還靠兩個理念支撐：一個是我也有能力的信心；另一個是要一生全力以赴的鞭策。

3. 要維持創作高峰，除靠勤於觀察、勤於思考，還要勤於變化題材和風格，畢竟創作也隱含創新的意義，一旦疏於創新，惰性成習，創作力就會衰竭。

4. 詩人建立自己的風格，表示無論在意識、題材、語言、結構等各方面，擁有了獨創性，這是每位詩人都在追求的方向和目標。但是風格一確立，就怕定型化，有違創作所標舉的創新精神。

5. 我自己的經驗是風格建立在意識精神層面，在題材、語言、結構等各方面，則力求階段性變化，意思是我會在一段時間內，集中精神關心某一件事，採取適配的題材、語言、結構等，來處理詩素，然後適可而止，以防思考鈍化、語言遲滯，失去動感和變化。這樣可同時訓練自己多方面的關懷，而在風格上也會有不同時期的轉折變化，可以長期維持新鮮的創作源泉和活力。

6. 純政治性強烈的詩，容易流於口號或情緒宣洩，詩畢竟是抒情文類，以情動人，深心體認，才能達成扣人心弦的效用。

7. 情詩抒情，有抒小我之情，也有抒大我之情。小我之情可能以男女愛情為主，但也擴及親情和友情；大我之情更涉及萬物、鄉土、國家、世界、人類。用情詩進行政治批判可以呈現關懷，而不是對嗆！

8. 選譯方式有點以偏概全，最好能全譯。

9. 我多少受到里爾克和葛拉軾的影響：里爾克強調視覺意象，從小處觀察生命的強度，有新即物主義傾向；葛拉軾同樣從微小的東西，探求生命的本質，產生諷刺性。

10. 策蘭的詩非常現代主義，非一般抒情性，具有強烈諷刺性。運用跳躍的語言、簡潔的文字批判社會，是他特殊的表現方式。但他的詩相當晦澀！

11. 《黑族奧菲斯》，內含非洲和美洲兩大洲代表性黑人詩作，我讀後深為感動，那種強烈的現實主義表達方式與當時在台灣亂寫、不知所云的現代主義完全不同。明顯政治意識、追求獨立、反抗白種人壓制的精神，剛好呼應我當時對權威壓制的反抗心理。

12. 國際詩交流，不在乎詩人所屬國家土地大小、人口多寡、經濟所得高低；重點在詩表現的水準。

13. 我利用每次國際詩歌節的機會編輯選集以利交流，也引起外國詩人共鳴。我認為國際詩交流，是順勢把台灣詩推廣出去的絕佳管道，因為人有了交往，對詩作會有進一步理解的興趣；對詩有所理解之後，又會更期待與詩人進一步交往，這是一種相輔相成的做法。

14. 單向的活動並不周全，如果政府對台灣文學國際交流有興趣，應該不止於在國內把台灣文學委託外國翻譯或出版，還應該要出去參加活動，而且作品並不光是出版成書，最好還要能夠在外國文學雜誌或詩刊發表，化靜態為動態，能量會更加強。

15. 原本文學不用倚靠政治，但政府的政治力量，包括經費的支援，會使詩人在推動交流時更加得心應手，效果會更具有相乘作用。

16. 這幾年我設法把台灣詩推出去，所以出國做交流，都會替台灣力爭受邀名額，希望以台灣整體意象呈現。2017年台灣文學館為我辦捐贈展就以「台灣意象‧文學先行」為題，非常合我心意！

17. 我出國時，都以台灣為訴求，讓外國詩人知道台灣有非常優秀的文學作品，有非常高水準的詩。我比較不喜歡突顯個人，個人雖然也代表台灣，但給人的印象與感動不及群體深刻。

18. 在目前國際政治環境下，台灣名目不但受到壓制，連自己的政府也不敢用；但出國進行文學交流，台灣兩個字通行無阻、無往不利。所以我說「文學先行」的意思是，政治上「台灣」走不出去，文學上我用台灣走出去，希望提高台灣在國際上能見度。

19. 近年來，我在很多國家編的詩選都用《台灣心聲》及類似書名，希望外國詩人或讀者看到台灣詩人為台灣發言、對台灣的感情以及筆下的台灣是什麼樣的一個國家。

20. 合集詩選，每人只能選三、五首，總覺得無法讓人深刻理解詩作特質，因此策劃【台灣詩叢】。【台灣詩叢】當然是呼應「台灣意象，文學先行」的心思，用台灣這個名義，特別突顯台灣意象。

21. 國家的存在並非單繫於經濟、武力，文化也是很重要因素，文學是文化最具體的表現，我們閱讀外國文學作品，也是想透過文學瞭解其人民的思考、社會狀態等等，所以文學是最好的認識媒介，因為比較軟性，無任何強制性，外國讀者能自動自發接受台灣文學，透過文學使外國人知道台灣的存在價值，我想這是交流最大的意義。

22. 我也在國際交流中反向翻譯出版他國的詩選集，譬如孟加拉詩選、伊拉克詩選、馬其頓詩選、加勒比海詩選、即將出版的阿爾巴尼亞詩選、進

行中的阿根廷詩選‧突尼西亞詩選等，都承蒙秀威支持。這樣做的好處是，我們先把他們的詩介紹進來台灣，增加他們把台灣詩介紹過去的興趣，達成雙向交流的更佳成效。

23. 台灣文學作品在國際間並不遜色，我們應該抱持這樣的信心，世界文學門窗與通路已經打開，全力以赴，路就會愈走愈寬。

24. 國際詩歌交流最大的困境是語言上的障礙，最理想的是詩人擁有多語能力。此外，交流還涉及意願與經費的問題。很多詩人有意願卻無經費，這方面有賴政府單位挹注；語言的困境，端賴個人努力。

25. 其實，語言障礙是能夠克服的；心的連通才是關鍵，彼此有意願才能交流，意願比文本還重要，文本總是有些現成資料能運用。經費則是有待解決的終極問題！

26. 一本合集裡每位詩人只有兩三首詩是不足的，這也是我在秀威推動【台灣詩叢】的原因。每位詩人若能至少有一本翻譯的詩集可與國際詩人交流，國際詩人的接受度會較高，且會對詩人的創作與詩的內涵有更充分的理解。

27. 詩歌節若辦得成功，國際詩人獲得詩交流的愉悅，就自然會想讓朋友分享，因而廣為推介，建立口碑。

附錄2
李魁賢紀年事誌要略
The Abbreviated Chronology of Creative Writings

　　1937至2012年事誌要略見《人生拼圖──李魁賢回憶錄》，新北市政府文化局出版，2013年11月。

2004年（補遺）

　1月　　詩〈沙漠〉選入《啊，福爾摩沙》（本土文化事業公司）。
　　　　詩〈神祕三重奏〉、〈流浪貓〉、〈貓的寓言〉、〈意象之一〉、〈意象之二〉、〈古甕〉和〈秋天的心情〉七首英譯選入印度《*World Poetry* 2004》。

　2月　　詩〈麻雀〉選入國民中學《國語》課本第二冊，南一書局。
　　　　詩〈檳榔樹〉選入《最想念給你聽的一首詩》，台北國際詩歌節專輯。
　　　　詩〈春天的版圖〉、〈五個月亮〉、〈告別第二個千禧年的黃昏〉和〈蓮霧〉四首英譯選入亞洲詩人選集《*Purbodesh* 2004》，印度Michael Madhusudan Academy出版。

2011年（補遺）

　3月　　〈水月、水母及其他〉收入【台灣現當代作家研究資料彙編】02《吳濁流》，張恆豪編，國立台灣文學館出版。

2012年（補遺）

11月　27日《挖掘》一書開始在《人間福報》連載，以《世界的詩·詩的世界》專欄，每星期二刊一篇。

12月　詩〈山海經〉選入《台灣生態詩》，白靈、蕭蕭、羅任玲合編，爾雅出版社。

2013年

1月　列名於Marquis世界名人錄（*Who's Who in the World*）第30版。

30日至2月1日第21屆台北國際書展，由國立台灣文學館展出該館典藏我在日治時代幼稚生時所用撲滿，和1974年獲准專利「屈折形剪刀」樣品。

〈葛拉軾的文學〉和〈葛拉軾的詩〉收入《鼓動的世紀——諾貝爾文學獎得主鈞特·葛拉斯特展圖錄》，林韋助主編，國立台灣文學館。

2月　出版譯詩集《世界女詩人選集》（秀威資訊科技股份有限公司）。

23日，英國台灣協會在倫敦舉辦二二八紀念活動朗誦拙詩〈二二八安魂曲〉華語版。

印度國際知識分子和平學院（International Intellectual Peace Academy）聘任為台灣國家主事（National President）。

3月　20日捐贈1998至2008年手稿449件給國家圖書館典藏。

24日參加台南鹽水台灣詩路詩歌音樂會，朗誦〈放煙火〉和〈灣流〉。

4月　詩〈春霧〉選入《2012年台灣現代詩選》，春暉出版社。

5月　3日在反核「五六廣場」朗誦詩〈為了降價不得不漲價〉和〈有一隻老鼠〉。

6月　〈神木〉選入《阿里山詩集》，蘇慧霜總編，行政院農委會林務局嘉義林務管理處出版，並在7月20日新書發表會上朗誦。

7月　2日回憶錄62萬字《人生拼圖》完稿。

8月　10日詩〈晨景〉和〈海韻〉西班牙暨葡萄牙譯本，裴瑞拉

（Teresinka Pereira）譯，於韓國WAAC出版國際文藝雜誌《高麗月光》（*The Moonlight of Corea*）季刊第68期。

15日編譯《世界女詩人選集》獲美國國際作家暨藝術家協會頒贈2013年最佳詩選獎。

9月　26日擔任第1屆台文戰線文學獎台語現代詩評審。

11月　9日英詩〈鸚鵡〉、〈輸血〉、〈雪天〉、〈楓葉〉和〈島嶼台灣〉，刊於韓國《高麗月光》（*The Moon Light of Corea*）第69期。

11日回憶錄《人生拼圖》由新北市政府文化局在新聞發布室舉辦新書發表會。

漢譯詩三首〈告訴我〉、〈萬事皆空〉和〈瞬間〉，收入波佩斯古（Elena Liliana Popescu）詩集《三首詩》（*Trei Poeme*），含41種譯本，羅馬尼亞布加勒斯特Pelerin出版社。

12月　11日西班牙《日報》（*El Día*）刊出作家Graciliano Martin Fumero在其《文學之窗》專欄內撰文評介，特別提到〈候鳥〉、〈天空〉和〈黃昏時刻〉，並引用〈愛還是不愛〉整首詩，譯成西班牙文。

14日散文〈雪的聲音〉選入升大學《遇見散文——名家精選40篇》，石家華編，龍騰文化事業股份有限公司。

英詩〈輸血〉、〈成吉思汗的夢〉和〈雪落大草原〉刊於蒙古《World Poetry almanac 2012》。

接受世界詩人運動組織（Movimiento Poetas del Mundo，簡稱PPdM）任命為駐台灣大使（Ambassador – Taiwan）。

〈七面鳥的變奏——白萩論〉收入【台灣現當代作家研究資料彙編】44《白萩》，林淇瀁編，國立台灣文學館。

2014年

1月　列名於Marquis世界名人錄（*Who's Who in the World*）第31版。

22日詩〈五月的形影〉、〈雜草〉、〈島嶼台灣〉、〈春天的版

圖〉、〈流浪貓〉、〈輸血〉等6首英譯，以及訪問錄，選入法魯定（Mohammed Fakhruddin）編著《詩與詩學——當代世界詩人》（*Poetry & Poetics, Contemporary World Poets*），印度詩人國際書店出版。

3月　詩〈有一隻老鼠〉入選《台灣詩選》，二魚文化。

　　　16日參加台南鹽水台灣詩路詩歌音樂會，朗誦〈有一隻老鼠〉和〈死亡Sonata〉。

4月　20日編輯《台灣島國詩篇》（*Verses in Taiwan Island*）漢英雙語詩選出版，誠邦企管顧問公司，帶往古巴交流。

　　　29日前往古巴參加第3屆【島國詩篇】（La Isla en Versos）詩會，在Havana, Cienfuegos, Holguin和Ciego de Avila 各城市朗誦詩，5月12日返國。

　　　30日詩〈春天奏鳴曲〉三首由柯芳隆作曲，在國家音樂廳首演。

5月　16日詩〈行義的路〉由張俊彥作曲，在「哲五」首次獻唱。

6月　出版《黃昏時刻》和《溫柔的美感》俄漢雙語詩集，均隋齊柯甫俄譯，美商EHGBooks微出版公司。

8月　出版詩集《天地之間》台華雙語本，列入《名流詩叢》第19種，秀威資訊科技股份有限公司。

9月　5日接任世界詩人運動組織（Movimiento poetas del Mundo，簡稱PPdM）主管亞洲區副會長（Vice President for Asia），仍兼任駐台灣大使。

　　　9日詩〈櫻花祭〉選入《小詩・隨身帖》，張默編，創世紀詩社。

10月　編輯《詩人軌跡・台灣詩篇》（*Tras las Huellas del Poeta-Una Antología de Poetas de Taiwaneses*）漢西雙語本，誠邦企管顧問公司。

　　　7日前往智利參加第10屆【詩人軌跡】（Tras las Huellas del Poeta）詩歌節，在15個城市參訪、朗誦詩，10月22日返國。

　　　詩〈鸚鵡〉、〈輸血〉、〈晨景〉、〈給妳寫一首詩〉、〈島嶼台灣〉、〈成吉斯汗的夢〉、〈在格瑞那達〉、〈不同的自由〉、〈切格瓦拉在古巴〉等9首詩、照片和簡介，刊於印度

*Poets International*月刊專欄「本月詩人」（Poet of the Month）。

11月　詩〈不會歌唱的鳥〉、〈我習慣在廢紙上寫詩〉、〈調色盤的結局〉、〈流浪貓〉、〈意象之二〉、〈鏡的變奏〉、〈花的聲音〉、〈開口〉、〈愛情的迷思〉等9首詩、照片和簡介，以及專訪紀錄，刊於*Poets International*專欄「INI News Flash」（*Indian News & Interviews*）。

12月　詩〈島嶼台灣〉英譯本選入智利《*Agenda 2015*》（2015日曆詩集）第1版和第2版，世界詩人運動組織策劃，Apostrophes Ediciones出版社。

　　　〈巫永福詩中的風花雪月〉收入【台灣現當代作家研究資料彙編】58《巫永福》；〈歷史、現實、憧憬——王昶雄詩歌中的故鄉情節〉收入【台灣現當代作家研究資料彙編】59王昶雄，均許俊雅編，國立台灣文學館。

2015年

1月　詩〈給妳寫一首詩〉（*Te Dedico un Poema*）西譯本，連同照片和簡介刊於《文學軌跡》（*Huella Literaria*）第3卷第6頁頭條反白，智利瓦爾帕萊索（Valparaíso）出版。

2月　12日在台北世貿展覽館國際書展演講〈島國台灣詩人前進古巴和智利〉。

　　　15日為2003年杜爾塞・瑪麗亞・洛伊納茲（Dulce María Loynaz）國際詩獎得主美國佛蒙特大學教授西班牙女詩人蒂納・艾思卡雅（Tina Escaja）新版詩集《自由落體》（*Caída libre*）寫序〈詩創作的美麗與哀愁〉。

3月　6日出席緬甸仰光第8屆東南亞華人詩人大會，演講〈東南亞華人詩人參與國際詩交流的一個通路〉，13日回國。

　　　15日參加台南鹽水台灣詩路詩歌音樂會，朗誦《街頭運動》，包含〈日頭花〉和〈我穿著新黑衫〉。

4月　詩〈行義的路〉選入《落實民主，停建核四——林義雄禁食行動

紀實》，慈林教育基金會。

詩《粉鳥災》（台語組詩三首〈粉鳥占廣場〉、〈粉鳥行動〉和〈死亡Sonata〉）選入《2014年台灣現代詩選》，春暉出版社。

漢西雙語版《黃昏時刻》（*La Hora del Ocaso*）由美商EHGBooks微出版公司出版，Manuel Garcia Verdecia西譯。

詩〈島嶼台灣〉英西雙語和〈來到古巴〉英語本選入《*Memorias de una Isla*》（島的回憶），古巴【島嶼詩篇】第3屆世界詩人會詩選集，智利Apostrophes出版社。

6月　30日詩《大自然三部曲》（包含〈螢的心聲〉、〈樹不會孤單〉和〈大地頌〉）刊於新加坡《錫山》文藝半年刊第43期。

7月　3日報載昨天大學指考國文試題出我的詩〈收藏〉。

詩〈擦拭〉選入《台灣詩風景》，譯詩〈豹〉、（里爾克）等13首選入《世界詩風景》，均李敏勇選，春暉出版社。

15日拙譯法國詩人法阿沙納斯・凡切夫・德・薩拉西（Athanase Vantchev de Thracy）詩集《我們，在主內永生！》（*Nous, les immortels en Dieu!*），由法國Solenzara文化協會出版。

8月　出版法漢雙語版《黃昏時刻》（*À L'Heure du Crepuscule*），Athanase Vantchev de Thracy法譯，和《給智利的情詩20首》華台英西俄羅六種語文版，均美商EHGBooks微出版公司。

9月　1日為世界詩人運動組織策劃台南2015福爾摩莎國際詩歌節開幕，作為慶祝成立10週年環球詩活動的第一站，承台南市政府文化局主辦，9日結束，有11國詩人14位和台灣詩人50位參加。

10月　詩〈遺照——紀念父親〉、〈台北異鄉人〉、〈阿富汗的天空〉、〈盆栽之一〉、〈盆栽之二〉、〈池塘和海洋〉共六首韓譯（金尚浩譯），刊於《亞細亞文藝》第38期。

12月　羅馬尼亞詩人波佩斯古（Elena Liliana Popescu）出版詩集《如果你只知道》（*DACĂ AI ȘTI*），Pelerin出版社，22首29種文字，包含拙譯。

〈論詹冰的詩〉收入【台灣現當代作家研究資料彙編】65《詹

冰》，莫渝編；〈存在的位置——錦連在詩裡透示的心理發展〉收入【台灣現當代作家研究資料彙編】73《錦連》，蕭蕭編，均國立台灣文學館。

2016年

1月　為秀威策劃編輯台灣女詩人《含笑詩叢》出版第一輯8冊，作者有陳秀珍、楊淇竹、林鷺、利玉芳、謝碧修、李若鶯、凃妙沂、慧子。

翌年再出版4冊，作者為戴錦綢、陳秀珍、林鷺、楊淇竹。

20日編輯出版《福爾摩莎詩選》（*Anthology of Formosa Poetry*），誠邦企管顧問公司。

29日前往孟加拉達卡出席卡塔克國際詩人高峰會（Kathak International Poets Summit），接受2016年卡塔克文學獎（Kathak Literary Award 2016），並參加孟加拉國際詩歌節活動。2月5日返國。

2月　孟加拉詩人阿米紐・拉赫曼（Aminur Rahman）編譯出版孟加拉語譯本《當代頂尖四位世界詩人選集》（*Top Four Contemporary Poets of the World*），選譯拙詩〈輸血〉、〈給妳寫一首詩〉、〈問天〉、〈有鳥飛過〉、〈海韻〉、〈你是蚊子〉、〈晨景〉、〈鸚鵡〉等8首，孟加拉Adorn出版社。

西譯詩二首〈鸚鵡〉和〈在格瑞納達〉，以及英譯詩五首〈鸚鵡〉、〈輸血〉、〈給妳寫一首詩〉、〈島嶼台灣〉、〈在格瑞納達〉，被西班牙詩人Fernando Sabido Sánchez 編入網路《21世紀世界詩選》（*Poetas Siglo XXI – Antologia de Poesia Mundizal*）。

12日奉文化部指派前往尼加拉瓜出席第12屆格瑞納達國際詩歌節，23日返國。

3月　4日在台南葉石濤文學紀念館演講〈在國際上推廣台灣詩的經驗〉。

〈一隻叫台灣的鳥——序杜潘芳格詩集《青鳳蘭波》〉和〈物性、人性、神性——讀杜潘芳格的詩〈蜥蜴〉〉，以及漢譯下村作次郎

著〈杜潘芳格《福爾摩莎少女日記》解題，收入【台灣現當代作家研究資料彙編】72《杜潘芳格》，劉維瑛編，國立台灣文學館。

4月　詩《給智利的情詩20首》第10首〈膜拜姿勢〉選入《2015台灣現代詩選》，春暉出版社。

〈莎士比亞好像天生就是用台語寫劇本〉，清華大學外國語文學系助理教授梁文菁訪問紀錄，收入《與莎士比亞同行》，梁文菁編著，大塊文化出版公司發行。

1日譯畢日本女詩人森井香衣（Kae Morii）《66詩集》。

5日譯畢孟加拉詩人阿米紐‧拉赫曼（Aminur Rahman）詩集《永久酪農場》（*Perpetual Dairy*）。

5月　24日在台灣大學台灣文學研究所演講〈台灣參加國際詩交流實錄〉。

7月　8日譯畢《孟加拉詩100首》（100 *Poems from Bangladesh*）。

17日在笠友會講述〈21世紀參加國際詩交流回顧〉。

24日詩獲選入美國出版《現實主義國際詩選》（*Realistic Poetry International Anthology*）第1卷《何以詩要緊》（*Why Poetry Matters*）。

8月　11日《黃昏時刻》擴大版韓譯本100首，金尚浩韓譯，韓商Baum communications 出版。

30日《黃昏時刻》漢孟雙語本，阿米‧拉赫曼孟譯，達卡Adorn 出版社出版。

9月　1日編譯2016淡水福爾摩莎國際詩歌節大會詩選集《詩情海陸》出版，誠邦企管顧問公司，選入拙詩〈聽海〉、〈島嶼台灣〉和〈燈塔自白〉。

1日策劃2016淡水福爾摩莎國際詩歌節，由淡水文化基金會執行，出席有外國8國詩人10位，和台灣詩人16位，7日結束。

10月　詩〈雪落大草原〉，土耳其女詩人穆塞雅（Müesser Yeniay）譯本，發表於《詩刊》（*Şiirden*）雙月刊第37期，2016年9、10月號。

詩三首（《給智利的情詩20首》第1至3首），Krystyna Lenkowska 波蘭文譯本，發表於波蘭文學雜誌《*ODRA*》第649期。

20日出席馬其頓奈姆日（Ditët e Naimit）國際詩歌節，獲奈姆・弗拉謝里文學獎（Literary Prize "Naim Frashëri"）和桂冠詩人頭銜，在馬其頓泰托沃（Tetovo）、科索沃普里什蒂納（Pristina）和普里茲倫（Prizrem）等地念詩，並在討論會上發表論文〈奈姆・弗拉謝里與台灣詩〉（Naim Frashëri and Taiwanese Poetry）。

詩〈島嶼台灣〉等15首阿爾巴尼亞文譯本，刊於馬其頓奈姆日國際詩歌節大會詩選《你以海島呈現》（*Ti Shfaqesh Si Ishull*）。

11月　詩〈五桂樓〉選入《行走的詩》（台中市政府文化局）。

29日譯畢土耳其詩人梅舒・暹諾（Mesut Senol）詩集《愛情口舌》（*The Tongue of Love*），交給作者。

12月　國立台灣文學館出版【台灣現當代作家研究資料彙編】87《李魁賢》（莫渝編選）。

2017年

1月　詩〈獨立鐘聲〉英譯本《*The Bell of Independence*》發表於印度《國際畫廊》（*International Gallerie*）第19卷第2期。

2日出版《你是最溫柔的規則》（里爾克情詩選），有鹿文化事業有限公司。

14日蔡英文總統訪問薩爾瓦多，在薩爾瓦多桑契斯總統（Salvador Sánchez Cerén）國宴上，念拙詩〈薩爾瓦多詩旅〉。

20日編輯出版《福爾摩莎詩選・2016淡水》（*Anthology of Formosa Poetry, Tamsui 2016*），誠邦企管顧問公司。

2月　出版譯詩集《孟加拉詩100首》（100 *Poems From Bangladesh*），孟加拉詩人阿米紐・拉赫曼（Aminur Rahman）編，秀威資訊科技股份有限公司。

出版譯詩集《人生襤褸》（*Life's Rags*），馬其頓詩人塞普・艾默拉甫（Shaip Emërllahu）詩集，秀威資訊科技股份有限公司。

2日譯畢印度女詩人畢娜・薩卡・艾莉雅思（Bina Sarkar Ellias）

詩集《融合》（*Fuse*）。

3月　詩〈問天〉（*Cercando il Paradiso*）義大利文譯本，Giuseppe Napolitano譯，刊於《傳單》（*Il Foglio Volante*）詩刊第32年第3期。

16日譯畢印度詩人商多士‧雅列思（Santosh Alex）詩集《孑然一身》（*Alone With Everybody*），交給作者。

25日譯畢《遠至西方——馬其頓當代詩選》（*Far Away to The West—Anthology of Contemporary Macedonian Poetry*），和塞爾維亞作家米魯廷‧朱里齊科維奇（Milutin Djurickovic）著兒童書《雙生子成長的故事》（*How The Twins Grew Up*）。

27日譯畢《伊拉克現代詩100首》（*100 Iraqi Modern Poems*），交給秀威。

4月　《黃昏時刻》（*Bpeme Cympaka*）塞爾維亞文譯本，Milutin Djurickovic翻譯，在貝爾格勒出版。

《存在或不存在》（*Existence or Non-existence*），漢英雙語，自譯英文，秀威資訊科技股份有限公司。

詩〈有鳥飛過〉（*Uccelli che Volano in Alto*）義大利文譯本，Giuseppe Napolitano譯，刊於《傳單》（*Il Foglio Volante*）詩刊第32年第4期。

詩〈淡水雨濕詩〉選入《2016台灣現代詩選》（春暉出版社）。

5月　策劃編輯《台灣心聲》（*Voces desde Taiwán / Voices from Taiwan*）西漢英三語本，美國喬治亞大學教授赫迪雅‧嘉德霍姆（Khédija Gadhoum）西譯，由西班牙馬德里Cuadernos del Laberinto出版社出版。

20日前往祕魯參加第18屆柳葉黑野櫻、巴列霍及其土地國際詩歌節（Capulí, Vallejo Y Su Tierra），行經利馬（Lima）、特魯希略（Trujillo）、瓜達盧佩（Guadalupe）、奧圖斯科（Otuzco）、瓦馬丘科（Huamachuco），到聖地亞哥德丘科（Santiago de Chuco），領特里爾塞金獎（Trilce de Oro），6月1日返國。

6月　詩集《給智利的情詩20首》第16首〈黑島念詩致意〉以西班牙

文、台文、華文、英文、俄羅斯文、羅馬尼亞文，共六種文字，入選智利詩人Alfred Asís編輯《情詩千首獻給聶魯達》第三版第795至800頁。

譯詩集《內在語法》（*Inner Grammar / Grammatica interiore*），義大利詩人Giuseppe Napolitano英漢義三語詩集，義大利Voltunia Edizioni出版。

4日前往馬德里，出席《台灣心聲》（*Voces desde Taiwán*）新書發表會和簽書。抽空重訪皇宮博物館、普拉多美術館、蘇菲雅博物館、提森博物館，13日返國。

7月	出版譯詩集《伊拉克現代詩100首》（100 *Iraqi Modern Poems*），伊拉克詩人雅逖‧阿爾巴卡特（Ati Albakat）編，秀威資訊科技股份有限公司。

13日詩〈阿富汗的天空〉（*Afghanistan's Sky*）英譯本，連同照片與簡介，發表於阿富汗《喀布爾新聞報》（*Kabul Press*）。

8月	詩〈兩岸〉（*Two Banks of the River*）以英漢雙語入選《聽河──世界河流詩選》（*Oír ese río: Antología para los ríos del mundo*），在哥倫比亞波哥大出版，共選5大洲58國114位詩人27種文字。

22日受聘為行政院文化獎評議會委員，任期至2018年8月21日。

9月	1日譯尼卡諾‧帕拉（Nicanor Parra）詩六首，刊於智利詩人Alfred Asís編印出版《獻給尼卡諾‧帕拉》《*Homnaje a Niconor Parra*》，祝其103歲生日。

詩入選《以詩為證》（*Opus Testimonii*）西班牙譯本，由旅居西班牙的阿根廷詩人里卡多‧盧比奧（Ricardo Rubio）編譯，選摩洛哥、西班牙、伊拉克、埃及、阿根廷、法國、德國、瑞典、古巴、馬其頓、匈牙利、土耳其、台灣、庫德斯坦、科索沃、波蘭、哈扎爾里斯坦、墨西哥、義大利、印度、玻利維亞、保加利亞等22國32位詩人，台灣另有陳秀珍入選。

詩、〈塔〉、〈輸血〉、〈鸚鵡〉、〈留鳥〉、〈問天〉、〈有鳥

飛過〉等6首，選入義大利文詩選《對話》（*Dialoghi*），義大利詩人朱塞沛·拿破里塔諾（Giuseppe Napolitano）編譯，義大利前夕出版社（Edizioni Eva）出版，選英國、法國、西班牙、俄羅斯、科索沃、台灣、阿根廷、哈札爾斯坦、以色列、馬其頓、波斯尼亞、埃及，共12國16位詩人，台灣另有陳秀珍4首詩入選。

譯詩集《融合》（*Fuse*），印度詩人畢娜（Bina Sarkar Ellias）英漢雙語詩集，印度孟買Poetry Primero出版社。

譯詩集《露珠集》（*Dewdrops*），印度詩人慕赫吉（Sujit Mukherjee）漢英雙語詩集，印度北方邦哈普爾（Hapur, UP）Mr. Pawan Jain出版。

譯詩集《牆上的光》（*The Light on the Wall*），英國詩人阿格涅斯·梅都思（Agnes Meadswas）英漢雙語詩選集，英國倫敦Morgan's Eye Press出版。

21日至27日為淡水文化基金會策劃舉辦2017淡水福爾摩莎國際詩歌節，出席有8國詩人10位，和台灣詩人14位。

21日編譯出版《詩情海陸第2集》，選入拙詩〈我的台灣　我的希望〉、〈海的情歌〉和〈晚霞〉。

22日詩〈淡水故居〉，陳茂萱譜曲，由女高音林欣欣，在真理大學音樂廳淡水福爾摩莎國際詩歌節音樂會演唱。

10月　漢譯古巴開國元勳詩人荷瑟·馬蒂（José Martí）《短詩集》（*Versos Sencillos, 1891*）第1、5、6、10、23、39、45、46首共8首，收入智利詩人Alfred Asís編《千詩獻給馬蒂》（*Mil Poemas a José Martí*），第1339-1429頁，並接受世界文學智利與古巴聯合會（Chile y Cuba unido en la Literarura mundial）於9月16日頒贈榮譽證書。

漢譯智利女詩人諾貝爾文學獎得主米斯特拉爾（Gabriela Mistral）詩5首收入Alfred Asís編集《*Gabriela Mistral del Valle Natural*》，第589-591頁。

詩集《溫柔的美感》波佩斯古（Elen Liliana Popescu）羅馬尼亞

譯本中〈古甕〉、〈蟹的遺書〉、〈貝殼〉、〈開口〉、〈繁華〉、〈溫柔的美感〉、〈蓮花〉、〈孤挺花〉共8首，加簡介和照片，選刊於羅馬尼亞《北方文學》（*Nord Literar*）2017年第10期，總號173期。

1日詩〈安地斯山日出〉和〈招喚黑使者〉英西譯雙語，發表於美國楊百翰大學（Brigham Young University）《巴列霍使者》（*El Heraldo Vllejiano*）第14卷第1期。

8日在台灣文學館「天賦人權？解嚴三十」主題書展最後一場演講中，以讀詩會方式朗讀人權詩篇13首，計〈不會唱歌的鳥〉、〈孟加拉悲歌〉、〈落單飛行〉、〈二代蟬〉、〈留鳥〉、〈詩人之死〉、〈獨立憲章〉、〈老師失蹤了〉、〈紅杉密林〉、〈不死靈魂的堡壘〉、〈格爾尼卡〉、〈不再為你寫詩〉，和〈二二八安魂曲〉。

15日編輯《兩半球詩路第2集》（*Poetry Road Between Two-Hemisphere, Vol. II*），由智利Apostrophes Ediciones出版，在智利黑島聶魯達紀念館舉行新書發表會。收台灣詩人21位和他國詩人20位作品。

11月　5日詩五首〈鸚鵡〉、〈輸血〉、〈給妳寫一首詩〉、〈島嶼台灣〉和〈在格瑞納達〉，由俄羅斯詩人維克多・波嘉達甫（Victor Pogadaev）譯成俄羅斯文，發表在網路文學雜誌《*Russky Pereplert*》。

11日詩〈燈塔自白〉漢英雙語被選入《2017年阿馬拉瓦蒂詩棱鏡》（*Amaravati Poetic Prism* 2017），印度維傑亞瓦達和阿馬拉瓦蒂市文化中心出版，印度詩人、作家、評論家Padmaja Iyengar-Paddy評選，共選67國約500位詩人，採用85種語言的948首詩，包含譯詩。拙詩漢語印在第291頁，英語在第716頁。

13日生平簡歷由俄羅斯詩人維克多・波嘉達甫（Victor Pogadaev）譯編入俄文維基百科（*Russian Wikipedia*）網頁。

12月　詩〈島嶼台灣〉入選智利詩人阿福雷・亞西斯（Alfred Asís）編

選《千家詩》（*Mil Almas, Mil Obras*）。

評論文〈奈姆・弗拉謝里與台灣詩〉英文本〈*Naim Frashëri and Taiwanese Poetry*〉和阿爾巴尼亞文譯本〈*Naim Frashëri Dhe Poezia Tajvaneze*〉收入2016年第20屆「奈姆日」國際詩歌節論文集《奈姆日與民族詩人奈姆・弗拉謝里》（*Ditët e Naimit and the National Poet Naim Frashëri*），在馬其頓泰托沃市出版。

〈《台詩三百首》出爐〉收入【台灣現當代作家研究資料彙編】97《楊青矗》，彭瑞金編，國立台灣文學館。

2018年

1月　《感應》（*Response*）台華英三語詩集，秀威資訊科技股份有限公司。

漢譯《杜英諾悲歌》，中國廣州花城出版社，為1988年名流版的再版精裝本。

詩〈輸血〉、〈留鳥〉、〈給妳寫一首詩〉和〈島嶼台灣〉，選入《2018年達卡世界詩選》（*Dhaka Anthology of World Poetry 2018*），孟加拉達卡Adorn Publication出版社。

2月　28日詩集《存在或不存在》阿爾巴尼亞文本由科索沃詩人傑頓・凱爾門迪Jeton Kelmendi翻譯，在科索沃出版，阿爾巴尼亞文本書名改為《思想的聲音》（*Tingujt e Mendimeve*）。

出版《雕塑詩集》（*Sculpture & Poetry*）台華英義四語本，配合義大利雕塑家Aron Demetz的雕塑作品，尚赫德藝文有限公司。

3月　1日出版編譯《福爾摩莎詩選・2017淡水》，誠邦企管顧問有限公司。

27日譯詩集《南風》（*Southern Breeze*），摩洛哥女詩人達麗拉・希雅奧薇（Dalila Hiaoui）著，義大利Ali Ribelli出版社，漢英雙語本。

4月　編集《台灣新聲》（*New Voices From Taiwan / Tayvan'dan Yeni Sesler*）漢英土三語本，美商EHGBooks微出版公司。

詩選入義大利詩人Giuseppe Napolitano《翻譯筆記本》（*Quaderni*

di Traduzione），義大利Ali Ribelli出版社，台灣另有陳秀珍入選。
編譯《加勒比海詩選》（*Anthology of Caribbean Poetry*），選譯10國23位詩人63首詩，秀威資訊科技股份有限公司。

5月　譯詩集《最後的咖啡》（*The Last Coffee*），塞爾維亞／德國女詩人艾薇拉·辜柔維琪（Elvira Kujovic）著，秀威資訊科技股份有限公司。

譯詩集《思想狩獵愛情》（*Thoughts Hunt the Love*），科索沃詩人傑頓·凱爾門迪（Jeton Kelmendi）著，中國重慶環球文化出版社。

《黃昏時刻》阿爾巴尼亞文譯本《秋霧》（*Mjegull Vjeshte*），Silke Liria Blumbach阿譯，馬其頓泰托沃Ars Poetica出版社。

台語詩〈方向〉入選《2017台灣現代詩選》，春暉出版社。

6月　3日西班牙語網路雜誌《*La Carpa.com.mx*》刊出墨西哥詩人Freddy Secundino撰寫〈美妙的心聲〉（*La Bella Voz*）評介拙詩11首，照片8張，頗獲讚譽。

7月　土耳其譯本《黃昏時刻》（*Alacakaranlik Saqati*），Mesut Senol土譯，伊斯坦堡Artshop出版社，土英雙語本。

25日詩〈島嶼台灣〉、〈我的台灣　我的希望〉和《孟加拉紀念碑》三首英文本，發表於孟加拉文學雜誌《*Sahitto*》。

9月　詩〈我的台灣　我的希望〉譯成波蘭文，收入《當代隱喻》詩選（*Metafora Współczesności*），波蘭國際文學藝術集團（Międzynarodowa Grupa Literacko-Artystyczna）《廣場》（Kwadrat）出版社。

22日獲美國猶大州楊百翰大學巴列霍研究中心（Brigham Young University in Utah-USA, Cesar Vallejo Institute/Instituto de Estudios Vallejianos）頒贈榮譽獎牌，獎詞「身為作家和評論家，在台灣傳布詩人巴列霍作品的傑出貢獻，及其在知識和文學成就」（por la gran labor que realiza como escritor y critico, difundiendo la obra del poeta Cesar Vallejo en Taiwan. Asimismo, por sus meritos intelectualwes y literarios）。

　　　　26日獲祕魯「柳葉黑野櫻、巴列霍及其土地」國際詩歌節大會頒金幟獎（Bandera Iluminada），表彰對台灣和祕魯雙方文學交流的貢獻。

10月　17日至28日再度到智利參加第14屆詩人軌跡（Tras las Huellas del Poeta）國際詩歌節。

11月　10日〈島嶼台灣〉（Island Taiwan）以台、華、英、德、俄、羅馬尼亞和馬其頓共七種語文，選入印度出版《2018年阿馬拉瓦蒂詩棱鏡》（Amaravati Poetic Prism 2018），共選76國630位詩人107種語言1,111首詩，計1,112頁，台灣另有陳秀珍、楊淇竹分別以中、英、西三語入選。

12月　在新竹交通大學藝文中心浩然講座演講〈21世紀國際詩交流經驗與異國詩情〉，隨後接受竹科電台「愛我新竹」節目洪惠冠主持人專訪。

　　　　〈淡水榕樹──祝賀水源國校百年慶〉選入李魁賢等著《詩說新北》，新北市政府文化局。

　　　　〈孤獨的瞑想者──詩人吳瀛濤先生的塑像〉和〈論吳瀛濤的詩〉收入【台灣現當代作家研究資料彙編】106《吳瀛濤》，林淇瀁編；另《楊梅三部曲》的虛擬與真實〉收入【台灣現當代作家研究資料彙編】110《黃娟》，張恆豪編，均國立台灣文學館。

　　　　19日〈鸚鵡〉、〈島嶼台灣〉和〈燈塔自白〉三詩，由Raed Aljishi譯成阿拉伯文，發表在《Sobra News》。

2019年

1月　阿拉伯聯合酋長國沙迦市書籍出版商（Sharjah Book Authority）出版的《出版家週刊》（Al Nasher Al Usboei）刊出巴勒斯坦詩人Ali Al Ameri對本人訪問稿。

　　　　詩〈有一隻老鼠〉選入《21世紀兩岸詩歌鑑藏》戊戌卷，李強主編，武漢大學現當代詩學研究中心出品，東方出版中心出版發行。

2月　列名於世界文學、歷史、藝術和文化學院（World Academy of Literature, History, Art and Culture, WALHAC）出版《世界文學、歷史、藝術和文化名錄》（*World Directory of Literature, History, Art and Culture*），墨西哥的拉美現代文學學術院（The Latinamerican Academy of Modern Literatrure）編纂。

　　　12日獲聘為第10屆總統文化獎文化耕耘獎召集人。

3月　1日出版編譯《福爾摩莎詩選・2018淡水》，誠邦企管顧問有限公司。

　　　10日漢英雙語詩集《存在或不存在》獲印度普立哲書商（Pulitzer Books）頒贈首席傑出詩獎（Prime Poetry Award for Excellence）。

　　　詩〈傀儡〉、〈人的組合〉、〈矛盾〉、〈山在哭〉、〈問天〉5首，金浩韓譯，刊於韓國《亞細亞文藝》第52期。

4月　出版編集《雪的聲音—台灣美麗島詩集》（*The Sound of Snow—A Poetry Anthology from Taiwan Formosa Island*），美商EHGBooks微出版公司。

　　　《黃昏時刻》（*La Hora del Ocaso*）Manuel Garcia Verdecia西譯本，美國加州La Mancha Publishing Group出版。

　　　7日參加希臘哈爾基斯（Chalkida）國際詩歌節，14日返國。

5月　詩〈女神〉選入《2018台灣現代詩選》，春暉出版社。

　　　11日參加羅馬尼亞雅西市（Iasi）國際詩歌節，20日在布加勒斯特舉辦拙詩集《存在或不存在》羅馬尼亞文本和拙譯《季節》詩集發表會，22日返國。

6月　9日第二部回憶錄《我的新世紀詩路》脫稿，31萬字。

7月　拙詩〈不再為你寫詩〉、〈雪的聲音〉和〈存在或不存在〉三首詩，由櫻井毬子日譯、刊於《三田文學》2019夏季號「台灣現代詩交流」小特集。

　　　詩〈花的聲音〉和〈晨景〉及簡介，波佩斯古（Elena Liliana Popesu）羅馬尼亞譯本，發表在紐約羅馬尼亞東正教神學靈性協會（The Romanian Institute of Orthodox Theology and Spirituality）

出版《慈光》（*Lumină Lină / Gracious Light*）第24年第3期，7至9月號。

10日〈萬物之母〉、〈女神〉、〈進化論〉、〈重生〉和〈自然律〉共五首詩，發表在印度《自然精神—我們的詩檔案2019年詩選》（Spirit of Nature—Our Poetry Archive Anthology 2019，簡稱OPA Anthology of Poetry 2019）。

8月　漢譯伊拉克／波蘭詩人哈悌夫‧賈納畢（Hatif Janabi）四首詩〈畫像之二〉、〈邀請〉、〈語言我不在〉、〈所以蝴蝶不會死在我心裡〉，發表於香港英語和阿拉伯語的多語雙月詩刊《議會》（Nadwah）第6期。

詩〈溫柔的美感〉、〈兩岸〉、〈蟹的遺書〉、〈雪的聲音〉、〈故事館〉、〈悲歌〉、〈我的台灣　我的希望〉七首，Elena Liliana Popescu譯成羅馬尼亞文，發表在《北方文學》（*Nord Literar*）第17卷第7-8期（總號第194-195期）合刊本。

《雪的聲音—台灣美麗島詩集》（*The Sound of Snow—A Poetry Anthology from Taiwan Formosa Island*），英國詩人阿格涅‧梅都思（Agnes Meadows）校訂本，由印度Cyberwit.net出版。

9月　21日出版《詩情海陸第4集》，誠邦企管顧問公司。

21日至27日策劃舉辦第4屆淡水福爾摩莎國際詩歌節。

10月　詩〈我穿上新黑衫〉獲選參加香港第3屆詩生活節，在油麻地Kubrick舉行。

詩〈吊在樹上的傀儡〉被選入《鏡像》（創世紀65年詩選，2014~2019）斑馬線文庫。

11月　出版《燈塔自白》（*Monologue by Lighthouse*）阿拉伯文譯本，瓦立德‧哈里斯（Walid Al-Hallis）和達麗拉‧希雅奧薇（Dalila Hiaoui）合譯，義大利阿里‧黎伯立（Ali Ribelli Edizion）出版社。

12月　出版《兩弦》（*Desde dos cuerdas*）西班牙文譯本，Horacio Saavedra譯，墨西哥鳳凰巢出版社（Ediciones El nido del fénix）。

附錄3
李魁賢出版書目

A Publication List

1. 詩集（漢文）

01《靈骨塔及其他》，野風出版社，1963

02《枇杷樹》，葡萄園詩社，1964

03《南港詩抄》，笠詩社，1966

04《赤裸的薔薇》，三信出版社，1976

05《李魁賢詩選》，新地出版社，1985

06《水晶的形成》，笠詩社，1986

07《永久的版圖》，笠詩社，1990

08《祈禱》，笠詩社，1993

09《黃昏的意象》，台北縣立文化中心，1993

10《秋與死之憶》，中國北京人民文學出版社，1993

11《溫柔的美感》，桂冠圖書公司，2001

12《李魁賢詩集（全六冊）》，行政院文建會，2001

　　　　共收773首詩，分成以下6冊：

　　　　第1冊

　　　　　　《詩集拾肆：千禧年詩集》

　　　　　　《詩集拾參：溫柔的美感》

　　　　　　《詩集拾貳：我的庭院》

第2冊

　　　　《詩集拾壹：我不是一座死火山》

　　　　《詩集拾：秋天還是會回頭》

第3冊

　　　　《詩集玖：黃昏的意象》

　　　　《詩集捌：祈禱》

　　　　《詩集柒：永久的版圖》

第4冊

　　　　《詩集陸：水晶的形成》

　　　　《詩集伍：李魁賢詩選》

第5冊

　　　　《詩集肆：赤裸的薔薇》

　　　　《詩集參：南港詩抄》

第6冊

　　　　《詩集貳：枇杷樹》

　　　　《詩集壹：靈骨塔及其他》

　　　　《詩集零：輪盤》

13 《安魂曲》，上慶文化公司，2007

　　　　秀威資訊科技股份有限公司，2010

14 《台灣詩人選集25：李魁賢集》，莊金國編，國立台灣文學館，2008

15 《秋天還是會回頭》，秀威資訊科技股份有限公司，2010

16 《我不是一座死火山》，秀威資訊科技股份有限公司，2010

17 《我的庭院》，秀威資訊科技股份有限公司，2010

18 《千禧年詩集》，秀威資訊科技股份有限公司，2010

19 《台灣意象集》，秀威資訊科技股份有限公司，2010

20 《輪盤》，秀威資訊科技股份有限公司，2010

21 《靈骨塔及其他（增訂本）》，秀威資訊科技股份有限公司，2010

22 《天地之間》，秀威資訊科技股份有限公司，2014

23 《給智利的情詩20首》，華台英西俄羅六語本，美商EHGBooks微出

版公司，2015

24 《感應（Response）台華英三語詩集》，秀威資訊科技股份有限公司，2018

25 《雕塑詩集（Sculpture & Poetry）》，台華英義四語本，尚赫德藝文有限公司，2018

26 《兩弦（Two Strings）漢英雙語詩集》，秀威資訊科技股份有限公司，2019

27 《我的新世紀詩選》，秀威資訊科技股份有限公司，2020

2. 詩集（外文）

01 《輸血（Transfusion）》，自印，1986
日文19首，陳千武、北影一譯
韓文8首，許世旭、金光林、金時俊、李潤守譯
英文10首，殷張蘭熙、非馬、杜國清譯
德文2首，梁景峰譯
荷文1首，Anneke Buys譯

02 《楓の葉》，日文64首，北影一譯，日本大阪アカデミー書房，1987

03 《愛是我的信仰（Love is My Faith）》，英文100首，劉國棟譯印，1997

04 《愛還是不愛（Ama-me ou não）》，葡、英文雙語4首，裴瑞拉譯，美國International Writers and Artists Association，1999

05 《溫柔的美感（Beauty of Tenderness）》，英文50首，劉國棟譯，桂冠圖書公司，2001

06 《台灣現代詩I（三人集）》，日文64首，上田哲二譯，日本国書刊行会，2002

07 《李魁賢詩集（ДИ КУН ШЕНЬ, ЯРУУ НАЙРГИЙН ТУУВЭР）》，蒙漢雙語100首，哈達譯，蒙古Admon出版社，2004

08 《島與島之間（Between Islands）》，英文28首，Simon Patton譯，美國，Pacific View Press，2005

09 《溫柔的美感（Frumuseţea Tandreţei）》，羅馬尼亞文50首 Elena

Liliana Popescu譯，羅馬尼亞Pelerin出版社，2006

10《溫柔的美感（КРАСОТА НЕЖНОСТИ）》俄文50首，Adolf P. Shvedchikov譯，台灣上慶文化公司，2007

美商EHGBooks微出版公司，2014

11《黃昏時刻（The Hour of Twilight）》，英文70首，自譯自印，2007；秀威資訊科技股份有限公司，2010

12《黃昏時刻（БУРЭНХИЙН ЦАГ ХУГАЦАА）》，蒙、英雙語選譯40首，O. Tamir蒙譯，蒙古World Poetry almanac，2009

13《黃昏時刻（СУМЕРЕЧЫЙ ЦАС）》，Adolf P. Shvedchikov俄譯，名流書房，2011；美商EHGBooks微出版公司，2014

14《黃昏時刻（Ora Amurgului）》，Elena Liliana Popescu羅譯，羅馬尼亞Pelerin出版社，2012

15《黃昏時刻（La hora del ocaso）》，Manuel Garcia Verdecia西譯，西漢雙語本，美商EHGBooks微出版公司，2015；西語本，美國加州La Mancha Publishing Group出版，2019

16《黃昏時刻（À L'HEURE DU CRÉPUSCULE）》，Athanase Vantchev法譯，美商EHGBooks微出版公司，2015

17《當代頂尖四位世界詩人選集（Top Four Contemporary Poets of the World）》，Aminur Rahman孟加拉語譯，孟加拉Adorn出版社，2016

18《黃昏時刻》，金尚浩韓譯，韓國Baumcommunications，2016

19《黃昏時刻（Gadhuli Lagan）》，漢孟雙語本，阿米紐・拉赫曼（Aminur Rahman）譯，孟加拉達卡Adorn出版社，2016

20《黃昏時刻（Bpeme cympaka）》，塞爾維亞文譯本，Milutin Djurickovic譯，2017

21《存在或不存在（Existence or Non-existence）》，漢英雙語，自譯，秀威資訊科技股份有限公司，2017

22《黃昏時刻（Alacakaranlık Saati）》，土耳其譯本，梅舒・暹諾（Mesut Şenol）譯，伊斯坦堡，Artshop集團出版社，2018

23《秋霧（Mjegull Vjeshte）》，阿爾巴尼亞譯本，Silke Liria Blumbach

譯，泰托沃Ars Poetica出版，2018

24 《思想的聲音（Tingujt e mendimeve）》，Jeton Kelmendi譯，在科索沃出版，為21《存在或不存在》的阿爾巴尼亞譯本，2018

25 《存在或不存在（Existenţă sau Non-existenţă）》，Elena Liliana Popescu譯，羅馬尼亞24小時出版社（Editura 24 ore），2019

26 《不同的自由（Libertati în diversitate）》，Elena Liliana Popescu羅譯，羅馬尼亞Pelerin出版社，2019

27 《兩弦（Desde dos cuerdas）》，Horacio Saavedra西譯本，墨西哥鳳凰巢出版社（Ediciones El nido del fénix），2019

28 《燈塔自白（Monologue by Lighthouse）》，瓦立德‧哈里斯（Walid Al-Hallis）和達麗拉‧希雅奧薇（Dalila Hiaoui）合譯阿拉伯文譯本，義大利Ali Ribelli Edizion出版，2019

3. 文集

01 《歐洲之旅》（遊記），林白出版社，1971

02 《心靈的側影》（評論），新風出版社，1972

03 《德國文學散論》（評論），三民書局，1973

04 《國際專利制度》（論著），聯經出版公司，1975

05 《弄斧集》（評論），三信出版社，1976

06 《世界專利制度要略》（論著），聯經出版公司，1978

07 《淡水是風景的故鄉》（散文），台灣省教育廳，1983

08 《專利實務手冊七種》（論著），台灣省發明人協會，1985

09 《發明專利須知》（校訂），文橋出版社，1985

10 《台灣詩人作品論》（論著），名流出版社，1987

11 《飛禽詩篇》（賞析），台灣省教育廳，1987

12 《走獸詩篇》（賞析），台灣省教育廳，1988

13 《昆蟲詩篇》（賞析），台灣省教育廳，1991

14 《浮名與務實》（評論），稻鄉出版社，1992

15 《詩的反抗》（評論），新地文學出版社，1992

16《台灣文化秋千》（評論），稻鄉出版社，1994

17《詩的見證》（評論），台北縣立文化中心，1994

18《詩的挑戰》（評論），台北縣立文化中心，1997

19《詩的紀念冊》（散文），草根出版社，1998

20《台灣風景詩篇》（賞析），教育部，2001

21《花卉詩篇》（賞析），教育部，2002

22《李魁賢文集》（全10冊），行政院文建會，2002

    共收713篇文章，分成以下10冊：

    第1冊

        《文集壹：歐洲之旅》

        《文集貳：東南亞見聞散記》

        《文集參：淡水是風景的故鄉》

        《文集肆：台灣風景詩篇》

        《文集伍：詩的賞析》

    第2冊

        《文集陸：詩的紀念冊》

        《文集柒：詩的懷念》

    第3冊

        《文集捌：心靈的側影》

        《文集玖：弄斧集》

    第4冊

        《文集拾：台灣詩人作品論》

    第5冊

        《文集拾壹：浮名與務實》

        《文集拾貳：台灣文化秋千》

    第6冊

        《文集拾參：詩的見證》

    第7冊

        《文集拾肆：詩的挑戰》

《文集拾伍：詩的管窺》

第8冊

《文集拾陸：詩的觀察》

《文集拾柒：詩的奧祕》

第9冊

《文集拾捌：詩的探索》

第10冊

《文集拾玖：詩的反抗》

《文集貳拾：詩的界外》

23《詩的越境》（散文），台北縣政府文化局，2003

24《詩的幽徑》（散文），台北縣政府文化局，2006

25《人生拼圖——李魁賢回憶錄》，新北市政府文化局，2013

26《我的新世紀詩路——李魁賢回憶錄》，秀威資訊科技股份有限公司，2020

4. 編輯

01《一九八二年台灣詩選》，前衛出版社，1983

02《混聲合唱》，文學台灣雜誌社，1992

03《1995-1996台灣文學選》，前衛出版社，1997

04《陳秀喜全集》，新竹市立文化中心，1997

05《望你永遠在我心內——王昶雄先生追思集》，台北縣政府文化局，2000

06《詩的心靈對話》，台灣筆會，2002

07《嚮往和平》，台灣筆會，2003

08《印度的光與影》，春暉出版社，2005

09《戈壁與草原》，春暉出版社，2007

10《蒙古現代詩選》，春暉出版社，2007

11《台灣心聲——台灣現代詩選（Voices from Taiwan—An Anthology of Taiwan Modern Poetry）》英譯本，World Poetry Book，蒙古烏蘭巴托，2009

12《陳秀喜詩全集》，新竹市文化局，2009

13《蒙古大草原（台蒙交流詩選）》，國立台灣文學館，2009

14《挖掘》，秀威資訊科技股份有限公司，2010

15《台灣心聲（Tayvan'dan Sesler）》，土耳其文本（與Tozan Alkan合編）伊斯坦堡Ç.N. Kitaplığı，2010

16《台灣島國詩篇（Verses in Taiwan Island）》，誠邦企管顧問公司，2014

17《詩人軌跡・台灣詩篇（Tras las Huellas del Poeta）》，誠邦企管顧問公司，2014

18《兩半球詩路（Poetry Road Between Two Hemispheres, La Poesía Camino Entre Dos Hemisferios）》，智利Apostrophes Ediciones，2015

19《鳳凰花開時（Flame Trees are in Blossom）》，誠邦企管顧問公司，2015

20《古巴詩情——島國詩篇・前進古巴詩文錄》，西港鹿文創社，2015

21《太平洋詩路》，西港鹿文創社，2015

22《福爾摩莎詩選》，誠邦企管顧問公司，2016

23《詩情海陸》，誠邦企管顧問公司，2016

24《福爾摩莎詩選・2016淡水》，誠邦企管顧問公司，2017

25《台灣心聲（Voces desde Taiwán / Voices from Taiwan）》西漢英三語，西班牙馬德里Cuadernos del Laberinto出版社，美國喬治亞大學教授赫迪雅・嘉德霍姆（Dr. Khédija Gadhoum）西譯，2017

26《詩情海陸第2集》，誠邦企管顧問公司，2017

27《兩半球詩路第2集（Poetry Road Between Two Hemispheres, Vol II / La Poesía Camino Entre Dos Hemisferios, Vol.II）》，智利Apostrophes Ediciones，2017

28《福爾摩莎詩選・2017淡水》，誠邦企管顧問公司，2018

29《台灣新聲（New Voices From Taiwan / Tayvan'dan Yeni Sesler）》漢英土三語本，美商EHGBooks微出版公司出版，2018

30《詩情海陸第3集》，誠邦企管顧問公司，2018

31《福爾摩莎詩選・2018淡水》，誠邦企管顧問公司，2019

32《雪的聲音——台灣美麗島詩集（The Sound of Snow—A Poetry

Anthology from Taiwan Formosa Island）》，美商EHGBooks微出版公司，2019；印度Cyberwit.net出版，2019

33 《詩情海陸第4集》，誠邦企管顧問公司，2019

34 《雪的聲音（el sonido de la nieve）》西班牙譯本，墨西哥奧拉西奧·薩維德拉（Horacio Saavedra）譯，鳳凰巢出版社（Ediciones El nido del fénix），2020

35 《海的情歌（Love Song from the Sea）》英譯本，美國喬治亞科技大學《亞特蘭大評論》（"Atlanta Review" in The Georgia Institute of Technology, USA），2020

5. 翻譯（詩集）

01 《里爾克詩及書簡》，台灣商務印書館，1967

02 《杜英諾悲歌》，田園出版社，1969

　　大舞台書苑出版社，1977

　　名流出版社，1988

　　花城出版社，2018

03 《給奧費斯的十四行詩》，田園出版社，1969

　　大舞台書苑出版社，1977

04 《德國詩選》，三民書局，1970

05 《德國現代詩選》，三民書局，1970

06 《黑人詩選》，光啟出版社，1974

07 《形象之書》，大舞台書苑出版社，1977

08 《卡度齊詩集（諾貝爾文學獎全集之5）》，遠景出版社，1981

09 《瓜西莫多詩集（諾貝爾文學獎全集之36）》，遠景出版社，1981

10 《謝斐利士詩集（諾貝爾文學獎全集之39）》，遠景出版社，1981

11 《印度現代詩選》，笠詩社，1982

12 《鼓聲（世界黑人詩選）》，名流出版社，1987

13 《里爾克詩集（3冊）》，桂冠圖書公司，1994

　　第1冊《給奧費斯的十四行詩、杜英諾悲歌》

第2冊《新詩集、新詩集別卷》

第3冊《形象之書》

14 《情愛枕邊書》，文橋出版社，1998

15 《暴風雨（台語文莎士比亞詩劇）》，桂冠圖書公司，1999

16 《裴瑞拉詩選》，國際作家藝術家協會，2000

17 《普魯士之夜（索忍尼辛史詩）》，桂冠圖書公司，2000

18 《歐洲經典詩選（全25冊）》，桂冠圖書公司，2001至2005

第1冊《蒙塔萊、洛爾卡》

第2冊《布萊希特、波赫斯》

第3冊《塞弗里斯、夸齊莫多》

第4冊《皮科洛、尤若夫》

第5冊《聶魯達、夏爾》

第6冊《帕韋澤、黎佐斯》

第7冊《帕斯、博普羅夫斯基》

第8冊《策蘭、波帕》

第9冊《博納富瓦、阿米亥》

第10冊《赫伯特、布羅茨基》

第11冊《翁加雷蒂、勒韋迪》

第12冊《阿赫瑪托娃、巴斯特納克》

第13冊《曼傑利斯塔姆、巴列霍》

第14冊《茨維塔耶娃、馬雅可夫斯基》

第15冊《紀廉、艾呂雅》

第16冊《里爾克、馬查多》

第17冊《阿波利奈爾、勃洛克》

第18冊《希梅內斯、薩巴》

第19冊《坎帕納、貝恩》

第20冊《特拉克爾、佩索亞》

第21冊《波德萊爾、馬拉美》

第22冊《魏爾倫、科比埃爾》

第23冊《韓波、卡瓦菲》

第24冊《格奧爾格、莫根斯騰》

第25冊《梵樂希、霍夫曼斯塔爾》

19《有馬敲詩集》，春暉出版社，2002

20《李魁賢譯詩集（全8冊）》，台北縣政府文化局，2003

譯詩包含5大洲，27國，詩人253位，計877首詩，分成8冊如下：

第1冊《大洋洲、非洲》

第2冊《美洲》

第3冊《亞洲》

第4冊《亞洲》

第5冊《亞洲》

第6冊《歐洲》

第7冊《歐洲》

第8冊《歐洲》

21《自我探索》，法魯定俳句集，印度Poets International Books，2004

22《印度現代詩金庫》，高雄市政府文化局，2005

23《海陸合鳴‧詩心交融》，高雄市政府文化局，2005

24《愛之頌》，羅馬尼亞波佩斯古詩集，李魁賢書房，2006
秀威資訊科技股份有限公司，2010

25《詩101首》，俄羅斯隋齊柯甫詩集，上慶文化公司，2007
秀威資訊科技股份有限公司，2010

26《柯連提亞諾斯詩集》，希臘詩人柯連提亞諾斯，自印，2009

27《回歸大地》，蒙古哈達詩集，秀威資訊科技股份有限公司，2010

28《與時間獨處》，巴西裴瑞拉詩集，秀威資訊科技股份有限公司，2010

29《希臘笑容》，希臘柯連提亞諾斯詩集，秀威資訊科技股份有限公司2010

30《給大家的愛》，俄羅斯隋齊柯甫詩集，秀威資訊科技股份有限公司，2011

31《生命的禮讚》，羅馬尼亞波佩斯古詩集，秀威資訊科技股份有限公司，2011

32《世界女詩人選集》，秀威資訊科技股份有限公司，2013

33《我們，在主內永生！（Nous, Immortels en Dieu）》，法國詩人阿沙納斯・凡切夫・德・薩拉西（Athanase Vantchev de Thracy）詩集法國Solenzara文化協會，2015

秀威資訊科技股份有限公司，2016

34《如果你只知道（DACĂ AI ȘTI）》，羅馬尼亞詩人波佩斯古（Elena Liliana Popescu）詩集，Pelerin出版社，22首29種文字，2015

35《你是最溫和的規則：里爾克情詩選》，有鹿文化事業有限公司，2017

36《孟加拉詩100首（100 Poems From Bangladesh）》，孟加拉詩人阿米紐・拉赫曼（Aminur Rahman）編，秀威資訊科技股份有限公司，2017

37《人生襤褸（Life's Rags）》，馬其頓詩人塞普・艾默拉甫（Shaip Emërllahu）詩集，秀威資訊科技股份有限公司，2017

38《遠至西方——馬其頓當代詩選（Far Away to the West, Anthology of Contemporary Macedonian Poetry）》，秀威資訊科技股份有限公司，2017

39《伊拉克現代詩100首（100 Iraqi Modern Poems）》秀威資訊科技股份有限公司，2017

40《內在語法（Inner Grammar）（Grammatica interiore）》，義大利詩人Giuseppe Napolitano英漢義三語詩集，義大利Voltunia Edizioni，2017

41《融合（Fuse）》，印度詩人畢娜（Bina Sarkar Ellias）英漢雙語詩集，印度孟買poetry Primero出版社，2017

42《露珠集（Dewdrops）》，印度詩人慕赫吉（Sujit Mukherjee）漢英雙語詩集，印度北方邦哈普爾（Hapur, UP）Mr. Pawan Jain出版社，2017

43《牆上的光（The Light on the Wall）》，英國詩人阿格涅斯・梅都思（Agnes Meadswas）英漢雙語詩選集，英國倫敦Morgan's Eye Press，2017

44《南方（Southern Breeze）》，摩洛哥詩人達麗拉・希雅奧薇（Dalila Hiaoui），漢英雙語詩集，義大利Ali Ribelli出版社，2018

45《加勒比海詩選（Anthology of Caribbean Poetry）》，秀威資訊科技股份有限公司出版，2018

46《最後的咖啡（The Last Coffee）》，塞爾維亞／德國女詩人艾薇拉・辜柔維琪（Elvira Kujovic）詩集，秀威資訊科技股份有限公司出版，2018

47《阿爾巴尼亞詩選（Anthology of Albanian Poetry）》，秀威資訊科技股份有限公司出版，2018

48《思想狩獵愛情（Thoughts Hunt the Love）》，科索沃詩人傑頓・凱爾門迪（Jeton Kelmendi）詩集，中國重慶環球文化出版社，2018

49《你要愛你的寂寞》（里爾克情詩），成都天地出版社，2019，為35《你是最溫和的規則：里爾克情詩選》的中國版

50《季節（Seasons）》羅馬尼亞波佩斯古（Elena Liliana Popescu）詩集，秀威資訊科技股份有限公司，2019

51《阿根廷詩選（Anthology of Argentine Poetry）》，秀威資訊科技股份有限公司，2019

52《紅雪（The Red Snow）》庫德斯坦胡塞殷・哈巴實（Hussein Habash）詩集，秀威資訊科技股份有限公司，2019

6. 翻譯（小說、傳記及其他）

01《天涯淪落人》（黎錦揚小說），台灣商務印書館，1968

02《里爾克傳》（傳記），田園出版社，1969
　　大舞台書苑出版社，1977
　　桂冠圖書公司，2001

03《審判》（卡夫卡小說），大業書店，1969
　　大舞台書苑出版社，1977
　　桂冠圖書公司，1994

04《佛洛斯特》（傳記），晚蟬書店，1970
　　大漢出版社，1977

05《貓與老鼠》（葛拉軾小說），文壇社，1970
　　黎明文化事業公司，1982
　　桂冠圖書公司，1994

06《牆》（沙特小說，諾貝爾文學獎全集之39），遠景出版社，1981

07《發明創意300》，暖流出版社，1984

08《頭巾》（南非文學選），名流出版社，1987

09《人文精神的差使》（文學資訊），名流出版社，1987

10《猶太短篇小說精選》，圓神出版社，1987

11《簡明英漢辭典》，文橋出版社，1990

12《鬼溫泉》（小說），稻禾出版社，1994

13《里爾克書信集》，桂冠圖書公司，2001

以上合計共181種251冊。

詩人小傳
About the Poet

李魁賢（Lee Kuei-shien）

　　從事詩創作和翻譯逾半世紀，創作超過千首、翻譯五千首，獲國家文藝獎、吳濁流新詩獎、巫永福評論獎、賴和文學獎、榮後台灣詩人獎、台灣新文學貢獻獎、行政院文化獎、吳三連獎文學獎、真理大學台灣文學家牛津獎，另獲韓國、印度、蒙古、美國等頒予多項國際詩獎。

⟨ 我的新世紀詩選 ⟩
Selected Poems from My New Century

　　《我的新世紀詩選》從回憶錄中選出相關詩作，是意外的副產品，也可謂雙生子，透露李魁賢在21世紀從事國際詩交流活動中，留下所見、所聞、所思、所感的抒情紀錄。另摘錄回憶錄中相關文字，做為參照故事，增加讀者理解詩人創作當下的情境與心境。

釀時代18　PC0849

 我的新世紀詩路
　　　——李魁賢回憶錄

作　　者	李魁賢
責任編輯	林昕平
圖文排版	林宛榆
封面設計	蔡瑋筠
封面攝影	劉振祥

出版策劃	釀出版
製作發行	秀威資訊科技股份有限公司
	114 台北市內湖區瑞光路76巷65號1樓
	電話：+886-2-2796-3638　傳真：+886-2-2796-1377
	服務信箱：service@showwe.com.tw
	http://www.showwe.com.tw
郵政劃撥	19563868　戶名：秀威資訊科技股份有限公司
展售門市	國家書店【松江門市】
	104 台北市中山區松江路209號1樓
	電話：+886-2-2518-0207　傳真：+886-2-2518-0778
網路訂購	秀威網路書店：https://store.showwe.tw
	國家網路書店：https://www.govbooks.com.tw
法律顧問	毛國樑　律師
總 經 銷	聯合發行股份有限公司
	231新北市新店區寶橋路235巷6弄6號4F
	電話：+886-2-2917-8022　傳真：+886-2-2915-6275

出版日期	2020年1月　BOD一版
定　　價	600元

國家圖書館出版品預行編目

我的新世紀詩路：李魁賢回憶錄 / 李魁賢作. --
一版. -- 臺北市：釀出版, 2020.01
　　面；　公分
　BOD版
　ISBN 978-986-445-352-8(精裝)

　1.李魁賢 2.回憶錄

783.3886　　　　　　　　　　108014705

讀 者 回 函 卡

感謝您購買本書,為提升服務品質,請填妥以下資料,將讀者回函卡直接寄
回或傳真本公司,收到您的寶貴意見後,我們會收藏記錄及檢討,謝謝!
如您需要了解本公司最新出版書目、購書優惠或企劃活動,歡迎您上網查詢
或下載相關資料:http:// www.showwe.com.tw

您購買的書名:_____

出生日期:_____年_____月_____日

學歷:□高中 (含) 以下　　　□大專　　　□研究所 (含) 以上

職業:□製造業　□金融業　□資訊業　□軍警　□傳播業　□自由業

　　　□服務業　□公務員　□教職　　□學生　□家管　　□其它_____

購書地點:□網路書店　□實體書店　□書展　□郵購　□贈閱　□其他

您從何得知本書的消息?

　□網路書店　□實體書店　□網路搜尋　□電子報　□書訊　□雜誌

　□傳播媒體　□親友推薦　□網站推薦　□部落格　□其他_____

您對本書的評價:(請填代號　1.非常滿意　2.滿意　3.尚可　4.再改進)

　封面設計____　版面編排____　內容____　文／譯筆____　價格____

讀完書後您覺得:

　□很有收穫　□有收穫　□收穫不多　□沒收穫

對我們的建議:_____

_____

_____

_____

11466
台北市內湖區瑞光路 76 巷 65 號 1 樓

秀威資訊科技股份有限公司　　　收

BOD 數位出版事業部

⋯⋯⋯⋯⋯⋯⋯⋯⋯⋯⋯⋯⋯⋯⋯⋯⋯⋯⋯⋯⋯⋯⋯⋯⋯⋯⋯⋯⋯

（請沿線對折寄回，謝謝！）

姓　　名：＿＿＿＿＿＿＿＿　年齡：＿＿＿＿　性別：□女　□男

郵遞區號：□□□□□

地　　址：＿＿＿＿＿＿＿＿＿＿＿＿＿＿＿＿＿＿＿＿＿

聯絡電話：(日) ＿＿＿＿＿＿＿＿＿　(夜) ＿＿＿＿＿＿＿＿＿

E-mail：＿＿＿＿＿＿＿＿＿＿＿＿＿＿＿＿＿＿＿＿＿